THOMAS DE MAIZIÈRE

im Gespräch mit Stefan Braun

Damit der Staat den Menschen dient

THOMAS
DE MAIZIÈRE
IM GESPRÄCH MIT STEFAN BRAUN

Damit der Staat den Menschen dient

ÜBER MACHT UND REGIEREN

Siedler

MIX
Papier aus verantwortungsvollen Quellen
FSC® C014496

Verlagsgruppe Random House FSC-DEU-0100
Das für dieses Buch verwendete FSC®-zertifizierte Papier
Munken Premium Cream liefert Arctic Paper Munkedals AB, Schweden.

Erste Auflage

Umschlaggestaltung: Rothfos + Gabler, Hamburg
Satz: Ditta Ahmadi, Berlin
Druck und Bindung: GGP Media GmbH, Pößneck
Printed in Germany 2013
ISBN 978-3-8275-0022-9

www.siedler-verlag.de

Inhalt

Vorwort

»Anmut sparet nicht noch Mühe; Leidenschaft nicht noch Verstand; daß ein gutes Deutschland blühe; wie ein andres gutes Land.« Thomas de Maizière mag diese Zeilen sehr. Wäre es nach ihm gegangen, hätte Bertolt Brechts »Kinderhymne« 1990 Deutschlands Nationalhymne werden können. Als er an der Seite seines Vetters Lothar de Maizière die Verhandlungen zur Wiedervereinigung begleitete, träumte er davon, sie durchzusetzen. Eine echte Chance dafür gab es nicht. Trotzdem zitiert er den Text gerne. Und wenn er das tut, klingt es wie ein Bekenntnis. »Und weil wir dies Land verbessern; lieben und beschirmen wir's; und das Liebste mags uns scheinen; so wie andern Völkern ihrs.«

Thomas de Maizière ist seit dreißig Jahren in der Politik. Er hat in den achtziger Jahren beim Staatsmann Richard von Weizsäcker und beim Stadtbürgermeister Eberhard Diepgen gelernt. Er hat die Wiedervereinigung hautnah miterlebt, später die Staatskanzleien in Schwerin und Dresden geleitet und für acht Regierungschefs gearbeitet. Sein heutiges Amt ist das siebte als Minister und das dritte unter Angela Merkel. Er ist ein Westdeutscher, der sich als ostdeutscher Politiker verortet. Nur wenige haben eine so breite Erfahrung; nur wenige genießen über Parteigrenzen hinweg ein solches Ansehen und Vertrauen. In Porträts wird der 59-Jährige als Preuße der Regierung bezeichnet, als Merkels spröder Maschinist, als Mechaniker im Machtgetriebe. Trotzdem gehört er in repräsentativen Umfragen zu den beliebtesten Politikern in Deutschland, und das nicht, weil er besonders laut oder besonders spektakulär auftritt. Er wirkt bescheiden. Er hat sich um seine Ämter nicht beworben, sondern ist bis jetzt immer gefragt worden.

Eine Biografie, auch eine selbstverfasste, gibt es bis heute nicht. Umso mehr weckt der Mann Neugier. Wie konnte Thomas de Maizière werden, was er heute ist? Was hat ihn geprägt? Wie hat der Westdeutsche in ostdeutschem Auftrag den Weg zur Wiedervereinigung erlebt? Wie den Aufbau in den neuen Ländern? Und wie das Regieren im Kanzleramt Angela Merkels? Welche Fehler hat er bei all dem gemacht? Was denkt der Christdemokrat über die CDU? Und was möchte er, der schon so viele Stationen hinter sich hat, noch werden? Eine Biografie im Gespräch, immer wieder verknüpft mit Fragen zu aktuellen Problemen – das ist die Idee, die zu diesem Buch geführt hat.

Als ihn meine Anfrage für das Projekt erreichte, dachte er vier Wochen nach, ob er sich darauf einlassen sollte. Dann sagte er zu – und stand Rede und Antwort über alles, was sein Leben und seine politische Arbeit, was mögliche Fehler und die Schwierigkeiten des Regierens ausmacht. Er erzählt von der prägenden Rolle seines Vaters. Er berichtet über die auch schmerzhaften Erfahrungen mit Helmut Kohls CDU im Einigungsprozess. Er schildert Erfolge und Misserfolge, ob in Mecklenburg-Vorpommern und Sachsen oder im Kanzleramt in Berlin. Und er liefert einen tiefen Einblick in das Innenleben von Regierungen. Seien es die schwierigen Abwägungen im Kampf gegen den Terror, die Suche nach dem richtigen Weg gegen die Weltfinanzkrise oder das komplexe Verhältnis zwischen Union und FDP im schwarz-gelben Bündnis. Thomas de Maizière verteidigt Politik nicht, indem er sie schönredet. Er verteidigt sie, indem er sie transparent macht. Vielleicht rührt daher eine Offenheit, die nicht üblich ist in der Hauptstadt.

Die Gespräche für dieses Buch fanden im Sommer und Herbst 2012 statt. Als er sie in geschriebener Form noch einmal las, verlangte er nicht, Wichtiges wegzulassen oder Anderes plötzlich hinzuzufügen. Er schilderte und analysierte – und lieferte auf diese Weise das, was das Buch sein möchte: Erzählte Geschichte.

Stefan Braun, im Januar 2013

KAPITEL I

Über gute und schlechte Politiker

Herr de Maizière, wozu braucht man einen wie Sie? Wozu braucht man Politiker?

Ich möchte, dass in diesem Land gewählte Politiker entscheiden und das letzte Wort haben, nicht die Wirtschaft, nicht das Geld, nicht der Adel. Ich bin also ein Anhänger vom Primat der Politik. Und dafür braucht man Politiker, die die Polis, das Gemeinwesen, organisieren. Die gibt es auf verschiedenen Ebenen. Das sind zum Beispiel ehrenamtliche Stadträte in einer kleinen Gemeinde, die einen ganz anderen Beruf haben. Dabei ist etwas sehr interessant: Als Berufspolitiker bezeichnet man oft und ein bisschen verächtlich diejenigen, die von der Politik leben. Gemeint ist nach meiner Auffassung aber etwas anderes. Gemeint sind die, die 100 Prozent ihrer Zeit in den Dienst der Politik stellen. Das ist der Ausgangspunkt. Und wenn sie das tun, dann sollen sie auch dafür bezahlt werden. Die Perspektive ist für mich also eine andere. Es geht darum, das Gemeinwesen zu organisieren. Und es geht darum, dass das gewählte Politiker tun.

Sie sagen: organisieren. Sie meinen: die Macht haben.

Auch. Es geht um die Frage, wer führt. Und zum Führen braucht man Macht. Ohne Macht geht es nicht. Ich halte deswegen auch die zum Teil in bürgerlichen Kreisen und in der deutschen Geistestradition weitverbreitete Verächtlichmachung von Macht für ganz verkehrt. Jede Institution, jede Firma, jede Organisation hat Machtstrukturen. Die sind oft informell und nicht geregelt und manchmal auch intransparent. Aber die Politik hat in der Demokratie transparente Machtregeln. Dagegen wird manchmal verstoßen, leider. Aber sie sind prinzipiell strukturiert und transparent in der Demokratie. Wenn eine Regierung abgewählt und eine neue Regierung gewählt wird, dann wollen die Bürger, dass sich etwas ändert. Dann muss die Politik – also die neue Regierung – auch die Macht haben, das zu tun. Sie muss das durchsetzen können. Demokratie braucht Macht.

Das Ansehen der Politik hat in den vergangenen Jahren kontinuierlich abgenommen. Man traut ihr nicht viel zu und misstraut ihrer Macht. Warum?

Es gibt zwei sich widersprechende Kritikpunkte in diesem Zusammenhang. Die eine Kritik lautet, die Politik sei längst machtlos geworden, die eigentlichen Strippenzieher seien die Banken, irgendwelche Märkte, Zeitgeistströmungen, Ratingagenturen, Medien, Umfragen. Alles Mögliche habe die Macht, nur die Politik nicht. Deshalb müsse die Politik endlich wieder in ihre Rechte gesetzt werden. Wir sollen uns dazu bemächtigen, das zu tun, was nötig wäre, um die Macht der anderen zu beschränken. Gleichzeitig wird der politischen Klasse, jedenfalls einem nicht unerheblichen Teil der politischen Klasse, wenig zugetraut. Wir seien nicht gut genug, wir könnten nicht regieren. Manche sagen, wir seien zu korrupt, zu anfällig, zu berufspolitisch und hätten zu wenig praktische Erfahrung. Sie sagen, wir seien zu faul, die Diäten seien zu hoch und so weiter und so fort. Und genau das passt nicht zusammen. Man kann nicht sagen, dass wir nichts können, und gleichzeitig verlangen, wir sollen es jetzt aber richten. Und deswegen habe ich mir seit einiger Zeit vorgenommen, die politische Klasse zu verteidigen.

Fällt Ihnen das nicht schwer, wenn immer wieder Affären vorkommen wie mit Karl-Theodor zu Guttenberg oder dem früheren Bundespräsidenten Christian Wulff?

Nein, das fällt mir nicht schwer. Es gibt in jeder Berufsgruppe, in jeder Gruppe Ausreißer in der einen oder anderen Richtung. Aber eine Verallgemeinerung zu Lasten der Politik – dagegen wehre ich mich massiv. Man kann nicht den ganzen Berufsstand schlechtmachen, weil es die eine oder andere Ausnahme gibt.

Was unterscheidet gute von schlechten Politikern? Gibt es für Sie da klare Kriterien?

Ja. Wenn ich eben gesagt habe, dass Demokratie Macht braucht, Führung auf Macht angewiesen ist, dann kommt als Nächstes die Frage, wofür man die Macht nutzt. Ein guter Politiker zeichnet sich dadurch aus, dass er etwas erreichen will und dafür Macht anstrebt, nutzt und verteidigt. Und wenn er sie verliert, demütig wieder abtritt. Einen schlechten Politiker interessiert nur die Macht oder der Einfluss oder die Position als solche, nicht aber das, was man damit macht. Ja, vielleicht will er damit gar nichts machen, hat vielleicht gar keinen inhaltlichen Ehrgeiz. Da liegt meines Erachtens ein zentraler Unterschied. Dazu gibt es Eigenschaften, die einfach Professionalität ausmachen. Man muss fleißig arbeiten können; man muss sich konzentrieren können; man muss zuhören können, stressfähig sein, verhandeln können. Wer nicht verhandeln kann, ist kein guter Politiker. Dazu muss man auch nachts fit bleiben können, in langen Sitzungen. Und man muss – ein sehr wichtiger Punkt – die Menschen mögen. Wer die Menschen nicht mag, wird kein guter Politiker. Viele von denen, die etwas können in der Gesellschaft, schreckt der Gedanke ab, in die Politik zu gehen, weil sie in Wahrheit die Menschen nicht mögen oder sich nicht mit Menschen umgeben wollen, von denen sie glauben, dass sie sie nicht mögen. Das gehört aber dazu: Man muss es aushalten können, dass es Menschen gibt, die einen nicht mögen – und mit denen man doch viel zu tun hat. Und schließlich gibt es Tugenden, die braucht man auch in der Politik, aber nicht nur da. Ich meine Tugenden wie Loyalität, Zuverlässigkeit, Pünktlichkeit, Anständigkeit. Ohne die geht es auch nicht.

Dürfen Politiker Angst vor der nächsten Wahl haben?

Ja. Es wäre unmenschlich, anderes zu verlangen. Aber die Angst darf nicht dazu führen, dass man nichts mehr tut. Das wäre schlecht. Dann sollte man es lassen.

Wie viel Kritik müssen Politiker aushalten können?

Ziemlich viel. Und das machen sich die meisten Menschen – die Wählerinnen und Wähler – nicht klar. Schüler schimpfen gnadenlos über den Lehrer. Dem Lehrer selbst gegenüber sagen sie das nicht. Mitarbeiter schimpfen oder loben oder tadeln den Chef, sagen es ihm aber nicht, und es steht nicht in der Zeitung. In der Politik ist es oft umgekehrt. Politiker werden meistens öffentlich übertrieben kritisiert und im Privaten übertrieben gelobt. Das ist eine schwer auszuhaltende Spannung, derer man sich als Politiker bewusst sein muss. Wenn man sich dessen nicht bewusst ist, hält man das übertriebene Lob für angemessen und die übertriebene Kritik für unverschämt. So leben viele Politiker in einem wahnwitzigen Wechselbad und müssen sehr stabil sein, um nicht die Bodenhaftung zu verlieren oder in Frust zu ertrinken. Sie müssen eigentlich zum Lob wie zur Kritik Distanz wahren, weil beides unangemessen ist. Deswegen muss man als Politiker Freunde pflegen, die einen nicht so viel loben, einen nicht übertrieben kritisieren, sondern einen ganz normal behandeln.

Was heißt das: normal behandeln?

Erstens, dass sie einen bei vermeintlichen Höhenflügen auf dem Teppich und in Phasen schärfster Kritik über Wasser halten. Wie echte Freunde eben. Und zweitens, dass die Frage, ob man gerade gut ist oder schlecht, ob man gut oder schlecht geredet hat, gut oder schlecht entschieden hat, gut oder schlecht aussieht, einfach keine Rolle spielt. In der Politik spielt diese Frage andauernd die Hauptrolle. Dauernd gibt es Umfragen, dauernd werten Journalisten, dauernd schauen Mitarbeiter auf die Sitzungsleitung – andauernd heißt es nur: Daumen hoch oder runter. Und ich gebe gerne zu, dass auch ich dauernd gut sein will, aber nicht dauernd gut bin. In einer echten Freundschaft spielt genau das keine Rolle. Es ist einfach kein Kriterium. Das ist wunderbar. Selbst wenn man über Politik redet, geht es nicht nach diesem Kriterium, und das ist sehr, sehr wichtig. Manche Medien oder andere, die sich öffentlich äußern, glauben dagegen offenbar, dass jede Art von

Zurückhaltung, zivilisatorischer Zurückhaltung, die überall sonst üblich ist, nicht mehr gelten muss, wenn es um Politiker geht.

Sie wünschen sich mehr Schutz?

Mich stört einfach, dass öffentlich in einem Ausmaß Kritik geübt wird, wie man es außerhalb der Politik nicht kennt und nicht ertragen muss. Die Diskrepanz zwischen persönlichem Zuspruch und öffentlicher Kritik – sie ist in der Politik einzigartig und verwirrt auch. Politiker müssen eine quasi selbstverständliche Zurschaustellung erdulden. Sie müssen es aushalten, dass ihr Privatleben ausgeforscht wird. In Amerika geht es so weit, dass ein Präsidentschaftskandidat seine Blutwerte veröffentlichen muss, damit man glaubt, dass er gesund ist. Ehegeschichten. Was aus den Kindern wird. Einfach überall wird geforscht und nach Fehlern und Mängeln gesucht. Da haben wir die Maßstäbe verloren. Etwas weniger Lob und etwas weniger Kritik, jedenfalls in der Sprache, in der Tonlage – das wäre viel besser. Vor allem wäre es schöner, wenn die Kritik mehr aufs Politische bezogen wäre, nicht so sehr aufs Persönliche. Was ist alles über die Frisur der Bundeskanzlerin geschrieben worden? Oder auch über die angebliche Färbung der Haare ihres Vorgängers? Und das Gewicht von Helmut Kohl? Und ich weiß nicht was noch alles. An sich ist das alles unerhört oder sagen wir ungehörig. Warum schreibt man darüber? Man ist als Politiker doch nicht Objekt öffentlicher Zurschaustellung wie ein Zootier!

Der frühere Bundespräsident Horst Köhler hat von einem politisch-medialen Komplex in der Hauptstadt gesprochen, der ihm sehr missfallen hat. Die Wochenzeitung *Die Zeit* sprach nach dem Rücktritt von Köhlers Nachfolger Christian Wulff von einem Medienpranger. Leben Politiker inzwischen an einem Medienpranger?

So weit würde ich nicht gehen. Der Präsident des Bundesrates hält zu Beginn seiner Amtszeit immer eine Rede, und der Chef des Bundeskanzleramtes antwortet. Das habe ich mal zusammen mit Ole von Beust gemacht. Ole von Beust hat eine sehr kluge Rede gehalten. Er hat gesagt: »Wir haben geglaubt, wenn wir von

Bonn nach Berlin ziehen, dann ziehen wir von einer diesem Land unangemessenen Provinz in das wirkliche Leben. Das ist Berlin.« Und dann hat er die Frage gestellt, ob wir heute, dreizehn, vierzehn Jahre nach dem Umzug, in Berlin nicht in einer viel künstlicheren Welt leben als in Bonn. Eine Welt, die sich sehr stark um sich selbst dreht. Soziologen sprechen von einem »selbstreferentiellen System«. An der Beobachtung ist etwas dran. Es gibt in Berlin eine Aufgeregtheit darüber, wer etwas zuerst gesagt hat. Ob einer mit einem Lob in Wahrheit einen besonderen Unterton verbindet, der vielleicht kritisch sein könnte. Ob dadurch, dass einer jemanden nicht lobt, er denjenigen in Wahrheit in die Tonne treten will. Es gibt ein merkwürdiges und unangenehmes und gefährliches »Aufeinanderbezogensein« von einem bestimmten Typus von Journalisten und einem bestimmten Typus von Politikern, die sich gegenseitig negativ befruchten.

Was meinen Sie damit genau?

Ich versuche es mit einem Beispiel: Da wird in einem so genannten Hintergrundgespräch etwas Negatives über einen anderen Politiker gesagt, vielleicht wird richtig über ihn hergezogen. Dann darf der Journalist das eigentlich nicht schreiben, aber in Wahrheit soll er es ein bisschen einfließen lassen in das, was er schreibt. Damit beide ein bisschen davon profitieren. Der Politiker, weil ein anderer Politiker schlechter dasteht. Und der Journalist, weil er etwas Exklusives bekommt. Das ist ein sich gegenseitig bestätigender Mechanismus des Wichtigseins. Für mich ist das aber nur eine Schein-Wichtigkeit! Ich habe, als ich schon eine Weile Chef des Kanzleramtes war, gesagt: »Ich begegne hier lauter Scheinriesen.« Der Scheinriese ist bei »Jim Knopf und Lukas der Lokomotivführer« einer, der in der Wüste lebt – Turtur heißt er. Und vor dem fürchtet man sich von Weitem, weil er so groß aussieht und keine Freunde hat. Lukas, der Lokomotivführer, und Jim Knopf nähern sich ihm trotzdem und stellen fest, dass das in Wirklichkeit gar kein Riese ist, sondern ein armer, kleiner, zerbrechlicher, liebenswerter Mann, der keine Freunde hat, weil er von Weitem so groß aussieht. Das ist die Figur des Scheinriesen, und davon habe ich in Berlin ganz viele getroffen. Nicht nur in der Politik, sondern auch unter Lobbyisten, bei Leuten, die früher wichtig waren, bei Journalisten, bei Kulturleuten und so weiter und so fort. Doch was da in Berlin wichtig erscheint, hat schon in Potsdam und Magdeburg keine Wirkung mehr. Es interessiert die Menschen weithin nicht, und das gilt genauso für die Menschen in Hamburg, München, Stuttgart oder Dresden. Die Berliner Welt ist da völlig verrückt, und ich habe versucht, mich davon, so gut es eben geht, zu lösen.

Bräuchte Berlin einen Ehrenkodex?

Ja, mehr Distanz und eine klarere Rollenverteilung. Ich habe bis heute ein Problem damit, dass bestimmte Cheflobbyisten Mitglieder des Deutschen Bundestages sind. Das ist schon besser geworden, aber das gibt es immer noch. Außerdem finde ich, dass ein Regierungsmitglied nicht mit einem Journalisten betrunken im Straßengraben liegen sollte.

Haben Sie wirklich dieses Bild vor Augen?

Ich meine damit Folgendes: Es werden zu viele Handynummern ausgetauscht, es werden zu viele SMS geschickt. Wenn Nähe nichts ist, was ausnahmsweise erarbeitet wird, sondern die Nähe das scheinbar Selbstverständliche ist und Distanz herzustellen etwas Mühsames wird, dann ist die Welt nicht in Ordnung. Umgekehrt wäre es richtig. Es wird zu viel geduzt. Politiker und Journalisten sitzen zu viel in den gleichen Kneipen. Es wird zu sehr über die Performance und zu wenig über die Substanz geredet. Das gilt übrigens sicher für viele Hauptstädte. Das ist in Washington wohl auch so und in Paris und London ebenso. Allerdings ist in Deutschland etwas anders: Wir haben in der Stadt Berlin außerhalb der Politik sehr wenige Top-Positionen. Es gibt sehr wenige Vorstandsvorsitzende von wirklich großen Unternehmen. Auch die Verlage haben, bis auf Springer, ihre Chefs nicht in der Hauptstadt. Die Chefredakteure und Verleger der Süddeutschen Zeitung und der Frankfurter Allgemeinen Zeitung sitzen nicht in Berlin. Für das ZDF und die ARD gilt das

Gleiche. Das bedeutet, dass die zweite, dritte oder vierte Führungsebene dieser Medien in Berlin unangemessen großes Gewicht bekommt. Ähnliches gilt für die Wirtschaft. Auch das führt zu einem Teil dieser Verzerrungen im Umgang.

Stört Sie das aus Etikette-Gründen?

Ich glaube, wenn ein Wirtschaftsminister, ein Finanzminister, ein Kanzler häufiger mit dem Chefredakteur einer großen überregionalen Zeitung zusammenkämen und der Leiter der Politikredaktion dieser Zeitung dabeisäße, wäre die Distanz größer. Gleiches gilt für die Wirtschaft. Ich kann und will allerdings nicht mit Gewalt das Gegenteil herbeiführen. Das ist eben so, das ist unsere föderale Struktur. Ich beschreibe nur Arbeitsbedingungen und funktionale Zusammenhänge, so wie ich sie kritisch wahrnehme.

KAPITEL 2

Familie, Schule, Freunde, Kirche – Welt und Werte

Die Familie Thomas de Maizière entstammt einer preußisch-hugenottischen Familie, in der Bildung und Musik groß geschrieben werden. Er wird unter dem vollen Namen Karl Ernst Thomas de Maizière am 21. Januar 1954 als Kind von Ulrich und Eva de Maizière in Bonn geboren. Thomas de Maizière ist der Jüngste in der Familie, seine Geschwister Barbara, Cornelia und Andreas sind zum Teil deutlich älter. Seine älteste Schwester Barbara Pieper wird später Sozialwissenschaftlerin; Cornelia von Ilsemann wird Lehrerin und macht in der Bildungsverwaltung Karriere, und Andreas de Maizière wird Bankmanager. Die Familie wechselt wegen des Berufs des Vaters häufig ihr Zuhause. In den ersten Lebensjahren von Thomas de Maizière zieht sie mit nur kurzen Aufenthalten von Bonn nach Hannover, dann nach Koblenz, wenig später nach Hamburg und schließlich wieder zurück nach Bonn. Erst als Thomas de Maizière zehn Jahre alt ist, wird die Familie sesshaft; ihre Heimat wird Bonn, die damalige Hauptstadt am Rhein.

Seine Mutter Eva de Maizière, geb. Werner, entstammt einer großbürgerlichen Bankiersfamilie aus Hannover. Diese hatte einst mit kleinen Krediten für Bauern ihr Geschäft begonnen und daraus allmählich eine erfolgreiche Bank gemacht. Kunst und Musik spielten in dieser Familie eine große Rolle. Der Großvater gestattete seinen Kindern den Luxus eines »freien Jahres«, in dem sie nach dem Schulabschluss machen durften, was sie mochten, wie es in der Familie erzählt wird. Sie durften »die Welt sehen« oder auch einfach auf Studienreise durch Deutschland gehen. Eva wird Hauswirtschaftslehrerin. Als ihre Kinder allmählich das Haus verlassen, arbeitet sie als Malerin und Bildhauerin. Seine Großeltern mütterlicherseits erlebt Thomas de Maizière nicht mehr. Der Großvater erliegt 1940 einer schweren Krankheit; die Großmutter ist bei seiner Taufe noch dabei, stirbt aber im Dezmber 1956.

Sein Vater stammt aus der französischen Hugenottenfamilie Maizière, die im 17. Jahrhundert vor der großen Verfolgung aus Frankreich geflohen und in Brandenburg aufgenommen worden war. In der Familie de Maizière wird die Pflicht, dem Staat und dem Gemeinwohl zu dienen, zu einem prägenden Element – und zum Grundverständnis des Vaters Ulrich wie des Sohnes Thomas. Ulrich de Maizière wächst ohne Vater auf, spielt begeistert Klavier und macht in Hannover Abitur. Er tritt 1930 als Offiziersanwärter in die Reichswehr ein und steigt in den Jahren danach als Offizier in der Wehrmacht auf, bis er – nach mehreren Einsätzen an der Front – im Februar 1945 Generalstabsoffizier im Oberkommando des Heeres wird. In dieser Rolle nimmt er in den letzten Kriegswochen auch an Lagebesprechungen bei Adolf Hitler im Bunker der Reichskanzlei teil. Nach Kriegsende gerät er in britische Kriegsgefangenschaft; als er 1947 zu seiner Familie zurückkehrt, macht er, der eigentlich auch gerne Pianist geworden wäre, eine Ausbildung als Buch- und Musikalienhändler und arbeitet anschließend in einer Hannoveraner Buchhandlung. Dies ändert sich, als er kurz vor Weihnachten 1950 einen Brief des früheren Oberst Graf von Kielmansegg erhält. Beide kennen sich aus den Kriegsjahren und vertrauen einander. Nun will Kielmansegg ihn in die »Dienststelle Blank« nach Bonn holen. Diese soll nach dem Willen von Bundeskanzler Konrad Adenauer unter der Leitung des CDU-Politikers Theodor Blank den Aufbau der Bundeswehr vorbereiten. Nach der Gründung der Bundeswehr 1955 wird Ulrich de Maizière Oberst im Verteidigungsministerium und anschließend in kurzer Folge Kommandeur einer Brigade, Kommandeur der Schule für Innere Führung in Koblenz und dann Kommandeur der Führungsakademie der Bundeswehr in Hamburg. 1964 wird er Inspekteur des Heeres, zwei Jahre später Generalinspekteur. Er unterstützt die Einführung der Wehrpflicht und gilt als einer der »Väter« des Konzepts der Inneren Führung und des Staatsbürgers in Uniform. 1972 geht er in den Ruhestand.

Seine Frau lernt Ulrich de Maizière in der Familie eines Schulfreundes kennen. Sie ist dessen jüngere Schwester. Er besucht die Familie auch während des Krieges. Als er verwundet einige Zeit nach Hause darf, ergibt es sich, dass er mit Eva Werner gemeinsam eine Brahmssonate spielt, er am Klavier, sie mit dem Cello. Dabei verlieben sich beide. Seither trägt die Sonate in der Familie den Namen Verliebelungssonate. Im Herbst 1944 macht Ulrich de Maizière ihr einen Heiratsantrag. Er erklärt ihr, dass Deutschland den Krieg verlieren werde, dass er dann keine Arbeit mehr haben werde, dass alles schrecklich werde für Deutschland – und fragt sie, ob sie ihn trotzdem heiraten wolle. Sie tut es.

Eva de Maizière stirbt 2003 im Alter von 88 Jahren; ihr Mann Ulrich wird 94 Jahre alt und stirbt 2006.

Sie haben vor einigen Jahren erst Ihre Mutter und dann Ihren Vater verloren. Was ist das für ein Einschnitt im Leben?

Meine Mutter war 88 und mein Vater war 94. Beide wollten sterben, auch zu dem Zeitpunkt. Das ist etwas ganz anderes, als wenn Sie – was ich auch im Freundeskreis erlebt habe – als Zwanzigjähriger eine vierzigjährige Mutter verlieren. Das ist ein fundamentaler Unterschied. Oder ich habe als sächsischer Innenminister Polizisten zu beklagen gehabt, die mit dem Hubschrauber abgestürzt sind. Da haben wir eine Trauerfeier gemacht, und ich habe dort gesprochen. Meine Frau war dabei, und da hat eine der Mütter meiner Frau gesagt: »Es ist nicht in der Ordnung, wenn die Kinder vor den Eltern sterben.« Der Satz geht mir bis heute nach. Ein schöner, sehr trauriger Satz. Es ist nicht in der Ordnung – »in der Ordnung«, hat sie gesagt. Das stimmt. Deswegen ist das ein großer Unterschied, wenn meine Eltern nach einem erfüllten Leben mit vier gesunden Kindern und neun Enkeln sterben.

Trotzdem ist ein Schmerz da.

Natürlich war das für mich schmerzlich zu erleben, dass die Eltern sterben wollen. Die letzten Wochen und Monate waren nicht schön, aber es war keine jahrelange Demenz, kein schreckliches Dahinsiechen. Außerdem sind wir als Geschwister und Familie rund um das Sterben noch mal ganz eng zusammengerückt. Wir leben in unterschiedlichen Teilen Deutschlands, wir sind altersmäßig durchaus weit auseinander – ich bin über acht Jahre jünger als meine älteste Schwester. Dass uns das Traurige enger zusammengebracht hat, war sehr schön. Zumal ich nach dem Tod noch viel Neues erfahren habe über meine Eltern.

Durch das Reden mit den Geschwistern?

Ja, auch. Aber vor allem kamen uralte Menschen zur Beerdigung. Meine Eltern waren relativ späte Eltern. Also gab es eine ganze Menge Leute, die ich gar nicht gut kannte, nicht viel erlebt habe, als ich klein war. Gute Freunde, mit denen meine Eltern den allerengsten Austausch hatten, als ich zumeist auf dem Fußballplatz war. Was die miteinander geredet haben, hatte ich nicht mitbekommen, oder es hatte mich nicht interessiert. Und später, als mich das interessiert hätte, waren die schon alle im Ruhestand. Nun, nach dem Tod meiner Eltern, haben sie herzzerreißend schöne Briefe geschrieben. Sie haben mir Geschichten erzählt, von denen ich noch nie etwas gehört hatte. Also habe ich meine Eltern, vor allem meinen Vater, nicht noch mal neu, aber noch mal zusätzlich kennengelernt nach dem Tod. Jetzt als Minister passiert mir das übrigens erneut, weil ich die alten Generäle, wenn sie runde Geburtstage haben, anschreibe. Das habe ich wieder eingeführt, das finde ich wichtig. Aber was daraufhin passiert, habe ich nicht erwartet. Ich bekomme nämlich postwendend oft von Hand geschriebene Dankesbriefe zurück. Sehr höflich sind die, und sie erzählen oft wieder Geschichten von meinen Eltern, die ich gar nicht kannte. Das ist sehr schön.

Das klingt nicht nach Trauer.

Doch, natürlich. Ungeachtet der schönen Seiten ist die Tatsache, dass die Eltern sterben, unendlich traurig. Man verliert Vater und Mutter nur einmal. Das ist ein tiefer Einschnitt ins Leben. Ich bin in Bonn geboren und habe dort viele Wurzeln gehabt. Jetzt habe ich in Bonn zwar meinen ersten Dienstsitz und einige Freunde, aber darüber hinaus ist da nur noch die Grabstätte meiner Eltern.

Sind Sie durch den Tod Ihrer Eltern noch einmal erwachsener geworden?

Das glaube ich nicht, dafür war ich zu alt. Sicher, wir Geschwister rücken dann in die nächste Generation, da ist keiner mehr über uns. Aber das habe ich nicht so intensiv empfunden.

Was haben Sie verloren, als es Ihren Vater nicht mehr gab?

Eben den Vater. Wir waren sehr wichtige Gesprächspartner. Immer schon. Er hat wahrscheinlich so etwas wie Geheimnisverrat begangen als Generalinspekteur, indem er mit uns Dienstliches besprochen hat, auch Personalien. Später, nach seinem Tod, haben wir dann erfahren, dass er so eine Art Beichtvater für ganz viele Spitzengeneräle war. Davon hat er uns fast nichts erzählt. Er konnte schweigen. Er ist zu schwierigen Gesprächen oft mit Leu-

Vater Ulrich de Maizière als Generalinspekteur der Bundeswehr bei einem Weihnachtsbesuch mit Soldaten, 1968; im Hintergrund der 14-jährige Thomas de Maizière.

ten spazieren gegangen. Der damalige Generalinspekteur Wolfgang Schneiderhan hat bei der Beerdigung meines Vaters 2006 erzählt: »Er war bis zum Tod unser General, zu dem ging man.« Ein neuer Generalinspekteur sei nach einer Weile ganz automatisch zu meinem Vater, dem Alten, gegangen und habe sich mit ihm besprochen. Und ein Staatssekretär hat mir erzählt, dass mein Vater zwei, vielleicht sogar drei Generalinspekteure vom Rücktritt abgehalten hat.

Er war ein mächtiger Ratgeber. Auch für Sie?

Ich habe mich immer sehr eng mit ihm ausgetauscht, wir haben uns immer viel berichtet. Jede Funktion, die ich ab einem gewissen Alter angenommen habe, habe ich vorher mit ihm besprochen. Ob ich das machen soll oder nicht. Ich habe stets mit ganz wenigen Leuten gesprochen, aber er hat immer dazugehört. Er hat sehr wach verfolgt, was ich gemacht habe, auch bis in seine Neunziger. Und er hat immer sehr abgeklärt im Blick auf einen langen Lebensweg Ratschläge gegeben. Ein ganz wichtiger Ratschlag, den er auch anderen gegeben hat, ist von Anfang an auch für mich wichtig gewesen. Er hat gesagt: »Wenn du in die Politik gehst, musst du vorher wissen: Der Abschied ist bei 90 Prozent der Politiker brutal. Man wird entlassen, man wird abgewählt, die Menschen sind enttäuscht, oder sie sagen: Gut, dass der weg ist.«

Wollte er Sie abschrecken?

Er wollte mich damit sicher nicht von der Politik fernhalten. Aber er wollte, dass ich einen klaren Kopf behalte. Also fügte er hinzu, dass sie schlecht reden über dich, kein gutes Haar an deiner Arbeit lassen, unmittelbar nachdem du weg bist. Und dann hat er gesagt: »Du musst aber auch wissen, dass nach einer Weile das Urteil sanfter und gerechter, ausgeglichener wird.« Willy Brandt ist als ein Bundeskanzler aus dem Amt geschieden, bei dem viele beim Rücktritt gesagt hatten: »Das geht gar nicht, dass so jemand Bundeskanzler bleibt.« Hinterher wurde er als Friedensnobelpreisträger bei der Beerdigung von der Reichstagstreppe getragen. Auch der Abschied von Helmut Kohl war für ihn furchtbar. »Der Alte muss weg«, hieß es. Heute erntet Kohl, wo er auftaucht, Beifall. Und ein zweiter prägender Hinweis meines Vaters gehört ganz eng dazu: »Du musst immer damit rechnen, dass es schnell zu Ende gehen kann.« Überhaupt ist Politik eine Aufgabe immer nur auf Zeit. Das hat er nicht selber so erlebt, aber er hat es bei anderen gesehen und mir immer wieder gesagt. Politiker haben immer nur ein Mandat auf Zeit. Man muss das wissen, wenn man sein ganzes Familienleben innerlich immer auf vier oder fünf Jahre einstellen muss, weil spätestens dann die nächste Wahl kommt. Man muss eine innere Bereitschaft dazu haben. Das heißt: Man braucht als Politiker eine große innere Gelassenheit, um damit leben zu können und doch Politik auf eine längere Zeit als vier, fünf Jahre anzulegen.

Quält Sie das?

Nein. Aber ich müsste lügen, wollte ich behaupten, dass es mir egal ist. Ich wache nicht jeden Tag gleich gut auf. Ich habe nicht immer nur Erfolg. Es gibt Momente, in denen ich unsicher bin. Und trotzdem müssen Sie als Politiker zwei Dinge können: Sie müssen persönlich die Bereitschaft haben und die innere Einstellung, dass Sie dieses Amt für eine Zeit von vier, fünf Jahren minus x haben, weil Sie entlassen werden können oder Neuwahlen sind oder irgendetwas anderes passiert. Und trotzdem dürfen Sie Ihre Politik nicht so anlegen, als ob das, was Sie tun, schon morgen oder spätestens in der nächsten Legislaturperiode wieder vorbei ist. In fast allem, was Sie machen, sind immer Projekte, sind immer Themen, die weit darüber hinausgehen. Das muss man sich immer wieder bewusst machen. Ich habe sehr selten in meinem Leben ein Gebäude eingeweiht, bei dem ich auch den Grundstein gelegt hatte. Dazu müssen Sie die »innere Kraft« aufbringen. Dass man nicht für die Ewigkeit, aber für viele Jahre arbeitet – auch wenn man nur vier Jahre da ist. Mir das bewusst zu machen und zu reflektieren, das hat mir wesentlich mein Vater beigebracht. Er hat gesagt: Denk dran, es gibt ganz wenige Fälle, in denen man am Ende frei und selbst entscheidet, ob man geht.

Wie war die Rollenverteilung zwischen Ihren Eltern?

Ganz klassisch. Mein Vater hat am Anfang nichts im Haushalt gemacht. Später im Ruhestand dann mehr, aber bis dahin allenfalls mal und ganz selten das Frühstück. Einzige Ausnahme war der Samstagnachmittag, da gab es ein rituelles Kaffeetrinken meiner Eltern, an dem wir Kinder, als wir klein waren, nichts verloren hatten. Das war so eine Zweier-Oase für meine Eltern. Da hat er den Kaffee gemacht, aber sonst nichts. Er hat zum Kummer meiner Mutter auch die alltäglichen Erziehungslasten vollständig ihr überlassen. Ich glaube, mein Vater war nicht bei einem einzigen Elternabend meiner Schule. Was ich falsch fand. Irgendwie hätte er sicher auch mal Zeit gehabt. So viel Arbeit gibt es nicht, dass man das nicht hin und wieder ausnahmsweise einrichten kann. Er war auch ziemlich unsportlich; ich habe nie mit meinem Vater Fußball gespielt, ab und zu mal ein bisschen Federball. Ich habe nie gerauft mit ihm, geknufft, gekämpft oder irgendetwas. Ich bin nie mit ihm gelaufen. Schwitzenden Sport, so dass man anschließend mit stinkenden Socken irgendwo steht – nie. Meine Mutter im Übrigen auch nicht. Schwitzende Männer und all das – das war nicht ihre Welt. Und Fußball fand sie viel zu proletarisch.

Aber Ihre Eltern haben sich nicht dagegengestellt, als Sie Fußball spielen wollten?

Nein. Das nicht. Aber wenn ich Fußball gucken wollte im Fernsehen, das fand meine Mutter deplatziert. Das mussten wir uns erkämpfen oder zu Freunden gehen.

Ging die Arbeitsteilung so weit, dass Ihr Vater für den Verstand und Ihre Mutter für die Gefühle zuständig waren?

Ja, das war überwiegend schon so. Das hat sich ein bisschen geändert, als die ersten Enkel kamen – was meine Geschwister ein bisschen geärgert hat. Sie staunten einfach, was da bei meinem Vater emotional zum Vorschein kam und wir weniger erlebt hatten. Mit den Enkeln hat er plötzlich geschmust, hat mit ihnen Ausflüge gemacht, was er mit uns selten getan hat. Man kann schon sagen, dass er mit der Zeit – er war ja viel älter – plötzlich so eine weiche Seite gezeigt hat. Die einzige Ausnahme war die Musik. Das Künstlerisch-Ästhetische kam zwar eindeutig von meiner Mutter, Musik aber haben beide gemacht, auch er, er hat ja sehr gut Klavier gespielt. Obwohl meine Mutter auch ziemlich gut Cello gespielt hat und Musik bei uns ein fester Bestandteil des Familienlebens war, gehörte die Musik ihm. Die Musik war für ihn ein Ort, wo er Emotionen zeigen konnte und durfte.

War er ein Vorbild für Sie? Wollten Sie ihm nacheifern?

Ja. Allerdings glaube ich, dass jeder Vater ein Vorbild für seine Kinder sein sollte. Es wäre jedenfalls schön, wenn es so wäre. Das heißt ja nicht, dass man alles gut und richtig findet. Und mein Vater ist ein Vorbild für mich. Vorbild ist ein schöner Ausdruck. Dazu kam, dass er in der Hierarchie aufstieg und berühmt wurde. Da waren wir schon stolz als Kinder. Allerdings hatte das natürlich auch seine lästige Seite. Jeder Unsinn wurde dann kommentiert, angelastet. Wenn ein bekannter Vater Müller heißt oder Meier, ist das einfacher. Dann ist man nicht gleich identifiziert. Wir aber waren es immer. Und wir haben das immer mal wieder auch verflucht.

Ging das Vorbild so weit, Ihnen zu zeigen, wie man eine Behörde führt, ein Ministerium? Hat er Ihnen vorgemacht, wie man regiert?

Nein. Die Art des Auftretens, der Führungsstil, so etwas – das habe ich zuhause nur sehr begrenzt erlebt. Wir hatten sehr viele dienstliche Einladungen bei uns zu Hause, aber da hat er sich vielleicht anders gegeben. Sicher, er hat viel von seinem Beruf erzählt, gerade auch in der Zeit Helmut Schmidts als Verteidigungsminister. Den hat er ganz besonders geschätzt. Aber erlebt als Vorbild für das öffentliche Auftreten oder im Amt, gar nach dem Motto: So muss man eine Einrichtung führen – das habe ich nicht. Es gibt Prägungen, bestimmt. Manche Leute sagen, ich sei ihm ähnlich. Aber ein Vorbild in so einem konkreten Sinne, nein.

Immerhin trugen Sie schon den Spitznamen »kleiner General«.

Ja, schon. Damals war ich in der dritten, vierten Klasse, also neun oder zehn Jahre alt. Mein Vater war Kommandeur der Führungsakademie, und wir wohnten auf dem Gelände der Akademie. Die Generalstabsoffiziere machten viel Sport, und nachmittags, wenn ich mich langweilte und durch das große Gelände der Akademie stromerte, spielten sie viel Volleyball, Faustball, Tennis, machten auch Leichtathletik. Ich stand dann oft am Rand und schaute zu. Da ich nicht mitmachen konnte, haben die mich gefragt, ob ich nicht den Schiedsrichter machen würde. Spaßeshalber natürlich, aber ich habe das sehr ernst genommen. Und ich habe es sehr gerne gemacht. »Schiedsrichterentscheidung gilt«, das war mein Satz, ob der Ball nun drin war oder draußen. Ich habe auch gerne Startschüsse gegeben oder die Stoppuhr bedient beim Hundertmeterlauf. Dass die darüber Witze gemacht haben, wenn der Sohn des Kommandeurs bei strittigen Entscheidungen pfeift und entscheidet, das kann ich mir gut vorstellen. Aber es war für sie nett und für mich auch. Dass ich den Spitznamen »Der kleine General« bekam, hatte hoffentlich nichts mit meiner Attitüde zu tun, sondern mit dem Job meines Vaters.

Sie haben auf die Frage, ob Ihr Vater streng, vielleicht sogar rigoros gewesen sei, mal mit einem ganz kurzen »Ja« geantwortet. Warum? Hat er Ihnen Härte beigebracht?

Ja. Er war aber nicht streng im klassischen Sinne von Schlägen, von Brüllen oder irgendwie von einer formalen Strenge. Er war unerbittlich, wenn es darum ging, auf eine Frage eine ehrliche Antwort zu geben oder einen Fehler einzugestehen oder für was geradezustehen. Da war er sehr streng und sehr konsequent.

Das heißt, wenn man einen Streich begangen oder einen Fehler gemacht hatte, gab es kein Mogeln mehr, keine kleine Flucht?

Nein. Ich wurde peinlich befragt. Dass man was angestellt hatte, war gar nicht so schlimm. Das Entscheidende war, wie ich damit umging. Ich musste das dann sagen, ich musste sagen, warum. Und musste klarmachen, dass es mir leidtat. Da war er gänzlich unerbittlich.

Wie viel davon haben Sie heute auch?

Einiges. Ohne Fehler gibt es kein Richtig. Ohne Kritik ist Lob nicht wirksam. Das muss auf den Tisch.

Ihre Schwestern – beide sind einige Jahre älter als Sie – haben mit Ihrem Vater viel und heftig über Politik und über seine Rolle und Verantwortung im Krieg gestritten. Er war 1930 in die Reichswehr eingetreten, diente am Ende als junger Offizier im Generalstab der Wehrmacht und berichtete als solcher in den letzten Kriegswochen Adolf Hitler persönlich. Hat Sie das auch zum Streit mit ihm provoziert?

Nein. Wir waren sicher nicht immer einer Meinung. Aber so richtig gestritten habe ich mit ihm nie. Meine Schwestern haben auch mit dem Beruf ihres Vaters gerungen. Das habe ich gar nicht. Über die Geschichte meines Vaters haben wir zeitversetzt diskutiert. Ich bin Jahrgang 54. Als meine Schwestern das diskutiert haben in den Sechzigerjahren, da war ich 14, 15. Meine Schwestern brachten viele junge Leute mit. Da wurde auch mit unserem Vater intensiv diskutiert. Ich in meinem Alter hatte ein bisschen Geschichte gelernt, aber dass ich über die Schuldfrage dieser Kriegsgeneration fundiert hätte mitreden können, nein, das konnte ich zu der Zeit nicht.

Haben Sie es also nie thematisiert? Einen Vater, der Hitler direkt und live erlebt hat – das gibt es nun wirklich nicht häufig.

Natürlich haben wir über die Rolle von Soldaten im Zweiten Weltkrieg später gesprochen. Über die Frage, ob sie dann Teilhaber an Verbrechen oder nützliche Idioten oder irgendwas dazwischen waren. Und über die Frage, ob es etwas gibt wie »Vaterlandsverteidigung trotz verbrecherischer Staatsführung«. Da war ich bereits Student, und wenn wir darüber gesprochen haben, dann nicht mehr im großen Familienkreis.

Wann ist Ihnen die ganze Geschichte Ihres Vaters bewusst geworden? Es gab ja viele Familien, da konnte man überhaupt nicht darüber reden.

So ein Aha-Erlebnis habe ich nicht gehabt. Dass er ein bedeutender Mensch gewesen ist, habe ich eigentlich erst beim Abschied gemerkt, weil es da eine Feldparade für ihn gab. Seitdem hat es ja auch nie mehr bei einer Verabschiedung eines Generalinspekteurs eine Feldparade gegeben. Das war 1972, und ich war gerade 18 Jahre alt geworden. Da wurden tolle Reden gehalten, da habe ich irgendwie gedacht: »Donnerwetter, das ist irgendwie mein Vater.« Natürlich, er ist in den Jahren davor immer wieder befördert worden, er ist langsam wichtiger geworden, als ich ein Kind war und dann älter wurde. In der Zeit war das, naja, für mich irgendwie normal. Aber die Feldparade und der Abschied – das war dann doch etwas ganz anderes.

Jeder wird in seine Familie hineingeboren.

Ich glaube, wenn ein Fußballer ein Kind bekommt und deutscher Meister wird in der Bundesliga, dann ist das für das Kind, das älter wird, wahrscheinlich auch irgendwie normal, weil der Vater halt der Vater ist mit seinem Beruf. Das Kind kennt es einfach nicht anders. Für seine Freunde dagegen ist es ein: »Uih, Dein Vater spielt in der Nationalmannschaft!« In dem Sinne fand ich das normal, aber dass er offenbar für seine Generation so eine bedeutende Funktion hatte, habe ich erst am Schluss gemerkt, und deswegen hatte ich auch kein Aha-Erlebnis. Ich bin in Auschwitz gewesen als Student, und in der Schule haben wir sehr intensiv diese Fragen diskutiert. Aber da habe ich dann nicht gesagt: »So, jetzt muss ich aber doch mal meinen Vater fragen.« Das hat sich bei mir im Unterschied zu meinen älteren Schwestern schleichend entwickelt. Deswegen kann ich auch nicht mehr genau sagen, wann ich das erste Mal mit ihm darüber gesprochen habe. Als Student vielleicht, vielleicht sogar erst rund um die berühmten Holocaust-Filme. 1978, der vierteilige US-Film *Holocaust* des amerikanischen Regisseurs Marvin Chomsky. Die waren hinreißend amerikanisch. Drei, vier Abende und anschließend Diskussionen. Da habe ich natürlich mit ihm diskutiert.

Dabei fällt mir ein Ereignis ein. Als der ehemalige Marineadmiral Karl Dönitz 1980 starb, ging es um die Frage, ob die Bundeswehr ihn irgendwie würdigt. Mein Vater hat damals gesagt, er sei dagegen, dass in diesem Fall etwas gemacht werde. Dönitz war Stellvertreter von Hitler gewesen, er war später kurze Zeit Nachfolger, also solle die Bundeswehr da nichts machen. Unabhängig davon, dass er in Nürnberg als Kriegsverbrecher verurteilt worden war. Doch das war nicht alles. Dann erzählte mein Vater, dass die Briten – die ehemaligen Kriegsgegner – bei der Beerdigung von Dönitz eine Delegation der Marine zur Beerdigung nach Schleswig-Holstein schicken würden, um den herausragenden U-Boot-Kommandeur und geachteten Soldaten als Gegner auf Augenhöhe zu würdigen. Das war im Grunde genommen ein unglaublicher Gegensatz. Während die Deutschen seiner Ansicht nach nichts machen sollten, würdigten ihn ausgerechnet seine früheren Feinde. Darüber haben wir diskutiert. Kann man eine solche soldatische Leistung isoliert von dem politischen Kontext und von dem Zweck bewerten, für den diese Leistung erbracht wurde? Meine Auffassung war wie seine: Nein. Kann man nicht. Und jeder in unterschiedlicher Hierarchie, der an diesem verbrecherischen Krieg teilgenommen hat, trägt ein Stück Schuld durch die Beteiligung, erst recht durch eine führende Beteiligung. Das ist etwas, an dem die Generation meines Vaters schwer getragen hat. Er hat das später so akzeptiert, auch für sich und seine Rolle, auch in der Außendarstellung. Man kann alles, was ihn und die Bundeswehr in dieser Frage beschäftigt hat – die Wehrmachtsausstellung, die Namensgebung von Kasernen, die Traditionsbildung der Bundeswehr und den Umgang mit den Widerstandskämpfern vom 20. Juli – letztlich an dieser Frage festmachen. Ich habe als Verteidigungsminister in einer Rede zur Traditionsbildung diesen Faden einmal aufgegriffen. Ohne Bezug auf meinen Vater. Ich habe zur Diskussion gestellt, ob das Verhalten jenes Stasi-Offiziers, der am 9. November die Grenze aufgemacht, damit ein Blutvergießen verhindert und einen historischen Prozess eingeleitet hat, für die Bundeswehr traditionsbildend sein könnte. Ja oder nein? Ich habe die Frage extra offengelassen, was ungewöhnlich ist. Ein Minister macht das normalerweise nicht. Ich habe gefragt: Kann man die Einzeltat, die sicher traditionswürdig ist, isolieren? Oder sagt man, der wäre bei uns nie in den öffentlichen Dienst gekommen, der war Stasi-Offizier, der hat dreißig Jahre oder mehr für ein diktatorisches Regime gearbeitet. Die Einzeltat ist schön und gut, aber jedenfalls dieser Mann und diese Tat, die kann man nicht isolieren von dem anderen. So etwas habe ich mit meinem Vater diskutiert.

Ihr Vater war bis zum Schluss bei Hitler, bis zum Schluss auch im Bunker, immer wieder bei ihm dort.

Das ist nicht ganz richtig. Die Formulierung, er sei bis zum Schluss bei Hitler gewesen, erweckt jedenfalls ein schiefes Bild. Er war lange Zeit ganz weit weg von Hitler, fast die ganze Zeit, und ist dann – als er in den letzten Monaten im Generalstab war – plötzlich wegen seiner Funktion nah an Hitler herangekommen, weil er Lageberichte geben musste. Hitler hat sich zweimal am Tag Lagevorträge geben lassen. Tagsüber haben das die Generäle gemacht, nachts deren Gehilfen, und deswegen hat mein Vater ein paar Mal vorgetragen. Hitler hat allen misstraut und hat das mitschneiden lassen. Deswegen gibt es das Protokoll über die Vorträge noch heute.

Haben Sie sich die mal durchgelesen?

Ja. Man kann sie in der Bibliothek nachlesen. Die Protokolle sind erstaunlicherweise nicht vernichtet worden. Mein Vater hat das knochentrocken und so nüchtern wie nur irgend möglich gemacht. Da ist kein einziges kritisches Wort gegen die Kriegsführung geschweige denn gegen das Regime, aber auch kein lobhudelndes Wort in irgendeiner Weise. Das ist staubtrocken, und ich vermute, das war auch genau seine Absicht.

Haben Sie ihn mal gefragt, wie er Hitler fand?

Ja. Klar. Er ist übrigens als uralter Mann mit zwei Enkeln in den Bruno-Ganz-Film *Der Untergang* gegangen und fand den ziemlich gut.

War er als Berater beteiligt?

War er nicht, nein. Er hat mir erzählt, wie sie da als Offiziere im Generalstab oder Oberkommando des Heeres saßen und gesagt haben: Der spinnt, der schiebt Armeen hin und her, die es gar nicht mehr gibt, und wir müssen ihm jetzt endlich reinen Wein einschenken. Es ging nicht um Attentate, sondern darum zu sagen: So kann man das nicht machen, wir brauchen einen geordneten Rückzug. So zu tun, als ob man kurz vorm Endsieg steht, das geht gar nicht. Also hatte sich jeder vorgenommen, das irgendwie vorzutragen. Dann sind sie da eingeflogen mit dem Flugzeug – ich kann das nur so schildern, wie er es mir berichtet hat – und sind schließlich mit vielerlei Helfern und sonst wie in diesen Führerbunker rein. Und dann? Dann, so hat es mein Vater erzählt, kam man in eine gespenstische Atmosphäre. Schon beim Reingehen. Alles sehr merkwürdige, verlotterte, zum Teil betrunkene SA- und SS-Leute, die da so in den Gängen rumhingen, sich irgendwie aufhielten. Dann kamen sie zu Adolf Hitler, der alt, vor allem aber krank wirkte, eine Schüttellähmung hatte, wahrscheinlich als Folge des Attentats oder wegen eines massiven Medikamentenmissbrauchs oder wegen beidem. Und obwohl sie sich so viele klare Worte vorgenommen hatten, alle, die da vorgetragen haben, hat dieser alternde, kränkelnde Diktator – so erzählte es mein Vater – eine unglaubliche Wirkung auf die ganzen militärischen Sachverständigen und Offiziere gehabt. Mein Vater war ja nicht alleine, da waren ja viele andere Leute. Das Ergebnis war, dass er wie die anderen Offiziere – ich weiß nicht, wie oft er das gemacht hat – noch im Bunker gedacht hat: »Vielleicht hat er doch recht, es könnte klappen.« Doch spätestens nach einer halben Stunde, spätestens, wenn er zurückfuhr, hat er gesagt: »Das gibt's doch gar nicht! Das geht niemals mehr.« Also muss Hitler eine unglaublich überzeugende, psychologische Wirkung auf seine Umgebung erzielt haben, die man sich heute überhaupt nicht vorstellen kann. Die Stimme war nicht attraktiv, er hat nicht gut ausgesehen, er war klein. So hat mein Vater das berichtet. Als Entschuldigung für den Nationalsozialismus war das nicht gemeint.

Erschreckt es Sie, dass Ihr eigener Vater damals so nah mit dabei war? Dass auch Ihr Vater nicht den Mut oder die Kraft hatte, dagegenzuhalten?

Dass er bei Hitler vorgetragen hat, da mache ich überhaupt keinen Vorwurf. Aber natürlich bleibt ihm und der ganzen Generation der Makel, der Vorwurf, dass sie sich haben missbrauchen lassen, dass sie ein Werkzeug in der Hand eines Verbrechers waren. Die Missbrauchsthese ist noch die mildere der beiden historischen Thesen zur Rolle der Wehrmacht. Aber das ist so, und er hat auch sehr getragen an der Schuld.

Hat er das offen zugegeben?

Ja. Und je älter er wurde, desto mehr. Und darin lag auch ein wesentliches Motiv dafür, andere Streitkräfte aufzubauen – eben nicht das, was vorher war; sondern etwas Neues, anderes, nicht nur mit einem neuen Namen. Das Alte durfte sich nicht mehr wiederholen. Eine neue Bundeswehr musste eine Armee in der Demokratie sein. Ein Soldat hat das Recht, sogar die Pflicht, festgehalten im Soldatengesetz, bei Befehlen, die gegen die Menschenwürde verstoßen, den Gehorsam zu verweigern. Das war damals eine große Debatte in den Fünfzigerjahren, nicht nur weil es Gegner der Wiederbewaffnung gab. Sondern weil dadurch, dass man das in das neue Gesetz schrieb, einer ganzen Generation ihr Verhalten im Nachhinein um die Ohren gehauen wurde.

Ihr Vater hat in einem langen Interview kurz vor seinem Tod gesagt, die Wehrmacht sei eigentlich nie Teil der Partei und damit der politischen Führung des Regimes gewesen. Sondern eine vierte Säule, etwas Eigenständiges.

Das kann ich nicht genau beurteilen. Aber meine Einschätzung ist, dass sie sich so empfunden hat. Aber bei dem Glauben, dass die Wehrmacht quasi unabhängig blieb, ist ziemlich viel Selbsttäuschung dabei, damals und im Nachhinein.

Ihr Vater hat noch einen zweiten Satz gesagt. Er hat gesagt, dass die Menschen sehr viel aus der Zeit zwischen 1945 und 1933 wüssten, aber sehr sehr wenig aus der Zeit zwischen 1933 und 1945. Übersetzt soll das wohl heißen, dass viele Menschen heute mit dem vollen Wissen über alle Gräuel zurückschauen, aber nur eine Minderheit verstanden hat, wie sich alles so schrecklich entwickeln konnte. Teilen Sie die Einschätzung?

Das beste Buch, das ich in dem Zusammenhang gelesen habe, schon als ich ziemlich jung war, ist von Sebastian Haffner. Ein kleines Buch: *Hitler*. Da gibt es neben dem Kapitel »Der Verbrecher« ein Kapitel »Der Verführer«. Haffner beschreibt sehr gut diese eigentümliche Kraft, die Hitler offenbar ausgestrahlt hat. Sicher, wir betrachten natürlich Geschichte immer von hinten her, vom Ergebnis her, also von Auschwitz her – wenn man so will. Und vom 8. Mai her. Insofern verstehe ich schon, was mein Vater damit gemeint hat. Denn alles ist ja irgendwie entstanden, es ist langsam entstanden, gewachsen. Als Entschuldigung allerdings dient das wenig. Denn trotzdem stellt sich die Frage: Was habt ihr gewusst? Die Wannsee-Konferenz fand zwar relativ spät statt, aber das Quälen und Ermorden von Juden begann viel früher, und der Röhm-Putsch war noch viel früher gewesen. Außerdem ist mein Vater nicht als Wehrpflichtiger in den Krieg eingezogen worden und dann dabei geblieben. Er ist 1930 – immerhin nicht 1933 – freiwillig Soldat geworden und dann dabeigeblieben. Ob sie nun eine vierte Säule war oder nicht – was die Wehrmacht 1939 gemacht hat, war ein Angriffskrieg auf Polen. Den hat Adolf Hitler befohlen, und die Soldaten haben ihn ausgeführt. Deshalb reicht es nicht zu sagen: »Wir haben aber bestimmte Befehle erfüllt.«

Lassen Sie hier so etwas wie einen Befehlsnotstand nicht gelten?

Nur im Ausnahmefall. Die Soldaten haben vorne das Gebiet erobert, und hinten kam die Waffen-SS und hat viele Unschuldige umgebracht. Da kann man lange sagen, das haben wir nicht gewusst oder nicht gemacht. Deutschland hatte in Polen nichts verloren. Die Eroberung des Ostraums – wer sich daran beteiligt hat, hat sich schuldig gemacht. Historisch-moralisch ist das so, und da ist ein Soldat schuldig geworden. Das ist schmerzhaft für einen Soldaten. Aber das ist so.

Hat die Lebensgeschichte Ihres Vaters Sie in Ihrem Handeln beeinflusst?

Natürlich. Meine ganze Generation ist vom Verhalten ihrer Eltern im Nationalsozialismus geprägt.

Jan Krieger, ein Schulfreund von Ihnen, hat erzählt, die Debatten zuhause, also die heftigen Diskussionen über die Ostpolitik, über den Vietnamkrieg, über Polizei und Staatsmacht seien Schulung und »Entteufelung« zugleich gewesen.

Es ging immer um die Qualität der Argumente. Man durfte nicht mit einem vorschnellen »Den mag ich nicht« kommen. Das hätte einen selber disqualifiziert, zu billig, zu oberflächlich. Etwas anderes kam hinzu. Anderswo habe ich durchaus erlebt, dass es in bürgerlichen Familien beispielsweise über Willy Brandt hieß, man solle doch mal schauen, aus was für Verhältnissen der stamme, und jetzt sei er sogar Außenminister. Das war durchaus verächtlich gemeint. Wir waren auch ein bürgerliches, christdemokratisches Elternhaus. Aber solcherlei Vorbehalte hat es bei uns nicht gegeben. Wir haben stattdessen über die Vor- und Nachteile der Ostpolitik diskutiert, über die Motive und die Folgen des Vietnamkrieges und so weiter, aber nicht, ob Egon Bahr und Willy Brandt uns irgendwie an die Sowjetunion verkaufen. So ist wohl das Wort »Entteufelung« gemeint. Keine Feindbilder. Nichts

Ideologisches. Es ging immer um die Argumente, und die mussten gut sein, und das war in der Tat eine Schule vom Feinsten. Man wusste es, wenn man argumentativ schwach war. Man wusste: Heute hast Du schlecht ausgesehen in der Debatte.

Ist dort der Samen für ein Leben als Politiker gepflanzt worden?

Nein, so weit würde ich nicht gehen. Aber mein politisches Interesse – das stammt aus dieser Zeit. Ich wollte eigentlich nie Politiker werden. Irgendwann war ich es, spätestens als ich Minister in Dresden wurde. Aber unabhängig davon fand und finde ich, dass ein gesellschaftliches Engagement neben der persönlichen Entwicklung – Schule und Karriere – dazugehört. Ich würde mir sehr wünschen, dass das möglichst viele machen würden. Was ist denn ein Politiker? Der Stadtrat von Riesa oder Großenhain, der ist zwar kein großer Politiker. Aber er ist zugleich doch Politiker, weil er sich um seine »polis«, um seine Stadt, kümmert, nebenbei ist er Tischler oder Lehrer. Und einer, der sich in der IHK engagiert oder der Elternsprecher in der Klasse seiner Kinder ist, oder Feuerwehrmann oder beim Technischen Hilfswerk – ist der Politiker? Nicht unbedingt. Aber er leistet einen wetvollen Dienst an der Gesellschaft. Ich schaue im Lebenslauf bei jungen Leuten, die ich einstelle, natürlich auf die Noten. Aber dann gucke ich immer, was ist da sonst? Gibt es etwas außer Lernen? Wenn da nichts steht, dann hat man bei mir schlechtere Karten, da mag jemand noch so ein gutes Examen haben.

Es gibt das Zitat einer Haushaltshilfe Ihrer Familie. Sie soll Ihnen als kleinem Jungen gesagt haben: »Heb dir die Tränen auf, es wird Wichtigeres kommen, für das du sie mehr brauchen wirst.«

Das stimmt nicht ganz. Sie hat gesagt: »Der Mensch hat nur eine begrenzte Anzahl von Tränen.« Das hat sie gesagt. Und sie hat gesagt: »Wenn du die zu früh vergibst, weil du dir ein Knie gestoßen hast oder nicht ins Bett willst, dann hast du, wenn du im Alter wirklich weinen musst, keine Tränen mehr. Also spar dir deine Tränen auf.« So hat sie's gesagt. Sie war als Krankenschwester im Krieg gewesen.

Der Tod der Eltern, ist das der Moment, für den man noch Tränen braucht?

Ja. Das ist so. Aber natürlich war der Satz für mich als Kind total eindrucksvoll, weil ich dann versucht habe, mir zu überlegen, lohnt es sich jetzt, für ein aufgeschlagenes Fußballerknie oder für einen blauen Fleck zu heulen, oder muss ich lieber haushalten? Wenn ich später Tränen brauche, habe ich vielleicht keine mehr. Das war mächtig und hat mich sehr geprägt.

Haben Sie das nicht als streng und kaltherzig empfunden? Nach dem Motto: »Jetzt hör' auf Junge, so schlimm war das nicht«?

So war es natürlich gemeint. Aber ich habe es nicht so empfunden. Weil wir wussten, dass viele Menschen, Bekannte, Freunde meiner Eltern schwierigste Erlebnisse aus dem Krieg hinter sich hatten. Meine Schwiegermutter beispielsweise war Krankengymnastin und ist nach dem Krieg samt der Einheit, in der sie war, in Kriegsgefangenschaft gewesen, britischer Kriegsgefangenschaft, ein oder zwei Jahre. Dort hat sie als Physiotherapeutin schrecklich versehrte Menschen gesehen, mit ihnen gearbeitet, Traurigstes erlebt. Sie konnte nachher nicht mehr weinen. Sie hat ihren Mann heiß geliebt und um ihn getrauert. Aber eine Träne vergossen um ihren Mann hat sie nicht. Sie konnte es nicht mehr.

Aber das wussten Sie doch nicht, als Sie der kleine Junge waren.

Ihr Satz fühlte sich nicht streng an, sondern echt. Sie meinte, was sie sagte. Es ist deshalb keine Absage an Tränen gewesen, keine Aussage nach dem Motto »Ein Junge weint nicht«. Und es war keine Einstellung, dass das Leben nur aus Verstand besteht und Gefühle da keinen Platz haben – eine Haltung, die mir manchmal nachgesagt wird. Das war das alles nicht für mich. Für mich ist das bis heute ein wichtiger Punkt: Freundschaft, Gewissensentscheidungen, Trauer, diese seltenen und wichtigen Momente im Leben, soll man trennen vom Alltäglichen. Sie sind etwas sehr Besonderes. Und deshalb werden die Tränen dafür gespart.

Es gibt Menschen, die Schmerzen, auch Traurigkeit so lange vorher antizipieren oder sich damit auseinandersetzen, dass der Moment selber gar nicht mehr so weh tut. Kennen Sie so etwas bei sich?

Nein, das kenne ich nicht, im Gegenteil. Nehmen wir extreme Momente: Geburt von Kindern, Eheschließung, Tod der Eltern oder Tod von Freunden. Eine sehr gute Freundin von uns ist früh, mit Anfang Dreißig, an einem Aneurysma gestorben, mit einer relativ kurzen Zeit im Koma. Da kann man sich vorbereiten auf das, was kommt, innerlich. Aber wenn's dann so weit ist, ist es doch ganz anders. Oder denken Sie an die Geburt eines Kindes. Sie können sich hundert Mal vorstellen, wie das ist, haben vielleicht Atemübungen mit Ihrer Frau gemacht, eventuell Bilder angesehen. Lennart Nilsson, »Ein Kind entsteht«, dieses Buch ist wunderbar. Wir haben es sicher tausend Mal durchgeblättert während der Schwangerschaft. Und doch: Wenn das Kind dann da ist, der Geburtsvorgang selbst, der ist so existenziell und so etwas fundamental anderes, das kann ich nicht antizipieren. Andere können es vielleicht, ich nicht.

Sie waren der Kleinste und Jüngste in der Familie. Ist das ein Vorteil oder ein Nachteil?

Das ist ein großer Vorteil. Ich habe das früher allerdings manchmal als Nachteil empfunden. Es gab strenge Regeln, wann wir was kriegten, wann wir was machen durften, wann wir ins Bett mussten.

War das gestaffelt?

Ja, das war gestaffelt. Selbst wenn es nur zehn oder zwanzig Minuten waren, das war gestaffelt aus Gründen der Gleichbehandlung – Gleichbehandeln der Geschwister war extrem wichtig bei meinen Eltern. Zum Beispiel mussten wir bis zur Konfirmation auf einem Hocker ohne Lehne sitzen, damit wir nicht kippeln bei Tisch und uns auch besser aufrechthalten am Esstisch. Erst bei mir wurde es irgendwie beendet, weil meine Mutter keine Lust mehr hatte, diese Hocker am Tisch zu haben. Es sieht ja auch nicht so schön aus, wenn da fünf Stühle stehen und ein Hocker. Meine

Im Krieg: Hochzeitstag der Eltern am 19. November 1944.

Geschwister haben sich darüber natürlich vehement beschwert bei meinen Eltern. Sie mussten bis vierzehn auf dem Hocker sitzen, und der kleine Bruder durfte ab zehn, elf plötzlich eine Lehne haben. Objektiv ist das also ein Vorteil gewesen. Ich musste mir bestimmte Dinge nicht erkämpfen, die sich meine Geschwister erkämpfen mussten. Außerdem konnte ich immer mal gucken, was die anderen so machen. Und wie sie es machen. Es hat große Vorteile, der Jüngste zu sein.

Ihre Schwester hat erzählt, Ihr Bruder sei weniger Debattierer, dafür der eindeutig bessere Mopedfahrer gewesen. Hat Sie das sehr gefuchst?

Nein. Ich hatte zunächst nur ein Mofa und erst später ein Moped. Aber ich bestreite bis heute, dass er besser Moped fahren konnte, er hatte einfach früher eines. Ich war bei was anderem auf meinen Bruder eifersüchtig. Der hatte ziemlich früh Freundinnen und ich überhaupt nicht. Ich habe so getan, als hätte ich sowieso keine Zeit und Lust für Freundinnen, aber ich hätte natürlich gerne eine gehabt. Er hatte aber immer eine. Da war ich neidisch.

Taufe in Bonn 1954 mit Eltern und Geschwistern.

War er denn auch auf Sie neidisch?

Das wird kolportiert. Aber ich hatte ein großes Glück, weil die Phase mit den großen Umzügen, als wir in kurzer Zeit erst in Hannover waren, dann Koblenz, dann Hamburg, dann wieder Bonn – da war ich noch ziemlich klein, aber meine Geschwister, vor allem die Schwestern, aber auch mein Bruder waren im schwierigen Alter, wo man nicht mehr so leicht wieder neu anfängt. Deshalb war es für meine Geschwister objektiv sicher schwieriger. Trotzdem, als Kind interessierte mich natürlich nicht, ob der andere auf mich eifersüchtig ist. Da interessiert einen nur die eigene Eifersucht, und der hatte Freundinnen und ich nicht.

Da helfen bessere Noten auch nicht wirklich weiter.

Nein. Aber damit laut prahlen kam nicht in Frage. Ich konnte mir auf meine Noten auch nicht wirklich was einbilden, weil ich ein

Inmitten der Geschwister, am Bonner Venusberg, ca. 1958.

relativ fauler Schüler war. Heute ist die Schule viel schwieriger, früher konnte man mit wenig Arbeit, aber viel Aufmerksamkeit und einer starken mündlichen Mitarbeit schon Eindruck machen und richtig gute Noten erzielen.

Zu Ihrer eigenen Familie: Wie ist das Rollenverhältnis zwischen Ihrer Frau und Ihnen? Ganz anders als bei Ihren Eltern?

Ja.

Was ist sie für Sie?

Sie ist die wichtigste Person für mich. Darüber will ich hier nicht viel berichten. Das ist mir zu privat. Sie ist eine sehr wichtige Beraterin, sie hält mich über Wasser, wenn es mir schlecht geht, aber sie kann auch meine schärfste Kritikerin sein. Gerade dann, wenn ich mal ganz zufrieden bin, zum Beispiel nach einem Fernsehinterview.

Dann ruft sie mich an und benutzt eine klare Sprache. »Was hast du denen da für einen Mist erzählst! Es war unkonzentriert, du warst unfreundlich und hattest dabei gar keinen Grund, unfreundlich zu sein. Du musst dich besser konzentrieren! Stell dich besser auf die Leute ein.« Das sagt sie mir dann.

Ganz schön schwere Kost.

Oh ja. Aber irgendwie auch gut so.

Pflegen Sie in Ihrer Familie Traditionen? Haben Sie Rituale aus der Kindheit übernommen?

Als ich vierzig geworden bin, hat ein Freund mal gesagt, über mich habe er bürgerliche Lebenskultur erfahren. Das war übertrieben, hat mich aber natürlich gefreut. Gemeint hat er, dass wir regelmäßig zu Festen einladen, Essen geben, Traditionen pflegen. Das haben meine Frau und ich aus unseren beiden Familien mitgebracht. So wird bei uns jedes Jahr mit vielen Leuten Nikolaus gefeiert, ganz einfach und schlicht, mit einer Suppe, gefüllten Äpfeln, Bier, Glühwein und süßen Dominosteinen. Außerdem haben wir immer, wenn wir irgendwo weggegangen sind, Abschiedsfeste gefeiert. Überhaupt werden bei uns Anlässe begangen: Geburtstage, Einschulungen, Abitur. Ich habe ja mal wegen des Abiturballs meiner Tochter den Koalitionsausschuss versäumt, und das wurde dann prompt Gegenstand öffentlicher Debatten. Ich hatte mich bei Angela Merkel abgemeldet, und sie hatte gesagt: »Du fährst da hin.« Da sie keine eigenen Kinder hat, hat es mir sehr imponiert, dass sie mir freigegeben hat. Wenn sie mich nicht gelassen hätte, hätte ich ein Riesenproblem gekriegt und wäre vielleicht trotzdem gefahren. Ein Teil der Journalisten hat geschrieben, das ist richtig so, und ein Teil der Journalisten hat geschrieben: »Wo gibt's denn so was?« Angeblich war das der wichtigste Koalitionsausschuss, den wir je hatten – was natürlich nicht stimmte.

Gehört für Sie auch die Kirche zu den Familienritualen?

Natürlich spielt die Kirche eine große Rolle. Das enge Verhältnis zur Kirche habe ich sicher auch von meinen Eltern übernommen.

Meine Eltern sind regelmäßig in die Kirche gegangen. Wir haben das versucht, es irgendwann aber nicht mehr durchgehalten. In Schwerin waren wir sehr viel in der Kirche, da waren die Kinder noch kleiner. Da konnten wir sowieso nicht so lange schlafen. Später kam dann unser Jüngster in den Kreuzchor in Dresden, und dann sind wir oft in die Vesper am Samstag um 17 Uhr gegangen. Das ist eine sehr schöne Vesper.

Sind Sie ein Bürgerlicher?

Sie können das als bürgerlich bezeichnen. Ich finde das normal, ich kenne es nicht anders. Und gerade das finde ich schön am Leben. Der Sonntag ist der Sonntag, und ein Fest ist ein Fest, und der Alltag ist der Alltag. Man ist zwar immer die gleiche Person, aber zum Fest macht man sich schön, ins Theater zieht man einen Anzug an, und am Sonntag ist Pause.

Was haben Sie absolut nicht von Ihren Eltern übernommen?

Das Rituelle, Habituelle kann natürlich ins Zwanghafte abgleiten, das war manchmal so. Deswegen habe ich einige eiserne Regeln manchmal einfach gebrochen. Übertriebene Konsequenz kann eine schwere Last sein, man muss auch mal inkonsequent sein dürfen, man muss mal Fünfe gerade sein lassen; man kann auch mal genau das, was man sich vorgenommen hat, gerade nicht machen. Das ist sozusagen die Umkehrung dessen, was ich zu Hause erfahren habe; und das ist auch sehr wichtig. Dazu kommt etwas anderes: Meine Eltern haben uns, wenn sie Kummer hatten, nie daran teilhaben lassen. Das ging Kinder aus ihrer Sicht nichts an. Das haben meine Frau und ich anders gemacht. Ich finde es wichtig, dass Kinder am Kummer der Eltern teilhaben. Sie müssen auch das erleben, sie müssen lernen, damit umzugehen. Das haben meine Eltern von uns getrennt, sicher aus Schutz, wir sollten davon nichts mitkriegen. Dabei kriegt man immer etwas mit. Vielleicht klingt das alles zu streng. Das stimmt aber nicht. In meinem Elternhaus wurde gelacht, gespielt, getanzt, gefeiert. Ich hatte eine glückliche Kindheit.

Was wollen Sie Ihren Kindern unbedingt mitgeben?

Dass sie etwas aus ihrem Leben machen und sich in irgendeiner Weise verantwortlich zeigen. Das ist ja schon ziemlich viel.

Hat das was mit Ihren hugenottischen Wurzeln zu tun?

Mein Vetter Lothar behauptet das immer, aber ich weiß es nicht. Ich empfinde das nicht so. Ich habe meine Großmutter zwar noch erlebt, aber sie ist gestorben, als ich dreizehn war. Mein Großvater ist 1917 gefallen. Ich empfinde da keine Traditionslinien.Ich kenne das nicht, dass man Weihnachten zu den Großeltern geht, und da sitzt der Großvater, und dann gibt der einem noch was fürs Leben mit. Meine Großmutter hat mich nie erzogen. Die kam ab und zu zu Besuch, aber da ist keine große Nähe gewesen. Schade eigentlich. Ich hätte gerne Großeltern gehabt. Bei meiner Frau ist das ganz anders. Sie hat ihre Großeltern sehr intensiv erlebt. Ich habe das nicht. Das vermisse ich, aber deswegen habe ich auch nicht irgendeinen »Auftrag aus der Familie«, wie man das nennt, und keine Traditionslinie.

Sie haben einmal gesagt, dass man zu den eigenen Kindern immer etwas strenger ist als zu fremden. Warum?

Das weiß ich gar nicht so genau. Man kennt die Stärken und Schwächen besser und möchte eine mögliche Bevorzugung vermeiden.

Hat es auch damit zu tun, dass man selbst ehrgeizig ist und ein gutes Vorbild sein will?

Ja, aber man kann auch ein Vorbild sein, indem man die Kinder pampert und ihnen jeden Wunsch erfüllt und zu jeder Sportstunde fährt, hin und her mit dem Auto. Nur: Das taugt als Vorbild nichts.

Sagen wir mal so: Ein gewisses Fordern aus Liebe heraus ist wahrscheinlich nur in engen Beziehungen, gerade in der Familie, möglich. Und da, so denke ich, sollte man es auch tun. Ohne zu überfordern.

Wenn Sie über Ihre Familie erzählen, dann klingt das so, als sei alles für sie ganz selbstverständlich. Ihre Partei, die CDU, leidet aber seit Jahren darunter, dass in der Familienpolitik, der CDU-Familienpolitik, nichts mehr selbstverständlich erscheint. Haben Sie dafür eine Erklärung?

Es gibt verschiedene Erklärungen. Die erste ist, dass wir Familienpolitik als ein eigenes geschlossenes Politikfeld behandeln. Dass wir so tun, als sei es das. Das ist wahrscheinlich ein Fehler. In der Steuerpolitik gibt es Erleichterungen für Familien. In der Rente haben wir mit der besseren Anrechnung von Erziehungszeiten was gemacht; für die Ganztagsbetreuung geben wir viel Geld aus. Aber Familie ist natürlich auch ein Thema der Schule und der Bildung. Und jetzt schiebt sich plötzlich als politischer Fachbegriff – so wie Landwirtschaftspolitik oder Sicherheitspolitik – die Familienpolitik dazwischen. Familienpolitik schwingt in Wahrheit fast überall mit, ist aber als eigenes Ressort doch viel zu schwach. Wir geben da einem bestimmten Lebensabschnitt ein eigenes Ressort, während sonst die Zuteilung der Ministerien nach harten Sachthemen erfolgt: Innenpolitik, Außenpolitik, Arbeitspolitik, Wirtschaftspolitik, Finanzpolitik. Mit dem eigenen Ministerium weckt man riesige Erwartungen, die das Haus gar nicht erfüllen kann.

Sie halten das für eine Fehlkonstruktion?

Ich weiß es nicht abschließend. Es ist ja wahrscheinlich unverzichtbar. Trotzdem: Die Familienministerin ist für viele Familienfragen gar nicht zuständig, sondern der Arbeitsminister, der Finanzminister, der Bildungsminister. Diese Art von Querschnittsressorts haben oft eben keine echte Zuständigkeit. Ich will jetzt nicht bestreiten, dass es wichtig war, ein Familienministerium zu schaffen. Ich will nur erklären, wo ich die Probleme sehe. Das Zweite ist, dass diejenigen, die Familie leben, sich eigentlich nicht um Familienpolitik kümmern. Die kümmern sich um ihren Beruf, um ihre Familie – entweder nur um den Beruf und vernachlässigen ihre Familie; oder nur um die Familie und haben keinen Beruf oder versuchen das mühsam beides miteinander zu verbinden. Da bleibt wenig Zeit, um über Familienpolitik zu reflektieren. Das heißt: Die, die echt drinstehen, sind nicht wirklich beteiligt an der Formulierung dieses Politikfeldes. Das ist ein Problem. Bei der CDU kommt hinzu, dass jedenfalls früher in den westdeutschen Landesverbänden auch die Frauenunion eine bestimmte Sozialisation hatte, die – so wie in Teilen die Junge Union nicht repräsentativ für die Jugend ist – nicht mehr besonders repräsentativ ist für die Frauen in Deutschland insgesamt. Vielleicht gibt es Ausnahmen. Aber insgesamt sehe ich da ein Problem. Auch dadurch entsteht ein schiefes Bild. Und der dritte Grund ist, dass die Lebenswirklichkeit der Familien in der Gesellschaft viel weiter war, als die Formulierungen der Familienpolitik in der CDU. Viel zu lange wurde eine Rollenverteilung propagiert, die der Realität schon nicht mehr entsprach. Jetzt aber, weil man gerade so im Schwung ist, wird zum Teil das Gegenteil genauso scharf propagiert. Also geht alles in die Kinderbetreuung außer Haus, weil man ja modern sein will. Und jemand, der seine Kinder zu Hause erzieht, der wird komisch angeguckt, obwohl es viele so machen oder lieber so machen würden. Ich erlebe das zum Beispiel bei jungen Soldatenfrauen. Das sind ganz moderne Frauen, die haben alle eine Ausbildung und einen Beruf, und wenn dann Soldaten drei, vier Kinder haben und alle drei Jahre umziehen, dann frage ich oft: »Was macht Ihre Frau?«, und dann wird wie selbstverständlich gesagt, wie in der Generation meines Vaters: »Ja, meine Frau ist zu Hause.« Ich bin dankbar dafür. Weil das Umziehen für Familien so einfach leichter ist. Und die Familien dann stabiler bleiben. Natürlich gibt es heute auch viele Ehefrauen von Soldaten, die nicht mehr mit umziehen. Dann pendelt der Mann; das ist aber ein sehr hoher Preis. Lange Rede, kurzer Sinn: Das Thema Familienpolitik ist so schwer, weil es erst langsam wirklich eine Wahlfreiheit gibt durch Betreuungsplätze – und trotzdem die Wahl für viele nicht wirklich frei ist. Denn weder das eine noch das andere Modell wird doch bei anderen einfach toleriert. Es scheint noch immer vielen schwerzufallen, andere Lebensmodelle als das eigene zu akzeptieren. Wahlfreiheit wird nicht wirklich zugelassen.

Sie halten die mangelnde Toleranz für das größte Problem?

Für ein zentrales Problem.

Gilt das auch für den scharfen Konflikt, den es beim Betreuungsgeld und bei einer gesetzlichen Quote gibt?

Ich weiß es nicht. Ursula von der Leyen hat mir immer erzählt, als es um das Erkämpfen der Betreuungsplätze ging, wie sie versucht hat, die alten Männer in der Union zu gewinnen. Sie hat sie gefragt: »Was machen eigentlich eure Kinder?« Dann haben die Väter stolz erzählt, dass ihre Töchter studiert haben, dass sie gerade in Amerika sind, dass sie kleine Kinder haben, dass es ganz toll ist, aber auch sehr schwierig. Und dann hat sie gesagt: »Ja und, vor dem Problem stehen wahrscheinlich ganz viele Frauen.« Und da, in dem Moment, habe es bei dem einen oder anderen Klick gemacht. So weit, so nachvollziehbar. Aber bei vielen älteren Frauen, also einem erheblichen Teil der Rentnergeneration, ist das gar nicht nur gut angekommen. Wenn man denen sagt, man wolle jetzt mehr Kinderbetreuungsplätze schaffen, das müsse sein, das bräuchten die Frauen von heute, dann fühlen sich viele von ihnen in ihrer Lebensleistung angegriffen. Sie fühlen in Frage gestellt, was sie gemacht haben. Sie werden vielleicht auch neidisch, weil sie auch gerne einen Betreuungsplatz gehabt hätten, aber keine Gelegenheit dazu hatten oder keine Oma oder kein Geld. Wir haben es nicht geschafft, in der Debatte um eine Modernisierung der Familienpolitik verschiedene, auch vermeintlich überkommene Lebensmodelle genauso zu würdigen. Die älteren Frauen können die Uhr nicht zurückdrehen. Sie freuen sich, wenn ihre Kinder diese Möglichkeit jetzt bekommen. Aber sie wollen nicht mit der Propaganda, Kinderbetreuung sei besser als Hausbetreuung, ihre Lebensleistung zerstört haben. Aus diesem Grund halte ich auch das Betreuungsgeld nicht für einen Rückschlag, wie manche behaupten. Ich war selbst Chef des Bundeskanzleramts, als wir mit den Sozialdemokraten das Betreuungsgeld ausgehandelt haben. In dem Gesetzesentwurf zum Ausbau der Kinderbetreuung steht in der Begründung drin: Und wir machen ein Betreuungsgeld. Im Grunde war das immer gleichzeitig konzipiert worden. Nur haben wir es nicht geschafft, das einmal Verabredete nicht mehr in Frage stellen zu lassen. Es wirkt heute so aus der Zeit gefallen, aber es gehörte wohlgemerkt schon in den Verhandlungen mit der SPD eindeutig zum Ausbau der Kindertagesstätten. Etwas anderes unterschlagen wir übrigens fast komplett. Durch die Mobilität der Gesellschaft reden wir sehr stark über Kinderbetreuung durch Kindergärten oder Tagesmütter. Aber meine Wahrnehmung ist, dass die Großeltern inzwischen eine überragende Rolle bei der Familienkonstitution der letzten Generation eingenommen haben. Nicht nur bei der Finanzierung, sondern vor allem durch Zeit. Das ist im Grunde eine Rückkehr zu einem generationsübergreifenden Verhalten. Die jungen Eltern bringen das Kind da hin oder haben vielleicht schon die Kinderbetten im Haus ihrer Schwiegereltern stehen. Viele können später mal nur deswegen alleine Urlaub machen, weil sie das Kind bei den Großeltern lassen können. Das Geld ist knapp, da wird manchmal sogar ein Haus mit finanziert, da schießen die Großeltern was zu. Da muss man kein Mitleid haben, die machen das alles gerne, und häufig sind das noch relativ junge Alte, die sehr gut beieinander sind. Und die sind oft eher zu großzügig, da müssen die jungen Eltern sagen: »Verwöhn' dein Enkelkind nicht so!« Aber das Funktionieren von Betreuung und Leben, Beruf und Karriere hängt für junge Familien heute viel mehr als in den letzten dreißig Jahren von der Großelterngeneration ab. Ich finde das sehr gut. Die Gesellschaft organisiert sich selbst. Wir würdigen das viel zu wenig.

Wenn es stimmt, was Sie sagen, warum lässt sich da keine Brücke schlagen zu den so genannten Konservativen in Ihrer eigenen Partei, die dauernd beklagen, mit der so genannten neuen Familienpolitik werde das Tafelsilber der CDU verscherbelt?

Ich stelle erst mal fest, dass die so genannten Konservativen immer klagen, wenn wir für Veränderungen eintreten. Aber wenn es darum geht, das Betreuungsgeld zu erstreiten, hört man von denen zu wenig. Ich will aber einen anderen Punkt machen: Ich lehne es ab, dass die Kinderbetreuung in Kitas das Hausgut der Reformer ist und das Betreuungsgeld das Hausgut der Konservativen. Das ist altes Denken der Familienpolitik. Dieses alte Denken hat die Familienpolitik so ideologisiert und in Verruf gebracht. Ich will echte Wahlfreiheit. Aber in der ideologisierten Debatte ist weder die eine noch die andere Seite dazu offenbar in der Lage. Toleranz scheint etwas sehr Schweres zu sein.

Würde es helfen, wenn man das Familienministerium abschaffen würde?

Es wäre schwer umsetzbar, weil man uns vorwerfen würde, wir wollten uns um Familien nicht mehr kümmern – was natürlich Unsinn wäre. Aber im Grunde genommen müsste man eine Art Lebensministerium schaffen. Das Wort »Leben« ist ja viel umfassender, es würde das ganze menschliche Leben in seinem Verhalten vom Leben bis zum Sterben mit einschließen. Ich will mal ein Beispiel sagen: Das Thema »Sterben« ist in unserer Gesellschaft extrem präsent und wichtig, und zwar auch der Weg zum Sterben mit Demenz und allen auch furchtbaren Alterskrankheiten. Politisch, auch in politischen Nachrichten, findet es aber kaum statt. Ich habe, als ich in Dresden Justizminister war, intensiv darüber nachgedacht, was man da machen könnte. Also habe ich mir das Betreuungsrecht angesehen. Dazu habe ich in Amtsgerichten in Sachsen Veranstaltungen zum Betreuungsrecht gemacht, das früher ja Vormundschaftsrecht hieß. Wir haben kaum Werbung gemacht, aber die Säle waren rappelvoll. Weil die Menschen inzwischen tausend Fragen haben. Fragen, die sie jeden Tag plagen. »Meine Schwiegermutter wird dement, was soll ich machen?« »Mein Vater muss angebunden werden, damit er Medikamente nehmen kann – kann ich das verantworten?« Lauter schwierigste ethische Fragen. »Ich werde nicht mehr fertig, ab und zu muss ich meinen Eltern ein Schlafmittel geben, ich brauche auch mal Schlaf, ich werde wahnsinnig. Geht das?« Und: »Kann ich nicht automatisch Betreuer meiner Mutter sein, warum muss das ein anderer sein?« Und so weiter und so fort. Um diese Fragen kümmert sich bei uns der Gesundheitsminister oder der Justizminister. Das könnte auch der Familienminister machen, wenn man es schon gewissenhaft macht. Oder der Lebensminister, von Geburt bis zum Tod. Heute ist das Familienministerium als ein Haus konzipiert, das sich um junge Familien mit kleinen Kindern kümmert – und als solches hat es sich eigentlich überlebt.

Was ist für Sie Emanzipation? Und wie halten Sie es mit der fixen Frauenquote? Sind Sie dafür oder dagegen?

Dass die Männer da vom Sockel gestoßen wurden, war absolut richtig, und jeder dieser Ablösungsprozesse ist schmerzhaft, tut weh, und jeder, der seine Macht verliert, der findet das irgendwie falsch, aber im Nachhinein war das nur richtig. Manche Methoden waren ein bisschen ruppig, die »Schwanz ab«-Parolen und all so Zeugs. Die Sache hatte Auswüchse, aber alles in allem war das für unsere Gesellschaft dringend nötig.

Macht sich die Emanzipation daran fest, dass die Frau auch arbeitet?

Ja, doch, geschichtlich gesehen bedeutete das Einkommen der Frau die eigentliche Unabhängigkeit vom Mann, weil dadurch die materielle Abhängigkeit verschwindet oder kleiner wird. Deswegen hat es unmittelbar damit etwas zu tun. Es hat sich dann aber davon gelöst, weil die Arbeit als solche plötzlich einen großen Wert bekam. Und derjenige, der nicht arbeitete oder nicht erwerbstätig ist, hat versucht, familiäre Arbeit als Arbeit zu qualifizieren. Meine älteste Schwester war Soziologin und hat gearbeitet über familiale Arbeit: Die Versuche, die Hausarbeit als Arbeit anzuerkennen, sind gesellschaftlich gescheitert. Wenn heutzutage gefragt wird: »Arbeitet Ihre Frau?«, dann meint man, ist sie erwerbstätig?

Würden Sie sagen, dass Ihre Frau emanzipiert ist?

Ja. In dem Sinne, wie man gemeinhin Emanzipation versteht. Weil sie immer unabhängig gewesen ist.

Sind Sie für die Frauenquote?

Für die Parteiwahlen war ich dagegen, aber ich muss anerkennen, dass sie etwas bewirkt hat – da beißt die Maus keinen Faden ab. Interessanterweise sind die Frauen aus den ostdeutschen Ländern überwiegend gegen die Frauenquote, weil sie sowieso in den letzten Jahrzehnten viel selbständiger waren und ganz andere Grundvoraussetzungen hatten. Bei der Frage nach Quoten in Unternehmen bin ich ambivalent, weil wir als Gesetzgeber die Zuständigkeit nur für das Aktienrecht und große Gesellschaften haben. Da könnte einiges geregelt werden. Bei einem mittelständischen Unternehmer aber, der eine Personengesellschaft ist, können wir das gar nicht regeln. Es wäre sehr wahrscheinlich verfassungswidrig.

Lehnen Sie die Quote in der Wirtschaft also ab?

Ich zweifle daran, weil wir uns mit den jetzigen Möglichkeiten verkämpfen könnten. Dann könnte eintreten, was manche Kritiker sagen: Dass es einen kleinen elitären Stamm von Frauen gibt, die von Aufsichtsrat zu Aufsichtsrat sozusagen »transportiert« werden, nur damit man die Quote erfüllt. Das wäre schlecht. Von daher bin ich auf jeden Fall gegen eine starre Quote. Aber ich bin dafür, um der Gesellschaft »Feuer unterm Hintern« zu machen, dass man eine flexible Quote verlangt und sagt: »Ihr müsst euch in den nächsten Jahren anstrengen. Ihr gebt euch selbst eine Quote, und Ihr müsst das veröffentlichen. Ihr müsst Euch Mühe geben.« Dabei hoffe ich natürlich, dass sie schon ein gewaltiges Imageproblem bekommen, wenn sie sich eine zu kleine Quote geben. Damit fängt es ja an. Und das gesteckte Ziel nicht zu erreichen, wäre dann die endgültige Blamage. Zugegeben: Das basiert stark auf dem Prinzip Hoffnung.

Als Sie klein waren, ist die Familie viel umgezogen. Bonn, Hannover, Koblenz, Hamburg, wieder Bonn – und das in wenigen Jahren. War das schwer oder schön?

Wahrscheinlich war es zwischendurch traurig, im Nachhinein fand ich es aber schön.

Warum?

Weil ich viel gesehen habe, immer wieder Neues. Und der Neue in der Klasse zu sein, fand ich damals auch interessant. Da kümmern sich alle, die gucken, das hat mir irgendwie gefallen. Ich finde im Nachhinein, dass ich ein bisschen viel gewechselt habe, auch später beruflich meine Ämter, und das wird ehrlich gesagt in zunehmendem Alter immer anstrengender. Aber an sich finde ich einen Wechsel bereichernd. Eine neue große Stadt zu erobern und das erste Mal herumzufahren, das fand ich immer spannend. Im

Rückblick jedenfalls. Vielleicht habe ich auch mal ins Kissen geheult – das mag schon sein. Aber wenn das so war, habe ich es doch verdrängt.

Sind Sie vom Naturell her einer, der alle zwei Jahre etwas Neues tun will?

Nein, das ist ein bisschen übertrieben. Aber ich bin ein neugieriger Mensch. Ich habe einen guten Freund, mit dem ich meine verschiedenen beruflichen Wechsel debattiert habe. Er hat mir etwas Wichtiges mit auf den Weg gegeben, das gebe ich allen jungen Menschen mit, die mich jetzt fragen: Das, was du tun willst – öffnet es Optionen, oder verschließt es welche? Gibt es mit dem neuen Schritt mehr oder weniger Möglichkeiten? Nicht nur im Sinne von Karriere und Nach-oben-Kommen. Sondern: Öffnet es neue Wege, oder verschließt es sie eher? Ich finde, man soll immer etwas machen, was Optionen öffnet. Ob die sich dann später verwirklichen lassen, ist eine ganz andere Frage. Wenn einer mit 18 sagt: »Jetzt werde ich Finanzbeamter, dann weiß ich genau, dass ich bis zur Rente einen stabilen Beruf habe.« Dann öffnet das nicht Optionen. Obwohl das ein schöner Beruf ist, Finanzbeamter. Anders ist es, wenn einer sagt: »Das ist eine tolle Ausbildung; ich mache Finanzbeamter, vielleicht bleibe ich das mein Leben lang, aber vielleicht werde ich auch Steuerberater und gehe in eine internationale Einrichtung, vielleicht mache ich Bankenaufsicht oder – was weiß ich – Versicherungsaufsicht. Das finde ich gut. Das könnte ich mir vorstellen, dafür ist der Finanzbeamte ein guter Start.« Da sage ich: »Genau so ist es richtig.« Und das ist mir vielleicht durch die Umzüge beigebracht worden. Darauf zu schauen, welche Wege das Neue vielleicht öffnet. Bei den verschiedenen Ämtern später habe ich mir immer diese Frage gestellt.

Sie haben sich mal als Zigeuner bezeichnet. Sind Sie einer?

Heute nicht mehr. Aber ich war das schon. Und das hat natürlich auch Nachteile. Zum Beispiel als ich in Münster studiert habe. Ich kam nach Münster und kannte keinen Menschen. Ich habe dann in Münster viele gute Freunde gefunden, aber am Anfang war die

Stadt am Wochenende für mich leer. Warum? Weil alle nach Hause gefahren sind. Die gingen nach Recklinghausen, die gingen nach Coesfeld zum Schützenfest. So etwas hatte ich nie und war am Anfang eifersüchtig. Ich hatte nie einen Ort, wo ich ein Schützenfest hatte, wo ich hingehen kann und nach zehn Jahren die Leute wissen, wie ich aussehe und welches Bier ich trinke. Das habe ich bei anderen erlebt und war hin- und hergerissen zwischen »Das finde ich spießig und provinziell« und »Das hätte ich auch gerne«. Deswegen habe ich mal gesagt, ich sei ein Zigeuner und hätte keine Heimat. Inzwischen ist Dresden unsere Heimat, jetzt ist Schluss mit der Heimatlosigkeit.

Es gibt Leute, die brauchen Wurzeln nicht so dringend. Die sind sich selbst genug. Gehören Sie da dazu?

Ich brauche Heimat nicht als geographische Heimat, genauer gesagt: Ich habe es lange nicht gebraucht. Jetzt ist es so, wenn ich zumeist freitags nach Hause fahre, dann fahre ich gerne über eine bestimmte Brücke, weil ich dann diesen schönen Blick auf Dresden habe. Und dann sage ich mir oft: »Jetzt bin ich zu Hause.« Das aber habe ich jetzt, seit ich Mitte Fünfzig bin, zum ersten Mal. Von daher war für mich Heimat nie etwas Geographisches. Es war etwas Familiäres oder etwas Vertrautes: Deutschland, Bürgerlichkeit, Familie, ein bestimmter Lebensstil – das war für mich Heimat, aber nicht ein Ort.

Als Ihre Familie, Sie sind damals zehn, wieder nach Bonn zurückkehrt, wächst der Ärger in der Schule. Die Zahl der Klassenbucheinträge schießt in die Höhe; die Lehrer sind unzufrieden, der Schüler Thomas de Maizière hat vor allem Streiche und Blödsinn im Kopf. Dieser Thomas de Maizière von damals war nicht so, wie man ihn sich heute vorstellt: diszipliniert, organisiert, manche sagen auch, ein bisschen spröde. Was vom damaligen Schlitzohr haben Sie eigentlich heute noch?

Na ja, erst mal war das, was Sie mit Schlitzohr und Streichen im Kopf umschreiben, natürlich altersgerecht. Und das hat sich später ja durchaus ein bisschen rausgewachsen. Den pubertierenden Jungen, der nicht ein bisschen über die Stränge schlägt, um den kann es einem leidtun, würde ich sagen. Jetzt und heute bin ich Bundesverteidigungsminister, ich bin Inhaber der Befehls- und Kommandogewalt, ich war vorher Bundesinnenminister. Als Verteidigungsminister bin ich zuständig für Hunderttausende von Menschen; ich habe ein Amt, und das auf Zeit, und da muss ich meine Person zurückstellen. Das ist mein Selbstverständnis. Die Soldaten müssen meine Weisungen oder unsere organisatorischen Veränderungen miterfüllen, mitleben, unabhängig davon, ob sie mich mögen oder nicht, ob ich ein guter Typ bin oder ein doofer. Und deswegen gehört eine übertriebene Darstellung der Person nicht zu einem öffentlichen Amt. Das heißt nicht, dass ich mich total verbiege, ich bin halt ein bestimmter Typ. Aber eine Zurschaustellung meiner Blödeleien, meiner Ironie, meiner Clownerien verträgt sich nicht mit der Wahrnehmung eines öffentlichen Amtes, nicht nur aus Bescheidenheit. Das Amt ist wichtig, es überlebt ja auch den Amtsinhaber. Amtsinhaber – das ist überhaupt ein schönes Wort. Der ist nicht das Amt, der hat das Amt inne.

Sind die Streiche, ist das Gegen-die-Regeln-Verstoßen das, was Sie heute mit Kindheit verbinden?

Ja, klar. Kinder können auch unhöflich sein. Wir bringen ihnen ja Höflichkeit bei, und das ist natürlich auch eine gewisse Form des Einengens. Man muss eben einer alten Tante die Hand geben, vielleicht sogar einen Kuss geben, obwohl man das gar nicht mag. Die ist alt, und die ist runzelig, und die hat Mundgeruch, und dann soll man die auch noch küssen. Ist doch schrecklich, aber das gehört zur Erziehung und zum guten Ton. Der gute Ton, das klingt jetzt wieder so negativ, aber ein guter Ton ist für Musik und für alles wichtig. Eine Gesellschaft braucht einen guten Ton, sonst verkümmert sie und wird zu kalt. Das müssen wir den Kindern beibringen. Trotzdem brauchen wir auch einen geschützten Kreis, in dem wir sagen können: »Diese alte Tante finde ich ekelig.«

Man muss es zuhause aussprechen dürfen?

Ja. Es ist einfach ein Unterschied, ob man eine geliebte Mutter oder eine geliebte Frau oder eine sehr liebe Freundin umarmt – oder eine Tante auf dem Familientreffen, die man nicht mag. Das weiß die Tante übrigens auch, wenn sie klug ist. Der gute Ton darf sich aber in einer Familie oder einer Gesellschaft nicht verselbständigen und von der Substanz lösen. Das wäre ganz schlecht. Dann spielen sich alle nur noch was vor. Man braucht beides: einen guten Ton und einen geschützten Bereich, wo man lästert und nicht zitiert wird.

Ein ewiger Wunsch der Politiker.

Nein. Im Gegenteil. Das ist kein Wunsch aus Bequemlichkeit. Es ist die pure Notwendigkeit. Dass man aus Vier-Augen-Gesprächen nicht zitiert, hat seinen guten Sinn. Und ich finde, es ist eine totale Verlotterung der Sitten, dass inzwischen selbst aus eigentlich sehr vertraulichen Vier-Augen-Gesprächen zitiert wird. Ja, dass auch manche Journalisten geradezu den Anspruch erheben, dass man aus Vier-Augen-Gesprächen zitieren müsse und dass Politiker im Nachhinein aus einem Vier-Augen-Gespräch jedenfalls so berichten, dass der andere sieht, dass man in dem Vier-Augen-Gespräch besonders gut war. Das finde ich alles total unangebracht. Deswegen gehören geschützte Räume für ein offenes Reden und öffentliche Räume, in denen man sich – wie bei der ungeliebten Tante – auch mal zurücknimmt, nicht nur zum Familienleben, sondern dringend auch in die Politik. Man braucht auch mal ein Stück Fassade, das schützt einen, das schützt manchmal auch andere vor unnötigen Verletzungen.

Träumen Sie sich manchmal in die Zeit der Streiche, in diese Leichtigkeit zurück?

Ja, das tue ich. Ich habe schwere Ämter, habe es in der Regel jeden Tag mit schwerem Stoff zu tun, ernsten Dingen. Bei mir geht es oft um Schwarzbrot. Und manchmal flüchte ich mich dann in bestimmte Sachen, die nicht so schwierig sind. Ich war sehr gerne für Sport zuständig, als Innenminister, und ich bin auch jetzt sehr gerne für Sportsoldaten zuständig. Da gibt es zwar auch Probleme, aber auch Dinge, die einfach leichter sind. Ehrlich gesagt, manchmal denke ich mir schon, wenn ich manche Leute sehe, die Jobs haben, die mindestens auf den ersten Blick leichter sind, die x-mal mehr Geld verdienen, dann denke ich mir: »Warum kriege ich hier immer die Jobs mit dem Schwarzbrot?« Andererseits möchte ich das auch, ist ja klar.

Warum ist das für Sie klar?

Weil Schwarzbrot auf Dauer besser schmeckt als lappiges Toastbrot.

Sie hießen nicht immer Thomas de Maizière. Sie haben sich auch mal einen falschen Namen gegeben, um sich zu tarnen. Ist Ihnen das heute unangenehm?

Ich hatte mit einem Schulfreund verabredet, dass wir, wenn wir Unsinn machen und erwischt werden und nach unseren Namen gefragt werden, einen anderen, falschen Namen angeben, weil mein Name so explizit, so bekannt gewesen ist. Da hatten wir uns auf den Namen Thomas Bockenheimer verständigt. Der hat uns gefallen. Und weil ja nicht klar war, ob wir im Fall der Fälle einzeln, gemeinsam oder getrennt ins »Verhör« geraten, haben wir uns vorher darauf verständigt.

Sind Sie stolz auf Ihre damalige Schlitzohrigkeit?

Nein. Irgendwie gehörte das einfach dazu und war ganz normal in der Phase der Pubertät.

Hat der Name Ihnen geholfen?

Ja. Einmal tatsächlich. Wir haben damals einer älteren Dame auf dem Schulweg eine Zeit lang jeden Tag die Fensterläden von außen zugemacht. Einfach so. Um sie zu ärgern. Bis sie irgendwann vor lauter Zorn auf uns gewartet hat. Mein Freund konnte entwischen, mich hat sie am Kragen gepackt. Sie war sehr sauer und erklärte, das werde ein Nachspiel haben. Wie denn mein Name laute? »Thomas Bockenheimer«, antwortete ich. Sie kündigte an, sie werde sich bei meinen Eltern beschweren – und ließ mich gehen. Sie hat uns nicht mehr gefunden.

Würden Sie sich heute manchmal eine Tarnkappe wünschen?

Nicht für Streiche. Aber ansonsten: Ja.

Warum?

Weil das Erkanntwerden in einer Fußgängerzone nicht immer angenehm ist. Es ist nicht schön, wenn die Leute einen ansehen wie ein Zirkuspferd oder ein Zootier. Manchen Kollegen gefällt das vielleicht; für mich ist es eher schwierig. Sicher, es hält sich noch in Grenzen bei mir, weil ich immer noch nicht so bekannt bin. Und wenn ich dann in Jeans und Polohemd durch die Stadt gehe, fehlt der Zusammenhang, in dem man Politiker erwartet. Deswegen werde ich nicht immer gleich erkannt. Außerdem ist es in Sachsen, wo ich privat am meisten bin, sehr angenehm; ich werde dort nicht so viel angesprochen, und wenn doch, dann meistens sehr nett. Aber sonst, wenn wir irgendwo sitzenn und dann kommt jemand mit der Frage: »Darf ich Sie mal ansprechen? Ich will Sie gar nicht stören, aber …« – dann gibt es nur zwei Möglichkeiten: Entweder ich gehe freundlich darauf ein, dann werde ich eben doch gestört in meinem Gespräch. Oder ich gehe nicht darauf ein, dann gelte ich als arrogant und hochnäsig. Beides sind keine schönen Varianten. In solchen Momenten wünsche ich mir eine Tarnkappe. Was ich aber nicht mache, ist der Versuch, mich zu verstecken. Ich setze mir nicht eine Sonnenbrille und ein Käppi auf, damit ich möglichst nicht erkannt werde.

Sie haben mal gesagt, man solle bloß nicht glauben, dass Thomas de Maizière immer diszipliniert ist. Wann sind Sie undiszipliniert?

Nun ja, im Dienst versuche ich immer, diszipliniert zu sein. Ganz selten dulde ich bei mir mal einen Durchhänger oder so etwas. Das hat sicher auch mit meinem Elternhaus zu tun. Das ist eine Typfrage. Vielleicht gehört das auch zusammen. Undiszipliniert? Das bin ich in den Ferien. Zu Hause.

Weil dann der Zeitdruck wegfällt?

Ja, und das ist sehr wichtig. Zeit ist total wichtig. Wenn wir Urlaub machen, versuche ich das ohne Uhr und ohne Plan zu machen. Mein Terminkalender ist ja voll durchgeplant. Wenn Sie mich jetzt fragen, was ich in vier Wochen um 18 Uhr mache, dann kann ich Ihnen das genau sagen. Vielleicht kommt noch ein anderer Termin dazwischen. Aber das ist alles voll durchgeplant. Und wenn im Urlaub irgendjemand schon am zweiten Tag sagt: »Morgen könnten wir mal in ein Museum gehen!«, macht mich das wahnsinnig. Das ist schon wieder ein Plan. Ich möchte nach dem Frühstück sagen: »Ich hätte jetzt mal Lust auf ein Museum.« Und dann fahren wir da hin. Aber kein Plan! Erst nach ein, zwei Wochen – falls ich mal so lange Urlaub habe – fange ich wieder an zu planen. Aber dieses »aus der Zeit fallen« ist für mich das Schönste.

Was bedeutet Ihnen Freundschaft?

Viel. Das Wichtigste ist für mich, dass ich Freunden gegenüber kein Amtsträger bin. Da will ich Thomas de Maizière sein. Das ist enorm wichtig. Wenn man sein Leben lang Jahr für Jahr nur Amtsträger wäre, das ist unmenschlich, das geht nicht. Also will ich dann andere Dinge machen, über anderes reden. Ich lese ziemlich wenige politische Bücher. Romane mit einem politischen Hintergrund ein bisschen, aber die wenige Zeit, die ich habe, möchte ich eigentlich nicht viel mit Politik verbringen. Ich höre gerne Musik – lasse alles stehen und liegen für ein schönes Konzert. Oder gehe ins Kino mit Freunden. Einen ganzen Abend über Musik oder einen Kinofilm zu reden, ohne einmal gefragt zu werden, wie eigentlich der NATO-Gipfel in Chicago war oder so – das ist für mich Freundschaft.

Gibt es dabei einen Unterschied zwischen Freunden und Familie? Man kann sagen, Familie hat man, Freunde sucht man sich aus.

In unserer Kernfamilie ist das wie mit den besten Freunden. Im entfernteren Kreis gibt es natürlich auch anderes, das ist klar. Aber im Kernkreis der Familie ist es genau so; da gibt es keinen Unterschied.

Ihr Vater hat Ihnen mal erklärt, Sie sollten mit dem Begriff »Freund« sparsam umgehen. Warum?

Weil es so viele Freunde nicht gibt. Fünf oder zehn vielleicht. Wenn einer sagt: »Ich hab bei Facebook 687 Freunde«, dann mag das irgendwie sein – wenn er ehrlich ist, hat er aber nicht so viele

Freunde. Das ist ein Missbrauch des Freundesbegriffs. Es gibt gute Bekannte; man kann die auch mal als Freund bezeichnen. Ich ertappe mich selber dabei, Menschen aus der Politik als Freunde zu bezeichnen, was Ausdruck von Sympathie ist. Aber ich sage das viel seltener als andere. Freundschaft ist etwas sehr Wertvolles, Freundschaft ist ein kostbarer Begriff. Den sollte man nicht inflationär verwenden.

Wo ist für Sie der entscheidende Unterschied? Dass man einem Freund Dinge verzeiht, die man anderen nicht verzeihen würde?

Ja, das ist schon so. Dass man loyal ist, unabhängig davon, was der andere gerade gemacht hat. Loyal und verschwiegen. Aber Freundschaft geht damit los, dass man einfach Dinge über sich selbst erzählt, die man sonst keinem erzählt. Also, nehmen wir mal an, Sie würden aus dem Familienkreis, von Ihrer Frau oder Ihrem Kind, eine Krebsdiagnose bekommen. Wen würden Sie da anrufen, um das mit dem zu besprechen? Das ist ein Freund, und ich glaube nicht, dass das normalerweise mehr als zehn sind.

Das klingt schon nach vielen Freunden.

Das klingt nach ziemlich viel. Jetzt ist das Beispiel eine extreme Situation, da gibt es vielleicht nur ein oder zwei. Und das sind dann vielleicht diese Freunde und die Familie. Es sind vielleicht einige mehr bei nicht ganz so existenziellen Fragen. Aber: Wem erzählt man, dass die eigene Frau schwanger ist? Ich soll nichts erzählen, und doch will ich das Gefühl und die Aufregung teilen. Ich habe ein Bedürfnis, es einem Freund zu erzählen. Das ist etwas Intimes – im Sinne von Vertrauen, im Sinne von Vertraulichkeit. Deswegen können es nicht viele sein.

Das heißt, das Leben braucht auch Geheimnisse.

Auf jeden Fall. Ich finde die totale Verfügbarkeit, die totale Transparenz, mein ganzes Leben in Facebook und so, grauenhaft. Ein Leben braucht Geheimnisse, Weihnachten braucht Geheimnisse. Man muss auch Geheimnisse lüften, man muss überlegen, gegenüber wem man Geheimnisse hat und später lüftet. Vielleicht gibt es auch ewige Geheimnisse. Ein Geheimnis macht ein Leben erst spannend, und die totale Offenheit halte ich für etwas Schreckliches. Damit meine ich nicht, dass alles verschlossen sein soll – »Geheimnis« ist auch ein Begriff, mit dem man, sagen wir mal, behutsam umgehen muss. Politik braucht übrigens auch Geheimnisse.

Der Trend scheint zurzeit ein anderer zu sein. Die Piraten oder wikileaks propagieren die totale Transparenz, halten das für die nächste Stufe der Demokratie. Dem würden Sie widersprechen?

Total widersprechen – auch in der Politik. Nicht umsonst hat das Bundesverfassungsgericht beim Kernbereich »Exekutive Eigenverantwortung« das sogenannte »Beratungsgeheimnis« geschützt. Leider gerät das immer mehr unter Druck. Aber es muss in einer Verhandlungssituation möglich sein, geschützt zu sein. Sie können nur gut verhandeln, wenn der Verhandlungsprozess nicht transparent ist. Sie müssen in einer Verhandlungssituation mal sagen können: »Das könnt ihr mir nicht zumuten.« Ohne dass das in der Zeitung steht. Oder: »Ich wäre bereit zu dem Kompromiss, aber meine Leute steinigen mich dafür.« Habe ich hunderte Male erlebt, und nicht ein einziges Mal erzählt. Nur dann können Sie die nächste Verhandlung auch viel besser machen. Wenn einer das allerdings immer erzählt, dann wird es unglaubwürdig. Ist ja auch kein Zeichen von Stärke, wenn man das in einer Verhandlungssituation sagt. Aber ein Zeichen von Offenheit und Vertrauen. Wie ein Kompromiss zustande kommt, das muss man natürlich manchmal erzählen. Ich habe viele Hintergrundgespräche gemacht nach Koalitionsausschüssen. Und natürlich habe ich uns da im guten Licht dargestellt. Das gehört zum Geschäft, das ist auch wahr. Aber manche Dinge gehen kaputt, wenn sie offengelegt werden. Ich habe übrigens nichts dagegen, wenn so etwas nach dreißig, vierzig Jahren in Archiven offengelegt wird. Bis auf ein paar letzte Dinge vielleicht. Aber in der unmittelbaren Arbeit braucht Politik zu einem nicht unerheblichen Teil Vertraulichkeit.

Hängen Geheimnis und Lüge am Ende zusammen?

Das ist eine ganz schwierige Frage. Lügen darf man nicht als Politiker. Das fällt irgendwann auf und kommt doch heraus und ist schlecht – mal von kleinen Notlügen abgesehen. Kleine Notlügen, wie im täglichen Leben, warum man zu spät gekommen ist und so – dafür wird der liebe Gott einen nicht in der Hölle verschmoren lassen. Das ist auch in der Politik erlaubt. Wer sagt, er habe das noch nie gemacht, der lügt aber richtig. Nur: Zur Verantwortung eines Ministers, der mit Sicherheit zu tun hat, gehört zwingend, dass man nicht zu jeder Zeit die volle Wahrheit sagen kann, weil die psychologische Wirkung dessen, was man sagt, immer mitbedacht sein muss. Und das bedeutet auch, wenn ein Journalist etwas fragt, dann ist es nicht legitim, zu lügen, aber es ist legitim, nur einen Teil der Wahrheit zu sagen, selbst um den Preis, dass manchmal ein anderer Eindruck entsteht. Alternativ kann man auch einfach nichts sagen. Das ist – verantwortungsvoll gebraucht – nicht nur möglich, sondern nötig. Das gilt sicher auch für einen Finanzminister, erst recht für eine Bundeskanzlerin oder einen Regierungschef. Es wird im Übrigen immer ein bisschen gelogen bei Abschieden, um den Abschied leicht zu machen, gerade bei unangenehmen Abschieden. Das ist ja augenzwinkernd auch in der Gesellschaft akzeptiert. Keiner wird am Grab sagen, dass der, der beerdigt wird, ein Lump war, sondern da sagt man höchstens, der war trickreich.

Der gute Ton?

Ja. So was sagt man dann. Aber das ist ja auch keine volle Lüge. Auch wenn sich dann alle angucken und sagen: »Das hat der Redner aber geschickt ausgedrückt, in Wahrheit war er ja ein Lump.« Das macht eine Gesellschaft auch menschlich, so etwas brauchen wir schon.

Sind Sie ein strenger Freund?

Ach, nein. Das kann ich eigentlich nicht sagen, auch wenn ich meine Freunde schlecht behandle, weil ich zu wenig Briefe schreibe, zu wenig Zeit für sie habe.

Ein Schulfreund von Ihnen hat erzählt, dass Sie, als er durchgefallen war, wenig Mitleid mit ihm hatten. Statt dessen hätten Sie gesagt: »Dass du durchfällst, mein Freund, liegt an dir! Du hast nicht genügend gemacht!«

Ja. So gesehen bin ich mit Freunden, aber auch mit Kollegen streng. Ich sage übrigens auch vielen meiner jetzigen Politikerkollegen, was mir an Ihnen nicht gefällt. Ich warte dafür eine bestimmte Gesprächssituation ab und mache das in einem freundlichen Ton und begründe das. Und meine bisherige Erfahrung ist, genau dafür sind mir viele dankbar, und die meisten finden es gut. Insoweit bin ich streng. Ich bin auch mit mir selber hoffentlich streng.

Braucht das Leben Verletzungen?

Ja. Man braucht Niederlagen, Verletzungen im Leben, unbedingt. Um zu reifen. Ich finde es toll, wenn Menschen sagen: »Ich habe meine Sandkastenliebe geheiratet und bin total glücklich mit ihr auch nach 60 Jahren.« O.K.! Für mich aber wäre das nichts, weil der Verlust einer Freundschaft, einer Liebe, Abschied nehmen, damit fertigwerden, sich neu verlieben, neu irgendwo hinzukommen, aus Niederlagen oder Problemen etwas zu lernen, doch wichtig ist und zum prallen und vollen Leben dazugehört. Wer das nicht hat – das ist irgendwie schade.

Teilen Sie die Einschätzung: »Nur wer verlieren kann, kann auch gewinnen«?

Natürlich. Ich meine, deswegen ist ja »Mensch ärgere dich nicht« ein extrem wichtiges Spiel. Haben wir zu Hause viel gespielt, spielen wir mit unsern Kindern, haben Sie sicher auch gespielt. Man muss doch lernen, damit umzugehen. Da darf man übrigens auch mal was umstoßen und sagen: »Ich spiel' nicht mehr mit euch!« Da merkt man, dass die anderen einen auslachen, und dann sitzt man halt alleine in einer Ecke, und nach einer Weile sagt man dann: »Darf ich vielleicht doch wieder mitspielen?« Das alles zu lernen, wie man damit umgeht, das ist extrem wichtig. Natürlich ist Stärken stärken ein wichtiges Prinzip der Pädagogik, da habe ich nichts dagegen. Aber gerade auch Niederlagen können einen stärken. Meine Frau hat mir von einem Besuch in einem Krankenhaus der US-Armee erzählt. Sie sagte, was man dort alles mit versehrten Soldaten macht. Und an der Sportschule Warendorf machen die das Gleiche. Da sagt der Soldat: »Ich kann nicht mehr laufen, mein Bein ist amputiert.« Und dann sagt man zu ihm: »Was glaubst du, was du alles mit einem Bein machen kannst?« »Ich kann nicht mehr Skifahren«, antwortet er. Und die sagen: »Und in drei Monaten fahren wir mit dir Ski.« Natürlich gehört da entsprechende Technik dazu, plus Prothese und Quälerei. Aber die versuchen dort, den Blick des Versehrten zu verändern. Jürgen Klopp, der Trainer der Bundesligamannschaft von Borussia Dortmund, hat ein Credo. Er bimst seinen Spielern ein, dass ein verlorener Ball keine Niederlage, sondern eine Chance ist. Die Chance, sich ihn ganz schnell zurückzuholen. Ihn wiederzugewinnen. Das ist natürlich eine Selbsttäuschung, aber eine hervorragende Selbsttäuschung. Wie gehe ich damit um, dass ich den Ball verloren habe? Weine ich dem lange nach, oder sage ich: »Ach so, jetzt hole ich ihn mir sofort wieder.« Diese Sicht auf die Dinge muss man lernen, das geht nicht per Knopfdruck. Und vor allem braucht man die Situation, in der einem der Ball abgenommen wird. Immer wieder. Wenn man nie den Ball abgenommen bekommt oder nur einmal, lernt man das nicht. Man muss hundert Mal den Ball abgenommen bekommen und ihn neunzig Mal wiedergeholt haben, dann hat man was gelernt.

Sie mussten, als Sie elf, zwölf Jahre alt waren, die Schule wechseln, weil Sie viel Blödsinn und nur noch wenig Schule im Kopf hatten. Wie wichtig war dieser Wechsel?

Ich glaube, am Cusanus-Gymnasium in Bonn wäre ich verlottert. Ich war ja auch deswegen frech, weil ich nicht genug gefordert wurde. Im Nachhinein, scheint es, waren das alles schlechte Lehrer, die ich da hatte. Stimmt wahrscheinlich nicht, aber mein Interesse konnten die irgendwie nicht mehr wecken. Am Aloisiuskolleg waren nicht alle, aber doch einige wirklich gut. Ich meine, wenn ein Lehrer in die Klasse kommt, und es ist mucksmäuschenstill, bevor der einen Ton gesagt hat, da fängt auch der Frechste nicht an herumzuschreien. Wenn ein Lehrer in die Klasse kommt und muss fünf Minuten brüllen, bis Ruhe ist, dann brüllen auch vier Minuten lang alle. Von daher hat sich das am Aloisiuskolleg irgendwie schnell von selbst gegeben. Die Schule war gut, und irgendwann bin ich dann ja auch aus der frechen Phase rausgewachsen.

Das Aloisiuskolleg Thomas de Maizière macht sein Abitur 1972 auf dem Aloisiuskolleg in Bonn-Bad-Godesberg. Das AKO, wie es im Volksmund genannt wird, ist ein von Jesuiten geführtes, altsprachliches Gymnasium mit angeschlossenem Internat. Es war 1921 gegründet worden, geriet nach der Machtübernahme der Nationalsozialisten immer stärker unter Druck, bis es 1938 von diesen geschlossen wurde. Unmittelbar nach Kriegsende wurde es von den Jesuiten wieder eröffnet und gilt seither als anspruchsvolle, ja elitäre Schule, die aber Kindern aus allen Schichten offensteht und offenstehen will. So sollen diverse Stipendien Kindern aus ärmeren Familien den Schulbesuch ermöglichen. Zu den Erziehungszielen gehört es neben der Ausbildung in den klassischen Fächern auch, ein soziales Bewusstsein zu wecken und nicht alles nur dem persönlichen Erfolg unterzuordnen. »Leben mit und Leben für andere öffnet auch einen Zugang zu Gott«, heißt es auf der Website der Schule.

2010 wurde bekannt, dass es auch am Aloisiuskolleg Fälle sexueller Belästigung und sexuellen Missbrauchs gegeben hat, die meisten in den fünfziger und sechziger Jahren. Ein seit 1968 am Kolleg arbeitender Pater wurde besonders schwer belastet. Als Reaktion darauf stellte das Kolleg als erste deutsche Jesuitenschule noch 2010 einen Leitfaden zur Prävention von sexuellem Missbrauch vor. Im Zuge der Krise erhielt das Kolleg im Juli 2011 zudem einen neuen Rektor, nachdem der Vorgänger 2010 zurückgetreten war. Er galt als enger Begleiter des besonders beschuldigten Paters.

Zu den ersten Absolventen des Aloisiuskollegs gehörten Ende der zwanziger Jahre Widerstandskämpfer des 20. Juli, so Georg Freiherr von Boeselager und sein Bruder Philipp. Weitere bekannte Abiturienten des Kollegs aus der jüngeren Zeit sind der Jazzmusiker Till Brönner, der TV-Moderator Stefan Raab sowie Thomas de Maizières enger Vertrauter und heutiger Staatssekretär Stéphane Beemelsmans.

Sie kommen aus einer hugenottisch-protestantischen Familie und sind dann auf ein Jesuitengymnasium gegangen. Wie passte das zusammen?

Meiner Mutter ist das einen Moment schwergefallen, meine Mutter war sehr evangelisch. Ich hatte zwei wichtige Freundinnen, die katholisch waren. Die fand meine Mutter zwar sehr nett, aber sie hat ein bisschen daran gekaut, dass sie katholisch waren. Am Ende lag es einfach daran, dass das aus Sicht meiner Eltern die beste Schule war. Und sie lag am nächsten zu dem Wohnsitz, den wir damals hatten. Das waren beides gute Argumente.

Es gab eine Regel bei Ihnen, dass die Geschwister nicht auf die gleiche Schule gehen. Woher kommt diese Regel?

Ja, das stimmt. Und wir haben es bei unseren Kindern auch selber so versucht. Das gehört noch zu dem Thema, was ich von meinen Eltern übernommen habe. Die Begründung war, wir wollen, dass jedes Kind seine eigene Prägung in der Schule hat und sich entwickelt und es nicht heißt: »Ach, das ist ja der kleine Bruder!« Es sollte nicht dauernd die Möglichkeit geben zu sagen, der ist besser oder schlechter oder doofer oder sozialer oder so. Es gab natürlich immer Ausnahmen, aber wenn das geht und man in großen Städten ist, finde ich das gut so.

Was hat Sie am meisten geprägt am Aloisiuskolleg?

Wichtig im Nachhinein fand ich den Katholizismus. Den habe ich da natürlich gespürt. Die legten übrigens Wert darauf, dass wir evangelischen Religionsunterricht hatten. Es gab selbstverständlich keinen ökumenischen Religionsunterricht. Es wurde am Anfang dreimal, dann zweimal am Tag gebetet: morgens, wenn der Unterricht beginnt, nach der großen Pause und mittags, wenn er endet, und zwar das Mariengebet, »Heilige Maria, Mutter Gottes«. Das war für mich völlig unbekannt, auch das Bekreuzigen. Und der rheinisch lässige oder laxe Umgang mit Glauben – den war ich aus dem Protestantismus auch nicht gewöhnt. Da ist man strenger. Das glauben viele Katholiken nicht, aber es ist so. Das Zweite, was ich gelernt habe, ist ein Sinn für Qualität. Dort wurde gnadenlos offengelegt, wer und was gut ist und wer nicht und warum.

Wie ging das vor sich?

Wir hatten dort gute Lehrer, die, wenn es aus ihrer Sicht sein musste, auch mal sehr schlechte Noten gaben. Die haben hart zensiert und dann auch erklärt, warum eine Deutscharbeit eine Fünf war und eine andere eine Zwei. Das wurde alles öffentlich gemacht vor der Klasse. Heute geht das angeblich alles wegen Datenschutz nicht mehr. Es wurden nicht die Details einer Beurteilung der Deutscharbeit vorgelesen, aber die Besprechung von Gedichten oder Aufsätzen. Es wurde auf Qualität Wert gelegt. Und so wirkte das einfach am stärksten.

War das nicht ein enormer Druck?

Ich habe gelernt, was Druck ist, ja. Ich hatte gute Lehrer, die mit meinem klugen Mitarbeiten plötzlich nicht mehr zufrieden waren. Ich bin einmal in Geschichte durch einen Lehrerwechsel von Eins auf eine knappe Vier geraten, innerhalb von zwei Monaten. Und zwar absolut berechtigt. Mein Lehrer hat mich einfach auf den Pott gesetzt, weil ich nicht gearbeitet und alles über kluge Fragen zu erledigen versucht habe. Das hat bei dem einen Lehrer für eine Eins in Geschichte gereicht, bei diesem aber nicht mehr.

War das Aloisiuskolleg politisch?

Sehr politisch. Wenn es große Debatten gab im Bundestag, dann fiel der Unterricht für uns aus, und wir wurden alle vors Fernsehen gesetzt und guckten das an, und hinterher wurde darüber geredet. Wie war das Argument von dem? Wie fandet ihr die Rede von dem? Hat der es gut gemacht? Warum war der gut? Weil der besser aussieht oder weil seine Rede besser war? Was wisst ihr noch von der Rede – und so. So haben wir das gemacht. Ich hatte damals auch eine Politik-Arbeitsgemeinschaft, geführt von einem Pater. Dieser Pater hat mich sehr geprägt. Da haben wir uns regelmäßig getroffen und richtige Seminararbeiten geschrieben. Ich erinnere mich an eine Serie »Internationale Organisationen« – der eine schrieb über die UNO, der Zweite über die NATO, der Dritte über die OECD. Da mussten wir eine zwanzigseitige Seminararbeit abgeben. Dabei hat er uns beigebracht – wir waren Klasse elf –, wie man zitiert. Wie breit man den Rand macht, und so weiter. Das fand ich großartig. Ich kam an die Universität und wusste, wie man eine wissenschaftliche Arbeit schreibt. Und was mich auch noch geprägt hat, ist ein bewusster Umgang mit Sprache, durch Latein und Griechisch. Insbesondere durch das Griechische habe ich das gelernt. Wir hatten einen ganz tollen Griechischlehrer, der die Sprache und die griechische Philosophie lehrte und dann noch Ästhetik studiert hat nebenbei, also das war wirklich gut.

Was haben Sie am meisten gehasst? Jeder Schüler hat etwas, das ihm mächtig gestunken hat.

Es waren keine Mädchen auf der Schule. Das hat sicher dazu beigetragen, dass ich erst ziemlich spät eine Freundin hatte. Und dann einen Teil der Lehrerschaft, die begonnen hatten, sich anzubiedern. Die wollten modern wirken, angeblich liberaler, aber das hat mir nicht gefallen. Weil es nicht echt war, die waren nicht liberaler, die haben nur so getan. Da waren mir die strengen, klaren Lehrer und Patres lieber. Über die hat man sich geärgert, aber die standen für etwas.

Gläubig sein – sind Sie das? Und was heißt das für Sie?

Ja, heute ja. Als ich Student war, bin ich kaum je in die Kirche gegangen, habe mich aber als Christ gefühlt. Heute heißt gläubig sein viel für mich. Ich gehe in die Kirche, ich bete, ich faste vor Ostern, mir ist das sehr wichtig. Mir ist wichtig, dass es Gott gibt über mir und uns allen. Dass es letzte Dinge gibt, über die ich nicht entscheide. Etwas anderes ist aber auch wichtig: Man soll seinen Glauben nicht zu sehr auf den Lippen tragen. Das wirkt erstens bei einer säkularen Gesellschaft leicht ein bisschen aufdringlich, und zweitens hat zum Beispiel die Frage, ob man die Rente mit 67 einführt, mit dem christlichen Glauben nichts zu tun. Natürlich kann ich sagen, das ist nachhaltig, und Nachhaltigkeit ist gut und ein Prinzip der Schöpfung und so. Aber wirklich gläubig sein heißt für mich mehreres: Das Allererste ist ganz schlicht, aber tiefgehend: der Glaube an Gott und die Auferstehung. Das hat viele Dimensionen. Dass das Leben nach dem Tod nicht zu Ende ist; dass wir eine Verantwortung über unser Leben hinaus haben; dass es den Unterschied zwischen den letzten und den vorletzten Dingen gibt; dass wir uns nur mit den vorletzten Dingen beschäftigen und die letzten Dinge in Gottes Hand sind.

Gibt es für Sie dabei einen wesentlichen Unterschied zwischen dem katholischen und dem protestantischen Glauben?

Für mich als Protestant kommt in besonderer Weise noch hinzu, was wir die »Freiheit des Christenmenschen« nennen. Dietrich Bonhoeffer hat mich sehr geprägt – ihn habe ich viel gelesen. Der Auftrag des Christenmenschen, des freien Christenmenschen ist es, Freiheit in die Welt zu bringen. Das ist sehr protestantisch. Freiheit – das heißt für mich auch, mit Freiheit mündig umzugehen und sich zu freuen, dass es Unsicherheit gibt, weil es keine Freiheit gibt ohne Unsicherheit. Das ist für mich ein zentraler Punkt. Und dann gehört für mich noch dazu, dass man sich nicht zu wichtig nimmt. Wenn es Dinge gibt, die wichtiger sind als das eigene Leben, dann wird man im Erfolg nicht übermütig und in der Niederlage nicht zu verzweifelt.

Heißt das, dass es für Sie nicht zu sehr im Vordergrund steht, ob Sie beten oder am Sonntag in die Kirche gehen oder vor Ostern fasten?

Genau. Ich gehe auch in die Kirche, nicht jeden Sonntag, aber jetzt in Dresden in der Frauenkirche ist um 11 Gottesdienst. Da gehen wir immer wieder gerne hin, weil das eine gute Tageszeit ist. Positiv gesagt: Natürlich braucht der Glauben auch eine Kirche für mich. Ich bin Mitglied der Kirche, ich war sechs Jahre Synodaler unserer Landeskirche in Sachsen und brauche eine institutionelle Verkörperung. Aber für einen Protestanten ist die unmittelbare Beziehung zu Gott wichtiger als die Transformation über einen Priester oder den Papst oder Maria – das ist schon wahr. Ich bin im Präsidium des evangelischen Kirchentages engagiert; da bin ich sehr gerne. Das ist nicht Kirche, aber es ist auch eine Institution, die den Glauben lebt. Ihn öffentlich lebt. Ja, so kann man das sagen: Dort lebt man den Glauben öffentlich, und das gefällt mir sehr.

Und wo leben Sie den Glauben in der Politik? Sie gehören ja der CDU an – der Christlich-Demokratischen Partei Deutschlands.

Darüber habe ich immer mal wieder mit Franz Müntefering diskutiert, in den Pausen beim Koalitionsausschuss. Er hat mich gefragt: »Warum ist ein Christ anders? Ihr sagt, ihr seid Christdemokraten. Warum seid ihr anders in der Politik? Was zeichnet euch aus? Geht ihr netter miteinander um in der Partei?« Und da habe ich erst mal ziemlich herumgestammelt, wusste keine Antwort, habe dann nachgedacht, und später haben wir noch mal darüber gesprochen. Ich glaube, dazu gehört eine Reihe von Punkten. Dass wir uns mit der Entscheidung über die Dinge an der Grenze des Lebens schwertun, am Anfang und am Ende. Wie immer man dazu am Ende steht, auch wenn wir uns nicht immer einig sind. Entscheidend ist, dass wir da mit uns ringen. Dann ist da die Entscheidung über Leben und Tod, die auch mich als Verteidigungsminister betrifft – etwas, mit dem wir uns natürlich schwertun. Und dann gibt es noch etwas: Ich finde, dass Christen zuversichtlicher sind oder sein sollten als Nicht-Christen.

Warum?

Weil die christliche Botschaft eine frohe Botschaft ist und keine mäkelige.

Würden Sie heute noch mal in die gleiche Kirche gehen, wenn Sie sich frei entscheiden könnten? Oder würden Sie nach der Prägung durch die Jesuiten Katholik werden?

Nein. Ich würde wieder in die gleiche Kirche gehen, obwohl ich da so hineingewachsen bin. Ich bin als Kind getauft. Ich habe das nicht richtig frei entschieden. Trotzdem würde ich die gleiche Kirche wieder wählen. Im Übrigen ist das Jesuitische nicht besonders katholisch, auch hier zählt die Kraft des Arguments, auch das Listige und das Pingelige im Denken. Das hat mich natürlich auch geprägt, das liegt mir nahe, aber das ist nicht besonders katholisch. Es gibt eine schöne Geschichte, die Geschichte

Auf dem 33. Evangelischen Kirchentag in Dresden im Juni 2011

von dem Benediktinermönch und dem Jesuitenmönch, die beide gerne Zigarre rauchen. Beide müssen jeden Tag Brevier lesen und rauchen gerne dabei und haben doch ein schlechtes Gewissen, dass sie das tun. Also verabreden sie sich, mal ihre jeweiligen Oberen zu befragen, ob sie das eigentlich dürfen.

Vier Wochen später treffen sie sich wieder. Der Jesuit pafft weiter beim Brevierlesen, der Benediktiner hat aufgehört. Also fragt der Benediktiner: »Was machst du denn? Du rauchst ja immer noch!« Der Jesuit antwortet. »Ja klar. Ich habe gefragt, ich kann weiter rauchen. Wie hast du deinen Oberen denn gefragt?« »Ja«, sagt der Benediktiner, »ich habe meinen Abt gefragt, ob ich beim Brevierlesen Zigarre rauchen darf. Da hat der gesagt, das komme natürlich überhaupt nicht in Frage!« »Tja«, entgegnete der Jesuit, »da hast du falsch gefragt! Ich habe gefragt, ob man in jeder Lebenslage Brevierlesen darf, und da hat der Abt gesagt: Was für eine dumme Frage! Selbstverständlich!«

Das ist jesuitisch. Ja.

Vor allem ist es sehr schlitzohrig. Hat sich Ihr Glaube über die Jahre verändert? Sind mal Zweifel aufgekommen?

Ja, ich hatte als Schüler richtige Zweifel und habe Feuerbach verschlungen – den Gedanken, dass Gott eine Erfindung der Menschen ist. Und als Student habe ich mich auch in Seminaren viel mit dem Marxismus befasst. Da ist die Theorie des »Opiums des Volkes«, das das Volk ruhigstellt. Ein Gedankengebäude, mit dem man ruhiggestellt wird. Trotz Armut und Sorgen und Ungerechtigkeiten. Eigentlich ist das eine sehr schlüssige These. Und dann habe ich mich gefragt, wie wir dazu kommen zu glauben, dass ausgerechnet unsere Glaubensrichtung die richtige ist – obwohl es doch so viele Glaubensrichtungen gibt. Dass unsere vielleicht nur deshalb die richtige ist, weil sie gerade in Europa verbreitet ist. Damit habe ich mich mit 18, 19, 20 sehr beschäftigt. Später ist das wieder abgeklungen, und der Glaube ist heute tiefer und verständiger geworden.

Was hat Sie von Feuerbachs Grundthese abgebracht?

Der echte Glaubensakt. Entweder gibt es Gott für einen – oder eben nicht. Das kann man nicht belegen, das glaubt man oder nicht. Wenn man zweifelt, ist Feuerbach natürlich absolut schlüssig. Ich glaube aber daran, dass es Gott gibt.

Können Sie erklären, warum die CDU mit dem »C« so viele Probleme hat?

Es gibt keine Probleme mit dem »C«. Die gab es früher viel mehr – beispielsweise zwischen Katholiken und Protestanten. Aber die gibt es doch heute nicht mehr.

Es gibt hartnäckige Kritiker in der Partei, die in der CDU Angela Merkels das christliche C kaum mehr erkennen können.

Hätten wir mehr Probleme, richtige Probleme, dann würden wir mehr und richtig darüber diskutieren. Genau genommen ist das C ein Teil des Parteinamens, wir sprechen vom christlichen Menschenbild, und das ist in Wahrheit doch alles unumstritten unter uns. Wenn wir es mal ganz genau betrachten, gibt es niemanden, der das C im Namen in Frage stellt. Wir haben kein Problem damit, vielleicht leider. Im Übrigen werden wir nicht als christliche Partei gewählt, sondern als bürgerliche Volkspartei, die ein C im Namen trägt. Das Zentrum wurde früher als christliche Partei gewählt, wir nicht. Man könnte ja auch denken, dass das ganz gut ist. Sonst hätten wir vielleicht noch viel mehr Probleme in der Gesellschaft, weil der Anteil der Christen definitiv abnimmt.

Und die zum Teil heftigen Reaktionen auf Frau Merkels Kritik am Papst, als dieser sich nicht von rechten Strömungen distanzieren wollte?

Ach, das ... Das hat in Wahrheit sehr viel mit dem Selbstzweifel der Katholiken an ihrer eigenen Institution zu tun. Und wenn dann eine Protestantin und dann noch eine Bundeskanzlerin und Parteivorsitzende einer Partei, die das C im Namen trägt, in diese Stimmung hinein den Papst kritisiert, dann reagieren sie besonders verletzt. Die wollen sich nicht ausgerechnet von einer Protestantin ihren Papst madig machen lassen. Das ist aber eine andere, absolut interne Debatte. Die hat mit der Rolle des »C« für die Partei gar nichts zu tun. Sie ist allenfalls taktisch, nach dem Motto: Man stößt so viele katholische Wähler nicht einfach vor den Kopf, man kritisiert den Papst nicht, jedenfalls steht das einer Protestantin nicht an. Aber ein tiefgehender Zweifel, ob wir das C im Parteinamen noch haben sollen (was eine echte Debatte wäre), damit hat das alles nichts zu tun. Da stehen wir fest.

Sie haben gesagt, die Kirche und ihr Glaube brauchen auch eine Institution. Braucht die Welt noch den Papst?

Ja. Erst mal braucht die katholische Kirche den Papst. Und man muss einfach mal sagen, dass die katholische Kirche vielleicht die größte weltumfassende Organisation überhaupt ist, jedenfalls die mit der längsten Tradition und Geschichte. Eine solche Einrichtung, die an die ganze Welt denkt. Da haben wir nicht so viele davon. Deshalb ist sie absolut unverzichtbar. Ich sage allerdings auch, dass diese Form des Führens einer Kirche unmöglich und nicht richtig ist. Als Protestant sage ich das und auch als – sagen wir mal – einer, der sich mit Institutionen auskennt. So kann man eine globale Einrichtung nicht führen – mit so einem kleinen Apparat und mit dieser Personenzentriertheit und all dem. Allerdings ist für die katholische Kirche genau das vollständig unverzichtbar. Diese Form des Führens hält sie zusammen – das Papsttum und der Papst in Rom. Die Institution ist für die katholische Kirche konstitutiv. Für den Glauben bräuchte man die Institution nicht! Was verbindet einen katholischen Christen in Peru, in Mali, in Indonesien, vielleicht in der Diaspora in China mit dem Katholizismus in Polen? Der Glaube an Gott ist es nicht; den haben viele andere auch. Eine gewisse Dogmatik vielleicht, und die wird verkörpert durch den Papst. Deswegen ist das Papsttum unverzichtbar für die katholische Kirche. Und dann kommt, ehrlich gesagt, hinzu – das sage ich nicht neidisch, sondern ehrfurchtsvoll –, die Welt braucht Menschen mit so einer hohen persönlichen Autorität, die auch am Amt hängt. Das kann mal der UN-Generalsekretär sein. Das hängt aber sehr an der Person. Das können Menschen wie der ehemalige südafrikanische Präsident Nelson Mandela sein. Es ist ein Glücksfall, wenn es so jemanden gibt. Menschen eben, die in der ganzen Welt Autorität genießen, weil sie persönlich etwas geleistet haben. Aber der Papst als Amt – und wenn die Person als Persönlichkeit noch hinzukommt, erst recht – gehört zu den wenigen, die weltweit Gehör und Achtung finden. Dessen Wort Gewicht hat, auch wenn es mehr Gewicht haben sollte. Das ist unverzichtbar für die Welt.

Wie eng war im Aloisiuskolleg der Kontakt zu den Patres?

Nicht sehr eng. Bis auf einen Pater, den Pater Ley. Der Kontakt von den Internatsschülern zu den Patres war viel enger. Ich war ja ein Externer, der zuhause gelebt und geschlafen hat. Sicher, für uns waren die Padres ein bisschen eigentümlich, weil die den Kragen verkehrt trugen. Man erkannte sie also, aber sonst waren das ganz normale Lehrer.

Gab es eine Zeit, wo Sie auch gerne Pater geworden wären?

Nein. So ein Orden und unverheiratet sein. Nein. Ich wäre da nicht im Traum darauf gekommen.

Gab es gute und schlechte Patres?

Na klar. In diesem zerstrittenen Lehrerkollegium gab es sehr unterschiedliche Patres. Insbesondere der eine Pater, dem dann später sexueller Missbrauch an Kindern vorgeworfen wurde, den haben wir damals immer schon abgelehnt, ohne zu wissen, dass es diese Vorkommnisse gegeben hat. Da habe ich als Externer auch nichts von mitgekriegt. Aber aus anderen Gründen fanden wir sein pädagogisches Verhalten unterirdisch. Er war sehr unbeliebt bei allen Schülern. Er wurde nicht gewählt, wenn es um die Auswahl der Kurse ging. Er hat junge Schüler die eigenen Eltern bespitzeln lassen, er wollte wissen, ob sie in die Kirche gehen. Er hat Ladendieben die Haare raspelkurz geschnitten, damit man sie auf dem Schulhof erkennen konnte. Das fanden wir alles unerhört.

Verband sich für Sie das gut oder schlecht auch mit der Frage, ob es ein liberaler oder ein konservativer Lehrer und Pater war?

Die waren alle nicht konservativ im Sinne eines Konservatismus nach dem Vorbild von Opus Dei. Die waren alle eher modern im Blick auf die katholische Kirche. Ob einer ein guter oder ein schlechter Lehrer war, hing allein von der Frage ab, ob er glaubwürdig war, konsequent, ob man etwas gelernt hat und ob er menschlich anständig war. Reformer in der katholischen Kirche – das interessierte einen sechzehnjährigen Schüler wie mich nicht.

Als Sie das erste Mal von den sexuellen Übergriffen gehört haben, was haben Sie da gedacht?

Davon habe ich nicht in Verbindung mit dem Aloisiuskolleg zuerst gehört, sondern mit anderen Schulen. Unser AKO kam relativ spät ins Spiel. Und ich habe zunächst natürlich gedacht, dass das nicht wahr sein kann. Ich verstehe bis heute auch nicht, warum die Dinge so lange verdeckt geblieben sind. Diese Spirale des Schweigens ist mir ein Rätsel. Ich habe darüber viel geredet, ich kann mir das im Kopf erklären, aber alles in Allem verstehe ich es trotzdem nicht, dass so etwas über Jahrzehnte geht, ohne dass einer es an die Öffentlichkeit bringt und daraus einen Skandal macht. Wenn ich das sage, dann verletze ich jetzt vielleicht Opfer. Das will ich nicht. Aber Opfer haben es ja zum Teil auch erzählt in der Familie oder Freunden. Dass das alles so verschwiegen war. Ich verstehe Scham und Scheu, aber ich finde es trotzdem unverständlich. Dann habe ich lange gedacht, das wird schon bei anderen Schulen möglich sein, nicht am AKO. Und dann tauchte das doch am AKO auf, auch mit dem Namen dieses Paters, und da habe ich mir dann gedacht: »Das passt eigentlich ins Bild.«

Haben Sie sich gefragt, ob Sie selbst etwas übersehen haben? Ob vielleicht ein Freund betroffen war und Sie es nicht gemerkt haben?

Nein, das habe ich nicht. Ich hatte als Externer auch keine engen Freunde aus dem Internat. Das ist schon ein Fehler, dass das Internat weitgehend ein ziemlich abgeschlossener Bereich gewesen ist.

Sie hatten keinen Kontakt?

Wenn wir uns getroffen haben, natürlich! Aber wir hatten rund 150, 200 Interne von 1000 Schülern. Also war rund jeder Fünfte im Internat. Wir haben da schon auch mal Feste gefeiert, aber das Internat war eine andere Welt.

Würden Sie sagen, dass sie auf einer elitären Schule waren, einer Eliteschule?

Naja, sie hat sich schon so empfunden. Was wir selbst auch mal kritisiert haben. Ich weiß nichts über die Aufnahmekriterien damals – wie scharf sie waren und nach welchen Kriterien ausgesucht wurde. Aber in meiner Klasse gab es Kinder von Eltern ziemlich quer durch die Gesellschaft. Man kann also nicht sagen, auf die Schule seien nur die Kinder der oberen Zehntausend gegangen. Nein. In diesem Sinne war es keine elitäre Schule. Einen hohen Anspruch hatte sie aber. Sie haben gesagt: »Wir wollen etwas Besonderes an der Schule.« Und sie haben das auch ausgeführt: »Bei uns ist es streng, gute Noten sind bei uns schwer zu kriegen, und wir sind stolz darauf. Wir verlangen etwas von den Schülern.« Das war das pädagogische Projekt der Schule, und warum auch nicht?

Desavouiert sich nicht gerade so eine Schule besonders, wenn bekannt wird, dass es sexuelle Übergriffe gegeben hat?

Ja. Aber das ist für mich nicht die wichtigste Frage. Es gibt ganz andere Fragen, über die müssen Pädagogen mehr reden. Wie ist der Zusammenhang zwischen Nähe in der Pädagogik und der Versuchung zum Missbrauch? Gibt es einen Zusammenhang zwischen Kirche oder katholischer Kirche und Missbrauch? Welche Rolle spielt dabei das Zölibat? Darüber könnte man viele Erwägungen anstellen. Man sollte aber nicht vergessen, dass es die schlimmsten Missbrauchsfälle ja wohl in der Odenwald-Schule gab. Und die war eher protestantisch und liberal geprägt. Deshalb will ich Vorurteile gegenüber dem Katholizismus jetzt nicht weiter fördern. Sicher ist nur, dass eine gewisse Form von Abhängigkeit – pädagogischer Abhängigkeit zwischen Lehrern und Schülern – per se schlecht ist. Und ob das dann eine elitäre Schule ist oder eine, die einen elitären Anspruch hat, oder eine, die keinen elitären Anspruch hat, ist mir bei dem Thema Missbrauch egal. Das ist einfach ungeheuerlich. Da kann man nicht sagen: »Das ist eine elitäre Schule, da ist die Rufschädigung größer.«

Sie finden Eliten gut. Warum?

Weil jede Gruppe, erst recht jede Gesellschaft Eliten braucht. Was sind Eliten? Die Eliten, das sind Menschen, die irgendetwas besser können als andere. Das kann ein toller Sänger sein, ein toller Pianist, ein toller Fußballer, ein toller Zauberer, ein toller Lehrer, ein toller Politiker, ein toller Erfinder. Und eine Gesellschaft, die das nicht hat und sich nicht dazu bekennt, die wird schnell untergehen. Die Frage ist nur: Wie rekrutiert sich die Elite? Das ist der Kern unserer früheren Elitendebatten.

Für mich darf sich Elite nicht über Adel, über Herkunft, über Geld oder über Vererbung definieren. Ich weiß natürlich, dass Geld vererbt wird und dass Kinder, denen Geld vererbt wird, es vielleicht leichter haben, aber das ist keine Elite. Es ist extrem wichtig, dass wir Elite an Leistung knüpfen. Das muss nicht unbedingt eine intellektuelle, das kann eine sportliche, das kann eine moralische, das kann eine musikalische Leistung sein. Und es gilt keineswegs ein »Einmal Elite, immer Elite!«. Man kann auch wieder herausfallen aus der Elite. Und man braucht Aufstiegsmöglichkeiten in eine Elite. Da haben wir inzwischen ein Problem. Renate Köcher vom Institut Allensbach nennt das »Statusfatalismus«. Den gibt es unten in der Gesellschaft, aber genauso oben. Angesichts unserer langen Wohlstandsphase glauben viele, die oben in der Gesellschaft sind, dass sie einen Anspruch darauf haben, oben zu bleiben. Das ist auch Statusfatalismus. Weil ich oben bin – und erst recht, wenn ich nicht arbeite und Geld verdient habe –, habe ich einen Anspruch darauf, reich zu bleiben. Das ist absurd! Historisch ist das auch einmalig. Es muss also einen sozialen Aufstieg und Abstieg geben können. Das macht die Durchlässigkeit einer Gesellschaft aus. Das gehört auch zu Freiheitsausübung. Deswegen ist Elite nicht vererbbar und muss immer wieder neu erworben werden. Natürlich wird man von einem alten Professor, der zur Elite gehörte, nicht verlangen, dass er jedes Jahr ein gutes Buch schreibt. Er gehört kraft Lebensleistung dazu. Aber es reicht nicht aus, einmal mit dreißig ein gutes Buch geschrieben zu haben.

Sie haben gesagt: »Jede Gesellschaft braucht Eliten.« Wir sind im Augenblick dabei, mit verkürztem Abitur, mit schnellem Studium, schnellem Auslandsstudium unglaublich viele Zeugnisse anzuhäufen, was stark verkürzt »Elite« genannt werden könnte. Wo kommt der soziale Aspekt her bei der Elite? Was für einen Anspruch haben Sie an Elite?

Es gibt sicher verschiedene Eliten. Erst mal braucht man schlaue Leute, und die gibt es auch. Ein Hochbegabtenmathematiker –

der ist Elite in seinem Fach, auch wenn er menschlich-moralisch ein Schwein ist. Die braucht man auch, sie sind herzlich willkommen, auch sie muss man fördern. Und man muss das in einer Gesellschaft nicht nur hinnehmen, sondern auch die Kraft haben, das zu erlauben. Zum Beispiel indem einer eine Klasse überspringen kann; indem er oder sie früher Abitur machen kann, indem er vielleicht ein Stipendium kriegt, früher Professor werden kann – und was weiß ich noch alles. Das muss sein. Deshalb darf man nicht anfangen zu sagen: »Moment mal, aber Professor kann ich erst mit 45 werden.« Für solche extremen Ausnahmeerscheinungen müssen wir auch Ausnahmeregelungen finden. Und das gilt auch für bestimmte Sporteliten, Ingenieurseliten und so weiter.

Aber darüber hinaus gibt es noch etwas anderes – ich nenne das mal eine »Funktionselite«. Die braucht eine Gesellschaft auch. Dabei handelt es sich um Menschen, die für das Funktionieren der Gesellschaft im Ganzen und auch von Institutionen von Bedeutung sind. Dazu braucht man mehr als eine einseitige Begabung. Dazu braucht man eine intellektuelle und eine innerliche Begabung, aber auch eine soziale und moralische Kompetenz. Und die muss geübt und gefördert und gefordert werden.

Wer tut das?

Das ist Aufgabe der Familie und, wie ich finde, auch der Schule und Hochschule. Ich freue mich über jede Einrichtung, die ein Studium generale hat. Ich war zuletzt häufiger mal bei der Bucerius Law School, die erstklassige Juristen ausbildet, sicher auch elitär ist und dabei manches Karrieredenken übertreibt, insbesondere von den Studenten selbst. Aber die haben ein Studium generale – sie können sich das eben leisten. Daneben muss es Kriterien für den sozialen Aufstieg und den institutionellen Aufstieg geben, die daran geknüpft sind. Ein menschlich-moralisches Schwein sollte möglichst nicht Chef werden. Der soll forschen, aber nicht Menschen führen dürfen. Man wird ja nicht als Chef geboren. So etwas muss durch Beurteilungen, durch Mitarbeiterkritik, durch Wahlen, durch alle möglichen Kriterien, die man nicht alle festlegen kann, ausgewählt werden. Sie können kein Elitekonzept für die Gesellschaft machen, das Punkt für Punkt umgesetzt wird. Aber die faktischen Auswahlkriterien sollten solche Maßstäbe berücksichtigen.

Sie haben auf einem Jesuitengymnasium Abitur gemacht. Sie sind heute Verteidigungsminister. Sind Sie stolz auf Ihren eigenen Weg?

Ich bin in einem Elternhaus groß geworden, in dem der Anspruch hoch war. Ich war auf einer Jesuitenschule, ich hatte Menschen, die mich gefordert und gefördert haben. Deswegen habe ich aber keinen Grund, besonders stolz zu sein. Ich bin nicht unzufrieden mit meinem Leben, aber ich weiß genau, dass ich extrem günstige Startbedingungen hatte. Umso mehr habe ich Respekt vor der Lebensleistung von anderen, denen das nicht in die Wiege gelegt worden ist. Die als Jüngster von vier Kindern als Einziger Abitur gemacht und sich dann hochgearbeitet haben und trotzdem ein anständiger Kerl geblieben sind. Davor habe ich viel mehr Respekt. Trotzdem: Zu glauben, aus egalitären oder sonstigen Gründen, dass man auf Eliten verzichten kann – das hielte ich für falsch. Eliten brauchen wir in der Gesellschaft und für die Gesellschaft. Manche wachsen da von ganz alleine rein, andere müssen durch gute Schulen gefördert werden. Es ist wichtig, dass man das akzeptiert und fördert, auch auf Eliteschulen.

Für Sie ist Bildung enorm wichtig. Bei Ihrer Partei, der CDU, kann man sich da nicht mehr sicher sein. Sie hat dort, wo es wichtig wäre – in den Bundesländern –, den Anspruch weitgehend aufgegeben, den Bildungsminister zu stellen. Was für ein Zerfall findet da statt?

Ganz genau weiß ich es nicht. Ich vermute, weil wir Bildung viel zu lange strukturell diskutiert haben. Das ist eine meiner Thesen. Wir haben uns gefragt: Hauptschule ja oder nein. Wir sind fürs gegliederte Schulwesen eingetreten. Wir haben unentwegt über Kompetenzen geredet, über die Länderkompetenzen und dass der Bund sich einmischen oder gerade nicht einmischen soll. Der englische Begriff »education«, der übrigens wieder etwas mit dem lateinischen educare zu tun hat, das ist viel mehr. Das ist Bildung und Ausbildung in einem. Wir haben das aber irgendwie getrennt – reden getrennt von Bildung und Ausbildung, dabei gehört das untrennbar zusammen, ob man es will oder nicht.

Und jetzt komme ich zum Punkt: Natürlich ist eine Bildungsdiskussion schwieriger als eine Schulstrukturdiskussion. Was ist gute Schule? Das ist viel schwieriger zu sagen, als sich an der Botschaft festzuhalten: »Ich bin für ein Gymnasium.« Oder: »Ich bin für ein gegliedertes Schulwesen.« Und während wir dauernd darüber reden, ja, CDU und SPD sich vor der Landtagswahl in Nordrhein-Westfalen sogar auf einen Schulfrieden einigen, passiert in Wahrheit zu wenig in Sachen Bildung. Bei den Wahlen selbst stellt sich dann heraus, dass dieser Schulfrieden, der vor allem ein Strukturfrieden ist, die Leute gar nicht besonders interessiert. Sie interessieren sich vor allem für zwei Fragen: Findet der Unterricht statt? Und: Ist der Unterricht gut? Gute Schule – das heißt ganz einfach: guter Unterricht. Das ist wichtig für Eltern. Extrem wichtig! Als wir von West-Berlin nach Schwerin zogen, haben gleichzeitig Freunde von uns in Bremen ihre Kinder eingeschult. Wenn bei meiner Tochter in der dritten Stunde ein Unterricht ausfiel, dann kam das Kind trotzdem erst nach dem Ende des nach Stundenplan vorgesehenen Unterrichts nach Hause. So lange hat die Schule – wie das neudeutsch heißt – eine verlässliche Betreuung organisiert. In Bremen haben unsere Freunde erzählt: »Wenn der Unterricht ausfiel, stand das Kind um halb zehn, nach der zweiten Stunde, plötzlich vor der Tür oder wollte abgeholt werden.« Das ist also der erste Punkt: Findet überhaupt Schule statt? Wer das hinkriegt, bei dem gilt es als selbstverständlich. Wer das nicht hinbekommt, kriegt ein bildungspolitisches Problem.

Der zweite Punkt ist: Habe ich gute Lehrer, und gibt es einen guten Unterricht? Lernt mein Kind etwas? Das interessiert Eltern. Was lernt es? Und der dritte Punkt ist: Wo findet eigentlich Erziehung statt? Wir haben oft eine Schuldzuweisung, die fatal ist. Manche Eltern sagen: »Wir sind beide berufstätig, wir haben die Hucke voll zu tun. Ich kann mich nicht auch noch um die Erziehung meiner Kinder kümmern; das soll die Schule machen.« Und die Lehrer sagen: »Moment mal! Wir sollen hier Mathematik und

Englisch unterrichten, wir sind doch nicht für die Erziehung der Kinder verantwortlich. Das sollen die Eltern machen.« Die Wahrheit über die Erziehung ist, dass dafür beide – Eltern und Lehrer – zuständig sind. Das können nicht die einen an die anderen delegieren. Deswegen bin ich ein dezidierter Anhänger von Kopfnoten, und von mir aus auch in der alten Sprache: Betragen, Fleiß, Ordnung, Mitarbeit. Das kann ich jetzt als soziale Kompetenz bezeichnen, aber mit den alten Begriffen weiß jeder, was gemeint ist. Ordnung? Da weiß jeder, was gemeint ist, Benehmen, Mitarbeit und auch Fleiß. Ein Schüler muss es auch mal gesagt bekommen, wenn er ein fauler Hund ist.

Sechzehn Klassenbucheinträge hatten Sie, nach wenigen Monaten.

Ja. Genau.

Was waren das für Einträge?

Ach, alles Mögliche. Schule geschwänzt, freche Widerworte, Faulheit. Wenn diese Gesellschaft mal diskutieren würde über den Bildungsauftrag von Schule, fände ich das hochspannend. Was ist die Rolle von Erziehung, und wo findet die eigentlich statt? Wenn wir das als CDU täten, würde die Gesellschaft aufatmen. Stattdessen reden wir zu viel über die Frage, ob die Hauptschule eine geeignete Schulform ist. Die Eltern wollen wissen, ob überhaupt in einer Hauptschule 45 Minuten ein Unterricht stattfindet, oder ob nur noch 10 Minuten Substanz von Schule ist und in der übrigen Zeit der Lehrer damit beschäftigt ist, die Schüler zu bändigen. Mit einem Wort: Wir diskutieren zu viel eine überholte schulorganisationspolitische Frage und die noch ideologisch, aber wir diskutieren nicht wirklich über Bildungspolitik. Dabei hätten wir da mehr zu bieten als unsere politische Konkurrenz.

Aber Sie tun es nicht mehr, und Sie werden auch nicht so wahrgenommen.

Wenn ich das angesprochen habe bei meinen Wahlkampfveranstaltungen, dann haben die Leute sich sofort interessiert. Wenn wir mal einen Parteitagsbeschluss darüber hätten: »Was bedeutet

In den Ferien als Sechsjähriger.

gute Schule?«, dann würde darüber heftigst diskutiert. Das fände ich sehr spannend. Und nicht: »Geht das Konservatismusschild verloren, wenn wir die Hauptschule abschaffen?« Das geht an der Lebenswirklichkeit von Eltern vollständig vorbei!

Eltern wollen auch keine Bildungspolitik, sie wollen Bildung. Natürlich geht das nicht ohne Organisation von Bildung. Das hat mit Bildungspolitik zu tun. Aber: Haben wir schon mal darüber diskutiert, was ein gutes Schulbuch ist? Was macht heutzutage ein gutes Geschichtsbuch aus? Was soll in Geschichtsbüchern stehen oder in Gesellschaftskunde über die Rolle des vereinten

Konfirmation in Bonn, 1968.

Deutschlands? Hat irgendeine Partei darüber diskutiert? Das fände ich wirklich interessant, das würde ich gerne! Mit den Linken haben wir darüber in den siebziger Jahren im Westen diskutiert, lange ist es her. Wie wird über die nationalsozialistische Zeit geschrieben? Darüber gab es eine große, auch inhaltlich strittige Diskussion!

Heute könnte man fragen, wo die Chancen und Grenzen der Reformpädagogik liegen – das sind die wirklich spannenden Fragen!

Sind Sie für getrennte Jungen- und Mädchenschulen? Sie waren ja auf einem Jungengymnasium.

Ich wäre lieber auch mit Mädchen in die Schule gegangen. Ich war ein bisschen verklemmt gegenüber Mädchen. Meine ältesten Schwestern waren weit weg von mir – sechs und neun Jahre älter. Ich kenne die Thesen, dass Mädchen und Jungs getrennt besser lernen und die Mädchen besser sind und sie deswegen getrennten Mathematikunterricht bräuchten. Ich kenne das, und es kann sein, dass das stimmt. Aber ich finde, das Leben ist gemischt, die Familie ist gemischt, man hat Bruder und Schwester, und dann soll auch eine Schule gemischt sein. Das ist aber eine schlichte Auffassung von mir.

Und Ganztagsschulen, sind Sie dafür oder dagegen?

Ich sehe darin einen großen Vorteil, gar keine Frage. Jedenfalls als Angebot. Und wenn man wegen der Verkürzung auf zwölf Jahre bis zum Abitur 33, 34 Schulstunden in der Woche hat, wie meine Kinder auch, dann muss ich natürlich verpflichtend in den Nachmittag hinein und entsprechend auch verpflichtend Pausen und Mittagessen organisieren. Das ist ganz klar. Ich kann darüber hinaus sowieso nicht sagen, dass ich wegen der Erwerbstätigkeit der Eltern zwar den Kindergarten von 7 bis 17 Uhr organisiere, die Schule aber von 8 bis 13 Uhr stattfindet. Das ist absurd! Auch in der Schule muss ich einen Hort haben, und wenn dann Schule und Hort noch zusammenarbeiten, ist das am besten. Ganztagsschulen muss es also geben, aber sie sollten nicht verpflichtend sein. Ich bin nicht wie in Frankreich für eine verpflichtende Ganztagsschule von 8 bis 18 Uhr. Das brauchen wir nicht.

Was war der Traumberuf Ihrer Kindheit?

Ich wollte Feuerwehrmann werden, und zwar Fahrer, weil man da bei Rot über die Ampel fahren kann.

Welchen Traum aus der Kindheit haben Sie sich nie erfüllt?

Feuerwehrmann.

Und welchen Traum haben Sie sich im Laufe der Jahre erfüllt?

So einen Lebenstraum, dass ich mal die Niagarafälle runterspringe oder so, hatte ich nicht. Was ich gerne können würde, sind moderne Sprachen sprechen. Es ist ein schwerer Nachteil meiner humanistischen Bildung, dass ich ein mittleres Englisch und kein Französisch spreche, und das bedauere ich. Übers Latein verstehe ich manches passiv. Aber wenn ich die 25-Jährigen sehe, wie sie zwei, drei Sprachen sprechen, gewandt und elegant in der Aussprache, dann bin ich richtig eifersüchtig.

KAPITEL 3

Wehrdienst, Studium, Westberlin – Der Weg in die Politik

Studium und der Start in den Beruf Nach dem Abitur 1972 geht Thomas de Maizière für knapp zwei Jahre als Zeitsoldat zur Bundeswehr, er dient bei den Panzergrenadieren. Anschließend beginnt er ein Jurastudium in Münster. Seit 1969 in der Jungen Union und seit 1972 in der CDU, wird de Maizière schon kurz nach Studienbeginn Mitglied im Ring Christlich-Demokratischer Studenten (RCDS). Dort lernt er Georg Milbradt kennen und später auch Friedbert Pflüger. Er engagiert sich in der Fachschaft, ein großer Netzwerker wird er nicht. Die Bekanntschaft mit Pflüger verhilft ihm trotzdem später zum Einstieg in die Politik. Pflüger, inzwischen Redenschreiber des Berliner Regierenden Bürgermeisters Richard von Weizsäcker, will 1983 in der Senatskanzlei aufsteigen. Dafür muss er einen Nachfolger für sich selbst finden. Nach einem Gespräch mit Thomas de Maizière ist von Weizsäcker einverstanden, also wechselt de Maizière 1983 nach Berlin. Nur ein knappes Jahr später tritt Weizsäcker zurück, um sich auf seine Wahl zum Bundespräsidenten zu konzentrieren. Eigentlich würde er de Maizière gerne mitnehmen. Der aber sagt ihm ab mit der Begründung, er habe die Frau fürs Leben gefunden, nun habe die Gründung einer Familie in Berlin Vorrang. Noch heute erzählt Weizsäcker diese Geschichte mit einem Schmunzeln und räumt gern ein, dass das im Rückblick sicher die richtige Entscheidung de Maizières gewesen sei. Dieser wird nach Weizsäckers Wechsel ins Präsidialamt enger Mitarbeiter des neuen Regierenden Bürgermeisters Eberhard Diepgen – ein radikaler Wechsel vom Weltpolitiker Weizsäcker zum Stadtbürgermeister Diepgen. Unter Diepgen darf er sich einen kleinen Planungsstab in der Senatskanzlei aufbauen – und nebenbei promovieren. Er bleibt schließlich bis zu Diepgens Abwahl im Februar 1989 an dessen Seite. Als in den Folgewochen niemand die CDU-Führung übernehmen möchte und Diepgen die Rolle des Oppositionsführers übernehmen muss, wird de Maizière noch Diepgens Pressesprecher in der Fraktion. Es wird die längste Zeit sein, in der de Maizière keiner Regierung angehört. Hier lernt er, wie es ist, Opposition zu sein. Allerdings hat er Glück: Aufgrund äußerer Umstände dauert diese Phase nicht einmal ein Jahr.

Sie sind mit fünfzehn Jahren in die Junge Union eingetreten. Warum? 1969 standen die meisten jungen Menschen nicht der CDU nahe.

Das mag sein. Aber bei uns hatte das einen einfachen Grund: Wir fanden eines Tages auf den Tischen am Aloisiuskolleg Flugblätter gegen das Verhalten der Amerikaner im Vietnamkrieg. Dieses Flugblatt fanden wir falsch und einseitig. Dann haben wir, einige Schulfreunde und ich, ein Gegenflugblatt gemacht.

Haben Sie den Krieg der USA in Vietnam verteidigt?

Ja. Wir haben einen Text geschrieben, ihn auf Matrize vervielfältigt und dann auf den Tischen ausgelegt. Das war natürlich genauso verboten wie das Flugblatt davor. Also haben wir alle einen Riesenanschiss bekommen. »Das macht man nicht!«, hieß es von der Schulleitung. Insgeheim haben vielleicht einige Lehrer gedacht, dass es gut sei, wenn sich die Schüler engagierten. Offiziell aber gab es den Anschiss. Danach freilich war die Sache eigentlich erledigt, bis einer von der Jungen Union zu uns kam und sagte: »Ihr habt das mit dem Flugblatt gemacht? Wollt ihr nicht bei uns mitmachen?« Wir sagten: »Okay.« Wenige Wochen später stellte sich allerdings heraus, dass wir nur als Stimmvieh für die Auseinandersetzung zwischen zwei Kandidaten um den JU-Kreisvorsitz in Bonn geworben worden waren. Daraufhin haben wir uns nach meiner Erinnerung bei der Abstimmung anders verhalten, als der Werber sich das erhofft hatte. Trotzdem bin ich als Reaktion auf ein Engagement, das wir ohne Partei oder Organisation gemacht haben, in der Jungen Union gelandet – und das, weil ich von einem Werber als Stimmvieh gelockt worden war. Ich bin bei denen aber nicht mehr lange geblieben, und in der Jungen Union haben wir uns nicht viel engagiert.

Nach dem Abitur sind Sie als Zeitsoldat zur Bundeswehr. Wieso gleich als Zeitsoldat? Hatten Sie Lust auf Waffen?

Ich wollte ein bisschen mehr verdienen als ein Wehrpflichtiger, aber auch nicht zu lange dabeibleiben. Also habe ich 21 Monate gemacht. Man verdiente gar nicht so schlecht – ich habe vorher und nachher lange nicht so gut verdient wie da. Vorher als Schüler

1972 als Bundeswehrsoldat in Koblenz.

Als Kommandant auf dem Schützenpanzer Marder, 1973.

hatte ich ein Taschengeld, und hinterher bekam ich von meinen Eltern einen Wechsel fürs Studium, aber der war natürlich deutlich unter dem, was ich als Zeitsoldat hatte. Außerdem konnte ich Offizier werden. Das fand ich auch interessant, deswegen habe ich das gemacht. Ich bin dann als Leutnant entlassen worden, ohne als Leutnant in der Truppe Dienst gemacht zu haben.

Haben Sie sich Ihrem Vater gegenüber verpflichtet gefühlt?

Ich bin mir dessen nicht bewusst. Ich glaube nicht.

Es war also ein rein praktisches Argument? Erstens verdienten Sie mehr als Wehrdienstleistender; zweitens blieben Sie nicht lange Fußtruppe.

Ja, das stimmt. Ich war 18 Jahre alt ... Ich habe auch einen Moment überlegt, ob Soldat als Beruf in Frage kommt. Ich weiß nicht mehr genau, wann – ob als Schüler oder als Soldat. Aber ich habe das schnell verworfen, und zwar aus dem gleichen Grund, aus dem uns meine Eltern auf unterschiedliche Schulen geschickt haben. Ich habe mir überlegt: Bei so einem Vater. Wenn ich Soldat werde, kann was und werde befördert, dann sagen die Leute: »Kein Wunder bei dem Vater! Das ist ja nur wegen des Namens.« Und wenn ich mich nicht so gut anstelle und nicht befördert werde, dann sagen die Leute: »Der Vater war ja ein großer General, aber haben Sie den Sohn schon mal erlebt? Der geht ja gar nicht.« Beides wollte ich nicht, deswegen habe ich mich schnell dagegen entschieden.

Haben Sie das mit ihm besprochen?

Ja. Aber er hat uns ohnehin nicht gedrängt, Soldaten zu werden. Oder wenn, dann so subtil, dass ich es nicht gemerkt habe.

Haben Sie sich damals vorgestellt, dass Sie auch jemanden töten könnten?

Nein. Das war weit weg. Das Einsatzkonzept war ja »Kämpfen können, um nicht kämpfen zu müssen«. Das ist etwas anderes als: »Kämpfen können.« Dass die Sowjetunion mit ihren Panzern über die norddeutsche Tiefebene nach Deutschland einfallen könnte, war das Feindbild, aber dennoch irgendwie unvorstellbar. Da wurde doch im Übrigen gegen einen ziemlich abstrakten

Feind, der aus dem Waldstück kommt, verteidigt. Eine Einsatzwirklichkeit wie heute – das war damals ganz weit weg. Ich hatte also großes Glück, mir über das Gebot »Du sollst nicht töten« nicht wirklich Gedanken machen zu müssen. Es hat mich deshalb in der Form nicht beschäftigt, dass der Kalte Krieg zum heißen Krieg werden und ich dann dabei sein könnte. Was mich beschäftigt hat – beginnend da und übers Studium hinweg bis in die Achtzigerjahre hinein –, war die Frage: Darf man eine Abschreckungsdoktrin haben, die zwar sagt, dass wir sie nie als Erster anwenden. Die aber beinhaltet, dass man Waffenarsenale ansammelt, mit denen man die Welt sechs-, sieben-, acht-, neunmal vernichten kann? Ist das ethisch noch akzeptabel? Das ist eine Variante der Frage »Du sollst nicht töten«. Und damit habe ich mich schwergetan. Bis ich zu dem Punkt gekommen bin, dass das im Rahmen der Abschreckung ethisch noch legitim ist.

Warum?

Wir haben das immer an der Frage diskutiert, die bis heute eine aktuelle Frage ist: Ist Freiheit oder Frieden wichtiger? Viele haben damals gesagt: »Frieden ist wichtiger.« Und sie haben gesagt, daraus müssten auch einseitige Abrüstungsschritte erfolgen, ja, im Grunde eine fortschreitende Demilitarisierung, verbunden mit der Aussage: »Und wenn uns dann die Sowjetunion erobert oder dominiert, dann ist das schlecht, dann ist das unangenehm. Aber wenn sie es wirklich tut, was wir nicht glauben, dann ist es nicht so schlimm wie Krieg.« Wir haben dagegen gesagt: »Frieden und Freiheit gehören zusammen.« Und gemeint haben wir: »Letztlich ist Freiheit wichtiger als Frieden.« Der Meinung bin ich bis heute.

Das klingt nach einem gerechten Krieg.

Nein. Es gibt keinen gerechten Krieg. Nicht so, wie die katholische Kirche es lange vertreten hat. Es gibt keinen »bellum justum«. Aber es gibt einen gerechtfertigten, legitimen Krieg. Das ist etwas anderes als ein Krieg, der gerecht ist – sozusagen zur Herstellung von Gerechtigkeit. Ein Krieg kann geboten sein, er kann notwendig sein. Notwendig in dem Wortsinne. Er kann gerechtfertigt sein zur Erreichung übergeordneter Ziele wie der Rettung der Freiheit oder zum Schutz der Menschenwürde. Aber gerecht ist er damit noch nicht.

Haben Sie manchmal Angst davor, dass Sie Menschen in einen großen Krieg führen müssen? Beschäftigt Sie das?

Nein, Angst habe ich nicht. Angst ist sowieso schlecht, hilft einem so gut wie nie – politisch schon gar nicht. Wir sind in Afghanistan jetzt mit einer neuen Strategie, die bisherige Einsatzform wird Ende 2014 auslaufen. Bis dahin schicke ich, wenn Sie so wollen, alle vier, fünf Monate ein neues Kontingent in so etwas wie einen Krieg. Das beschäftigt mich natürlich. Ist es vorstellbar, dass es einen neuen Einsatz gibt, der auch gefährlich ist? Das hoffe ich nicht, aber es kann sein, und ich halte das auch nicht für unwahrscheinlich in den nächsten Jahren. Afghanistan ist nicht der Modellfall für die Zukunft, nicht die Folie für die Neuausrichtung der Bundeswehr und sollte es auch nicht sein. Aber selbstverständlich kann so etwas eintreten. Und auch dafür bilden wir Soldaten aus. Das ist so.

Gäbe es für Sie eine Grenze an Opfern, an getöteten Soldaten, die für Sie das Ende eines Einsatzes bedeuten würde?

Nein. So etwas kann man nicht sagen, schon gar nicht vorab. Es darf nicht in der Hand eines Gegners liegen zu bestimmen, wann ein Einsatz zu Ende geht.

Was raten Sie den Kindern von engen Freunden? Sollen die zur Bundeswehr gehen – oder vielleicht lieber doch nicht, weil es inzwischen gefährlich geworden ist?

Klar sage ich denen schnörkellos, sie sollen zur Bundeswehr kommen, auch freiwilligen Wehrdienst machen. Ich sage denen auch, Sie könnten auch zum Bundesfreiwilligendienst gehen oder ein Freiwilliges Soziales Jahr machen. Ich rate ihnen, eines davon auf alle Fälle zu machen. Nicht nur aus dem Dienstgedanken, den ich immer mit erwähne. Es schadet nichts – gerade in der jetzigen Generation, die viel an Chillen und Karriere denkt –, auch mal an

Dienen zu denken und Dienen zu erleben. Ob das dann die Pflege im Hospiz ist oder als freiwilliger Wehrdienstleistender – das finde ich beides wichtig. Es gibt beim Dienst in der Bundeswehr aber noch eine Reihe von anderen Vorteilen, die man beim Bundesfreiwilligendienst höchstens ein bisschen hat. Ich spreche davon, dass die Jungs plötzlich männlicher werden. Das ist so, jedenfalls bestätigen mir das nicht nur meine Erfahrungen mit einem unserer Söhne, der bei der Bundeswehr war, sondern auch mit vielen anderen. Damit meine ich das Verhalten, die Stimme, den Oberkörper, die Haltung. Alles. Nicht immer, nicht überall, aber ganz viel. Zweitens ist nach wie vor die Einordnung in eine neue, andere Gruppe außer der Schulklasse, die dann oft eine andere soziale Durchmischung hat, sehr wichtig und gut für junge Erwachsene. Das Dritte ist, eine andere Form von Einordnung lernen zu müssen, von einem Hauptfeldwebel lang gemacht zu werden wegen Kleinigkeiten – dass man an der falschen Stelle geraucht hat zum Beispiel. Das ist natürlich hart und ärgerlich, aber das schadet niemandem, schadet keinem verwöhnten Gymnasialkind – im Gegenteil.

Hat es für Sie nie Situationen bei der Bundeswehr gegeben, bei denen Sie nur noch gekotzt haben?

Doch. Das gehört ja dazu! Aber es gab nie den überbordenden Wunsch, einfach alles hinzuschmeißen. So nervig oder schlimm war es nicht. Aber Ärger gehört dazu. Damit meine ich auch eine Forderung bis an die Grenze der körperlichen Leistungsfähigkeit. Wie man damit umgeht, ist auch eine Erfahrung, die sehr gut tut. Zum Beispiel so lange zu marschieren, bis man total erschöpft ist und glaubt: »Ich kann nicht mehr einen Kilometer weiterlaufen.« Und dann schafft man trotzdem diesen Kilometer. Das ist eine sehr gute Erfahrung. Und schließlich, was ich wichtig finde, ist der verantwortliche Umgang mit Waffen. Das ist etwas sehr Wertvolles. Das klingt vielleicht ein bisschen merkwürdig. Aber die Generation, die jetzt aufwächst, die kennt Waffen aus dem Laptop. Da hat man fünf Leben, und es wird gekämpft und wird geballert, und wenn es zum Abendessen geht oder ein schöner Film kommt, macht man den Computer einfach aus. Dagegen selbst mit einem

Gewehr zu schießen, über 200 Meter, und eine Wirkung zu erzielen, oder wenn man mal eine Handgranate in der Hand hatte, eine scharfe, und steht im Schützengraben und zieht den Stift, dann möchte ich den sehen, dem nicht beim ersten Mal die Düse geht. Wenn er sie dann wegwirft, wenn er merkt, was das für einen Knall macht, selbst wenn es eine Übungshandgranate ist. Das lässt keinen kalt. Ich glaube, die Menschen gehen anschließend mit Waffen und Gewalt verantwortlicher um. Deshalb glaube ich, dass das eine sehr gute Erfahrung ist. Bei uns zuhause, um auf mein Elternhaus zurückzukommen, gab es kein Kriegsspielzeug. Das war ganz klar. Mein Vater hat immer gesagt: »Waffen sind zu ernst, damit spielt man nicht.« Trotzdem haben wir uns heimlich irgendwelche Äste gebastelt. Aber es gab nie zu Weihnachten irgendwelche Arten von Pistolen oder sonst etwas, das wurde scharf missbilligt. »Waffen sind kein Spielzeug. Ihr könnt mit allem spielen, aber nicht mit Waffen.«

Und was sagen Ihre Freunde, also die Eltern dieser jungen Leute, wenn Sie denen zum Wehrdienst raten? Sind die sauer?

Nein. Sie sagen aber oft: »Nicht nach Afghanistan.« Und dann sage ich: »Na dann macht wenigstens einen freiwilligen Wehrdienst. Der muss nicht so lange sein, und man geht dann nicht nach Afghanistan.« Dieses »Nicht nach Afghanistan!« kommt aber immer von den Eltern, Bekannten und Freunden, nicht von den Jungs selbst. Es ist nicht so, dass die Jungen da mit wehenden Fahnen hinwollen. Solche gibt es zwar auch. Aber bei denen bin ich ohnehin eher skeptisch. Wer das mit 18 will, weckt mein Misstrauen. Die meisten sehen dem einfach entschlossen ins Auge und sagen, das gehört jetzt dazu. Und wenn, dann möchte ich sogar in den Einsatz. Das ist Teil der Realität, und die will ich kennenlernen. Das finde ich toll bei dieser Generation. Das imponiert mir.

Sie sprechen immer von den Jungs. Machen Sie einen Unterschied zwischen männlichen und weiblichen Bewerbern?

Ach, das ist so eine nicht zu Ende gedachte Männersprache. Die jungen Frauen sind klasse, fachlich oft besser und körperlich voll einsatzfähig. Auch in die höheren Dienstgrade wachsen sie jetzt schnell hinein.

Täuscht der Eindruck oder hat sich die Debatte über Kampfeinsätze verändert? Heute sind es vermehrt ausgerechnet diejenigen, die früher gegen jeden Krieg eintraten, die im Namen der Menschenrechte Waffengänge fordern.

Die ganze Menschenrechtsdebatte um das Thema »Responsibility to Protect« führt dazu, dass die Menschenrechtsorganisationen Soldaten in den Krieg fordern, der französische Philosoph Levi Strauss tut das mittlerweile alle paar Wochen. Die militärischen Führungen, die wissen, was das bedeutet, sagen hingegen: »Vorsicht an der Bahnsteigkante!« Das ist in der Tat neu.

Verändert das auch Ihren Job?

Ja. Macht ihn aber auch noch interessanter. Es gibt Wissenschaftler wie den Historiker Herfried Münkler und andere, die sagen, dass wir in einem »postheroischen Zeitalter« leben würden, gerade wir in Deutschland. Deswegen täten wir uns so schwer mit sicherheitspolitischer Verantwortung. Das ist eine sicher zutreffende Beschreibung des Klimas. Dagegen argumentiere ich an in meinen Reden und Vorträgen und in meinem politischen Agieren. Ähnlich wie eine Gesellschaft Eliten benötigt, braucht sie auch Helden. Die junge Generation ist über das postheroische Zeitalter auch hinweg. Die will keine Heldenverehrung, aber sie will einen sehr viel nüchterneren Umgang mit Begriffen wie Tapferkeit, Kampf, Einsatz, Konflikt, Interessenwahrnehmung. Das ist verständlich, weil diese jungen Menschen eine andere Lebenserfahrung haben als die 50-Jährigen, bei denen es beinahe in jeder Familie noch Tote aus dem Zweiten Weltkrieg gibt. Ich finde das sehr interessant. Das, was da beschrieben wird, ist eine Beschreibung meiner Generation, der Wohlstandsgesellschaft, der Nach-68er, einer hedonistischen Post-Aufbau-Gesellschaft, die postheroisch geprägt ist. Aber das ist nicht das Lebensgefühl der 20-, 30-Jährigen. Ich sage nicht: »Die sind gewalttätig.« Das sind sie mitnichten. Aber sie haben nicht so einen Pazifismusreflex.

Sind Sie eigentlich froh über die Aussetzung der Wehrpflicht? Sie reden viel und gerne über die Freiwilligkeit.

Nein, ich bin nicht darüber froh. Ich bin darüber bis heute traurig, weil sie sehr wichtig war, aus den Gründen, die ich eben gesagt habe, weil Wehrdienst jungen Leuten guttut. Ich lasse jetzt mal den »Gammeldienst« beiseite, den es bei der Bundeswehr vor allem früher auch gegeben hat. Aber ich muss einräumen, die Wehrpflicht war letztlich nicht mehr zu halten. Es waren zu wenige da, die Bundeswehr wusste nicht mehr recht, was sie mit ihnen anfangen sollte. Es hat zu viele Kräfte gebunden, man konnte sich zu leicht drücken. Eine Wehrpflicht, wo sich jeder, der irgendwie fünf Sinne beisammen hat, drücken kann – das ist keine Wehrpflicht. Und: Ein Wehrpflichtiger mit sechs oder neun Monaten Wehrpflicht kommt nicht in den Einsatz. Deswegen war es unvermeidlich, sie auszusetzen, aber froh bin ich darüber nicht.

Man könnte froh darüber sein, weil es jetzt ernst geworden ist. Solange kein wirklicher Krieg drohte, konnte man Wehrpflichtige leichter einziehen. Heute weiß man nicht, ob man sie bald in einen Einsatz schicken muss. Ist es da nicht angenehmer zu wissen: Die haben sich alle freiwillig gemeldet?

Das stimmt. Aber man darf nicht vergessen: Wir haben nach wie vor auch das Recht auf Kriegsdienstverweigerung. Und wir haben Fälle, wo ausgewachsene Zeit- und Berufssoldaten den Kriegsdienst verweigern und sagen: »Ich kann das nicht und gehe weg.« Da gibt es ehrenhafte Motive. Und es gibt unehrenhafte Motive. Unehrenhafte Motive sind die, wenn ein Arzt einen besserdotierten Vertrag bei einem privaten Krankenhausträger annehmen möchte, aber noch bei der Bundeswehr in Afghanistan operiert und plötzlich sagt: Ich kann das nicht mehr. Er hat sich von der Bundeswehr ausbilden lassen, er hat sich von ihr das Studium finanzieren lassen, er hat als Student sogar mehr verdient als alle seine Kommilitonen, und plötzlich entdeckt er sein Gewissen. Die Fälle gibt es, und das finde ich höchst kritikwürdig. Aber es gibt auch andere, und das Gewissen ist frei.

Sie sind nach dem Wehrdienst zum Studium nach Münster. Warum nicht Bonn, nicht Berlin?

Ich wollte weg von Zuhause. Nicht zu weit, aber doch raus. Weg. Ich hatte damals eine Freundin, die dann nach Mainz zum Studium ging. Da wollte ich nicht hin, aber nicht zu weit von ihr entfernt sein. Also war Münster, das einen guten Ruf hatte, für mich passend. So richtig strategisch überlegt war das nicht.

Dort sind sie beinahe sofort beim RCDS gelandet und haben politisiert. Wollten Sie gleich Politiker werden?

Nein, nein. Das war nicht meine Absicht. Ich habe ja auch ganz normal angefangen, Jura zu studieren. Ich kannte keine Menschenseele, als ich nach Münster kam. Null Komma null Menschen. Das war nicht leicht, aber sehr lehrreich. Naja, und dann war ich ja irgendwie noch Mitglied der Jungen Union, und die politischen Vereinigungen machten gleich zu Beginn Abende zum Kennenlernen. Da bin ich hin, insbesondere zum RCDS, dem Ring Christlich-Demokratischer Studenten. Erst als der damalige Fachschaftssprecher Jura, Hans Reckers, am Ende des ersten Semesters mich bat, sein Nachfolger zu werden, begann das Ganze intensiver zu werden. Ich hatte zu dem Zeitpunkt von Tuten und Blasen keine Ahnung, aber ich habe das irgendwie gemacht.

Was ist an Studentenpolitik so spannend?

Erstens habe ich da Freunde gefunden, und zweitens war der RCDS nicht wie die Junge Union. Wir können in meiner Generation manche Unionspolitiker bis heute danach unterscheiden, ob sie sozialisiert worden sind durch den RCDS oder die Junge Union. Der RCDS, das war nicht das Karrierebauen, das war handfest, das war überschaubar. Und das war intellektuell anstrengend. Wir haben damals genauso über die Frage diskutiert, ob es richtig ist, Napalmbomben zu werfen, wie ob es richtig ist, dass ein AStA sich über die Außenpolitik hermachen darf. Und wir haben darüber gesprochen, wie man Studienfinanzierung organisiert, damit Seminargruppen kleiner werden. Das hat uns beschäftigt, außerdem hatten wir an der Uni sehr viele marxistische Gruppen.

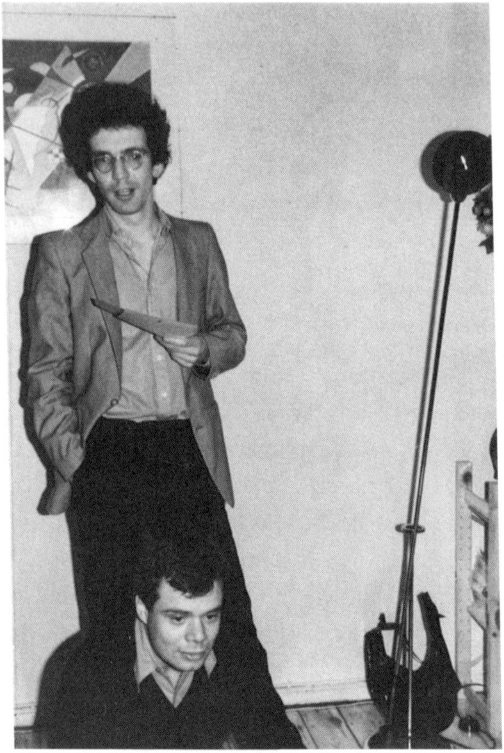

Mit Friedbert Pflüger im RCDS.

Das hat uns angestachelt. Wir haben Seminare gemacht, wo erst Dozenten und dann später auch ich selbst referiert haben über Fragen wie »Was ist dran am Marxismus?« »Wie ist das Weltbild eigentlich?« »Warum reden die so?« Das war sehr spannend. Außerdem fanden wir die Organisation des Studiums in Münster nicht studentenfreundlich: Das Seminar, also die Bibliothek, war zu kurz geöffnet. Die Hörsäle waren zu groß, die Räume waren zu alt, all das störte uns. Professoren waren nicht da und ließen zu oft die Assistenten die Vorlesung machen. Dagegen sind wir angegangen. Aber auf unsere Weise. Nicht wie andere Hochschulgruppen oder der MSB Spartakus, die Streiks organisierten und die Republik verändern wollten. Und die Welt. Wir wollten mal was in Münster verändern.

Sie haben damals Georg Milbradt kennengelernt, der später in Sachsen Finanzminister und dann auch Ihr Ministerpräsident gewesen ist. Er war in der gleichen Gruppe, aber nicht gleicher Meinung. Sie haben heftig um den Kurs gestritten. Warum?

Georg Milbradt war damals deutlich älter als wir. Er war acht, neun Jahre älter – das ist in Studienzeiten gefühlt eine andere Generation. Außerdem war er schon Assistent. Worum es ging? Der AStA Münster missbrauchte damals Studentengelder, er nutzte die Pflichtbeiträge nämlich dazu, ein allgemeines politisches Mandat zu beanspruchen und laufend irgendwelche Flugblätter für außenpolitische Erklärungen zu drucken. »Solidarität mit Nicaragua« war ein Thema, aber es gab auch noch viele andere. Wir fanden das falsch, wir fanden, ein studentischer Beitrag muss auch für studentische Belange eingesetzt werden. Wir sollten und wollten uns darum kümmern, dass die Universität Münster besser wird, aber nicht, ob wir solidarisch mit Nicaragua sind. Juristisch war das richtig, die Rechtslage war eindeutig. Der AStA hatte nur ein hochschulpolitisches Mandat. Also wollten wir uns dagegen wehren. Milbradt vertrat nun die Auffassung, der wirksamste Weg sei es, die Gerichte anzurufen und dem AStA ein Zwangsgeld anzulasten und sie so lange in die Knie zu zwingen, bis sie das lassen. Ich war mit anderen anderer Auffassung und habe gesagt: »Es ist zwar richtig, das ist rechtswidrig, und die Klage ist ein zulässiger Weg. Aber er schadet uns politisch.« Wir fürchteten, nicht gewählt zu werden. Weil es heißen würde: »Ihr verklagt Studenten, und Studenten untereinander verklagen sich nicht.« Milbradt und einige andere vertraten die Auffassung, dieses politische Argument müsse hinter dem juristischen Argument zurückstehen. Außerdem schade es nicht, Hauptsache, der AStA wird in die Knie gezwungen. Wir haben gesagt: »Uns ist wichtiger, dass wir den AStA nicht in die Knie zwingen, sondern ihn erobern, indem wir die Wahlen gewinnen und selber dort sitzen.« Darüber gab es keine Verständigung. Ergebnis: Milbradt hat mehrfach vor Gericht gesiegt. Und wir haben damals keine einzige Wahl gewonnen.

Hat Sie der Konflikt mit Milbradt abgeschreckt oder befeuert?

Befeuert. Es ging doch immer um die Frage: Wie setzt man irgendetwas durch – mit dem Kopf durch die Wand oder elegant? Und ich habe seitdem versucht, eher den eleganteren Weg zu wählen. Das heißt ja nicht, dass man nicht auch gegen Widerstände etwas durchsetzen können muss. Das gehört dazu. Aber wenn es eine offene Tür und eine geschlossene Tür gibt, dann wähle ich lieber die offene Tür.

Naja, Milbradt hat gewonnen, Sie haben politisch verloren.

Das ist richtig. Aber erreicht haben wir so beide nichts. Es ist eben ein Unterschied, ob man Recht hat und Recht bekommt – oder ob man ein Ziel längerfristig politisch durchsetzen kann.

Sie haben ihre Promotion über formelle und informelle Verfahren im Kartellrecht geschrieben. War das schon die Vorbereitung auf die formellen und informellen Verfahren in der Politik?

Nein. Ich bin nach dem Jurastudium als Referendar zur Wahlstation zum Bundeskartellamt gegangen. Ich hatte mir überlegt, das könnte eine schöne berufliche Sache für mich sein als Nahtstelle zwischen Wirtschaft, Politik und Recht. Und da habe ich sofort erlebt, dass gerade in der Fusionskontrolle Unternehmen, bevor sie einen offiziellen Antrag auf Genehmigung einer Fusion stellen, informell fragen, wie wohl die Aussichten sind, eine solche Fusion genehmigt zu bekommen. Was auch legitim ist, weil hohe Kosten entstehen, der Markt sich verändert. Allein die Absicht, ein Unternehmen zu kaufen, hat Auswirkungen auf Märkte. Trotzdem stellte sich juristisch die Frage, ob das erlaubt sein kann, dass der Staat vor einem formellen Verfahren viele entscheidende Fragen informell klärt. Ob das ein Formenmissbrauch ist. Ob der Staat da der Stärkere oder der Schwächere ist. Und vieles mehr. Das hatte damals mit Politik direkt nichts zu tun. Allerdings beschäftigt mich die Frage natürlich bis heute – weil es formelle und informelle Verfahren natürlich auch in der Politik gibt. Das klassische Beispiel: Wir haben eine Regierung mit einer Mehrheit im Parlament, die formell Gesetze beschließen kann.

Und wir haben informell einen Koalitionsausschuss, Koalitionsarbeitsgruppen, Spitzentreffen von Parteivorsitzenden und manches mehr. Die Frage, die sich für die Politik stellt, ist die Frage, ob in diesen Ausschüssen gemauschelt wird oder ob es transparent ist. Ob da Macht missbraucht wird und wie das Verhältnis vom formellen zum informellen Bereich ist. Ich bin heute genauso wie damals in der Doktorarbeit der festen Überzeugung, dass informelle Verfahren dringend geboten sind. Andererseits müssen informelle Verfahren immer auf formelle Verfahren bezogen sein. Wenn der Abstand von formellen zu informellen Verfahren zu groß ist, entstehen Willkür und Machtmissbrauch. Wenn der Abstand zu klein ist, gibt es keine vernünftigen Ergebnisse. Anders ausgedrückt: Wenn der Koalitionsausschuss in einem schwierigen Problemfeld auf informellem Weg zu einem Ergebnis kommt, und das Ergebnis anschließend erstens öffentlich gut erklärt und begründet wird und dann auf korrektem Wege durch das Parlament geht, stimmt das Verhältnis zwischen formellem und informellem Verfahren. Wenn der Ausschuss dagegen zu einem Ergebnis kommt, dessen wahre Folgen oder Nebenkonsequenzen geheim gehalten werden, dann beginnt ein Gemauschel. Wir haben schon über Vertraulichkeit und Geheimnisse gesprochen. Alle förmlichen Verfahren in der Demokratie sind auf Öffentlichkeit angelegt und müssen es sein. Gute Ergebnisse erzielt man aber oft in nicht-öffentlichen Sitzungen. Nur, diese Ergebnisse aus solchen Sitzungen müssen öffentlich kommuniziert und erstritten und überzeugend vorgetragen werden. Das ist der beste Schutz gegen den Vorwurf mangelnder Transparenz und Kungelei. Ausnahme: Die Sitzungen sind aus guten Gründen geheim wie beim Bundessicherheitsrat.

Für den Start ins Berufsleben hatten Sie einen Helfer: Friedbert Pflüger. Er hat Sie in die Berliner Senatskanzlei von Richard von Weizsäcker geführt. Wie kommt so was zustande?

Wir kannten uns aus dem RCDS. Er war in Hannover, als ich in Münster war. Und wir waren uns ein paar Mal über den Weg gelaufen. Aber wirklich enge Freunde waren wir nicht. Trotzdem rief er mich eines Tages an, ob ich nicht Lust hätte, Redenschreiber von Richard von Weizsäcker in Berlin zu werden. Er selbst würde innerhalb der Senatskanzlei weiter aufsteigen und musste zuvor einen Nachfolger finden. Dass er an mich dachte, kam für mich überraschend, freute mich aber. Das war jetzt nicht Ergebnis einer langanhaltenden Netzwerkbeziehung oder so. Er brauchte dringend jemanden, und da kam ich ihm in den Sinn. Also schlug er mich Richard von Weizsäcker vor.

Und der hat Sie dann einfach übernommen?

Nein. »Kassandra« von Christa Wolf hat eine Rolle gespielt. Vielleicht hätte es auch ohne Kassandra geklappt. Aber das Buch hat sehr geholfen. Richard von Weizsäcker hat mich nämlich, als wir uns dann zum Vorstellungsgespräch trafen, als Erstes gefragt, welches Buch ich zuletzt gelesen hätte. Das war »Kassandra«, und wie der Zufall es wollte, war es bei ihm genauso gewesen. So begannen wir am Rande eines CDU-Landesparteitags, der ihn offenbar nicht sonderlich fesselte, lange über »Kassandra« zu diskutieren. Ich habe immer versucht, viel Literatur zu lesen, und die beste Literatur Anfang der Achtzigerjahre entstand in der DDR. Jedenfalls vieles von dem, was mir damals besonders gefiel. Monika Maron, Christa Wolf, Thomas Brasch, viele andere – mit so Schlüsselbüchern wie »Flugasche« von Monika Maron und eben »Kassandra«. Das traf auch eine bestimmte Stimmung in der Zeit, die sehr pessimistisch war, Weltuntergangsstimmung, was ja nicht ganz abwegig war Mitte der achtziger Jahre. Außerdem interessierte mich als Altsprachler die Welt der Mythen, also habe ich das gelesen. Und das führte dazu, dass ich mich bei meinem Vorstellungsgespräch mit dem Regierenden Bürgermeister fast die ganze Zeit über dieses Buch unterhalten habe. Das war irgendwie verrückt und schön zugleich. Später habe ich ihm das häufig nachgemacht. Ich habe bei Personalgesprächen die Menschen gefragt, was das letzte Buch war, das sie gelesen haben. Dann haben wir über dieses Buch gesprochen, ob ich es nun gelesen hatte oder nicht. Dabei lernt man Menschen ziemlich gut kennen. Der Politiker, mit dem ich übrigens am meisten über unsere gelesenen Bücher gesprochen habe, war Peer Steinbrück, der Bücher verschlingt – Sachbücher genauso wie Romane.

Warum war »Kassandra« für Sie so spannend? Weil sie einfach eine große Fabel war auf die Situation in der DDR? Oder weil Vorhersager, denen man nicht zuhört, eine besonders schreckliche Vorstellung sind?

So genau kann ich das gar nicht mehr sagen. Erst mal war das eine tolle Sprache. Sie war nicht so plump wie vieles, was damals geschrieben wurde. Eine nachdenkliche Innensicht ist immer gut. Ich habe es auch nicht als einfache Parabel auf die DDR empfunden, weil ich damals von der DDR kaum Ahnung hatte. Ich sah darin eine Parabel auf unsere Zeit. Und schließlich war da noch die Rolle der Person, die etwas vorhersagt und deren Vorhersagen nicht wahr- und ernst genommen werden und die später noch als Überbringerin der schlechten Nachricht gegeißelt und getötet wird. Das fand ich spannend und dachte: »Wo sind unsere Kassandras, und wie gehen wir mit ihnen um?« Müssten wir nicht auch intensiver die Zukunft sehen? Wenn ja, wie? Das fand ich spannend als junger Mann mit Ende 20.

Hat es Sie irritiert, dass Weizsäcker mit Ihnen darüber sprach? Oder fanden Sie es gar nicht überraschend, weil er eh als Philosoph galt?

Ehrlich gesagt, ich kannte ihn gar nicht so gut. Ich fand das spannend. Ob das angemessen war oder nicht, hat mich nicht so beschäftigt. Ich fand das überraschend und im Nachhinein natürlich angemessen. Er suchte ja nicht einen Justiziar der Senatskanzlei, sondern einen Redenschreiber.

Sind Sie also mit großem Hurra sein Mitarbeiter geworden?

Nicht ganz. Ich hatte gerade einen Studienplatz an der Columbia-Universität in New York bekommen. Noch kein Stipendium, aber einen Studienplatz. Und das hätte ich schon auch sehr gerne gemacht. Die Entscheidung ist mir deshalb ziemlich schwergefallen. New York und die Columbia waren sehr verlockend. Ich wollte meine Doktorarbeit, die ich angefangen hatte, um einen Auslandsabschluss ergänzen – das konnte man damals machen in einem Jahr. Außerdem wollte ich mein Englisch verbessern und ins Ausland gehen, was ich vorher nie gemacht hatte, und auch das war natürlich verlockend. Trotzdem habe ich mich schließlich gegen New York entschieden, weil ich Berlin spannender fand. West-Berlin – muss man noch hinzufügen. Außerdem war Weizsäcker natürlich eine faszinierende Figur. In eine Regierungszentrale gehen, wenn auch als Redenschreiber, mit so einem bedeutenden Chef. Das war exakt die Verbindung von Jura und Politik oder Wirtschaft, die ich gesucht hatte. Also habe ich es gemacht. Und das hat sich ja nun nicht zu meinem Nachteil ausgewirkt.

Hat er jemals eine Rede gehalten, die Sie hundertprozentig so geschrieben hatten?

Sehr selten, und wenn dann nur unbedeutende. Er war ein sehr strenger Chef. Bei der Presse hieß er oft »Silberlocke«. Aber weich, sanft war er zu uns nicht. Der war sehr hart mit sich und auch seinen Mitarbeitern, und ein Redenschreiber war eher ein intellektueller Sparringspartner für ihn. Er hat manchmal einen Entwurf ziemlich ausführlich genutzt und mir anschließend gesagt, die Vorlage sei sehr mäßig gewesen. Er hatte zuvor einfach keine Zeit oder Lust gehabt, sich ausführlicher selbst darum zu kümmern, und hatte deshalb das Aufgeschriebene genutzt. Ein paar Mal aber hat er nach einer Rede zu mir gesagt: »Ihr Entwurf war sehr, sehr gut.« Dabei hatte er keinen einzigen Satz verwendet. In solchen Momenten habe ich ihn gefragt, wie das denn zusammenpasse. Er übernehme nichts und lobe mich anschließend. Er antwortete, der Entwurf sei sehr gut gewesen, weil ich da einen sehr guten Gedanken aufgeschrieben hätte. Dadurch erst habe er gemerkt, dass er genau das Gegenteil ausdrücken wolle. Ohne den guten Entwurf wäre ihm das aber nie so bewusst geworden. »Erst als Sie das so geschrieben haben, ist es mir wie Schuppen von den Augen gefallen, dass ich ein anderes Argument verwenden möchte. Deswegen war das ein guter Entwurf.« Das war ein schwieriges Lob, aber so konnte ich schon damit leben. Er hat die wichtigen Reden viel selbst geschrieben und diktiert und zwar so, dass seine Sekretärin mit stenographischer Schrift über Stunden in einem relativ kalten Raum arbeiten musste, weil er gerne bei 17°C arbeitete. Ganz ohne

Computer, dauernd Änderungen, das war schon eine sehr mühsame Aufgabe. Aber die Reden waren ihm sehr wichtig.

Er galt nie so richtig als CDU-Politiker, sondern eher als Politiker für sich selbst. Und natürlich repräsentierte er als Regierender Bürgermeister eine spannende Stadt. Ist das für Sie ein Vorbild gewesen – nicht über Gebühr im Dienst der CDU zu stehen?

Vielleicht. Allerdings muss man dazu sagen, dass er immer ein bisschen darunter gelitten hat, neben einem Helmut Kohl nicht so recht als Christdemokrat zu gelten. Er hat darunter gelitten und damit gleichzeitig kokettiert, dass er nicht so viel CDU ist. Und das war auch ein bisschen Abgrenzung von Kohl, nach dem Motto: »Vielleicht liegt's ja daran, dass ich nicht so richtig CDU bin. Und dann will ich auch nicht so richtig CDU sein.« Das war mehr ein psychologischer Prozess, glaube ich. Ich hatte zu der Zeit ein Angebot von Heiner Geißler. Der damalige CDU-Generalsekretär erwog, mich als seinen Büroleiter zu nehmen. Aber nach unserem Vorstellungsgespräch haben wir das beide dann abgelehnt – er und ich.

Beide haben abgelehnt?

Ja. Ich wollte nicht bei meiner ersten beruflichen Position als Arbeitgeber die CDU haben. Das hat ihn sehr gestört und gekränkt. Aber ich glaube, wir sind unabhängig voneinander zu dem Ergebnis gekommen, dass das nichts ist. Nicht, dass ich innerlich etwas an ihm zu kritisieren gehabt hätte. Er war auch ein faszinierender Mensch und Generalsekretär, und natürlich wäre der Job sicher hochspannend gewesen. Aber ich wollte nicht gleich fest mit der CDU verbunden sein. Ich war seit dem 15. Lebensjahr in der Jungen Union, ich hatte viel im RCDS gemacht. Ich war ein in der Wolle gefärbter Christdemokrat. Aber die CDU als Arbeitgeber – das ging mir zu weit.

Was haben Sie von Richard von Weizsäcker am meisten gelernt?

Den Umgang mit Sprache und das Zugehen auf Menschen. Er konnte in seiner aktiven Zeit unglaublich auf Menschen zugehen, selbst wenn er keine Lust dazu hatte. Da hat er sich zusammengerissen und hat Gruppen von Menschen oder Einzelnen den Eindruck gegeben, dass dieses Gespräch, das er jetzt mit ihnen führt, für ihn eigentlich das Allerwichtigste ist. Das ist eine unglaubliche Gabe. Die habe ich nicht. Aber ich gebe mir Mühe. Dass man sich immer wieder neu auf den Gesprächspartner einstellen muss, wie wichtig das ist, das habe ich von ihm gelernt. Ich mache das, so gut ich kann, manchmal missachte ich es aber noch. Es ist einfach wichtig, in einem Gespräch vielleicht auch zu Beginn etwas Persönliches einfließen zu lassen – wie es dem Gesprächspartner geht, in welchen Lebensumständen er gerade ist, ob da gerade eine Krankheit ist, irgendetwas. Man muss durchblicken lassen, dass man den Lebenslauf kennt, ohne es so dick aufzutragen, dass der Gesprächspartner den Eindruck hat, ich hätte mich schon furchtbar intensiv mit ihm beschäftigt. Weizsäcker konnte das meisterhaft. Ich habe dabei viel gelernt und hoffentlich etwas übernommen.

Gab es etwas, das Sie nicht gut fanden bei seiner Art zu regieren?

Er fand Details oft nicht so wichtig. Er hat die Rolle West-Berlins, die Rolle Deutschlands richtig zum Klingen und Leuchten gebracht. Aber die Rolle der Berliner Stadtwerke, der Berliner Verkehrsbetriebe, die für die Identität der Westberliner auch wichtig waren, die haben ihn nicht wirklich interessiert. Die West-Berliner hatten viele Sprüche geklopft, aber Provinzpolitik gemacht. Das war das Problem von West-Berlin vor seiner Amtszeit. Und als er dann kam, hat er angefangen, diesen großen politischen Anspruch inhaltlich zu beschreiben. Das ist eine große Leistung, und die bleibt auch. Aber trotzdem war er ein Bürgermeister und hat sich zu wenig als Stadtdirektor wahrgenommen. Das kann man vielleicht nicht beides, aber bei seinen vielen Stärken war das eine Schwäche.

Sie sind bei ihm erstmals in die Rolle des Beraters, des Beamten, des Dienenden geschlüpft. War das ein Spannungsverhältnis, weil Sie eigentlich gerne mehr selbst gemacht hätten? Oder entspricht das einfach als Rolle Ihrem Naturell?

Zunächst, ich war damals Berufsanfänger und Angestellter. Verbeamtet wurde ich erst später, nach unserer Wahlniederlage, vom damaligen sozialdemokratischen Chef der Senatskanzlei Schröder. Das rechne ich ihm bis heute hoch an. Er hätte das nicht machen müssen. Auch wenn das nie mein Ziel gewesen war. Der Einstieg als Redenschreiber war Zufall, und dann ist für einen jungen Menschen die Nähe zu einem Spitzenpolitiker natürlich eine extreme Versuchung. Da lernt man sehr viel. Je höher die eigene Funktion ist, umso weniger ist man nah dran. Der Büroleiter verdient weniger als der Abteilungsleiter. Der Büroleiter ist aber viel näher dran als der Abteilungsleiter. Der Abteilungsleiter hat dafür mehr Verantwortung. Das ist so. Die Nähe zu Spitzenpolitikern und das Ausmaß der eigenen Verantwortung stehen in einem Spannungsverhältnis. Deswegen ist das für junge Leute sehr gut, aber deswegen müssen junge Leute auch dringend sehen, dass sie nicht zu lange in dieser Rolle sind. Sonst werden sie übermütig. Ich habe mir in der Senatskanzlei später mit einem Planungsstab was Eigenes aufgebaut, im Kleinen. Das fing langsam an, und nach einigen Jahren änderte sich das durch andere Umstände. Aber zu Beginn diese Rolle, ganz nah, das war eine große Schule für mich als Anfänger. Diese Spitzenpolitiker erlebt zu haben. Chef einer Staatskanzlei zu sein, was ich später in zwei Ländern war – das ist beides. Man hat eine gehobene Schule, weil man Lehrling des Chefs ist. Und zugleich ist man Chef des Stabes und organisiert den Regierungsapparat. Das macht den Reiz dieser Position im Besonderen aus.

Sie sind nicht mit Ihrem Chef Richard von Weizsäcker, der zum Bundespräsidenten gewählt wurde, mitgegangen nach Bonn. Warum nicht?

Weil ich frisch verliebt war in meine jetzige Frau. Ich wollte eine Familie gründen. Das war mir wichtiger.

Hatten Sie keine Lust auf die Nähe zum höchsten Staatsmann?

Doch, aber ehrlich gesagt, wollte ich auch nicht nach Bonn zurück. Das hätte ich zwar trotzdem gemacht, die deutsche Einheit war zu dem Zeitpunkt ja noch weit weg, und Bonn wäre sicher nicht das Schlechteste gewesen, um weiter Karriere zu machen. Aber, ehrlich gesagt, ich habe damals schlicht der Liebe den Vor-

Als Student der Rechtswissenschaften, um 1980

zug gegeben – ganz altmodisch und schön. Der Bundespräsident wollte mich ja, er hätte mich gerne mitgenommen. Aber er hat das akzeptiert. Und bis heute, wenn wir uns treffen und reden, sagt er, dass ich mich richtig entschieden habe.

Sie waren damals ganz nahe dran, für einen Bundespräsidenten zu arbeiten. Was muss ein Bundespräsident für Sie haben?

Es gibt nicht den einen Bundespräsidenten, der für alles gut ist, sondern er muss in die Zeit passen, und Richard von Weizsäcker passte vorzüglich in seine Zeit. Er wollte es ja auch gerne werden, und er war ganz besonders geeignet. Wie soll ich das beschreiben? Erstens konnte er als Kriegsteilnehmer, als Sohn seines Vaters, als

Adeliger, als ehemaliger Kirchentagspräsident am besten den intellektuellen Durchbruch im Umgang mit der Verarbeitung des Zweiten Weltkrieges und des Nationalsozialismus beschreiben. Das hätte vielleicht ein Theodor Heuss, wäre er zu der Zeit Präsident gewesen, auch gemacht. Aber ein Karl Carstens oder ein Walter Scheel hätten das nicht gekonnt. Das war zu dieser Zeit sehr wichtig. Und das Zweite ist: Er hat auf andere Weise einen internationalen Anspruch und eine internationale Rolle definiert, anders als Helmut Kohl – komplementär. Auf diese Weise konnte er das Land gut zusammenführen, gerade auch im Einigungsprozess. Dass er in der Zeit viele Kirchenkontakte in die DDR nutzen konnte, während er Bundespräsident war, während die Deutsche Einheit wuchs, war zusätzlich ein wirklicher Glücksfall. Deswegen war er ein guter Bundespräsident.

Er hat Orientierung gegeben?

Jaja, ich weiß. Danach wird heutzutage ja immer gerufen. Und wenn einer dann Orientierung gibt, sagt man: »Das ist nicht seine Aufgabe. Er mischt sich zu sehr ein.« Das ist ein Widerspruch, der schwer zu lösen ist. Hinzu kommt aber etwas ganz anderes: Wir haben heute nicht mehr wie früher die Kraft oder auch die Möglichkeit, große Diskussionen zu führen. Wir haben sehr viele Medien. Jeden Tag passiert etwas Neues; die Welt ist verschränkter geworden. Dass die Nation heute noch wie in den siebziger Jahren an drei, vier Abenden über Holocaust-Filme diskutiert, dass es einen Straßenfeger im Fernsehen gibt, wo kein Mensch mehr Auto fährt, weil alle vor dem Fernsehen sind – das gibt es doch heute nicht mehr. Nur beim Fußball. Aber dass über ein großes Theaterstück die halbe Republik diskutiert; dass eine große Rede die Menschen beschäftigt, dass Debatten über die Regierungserklärung oder zum Tag der Deutschen Einheit in den überregionalen Zeitungen zwei, drei Seiten lang abgedruckt und kommentiert werden – das ist Geschichte. Heftige Debatten über Ostpolitik, Nachrüstung – vorbei. Ich kritisiere das nicht, ich stelle es einfach fest. Eine Stammzellendiskussion ist sehr wichtig und beschäftigt die CDU zwei, drei Stunden auf dem Parteitag, aber rührt nicht tiefere Schichten der Bevölkerung. Oder – was ich gerne möchte – eine große Diskussion über die internationale Rolle Deutschlands, auch über die Sicherheitspolitik. Die findet nur in sicherheitspolitischen Kreisen statt. Nehmen Sie die Rente mit 67, die haben wir schnell eingeführt; sie war eine wegweisende Entscheidung der Großen Koalition; sie wird von einem Teil der Bevölkerung abgelehnt, aber sie wurde nicht gesellschaftlich erstritten und erkämpft. Es gibt keine große Bewegung dagegen. Das liegt auch an der Schnelllebigkeit. Und deswegen ist der Anspruch, dass der Bundespräsident diese Rolle mit großen Reden wahrnehmen soll, zu viel verlangt. Joachim Gauck ist vielleicht einer, der das kann. Jedenfalls bei einem – wie ich finde – sehr wichtigen und wunderbaren Thema, dem der Freiheit, kann er das. Und doch stellt sich auch die Frage, ob das fünf oder vielleicht sogar zehn Jahre trägt, sollte er zwei Amtszeiten machen. Das ist kein Vorwurf an ihn. Die Ermüdung bei der Behandlung großer Themen ist schneller, als es früher der Fall war.

Braucht Deutschland noch einen Bundespräsidenten?

Ich denke schon. Denken Sie an Krisen oder große politische Umwälzungen. Ich hoffe nicht, dass so etwas passiert, aber ein Bundespräsident kann dann Größe zeigen. Richard von Weizsäcker hat das in der Deutschen Einheit gemacht, und auch ausländische Staatsoberhäupter tun es bei großen Staatskrisen. Der norwegische König hat das nach dem schrecklichen Attentat von Anders Breivik gemacht. In solchen Situationen ist ein Regierungschef – selbst wenn die Amtsführung durchaus überparteilich angelegt ist, was ja auch sein muss – nie so gut wie ein Staatsoberhaupt. Ein Staatsoberhaupt kann dann eine große Rolle haben: die Sprache zu finden für ein sprachloses Volk. Das gilt natürlich auch für Freude. Ich erinnere mich, wie großartig der uralte italienische Staatspräsident Ciampi war, der sich über die italienische Fußballmannschaft so freute. Das öffnete einem das Herz, wie der sich freute. Ich habe das Bild bis heute vor Augen, wie er da im Fernsehen jubelte – über achtzig war der!

Die letzten beiden Bundespräsidenten sind zurückgetreten. Passt das zum Amtsverständnis eines Thomas de Maizière?

Bei Horst Köhler nein, bei Christian Wulff ja. Der Rücktritt von Bundespräsident Köhler war überflüssig. Er hätte bleiben sollen. Ich habe mit ihm darüber nach einiger Zeit ein sehr ausführliches Vier-Augen-Gespräch gehabt. Und will darüber nicht berichten. Aber es war objektiv nicht nötig. Er hat dem Land gutgetan als Bundespräsident. Ich fand auch die Kritik, dass er ein schlechter Redner war, völlig unangebracht. Der war anders, und gerade dadurch hat er eine ganz große Wirkung gehabt als Redner. Sein zögerlich und stockend vorgetragener Redestil in Verbindung mit seinen blauen Augen, die so strahlend waren, wie selten von einem Menschen, haben eine unglaubliche Wirkung. Das war ein glänzender Redner! Nicht für Rhetoriktrainer, aber für normale Menschen, und darauf kommt es ja an. Bei Christian Wulff war ein Zeitpunkt erreicht, wo ein Rücktritt unvermeidlich war – leider. Die Fälle kann man aber nicht vergleichen.

Sie haben Christian Wulff, obwohl das zu Kritik führte, einen Großen Zapfenstreich gegeben. Warum?

Weil das selbstverständlich ist. Ein Bundespräsident wird mit militärischen Ehren begrüßt und mit einem Großen Zapfenstreich verabschiedet. Es gab überhaupt keinen Grund, daran etwas zu ändern. Ein Bundeskanzler bekommt zum Abschied auch einen Großen Zapfenstreich. Das ist meistens, wir haben schon darüber gesprochen, eine Situation, die unerfreulich ist: abgewählt, enttäuscht, traurig. Auch deshalb: Das gehört sich so. Ein Leben braucht Begrüßungs- und Abschiedszeremonien, und diese Zeremonie gilt auch dem Amt. Nach welchen Kriterien sollte ein Verteidigungsminister oder eine Regierung darüber entscheiden, ob ein Großer Zapfenstreich stattfindet: Eröffnung eines Ermittlungsverfahrens, ohne dass etwas wirklich klar ist? Großartige Leistung? Schlechte Leistung? Nein. Ich fand, das war eine selbstverständliche Pflicht und eine normale Form, von einem Staatsoberhaupt Abschied zu nehmen. Ich war erstaunt über die Kritik an dieser Selbstverständlichkeit. Angeblich waren siebzig Prozent gegen den Großen Zapfenstreich. Mir gegenüber sind nur Leute aufgetreten, die es gelobt haben, dass ich das gemacht habe. Kein Einziger hat mir ins Gesicht gesagt: »Die Entscheidung war falsch.« Es sind aber viele ungefragt gekommen und haben gesagt: »Es war richtig, dass Sie einen Großen Zapfenstreich gemacht haben.« Da fragt man sich, wo siebzig Prozent Ablehnung herkommen.

Sie sind in einem Amt, wo vielleicht nicht mehr viele Leute den Mut haben, Ihnen die Wahrheit zu sagen.

Stimmt. Das ist ein Problem. Ich jedenfalls fand das absolut richtig; er hat sich auch darüber gefreut, und das ist stilbildend. Diesen Stil hält man auch durch, wenn es mal scheinbar nicht populär ist.

Nach Wulffs Rücktritt haben die Parteien, und zwar fast alle zusammen, Joachim Gauck ausgewählt. Also einen, der dezidiert kein Parteipolitiker ist – noch weniger, als es Horst Köhler schon war. Zeigen die Parteien damit nicht eine Schwäche, weil sie in den eigenen Reihen keine geeigneten Kandidaten mehr haben?

Horst Köhler war Staatssekretär im Bundesfinanzministerium und Chef des Internationalen Währungsfonds. Das sind beides Positionen, die auch sehr politisch sind und sehr politische Auswirkungen haben. Und bei Joachim Gauck tut man so, als wäre das der Pfarrer aus Rostock! Joachim Gauck hat mit der Stasi-Unterlagenbehörde zehn Jahre eine große Behörde geführt. Und das mit einem großen öffentlichen Auftrag, den er auch öffentlich begründet hat. Er war danach eine öffentliche Person, auch eine politische Person. Er hat keine parteipolitische Karriere gemacht, aber Köhler und Gauck waren viel politischer, als es von den meisten beschrieben worden ist, als sie in ihr Amt kamen. Sie gehören nicht dem parteipolitischen Establishment an, das ist wahr. Aber so zu tun, als seien sie irgendwelche unbeschriebenen Blätter, die mit Politik nichts zu tun gehabt hätten, trifft auf beide überhaupt nicht zu.

Bisher war die Rekrutierung für hohe politische Ämter Parteiaufgabe. Dieses Mal waren die Parteien dazu objektiv nicht in der Lage. Ist das ein Zeichen dafür, dass es um die Parteien nicht gut bestellt ist?

Nein. Wir hatten immer wieder solche Fälle. Nehmen wir mal Roman Herzog. Er gehörte im Bund nicht zum Spitzenpersonal der Parteien. Er war ein hochangesehener Präsident des Bundesverfassungsgerichts und wurde ein sehr erfolgreicher Bundespräsident. Etwas anderes macht mir im Zusammenhang mit der Wahl des Bundespräsidenten Sorgen. Das Ganze passte leider schon ins Bild, weil es zu meinem Bedauern gerade in bürgerlichen Kreisen eine hochnäsige Verachtung von Politik, von Parteipolitik gibt. Die freien Wählervereinigungen schießen hervor, bei Kommunalwahlen werden manchmal Bürgermeister gewählt, die sagen: »Ich bin stolz darauf, keiner Partei anzugehören, und deswegen möchte ich gewählt werden.« Ich sage das jetzt nicht, weil ich diese Menschen, die sich politisch außerhalb von Parteien engagieren, kritisieren will, sondern ich will diejenigen kritisieren, die sagen: »Politiker sind gut, wenn sie keiner Partei angehören. Wenn sie einer Partei angehören, sind sie per se schon einmal schlecht.« Unser Land wäre ganz schlecht dran, wenn es keine guten Parteien gäbe.

Warum?

Parteipolitik ist mühsam, aber nötig. Wie soll denn sonst politische Willensbildung gebündelt werden in der Demokratie? Charismatische Personen – gut und schön. Aber wenn es nicht so viele gibt? Ein Orts- oder Kreisverband verschafft Bodenhaftung. Das ist wichtig.

Als Richard von Weizsäcker ging, ist Eberhard Diepgen gekommen – und Sie sind geblieben. Wie war das möglich, dieser Wechsel vom Weltpolitiker zum Stadtpolitiker?

»Einer von uns!«, stand auf den Wahlplakaten.

Größer hätte der Unterschied nicht sein können. War es Bequemlichkeit oder das Gefühl: jetzt brauche ich den Kontrast?

Ein bisschen Bequemlichkeit war es schon, weil ich ja meiner Frau zuliebe in Berlin und in der Senatskanzlei geblieben bin. Ich habe

Mit dem Regierenden Bürgermeister von Berlin, Eberhard Diepgen, und Heinz Galinski, dem Präsidenten des Zentralrats der Juden in Deutschland, in Yad Vashem, 1985.

mich in der Auseinandersetzung zwischen Eberhard Diepgen und Hanna-Renate Laurien dann allerdings bewusst für Diepgen entschieden, bevor er gewählt war, zusammen mit einigen anderen. Ich kannte ihn ja als Fraktionsvorsitzenden. Das war ein großer Kontrast, aber ich habe von ihm genauso viel gelernt wie von Richard von Weizsäcker. Dass eine Stadt oder ein Gemeinwesen auch handwerkliche, praktische Arbeit braucht; dass Visionen alleine nicht reichen. Dass Stadtwerke für eine Stadt ziemlich relevant sind. Man kann viel vom Image einer Stadt reden, aber wenn man nicht im Stande ist, dass ein Flughafen pünktlich fertig wird, dann entsteht daraus ein gewaltiges politisches Problem. Man mag noch so gute schulpolitische Konzepte haben, wenn immer Unterricht ausfällt, dann scheitert man. Dafür einen Blick zu haben, ist sehr wichtig. Das habe ich von Eberhard Diepgen gelernt. Das Zweite war für mich auch wichtig: Eberhard Diepgen hat immer einen Blick für kleine Leute gehabt. Richard von Weizsäcker hatte das auch, aber nicht so wie Eberhard Diepgen. Auch in der CDU war ihm ganz klar, das einfache Mitglied, der einfache

Wähler, der einfache Mann auf der Straße im besten Sinne des Wortes ist total wichtig – für die Demokratie, für Berlin, für unser Land. Und das war ein völlig neuer Blick für mich. In der Armee, in der Bundeswehr habe ich einfache Leute kennengelernt, unter einfachen Leuten gedient, einfache Leute nachher geführt, aber es ist ein Unterschied, ob man das in der Hierarchie macht oder nicht. Und zum Dritten hatte Diepgen eine unglaubliche Präzision darin, Schwachstellen in Verwaltung und Akten zu finden. Wo findet man in Akten Problemstellen und warum? Das habe ich bei Eberhard Diepgen gelernt. Er machte das mit Erfahrung und Sensorium. Merken, wenn Verwaltung so formuliert, dass da eine faule Stelle ist. Das habe ich nicht nur, aber ganz wesentlich bei ihm gelernt. Das gilt auch noch für etwas anderes: Er konnte drohende interne Konflikte früh erkennen und gut entschärfen durch seine joviale Art. Das konnte er sehr gut. Deswegen waren das sehr lehrreiche Jahre für mich.

Haben Sie von ihm auch etwas über informelle Verfahren in der Politik gelernt? Die Berliner CDU ist damit während des Bankenskandals in schlimmster Form berühmt geworden.

Ja, irgendwann war da letztlich der Abstand von den informellen zu den formellen Verfahren zu groß geworden. Die informellen Verfahren dominierten die formellen Verfahren, und das war mit ein Grund erst für den Aufstieg und dann für den Abstieg der West-Berliner CDU.

Schämen Sie sich dafür im Rückblick? Sie sind unter Diepgen Planungschef geworden.

Nein, dafür habe ich mich nie geschämt. Weil ich, als das wirklich um sich griff nach dem Fall der Mauer, gar nicht mehr da war. Ich durfte in der Anfangsphase Diepgens, also in Diepgens erster Amtszeit in den achtziger Jahren, einen kleinen Planungsstab aufbauen. Das war eine Aufwertung für mich und hat das Bleiben leichter gemacht. Sonst wäre ich irgendwann gegangen. So erhielt ich zum ersten Mal ein bisschen Führungsverantwortung, zum ersten Mal hatte ich Mitarbeiter. Vorher haben wir uns zu zweit eine sehr gute Sekretärin geteilt. Das war für einen jungen Mann auch schon irgendwie erstaunlich – war ja nicht meine Sekretärin, sondern die für die Reden des Regierenden Bürgermeisters. Aber ich konnte so tun, als hätte auch ich eine Sekretärin. Als Redenschreiber hatte ich mit Hierarchien von Verwaltung gar nichts zu tun. Meine Entwürfe gingen direkt an den Bürgermeister, hier und da schaute bei Richard von Weizsäcker sein Regierungssprecher Meinhard Ade noch mal drauf. Aber an sich war das eine direkte Beziehung. Als ich Leiter des Grundsatzreferats Planung wurde, schauten dagegen plötzlich die Abteilungsleiter ganz eifersüchtig, was ich da wohl trieb. Wenn ich die nicht alle mit einbezog (und das galt eigentlich auch schon für die Referatsleiter), dann bekam ich von denen keine Informationen. Dabei war ich vollständig angewiesen auf deren Informationen. Das war extrem lehrreich für meine ganzen späteren Arbeiten. Wie Verwaltung funktioniert und vor allem: wen man wann wie beteiligt. Das ist enorm wichtig.

War das Berlin von damals ein anderes als das von heute?

Es war nur West-Berlin. Wir haben damals natürlich von ganz Berlin geredet – deutschlandpolitisch. Aber wir haben nur West-Berlin gemeint. Vieles ist natürlich anders jetzt im vereinten Deutschland. Aber manches ist bis heute gleich. Berlin war schon damals polyzentral. Das hängt mit der Geschichte zusammen, dass Großberlin als Stadt letztlich erst 1920 entstand. Es gibt nicht eine richtige Mitte, ein richtiges Zentrum. »Unter den Linden« ist überhaupt nicht zu vergleichen mit einer großen spanischen oder italienischen zentralen Straße. Da gibt es drei Cafés oder was, und Souvenirläden. Wenn Sie von auswärts kommen, wissen Sie gar nicht, wo Sie hinfahren, wenn »Mitte« oder »City« angeschrieben ist. Meint man den Stadtbezirk »Mitte«? Meint man »City« mit »Kudamm«, oder was meint man da eigentlich? Ein Steglitzer fuhr eben früher auch nicht nach Spandau. Der war Steglitzer. Und eng damit verbunden: Starke Bezirksbürgermeister. Das ist heute auch so. Es wird viel von Berlin geredet und an den Kiez gedacht. Einer in »Mitte« interessiert sich nicht dafür, ob es in

Hellersdorf gut oder schlecht ist. Das ist geblieben. Auch geblieben ist eine große Kluft zwischen großer Klappe und eigener Leistung. Das werde ich nicht müde zu sagen, selbst meinen engsten Freunden hier. Der große Anspruch von Berlin als Hauptstadt muss zuallererst von Berlin eingelöst werden und nicht vom Rest der Republik. Der Bund zahlt zum Beispiel sehr viel Geld in die Kultur Berlins. Ich habe den neuen Staatsvertrag als Chef des Bundeskanzleramts mit Kulturstaatsminister Bernd Neumann, mit dem damaligen Finanzminister Peer Steinbrück und Bürgermeister Klaus Wowereit selbst ausgehandelt. Würde man außer bei den Philharmonikern und vielleicht der Staatsoper sagen, dass irgendetwas inhaltlich so bedeutend ist, dass unser Staat insgesamt, dass der Bund es finanzieren müsste? Gerade auch im Vergleich zu bedeutenden Einrichtungen in München, Hamburg oder Dresden? Ich glaube nicht.

Das sehen viele in Berlin aber ganz anders.

Ja, viele in Berlin. Das mag sein. Aber die Museen in München oder Dresden und Hamburg spielen in derselben Liga. Wenn der Regierende Bürgermeister von Berlin zu einem Metropolentreffen fährt, dann steht das im Lokalteil, aber findet überregional keine Beachtung. »Arm, aber sexy« – was heißt das denn? Die Berliner Stadtführung kokettiert geradezu damit, dass sie keine Rolle für Deutschland hat, sondern dass sie stolz darauf ist, etwas anderes zu sein als Deutschland. Am besten nach dem Motto: »Wir da unten, und die da oben«. Dieser Widerspruch zwischen dem Anspruch von Weltstadt und dem Gehabe von Provinz – der ist viel zu groß. Das war in West-Berlin schon so und in der »Hauptstadt der DDR« in Anführungsstrichen auch. Schon der Ausdruck »Wir haben Weltniveau« zeigt ja, dass es nicht Weltniveau war.

Die föderale Struktur Deutschlands hat aber eine große zentrale Hauptstadt wie Paris oder London auch nicht zugelassen.

Trotzdem: Es ist schon manchmal ein erbärmliches Bild. Ich weiß noch, als Johannes Rau beerdigt wurde. Das war an einem regnerischen Tag, und vor der Kolonne fuhr ein kleines Polizeiauto –

dreckig, mit einer verlotterten Fahne, die Lichter funktionierten nicht, die flackerten. Alles war im Umfeld unfreundlich, und ein Staatsoberhaupt wird beerdigt. Ich habe mich hinterher beschwert, aber da war nicht einmal Verständnis für die Beschwerde. So etwas würde in Paris und Rom, Madrid und London nicht vorkommen.

Warum ist Ihre eigene Partei, die CDU, in Berlin so schwach?

Ich habe es ja schon gesagt, fast jeder Politiker scheitert am Ende, jedenfalls wird es als Scheitern wahrgenommen. Eberhard Diepgen war, glaube ich, der am längsten amtierende Regierende Bürgermeister. Er hat große Zeiten gehabt – nicht nur für die CDU, sondern für die Stadt. Das Ende war eben wie bei den meisten, schwierig und traurig. Und zwischendurch war es ja schon mal traurig gewesen, als wir gemeinsam eine Wahl verloren haben. Aber die CDU hat in urbanen Städten sowieso ein Problem, nicht nur in Berlin. Das ist in Hamburg, München, Frankfurt ja ähnlich. Es gab Glücksfälle wie mit Petra Roth in Frankfurt oder mit Ole von Beust in Hamburg. Aber das sind Ausnahmen, das ist leider nicht die Regel. Es gelingt uns nicht wirklich, Personen aufzubauen oder anzulocken, die etwas Großstädtisches ausstrahlen. Die kann man nicht backen. Und wenn es welche gibt, dann wenden sich viele von denen von der CDU ab, um sich anschließend genau über diese CDU zu beschweren. Das ist natürlich auch typisch bürgerlich und ärgerlich. Die SPD allerdings hat davon auch nicht viele. Wowereit hat es früher mal ein bisschen geschafft, sich als Berliner aufzubauen. Aber mit einem sehr problematischen Konzept. Dass nämlich alles leicht und ohne Anstrengung ginge. Das halte ich für extrem leichtfertig. Wenn überhaupt etwas wieder möglich sein soll, dann bräuchte es eine Stimmung, in der klar wäre, erkennbar wäre, spürbar wäre, dass die CDU es ist, die sich um das ganze Berlin kümmert. So wie es Diepgen in seiner Hoch-Zeit ein bisschen geschafft hat. Oder die CSU in Bayern. Vielleicht aber gelingt das einfach nicht mehr. Jedenfalls nicht in Berlin.

Sie haben in Berlin nicht nur einen Wahlsieg, sondern auch eine schwere Wahlniederlage erlebt. Wie war das?

Es ist einer der schlimmsten Abende gewesen, den ich je politisch erlebt habe, dieser 29. Januar 1989. Und das hat mich sehr geprägt. Die Umfragelage war schlecht, aber sie war nicht so schlecht, wie das Ergebnis war. Wir hatten an dem Abend plötzlich mehr als sieben Prozent Republikaner, aus dem Nichts innerhalb von wenigen Wochen. Und dann saßen wir da. Eberhard Diepgen war der stolze Regierende Bürgermeister, der Landesvorsitzende der CDU. Er hatte für den Wahlabend zu Kaffee und Kuchen und Würstchen und Buletten die Führungseliten der CDU und der Stadt eingeladen. Und alle waren da – fünfzig, sechzig, siebzig Leute. Und nach der ersten Prognose, schon vor der ersten Hochrechnung war klar, dass es eine klatschende Wahlniederlage werden würde. Ich glaube, noch bevor Diepgen das erste Mal vors Fernsehen musste, also noch vor 19 Uhr, waren wir noch fünf oder sechs. Alle anderen hatten plötzlich Termine oder waren weg. Das vergesse ich mein Leben nicht. Wenn Sie vor einem großen Buffet stehen, das für hundert Leute ist, und es sind noch fünfe da, und das in einer halben Stunde. Auch hinterher haben sich natürlich alle von ihm abgewandt, die ihm vorher nicht genug schmeicheln konnten. Und dann musste er auch noch in der Opposition weitermachen, weil partout keiner den Karren ziehen wollte. Duckten sich alle weg. Diepgen wollte zurücktreten. Aber es gab keinen. Also hat er sich bereiterklärt, als Fraktionschef in der Opposition weiterzumachen – wissend, dass das keine strahlende Rückkehr werden würde. Ohne die Deutsche Einheit wäre es wohl auch nichts mehr geworden. Aber erst mal hieß es sogar noch, er könne die Wahlniederlage nicht verkraften. Das war echt hart. Das tiefe Tal einer Niederlage. Nun war ich selbst gar nicht zu sehr betroffen; ich war Angestellter. Es war klar, ich verliere meine privilegierte Position, ich werde irgendwie in die Besenkammer gesteckt von den Sozialdemokraten, aber dass ich entweder da oder woanders was finden würde mit ein bisschen Überlegung, da war ich doch sicher. Ich war also nicht annähernd so getroffen wie der Spitzenkandidat. Aber das erlebt zu haben aus nächster Nähe, wie angebliche Freunde innerhalb von Minuten zerbröseln und verschwinden und so tun, als wäre man Luft – das werde ich nicht vergessen.

Das relativiert auch die vielen Freunde, die man jetzt so bekommt als Verteidigungsminister.

Aber klar! Ich habe mich mit Eberhard Diepgen oft darüber ausgetauscht. Für ihn war das natürlich mindestens genauso prägend.

Danach folgte eine der ganz wenigen Phasen, in denen Sie plötzlich Opposition waren. Wie war das? »Alles Mist!«, wie Franz Müntefering gesagt hat?

Naja, als Oppositionspolitiker bin ich nicht gerade bekannt geworden. Auch wegen der vielen Wechsel, die ich gemacht habe. Erlebt habe ich es zweimal, wir haben 1998 ja auch in Schwerin satt verloren. Aber nur einmal bin ich in die Opposition mitgegangen, eben mit Diepgen. Und das ist natürlich trostlos gewesen. Sie haben vier, fünf Jahre vor sich, je nach Länge der Legislaturperiode, in denen keiner ein Stück Brot von Ihnen will. Ich wurde Pressesprecher von Fraktion und Partei. Es interessierte keinen Menschen, was die CDU als Opposition zu irgendeinem stadtpolitischen Problem zu sagen hat. Der Senat war neu und spannend, viele Frauen waren dabei, erstmals regierte Rot-Grün an der Spree. Jedes Husten von denen wurde beschrieben. Unsere wunderbaren Konzepte über die Verkehrspolitik West-Berlins der nächsten 50 Jahre wurden abgelegt. Das hatte, glaube ich, gar nichts mit einer vermeintlichen Linkslastigkeit der Presse zu tun, obwohl wir das vielleicht so wahrgenommen haben. Das ist einfach so. Das war trostlos und lehrreich.

Sie haben den Moment der Niederlage beschrieben. Wie schläft man nach so einem Abend?

Im ersten Moment denkt man: »Das kann nicht wahr sein. Die Prognose ist sicher ein Fehler, die Hochrechnung wird sicher viel besser.« Es gibt Verdrängungsmechanismen. Ob ich in der Nacht gut geschlafen habe, weiß ich gar nicht mehr. Ich kann eigentlich relativ gut schlafen, trotz Stress. Da kann ich nichts dafür, das ist ein Geschenk. Wahrscheinlich war das in dieser Nacht auch so.

Am nächsten Morgen denkt man dann vielleicht eine Sekunde: »Das kann irgendwie nicht wahr sein. Das war wie ein böser Traum.« Aber das dauert nur Bruchteile von Sekunden, dann ist man in der neuen Realität angekommen.

Wie macht man dann weiter?

Erst mal schwer. Als Kind, Sie erinnern sich bestimmt daran, wenn man ein Brot essen musste, das man nicht wollte, mit wenig Aufschnitt und viel Teig. Dann kaute man und kaute. Und irgendwann hatte man das Gefühl, die Masse wird nicht kleiner, sondern größer. Und plötzlich wird alles ein bisschen ekelig. Daran erinnert mich das. Aber irgendwie geht's dann weiter. Ich war ja auch frisch verheiratet und also aus anderen Gründen sehr glücklich.

Hat Sie das politisch geschult?

Ja, so einen deprimierten Chef zu erleben und natürlich das Wahlergebnis total ungerecht zu finden, das bleibt als Gefühl schon hängen. Das ist übrigens ein wichtiger Punkt: Am Anfang fanden wir das Ergebnis sehr ungerecht. Erst später, viele Tage oder Wochen später wurde uns allmählich klar, dass wir natürlich Ursachen gesetzt hatten. Schlechte Politik, Verschleiß in der Arbeit, umstrittenes Personal, unterschätzte Probleme und so weiter und so weiter ...

Man braucht also Zeit, um die eigenen Fehler einzugestehen?

Ja. Und ich würde das jedem einräumen. Das ist ganz normal. Da gibt es einfach Trauerphasen. Wie bei Angehörigen oder Freunden, die sterben. Mit Trotz, Verleugnung, Verdrängung, Wut, Aggression und dann erst Akzeptanz. Dabei brauchen wir auch die Aggression, um weiterleben zu können, ungerechterweise auch gegen den Kranken: »Warum lässt du mich im Stich?«, »Warum kriegst du denn den Krebs?« und »Wir hatten doch gerade erst ein neues Haus gebaut!« Politisch gilt das Gleiche. Man ärgert sich über die Wähler, na klar. Hinterher kann man dann nüchtern drüber reden. In der ersten Phase selbst ist es einfach schwer. Es gibt keine Dankbarkeit in der Politik.

Glück allerdings hatten Sie trotzdem, und zwar ziemlich schnell. Während Sie in der Opposition saßen und viel Zeit hatten, brach sich im Osten etwas langsam Bahn. Wie haben Sie den Anfang erlebt?

Erst mal gar nicht über die DDR. Erstmal vor allem über Ungarn. Imre Pozsgay, der später eine wichtige Rolle beim Öffnen der Mauer spielte, besuchte Ende 1988, Anfang 1989 Eberhard Diepgen. Dabei erfuhren wir erstmals, dass dort etwas Großes im Busche war. Dass dann etwas Historisches passierte, wurde erst im Laufe des Jahres '89 klar. Und dass das diesmal auch die DDR erfassen könnte, wurde uns so richtig nach der gefälschten Kommunalwahl im Mai '89 bewusst. Ab da haben wir einfach nur neugierig Kontakte gemacht mit Gruppen in Ost-Berlin, mit Leipzig – »Demokratie jetzt« und solchen Leuten. Aus der Opposition war das wiederum leichter als aus dem Senat. Aus dem Senat wäre das alles sofort offiziell gewesen. So konnten wir im Stillen agieren, um langsam zu verstehen, was da wohl läuft. Kein Mensch hatte Ahnung. Mit anderen Worten – historisch war es für mich ein Glücksfall, in der Opposition gelandet zu sein. Ob ich jetzt eine Presseerklärung mehr oder weniger machte für die West-Berliner CDU, war völlig wurscht. Es kam nicht so darauf an; wir wurden nicht so beobachtet. Noch ein Jahr zuvor, bei der 750-Jahr-Feier, war jede Geste, jedes Wort irgendwie wichtig gewesen. Wer wem »Guten Tag« sagt, wer wen sieht und so. Jetzt war das plötzlich ziemlich egal. Das war unsere Chance.

KAPITEL 4

Mauerfall, Einigungsvertrag, Kampf um die Würde des Ostens – an der Seite von Lothar de Maizière

Die Wende, die de Maizières und das Ende der DDR Am 9. November 1989 fällt die Berliner Mauer. Es ist das mächtigste und emotionalste Zeichen des großen Umbruchs im Wendejahr 1989. Von da an ist die Bewegung hin zur Wiedervereinigung Deutschlands nicht mehr aufzuhalten. Auslöser für die Proteste in der DDR sind massive Fälschungen bei den Kommunalwahlen im Mai. Gleichzeitig mehren sich die Anzeichen für Veränderungen auch in den anderen Staaten Osteuropas. Überall bröckelt das Machtsystem der kommunistischen Regierungen. So in Polen, in der Tschechoslowakei und vor allem in Ungarn. Als Hunderte DDR-Bürger am 19. August im Rahmen einer Friedensdemonstration an der österreichisch-ungarischen Grenze – sie geht als Paneuropäisches Picknick von Sopron in die Geschichte ein – nach West-Deutschland ausreisen können, kommt etwas ins Rollen, das die SED-Führung nicht mehr aufhalten kann. Anfang Oktober dürfen mehr als 7000 DDR-Bürger, die tagelang in der Prager Botschaft der Bundesrepublik ausgeharrt hatten, in versiegelten Zügen durch das Gebiet der DDR in den Westen ausreisen.

In der DDR sind die gefälschten Kommunalwahlen zum Menetekel für das SED-Regime geworden. Die Proteste hören nicht mehr auf. Gruppen formieren sich, der Widerstand wächst. Im Herbst wird Leipzig zum Ort großer Demonstrationen. Auf den Montagsdemos demonstrieren immer mehr Menschen für Demokratie und Reformen. Als am 7. Oktober die Polizei in Ost-Berlin Proteste gewaltsam auflöst, wird das nicht mehr als Zeichen der Stärke gewertet. Es wird zum Signal des Machtzerfalls der SED. Elf Tage später tritt Erich Honecker zurück.

Am 4. November kommt es in Berlin zu einer Großdemonstration, wie sie die DDR noch nicht erlebt hat. Am Abend des 9. November erklärt der damalige Sekretär des Zentralkomitees der SED, Günter Schabowski, für alle DDR-Bürger gelte ab sofort eine umfassende Reisefreiheit. Was zunächst harmlos klingt, entpuppt sich als Sensation: Es ist das Ende der Berliner Mauer.

Schon davor haben sich neue Bewegungen wie der konservative Demokratische Aufbruch (DA) oder das linksliberale Neue Forum gegründet. Einige davon formen sich später zu politischen Parteien, die auch bei den Volkskammerwahlen antreten mochten. Im Schatten dieser Entwicklung bemüht sich auch die alte Blockpartei CDU um einen Neuanfang. Der bisherige Vorsitzende tritt zurück. Zu seinem Nachfolger wird nur einen Tag nach der Maueröffnung Lothar de Maizière gewählt. Der Vetter von Thomas de Maizière war zwar schon Jahrzehnte Mitglied in der Ost-CDU gewesen, hatte sich aber nicht in der Partei engagiert. Als Anwalt hatte er unter anderem Ausreisewillige vertreten. Außerdem war er Vize-Präses der evangelischen Synode der DDR. Dass er Vorsitzender der Ost-CDU werden soll, kommt für ihn fast ebenso überraschend wie für seinen Vetter Thomas, den er kurz vor der Wahl über die Anfrage der Ost-CDU einweiht. Mit Lothars Wahl rücken die beiden Verwandten zusammen; Thomas de Maizière wird in kurzer Zeit einer von Lothars engsten Beratern. Eine Rolle, die er bis zum Beitritt der DDR am 3. Oktober 1990 behalten wird.

Durch die Familie de Maizière ging die deutsche Teilung. Während Thomas de Maizière wie seine Eltern und seine Geschwister nach dem Krieg in Westdeutschland aufwächst, gründet der Vater von Lothar de Maizière, Clemens de Maizière, eine Familie in Ost-Berlin. Ulrich und Clemens de Maizière sind Brüder. Ihr Vater fällt im ersten Weltkrieg, ihre Mutter bringt die beiden Söhne und zwei Töchter mit kleiner Rente in Hannover durch. Clemens, der ältere von beiden, geht Ende der zwanziger Jahre nach Berlin und studiert Jura. Die Brüder trennt fortan nicht nur die räumliche Entfernung. Während Ulrich erst in der Wehrmacht und nach dem Krieg in der Bundeswehr Karriere macht, tritt Clemens de Maizière, wie die *Welt am Sonntag* in einer ausführlichen Recherche herausfand, im Dritten Reich der SA bei und später auch der NSDAP. Nach dem Krieg wird er Mitglied der Ost-CDU und arbeitet bald als informeller Mitarbeiter für das Ministerium für Staatssicherheit. Clemens de Maizière belauscht als Stasi-Spitzel nicht nur Freunde, sondern fertigt auch Berichte über die eigene Westfamilie an. Die Brüder und die Familien entfremden sich, außerdem verbietet es der Beruf des westdeutschen Offiziers, die Ost-Verwandtschaft zu besuchen. Das ändert sich erst, als Ulrich de Maizière 1972 in den Ruhestand geht. Ulrich und Clemens treffen sich nur noch ein einziges Mal: am Grab der Mutter in den sechziger Jahren. Worte wechseln sie nicht. 1980 stirbt Clemens de Maizière. Als Thomas de Maizière 1983 nach West-Berlin zieht, treffen sich die Cousins regelmäßig, und zwar zunächst bei Lothars Bruder Michael. Lothar kommt immer häufiger dazu. So wird daraus eine enge Freundschaft. Lothar und Thomas sind es, die ihre Familien über jährliche Treffen wieder zusammenführen.

Schon bald nach Lothar de Maizières Wahl zum Vorsitzenden der Ost-CDU beginnt der Vorwahlkampf für die Volkskammerwahl am 18. März. Die Aussichten der Ost-CDU sind zunächst schlecht, die Umfragen kündigen zu Jahresbeginn 1990 ein miserables Ergebnis an. Außerdem wird der Anfang von großem Misstrauen der Bundes-CDU in Bonn begleitet. Auch unter dem Druck Helmut Kohls schließen sich Anfang Februar der Demokratische Aufbruch, die Ost-CDU und die von der bayerischen CSU unterstützte Deutsche Soziale Union (DSU) zur »Allianz für Deutschland« zusammen. Die CDU hofft, im Bündnis mit den neu gegründeten Parteien ihr Image aufzubessern. DA und DSU setzen darauf, ihre Wahlchancen durch die logistische Unterstützung der CDU zu erhöhen. Kurz vor der Volkskammerwahl muss der Vorsitzende des Demokratischen Aufbruchs, Wolfgang Schnur, allerdings wegen erdrückender Stasi-Vorwürfe zurücktreten. Die Allianz muss um ihre Wahlchancen fürchten. Und die Ost-SPD fühlt sich schon als Sieger. Am Ende kommt es anders. Eindeutiger Wahlgewinner wird die CDU Lothar de Maizières. Sie erhält 40,8 Prozent der Stimmen. Die SPD kommt auf 21,9 Prozent, und der Demokratische Aufbruch, lange zu den Mitfavoriten gezählt, stürzt auf 0,9 Prozent ab. In der Folge bildet Lothar de Maizière eine Große Koalition inklusive SPD. Er will die Wiedervereinigung geordnet organisieren und sucht dafür eine breite Mehrheit in der Volkskammer. Diese hält zwar nicht bis zum Schluss, aber sie hilft ihm. Sein wichtigster Mann in den Verhandlungen mit Bonn wird Günther Krause, der die CDU-Fraktion in der Volkskammer führt und als Staatssekretär auch die Währungsunion und den Einigungsvertrag aushandelt.

In den Monaten bis zur Wirtschafts- und Währungsunion Anfang Juli und dem endgültigen Beitritt am 3. Oktober rast für die DDR-Regierung die Zeit. Eine Zeit, in der sie in den Verhandlungen mit der Kohl-Regierung Tag für Tag weniger Gewicht auf die Waage bringt. Die Wirtschaft in der DDR fällt in sich zusammen; und in der Volkskammer wächst der Druck, so schnell wie möglich und im Zweifel bedingungslos der Bundesrepublik beizutreten. Bis zuletzt kämpft Lothar de Maizières Regierung hingegen um eine Vereinigung »in Würde«, wie er sagt.

Nach dem Beitritt und den Wahlen im Dezember wird Lothar de Maizière Bundesminister ohne Geschäftsbereich und Bundestagsabgeordneter. Die CDU wählt ihn zum einzigen Stellvertreter Helmut Kohls. Kurz darauf werden Vorwürfe laut, er habe als informeller Mitarbeiter für die Staatssicherheit gearbeitet. Daraufhin lässt er seine Ämter ruhen, bestätigt, dass er als Anwalt immer wieder Kontakt zur Stasi hatte, bestreitet aber vehement, für sie gearbeitet und Menschen bespitzelt zu haben. Die Vorwürfe können nie eindeutig bestätigt werden. Trotzdem fasst Lothar de Maizière in der Politik nicht mehr Fuß und kehrt ihr 1994 endgültig den Rücken. Günther Krause wird nach der Vereinigung Bundesverkehrsminister, muss im Mai 1993 aber wegen heftiger öffentlicher Kritik an der Bezahlung einer Putzhilfe und den Kosten eines privaten Umzugs zurücktreten. Auch er verlässt die Politik.

Ihre persönliche Wende im Osten beginnt nicht mit dem Mauerfall, sondern mit Ihrem Vetter Lothar. Wie kam das?

Als in der DDR die Demonstrationen im September und Oktober 1989 mehr und mehr zunahmen, nehmen wir, also Eberhard Diepgen und eine kleine Gruppe von Mitarbeitern, immer mehr Kontakte nach Ost-Berlin auf. Bis hin zu einem denkwürdigen Gespräch Anfang November, als wir, streng geheim, den CDU-Bezirksvorsitzenden aus Ost-Berlin, Siegfried Berghaus, trafen. Am Abend vor dem Treffen erhielt ich einen Anruf meines Vetters. Er sagte, er werde bei dem Termin auch dabei sein, mehr könne er mir aber nicht sagen. Dann legte er wieder auf.

Hatten Sie denn regelmäßigen Kontakt zu ihm?

Ja. Seit ich 1983 nach Berlin gekommen war. Wir trafen uns meist bei ihm oder seinem Bruder Micha, wir haben viel geredet und viel getrunken und viel geraucht. Wir diskutierten viel über Politik. Aber das hatte nichts mit politischen Ambitionen von ihm zu tun. Es gab keinen Hinweis.

Und dann kam es zu dem Treffen. Diepgen, Elmar Pieroth, Volker Hassemer, dazu ein Ausschussvorsitzender aus dem Abgeordnetenhaus und ich fuhren hin. Auf der anderen Seite waren neben Berghaus und meinem Vetter noch Kersten Radzimanowski, damals Hauptabteilungsleiter im Bundesvorstand der Ost-CDU, und ein weiterer Vertreter der Partei mit dabei. Wir trafen uns heimlich in einem Gästehaus der Ost-CDU im Norden Berlins und diskutierten nicht über eine Wiedervereinigung, sondern über einen dritten ökonomischen Weg. Ob Reformen gehen;

wenn ja, wie das geht; wie weit das gehen kann und ab wann wirtschaftliche Reformen das Machtmonopol der SED gefährden. Stundenlang haben wir darüber gesprochen.

Warum musste das Treffen streng geheim bleiben?

Den Ostdeutschen war es selbstverständlich strengstens verboten, uns zu treffen. Und uns selbst drohte heftiger Ärger mit der westdeutschen CDU-Führung. Die Spitze um Generalsekretär Volker Rühe wollte mit der Ost-CDU, den alten Blockflöten, nichts zu tun haben. Diepgen dagegen und einige andere westdeutsche CDU-Politiker wie Willy Wimmer und Franz Josef Jung sahen das anders. Wimmer und Jung agierten aber völlig unabhängig von uns. Unsere Auffassung war, dass die Ost-CDU nicht unbedingt die richtige Partnerin ist, aber dass es ohne sie auch nicht geht. Wir dachten, wir wären mit dem Klammerbeutel gepudert, wenn wir nicht versuchen würden, diese CDU erst mal kennenzulernen und stattdessen den Markennamen CDU von Anfang an negativ stigmatisieren würden. Obwohl diese Leute auch uns suspekt waren.

Haben Sie vorher intern darüber diskutiert, ob man das machen soll? Gegen die Auffassung der Bundespartei?

Ja, hin und her, aber wir fanden das absolut richtig. Wir wollten ja Kontakte haben. Das war übrigens ein Vorteil unserer Oppositionsrolle. Mit dem, was wir taten, war keine Anerkennung der DDR verbunden. Aber es war auch klar, dass das gegen den Willen Volker Rühes geschah. Deswegen haben wir das geheim gehalten. Er hätte das sofort öffentlich gemacht und verboten und uns stigmatisiert. Dann hätte das Treffen kaum mehr stattfinden können. So ging es, und im Laufe des Gesprächs waren wir immer erstaunter, dass auf der anderen Seite fast nur Radzimanowski und mein Vetter sprachen, nicht etwa der Bezirksvorsitzende. Je länger das Gespräch dauerte, desto perplexer waren wir über dessen Verlauf.

Das kam für Sie völlig überraschend?

Ja. Eberhard Diepgen fragte mich dann auch in einer Pause, was denn da los sei: »Ich wusste gar nicht, dass Ihr Vetter in der CDU ist.« Und ich konnte nur antworten: »Ich auch nicht.« Ich hatte bis zu dem Augenblick in der Tat keine Ahnung, dass er Parteimitglied gewesen ist, er hatte ja auch keinerlei Funktion in der Ost-CDU. Er war bis dahin eine Karteileiche. Ich habe Diepgen gesagt, ich würde versuchen, das zu klären, es sei auch mir ein Rätsel. Als das Gespräch zu Ende war, stellte sich heraus, dass irgendjemand der Presse doch von dem Treffen erzählt hatte. Draußen standen jedenfalls Kameras. Wir sind dann noch schnell auf die Toilette. Und dort habe ich Lothar gefragt, was das denn hier nun solle. Warum ausgerechnet er hier das Wort führe. Er antwortete: »Ich bin gefragt worden, Parteivorsitzender der CDU zu werden. Und ich wollte probieren, wie so was geht in so einem Gespräch. Was hältst du denn davon?« Bevor ich richtig antworten konnte, mussten wir fertig werden und wieder hoch. Ich konnte ihm in diesem Moment deshalb nur sagen: »Lass uns versuchen, heute Abend zu telefonieren. Ich kann dir jetzt keinen Rat geben. Aber immerhin weiß ich jetzt, warum du dabei warst.« Ich glaube, ich konnte das Diepgen noch ganz kurz ins Ohr flüstern. Dann machte er die Presse. Eine Rolle hat das vor den Journalisten allerdings nicht gespielt, weil vor allem der Bezirksvorsitzende aus Ost-Berlin mit Sprechblasen alles dominierte. Und danach fing das Donnerwetter der Bundes-CDU an.

Warum war die CDU von Helmut Kohl so dagegen?

Insbesondere Volker Rühe war dagegen. Das seien Blockparteien, die CDU unterstütze Freiheitsbewegungen im Osten und nicht Helfershelfer der Diktatur, die vielleicht Teil der Diktatur seien. Das war eine glasklare, schlüssige Position. Sehr konsequent. Und auch wir waren sehr skeptisch gegenüber den Blockis. Aber wir haben gesagt, dass man mindestens mal hinhören muss und den Namen CDU nicht einfach aufgeben darf. Deswegen haben wir uns auf dieses Gespräch eingelassen.

Obwohl wir und alle anderen, die die gleiche Auffassung vertraten, niedergebügelt worden waren, kamen wir zu dem Schluss, dass wir uns ja nicht nach allem richten müssen, was die Bundespolitik vorgibt. Diepgen hatte sowieso immer ein Problem mit den

Vorgaben der Bundespartei. Wir wollten einfach nur sondieren. Der ganz große Plan steckte da nicht dahinter. Es wusste ja keiner, wie das weitergehen würde. Sicher, der Oktober mit großen Demonstrationen war schon vorbei. Aber wie brüchig der ganze Laden war, das hat keiner vorhergesehen. Deshalb haben wir auch nach den scharfen Attacken aus Bonn weitergemacht. Zumal dann mein Vetter Tage später tatsächlich Parteivorsitzender wurde. Plötzlich wurde er interessant; plötzlich wurde ich interessant.

Auch für die Bundespartei in Bonn? Haben die gleich gesagt: »Thomas de Maizière, gehen Sie mal zu Lothar de Maizière«?

Nein. Auch wenn es sich bald abzeichnete, dass ich mit ihm zusammenarbeiten würde. Lothar hat im Westen einfach große Überraschung hervorgerufen. Im Osten war das übrigens nicht viel anders, weil er dort für manche wie ein nützlicher Idiot erschien.

War er ein nützlicher Idiot?

Das hatten sich im Osten einige so vorgestellt und im Westen sicher manche gedacht. Aber Lothar hat gesagt, dass sich alles Mögliche ändern müsse. Er hat die ominösen Bargeldgeschäfte beendet, mit denen zuvor die Parteivorsitzenden ruhiggestellt wurden. Sie hatten bis dahin die Gelder für die Partei in bar bei der SED abgeholt. Er hat alle Schlösser im Hauptvorstand der Partei ausgewechselt, und er hat gesagt: »Ich bleibe nur Vorsitzender, wenn wir in den kürzest möglichen Fristen neue Delegierte wählen und einen neuen Bundesparteitag machen. Ob ich mich dann zur Wahl stelle, weiß ich noch nicht.« Er hat also angefangen, die ostdeutsche CDU zu demokratisieren.

Wie hat er Sie gefragt, ob Sie für ihn arbeiten würden? »Thomas, ich werde jetzt Parteichef, hilfst du mir?«

Nein, davon war noch nicht die Rede. Er hat nur gefragt, was ich davon halte, dass er das vielleicht wird. Von Helfen zunächst kein Wort. Wir haben dann tatsächlich abends noch telefoniert nach dem Erlebnis auf dem Herrenklo. Im Herzen habe ich damals gedacht: »Das wird nichts, Mensch, lass das sein! Du hast keine Ahnung davon.« Trotzdem habe ich ihm gesagt: »Wenn du davon überzeugt bist, dass es richtig ist, dann mach es. Was auf dich zukommt, weiß kein Mensch, und wie lange das geht, weiß auch keiner.«

Haben Sie damals auch schon über Helmut Kohl geredet?

Nein, gar nicht. Das war noch zu weit weg. Ich habe auch nicht gesagt: »Dann helfe ich dir.« Es ging zunächst nur darum, dass ein vetterlicher Freund einen Rat gibt. Dann wurde er tatsächlich Parteivorsitzender, und ein paar Tage später haben wir dann gesprochen. Ich bin damals, glaube ich, zu ihm gefahren, und er hat gefragt: »Kannst du mir helfen?« Denn dann, als er gewählt war, dienten sich natürlich alle möglichen Berater an. Die CDU in Bonn wollte sofort welche schicken. Aber das war ihm alles zu dicht, zu eng. Plötzlich war er halt interessant. Mit Lothars Wahl war Rühes harte Linie zwar nicht weggewischt, aber es wurde erst mal viel besser. Dann hat Lothar in der »Bild am Sonntag« gesagt, ein Dritter Weg sei vielleicht doch nicht so ganz abwegig, und Sozialismus könne vielleicht doch nur falsch gemacht worden sein. Die Zeitung hat das natürlich hochgepustet – und Volker Rühe war wieder auf Sturm gebürstet. Es folgte ein Gespräch Rühe – Lothar de Maizière, relativ bald danach, bei dem ich dabei war. Und dieses Gespräch war grauenhaft. Rühe benahm sich wie jemand, der einen dummen Schüler von oben herunter behandelt. Der hatte sowieso oft eine ruppige Art, die im Grunde nur Schüchternheit kompensiert, wie ich inzwischen weiß. Er ist einer meiner Vorgänger im heutigen Amt gewesen, und er war ein bedeutender Verteidigungsminister. Er hat später viel für den Osten gemacht, nicht nur das militärhistorische Museum in Dresden, auch die Marineschule in Vorpommern. Er hat wirklich eine gesamtdeutsche Bundeswehr aufgebaut und gegen große Widerstände wichtige Institutionen in die neuen Bundesländer verlegt. Aber damals, in diesem Gespräch, war er grauenhaft. Lothar hat sich natürlich nach Kräften gewehrt, aber das Tischtuch war da schon zerschnitten – beiderseits. Und dann wurde Lothar auch noch stellvertretender Ministerpräsident in der Regierung von Hans Modrow – zuständig für Kirchenfragen. Das fanden die in Bonn furchtbar. Und ich fand das auch schräg.

Hat er Sie nicht gefragt? Haben Sie ihm nicht abgeraten?

Nein, ich habe das der Presse entnommen. Und ich fand es falsch! Ich finde es bis heute falsch, weil man nicht wusste, wie das weitergehen würde. Aber es war ja nicht nur er. Es waren am Ende nicht nur Vertreter der Blockparteien, sondern auch Bürgerrechtler, die mitmachten. Das machte es halbwegs erträglich. Sein Ziel war es, so hat er das gerechtfertigt, Gewalt zu verhindern. Nur indem er sich beteilige, könne gar eine »chinesische Lösung«, also eine gewalttätige Niederschlagung aller Proteste, verhindert werden. Genau das hatte ja im Sommer 1989 in Peking stattgefunden und war allen vor Augen. Ein weiteres Argument kam für Lothar dazu: Nur mit einer Beteiligung an der Regierung könne man freie Wahlen einfordern und durchsetzen. »Von außen könnten wir das nicht.« Das war schon nicht ganz falsch gedacht.

Was haben Sie gedacht, als er gefragt hat, ob Sie ihm helfen? Haben Sie gedacht: »Mensch, das ist eine Riesenchance!« Oder haben Sie gedacht: »Puuh, das wird mir zu groß!«

Ehrlich gesagt: Von Chance war überhaupt nicht die Rede. Es war vollkommen unklar, wie lange das mit der Ost-CDU überhaupt gehen würde. Die war dermaßen unbeliebt. Im Januar hatte sie Umfragen von elf Prozent. Mit »Chance« war da erst mal nichts. Aber es war sehr spannend. Und es war so wahnsinnig viel spannender, als die Verkehrspolitik von Westberlin zu vermarkten. Außerdem war es mein Vetter. Das ist ein spannender Mann. Es war eine historische Zeit. Die Mauer war plötzlich offen. Natürlich hab ich 's gemacht.

Sie haben damals als Familie gerade Ihr zweites Kind bekommen. War es nicht schwer, für beides da zu sein?

Unser Sohn Kilian ist am 5. Januar '90 geboren. Und es war unmöglich, für beides angemessen Zeit zu haben. Ich habe mein Kind im ersten Lebensjahr kaum gesehen. Da war nicht viel Zeit, und das hat mir meine Frau auch lange vorgeworfen. Auch wenn sie es im Kopf verstanden hat. Ich hatte gerade noch die Zeit dazu, mit ihr eine schöne Taufe zu organisieren. Aber sonst war ich kaum da. Das waren beruflich die anstrengendsten und spannendsten Zeiten, die ich hatte. Keine Frage. Nur als das alles anfing, war das nicht absehbar. Es gab keinen großen Plan. Ich habe mich da voller Spannung reinbegeben, und Diepgen hat mich sofort freigestellt. Ich blieb wohl noch Angestellter der CDU-Fraktion in Westberlin. Aber ich habe nur noch für Lothar gearbeitet.

Wie wichtig war Diepgen in dem Prozess?

Es war Diepgen wichtig, um Einfluss und Kritik aus der West-CDU abzublocken. Als ehemaliger West-Berliner Bürgermeister war er nicht ganz unwichtig in der deutschen CDU, wenn auch nicht mehr so wichtig wie vor seiner Abwahl. Trotzdem konnte er sagen: »Das ist richtig, was der Lothar de Maizière macht, und wir müssen die CDU erhalten.« Von Wimmers und Jungs Engagement erfuhren wir erst später. Außerdem war Diepgen wichtig, um Wolfgang Schnur vom »Demokratischen Aufbruch« zum Rücktritt zu bewegen, als die Stasi-Vorwürfe zu stark wurden. Wir hatten parallel ja auch zum »Demokratischen Aufbruch« und zu »Demokratie jetzt« Kontakte. Wir haben nicht gesagt: »Das sind alles bürgerrechtliche Träumer mit langen Bärten. Wir machen das nur mit der CDU.« Mitnichten. Wir haben nur gesagt: »Die CDU muss dabei sein.« Es gab dann ein Treffen von Helmut Kohl mit Lothar de Maizière. Auch das war schwierig. Aber Kohl, der lange vor allem auf den Demokratischen Aufbruch gesetzt hatte, erkannte dort, dass von den Dreien – Heinz Ebeling von der DSU, Wolfgang Schnur vom Demokratischen Aufbruch und Lothar de Maizière – eben Lothar der beste und wichtigste war. »Demokratie jetzt« war da zudem schon politisch weg. Diese Gruppierung wollte sich einfach nicht in eine Partei wandeln. Sie sahen sich als Bürgerbewegung und wollten als solche nicht für die Volkskammer kandidieren. Das waren tolle Leute, die haben gute Konzepte gemacht, sie haben überlegt, was sie mit der DDR machen könnten. Sie haben sich gefragt: Deutsche Einheit – ja oder nein? Nur eine Partei wollten sie nicht sein. Schade. Also blieben uns der Demokratische Aufbruch und die DSU. Irgendeiner in der West-CDU hatte dann die Idee, die beiden mit der CDU zusammenzuschweißen. Wir hatten diese Idee nicht, aber wir fanden sie richtig. Der Name »Allianz für Deutschland« hat sich allerdings erst im gemeinsamen Gespräch ergeben. Noch bevor Schnur und Rainer Eppelmann vom DA und Heinz Ebeling von der DSU ins Gästehaus des Bundeskanzlers in Dahlem fuhren (sie waren quasi dorthin einbestellt worden!), waren alle drei bei uns gewesen. Dort haben Lothar und ich die beiden DSUler Ebeling und Peter Michael Diestel sowie Schnur und vor allem Eppelmann regelrecht bearbeitet, sie sollten doch kompromissbereit sein. Vor allem Eppelmann war zunächst nämlich skeptisch. Wir haben auf sie eingeredet wie auf lahme Gäule. Und nach langem Zureden hat es dann doch geklappt.

Welche Rolle hatten Sie in dem Prozess?

Bei diesem Gespräch bin ich nicht dabei gewesen. Und nach der Entscheidung für die »Allianz für Deutschland« begann der Wahlkampf. Ich habe nicht viel Wahlkampf gemacht, ich habe Papiere geschrieben und arbeitete jeden Tag im Hauptvorstand der CDU-Ost am Gendarmenmarkt. Dann kamen die Stasi-Gerüchte von Schnur hoch. Sie wurden immer konkreter, bis wir schließlich am Dienstag oder Mittwoch vor dem Wahlsonntag zur Volkskammer am 18. März etwas tun mussten. Diepgen rief mich an und sagte: »Wir müssen jetzt in das Krankenhaus, in dem der Schnur liegt.« Schnur war, so hieß es jedenfalls, mit einem Nervenzusammenbruch im Krankenhaus. Er war Spitzenkandidat und hatte auf Wahlkundgebungen, bei denen er, Ebeling und Lothar zu dritt auftraten, immer gesagt: »Vor Ihnen steht der neue Ministerpräsident.« Er war also ziemlich selbstbewusst gewesen. Allerdings hatte der Demokratische Aufbruch auch das größte Renommee. Nicht die CDU. Später im Wahlkampf klebten wir dann Ludwig Erhards »Wohlstand für alle« – das alte Plakat. Und wenn wir ehrlich sind, haben die, die uns am Ende wählten, zur Hälfte Helmut Kohl und seine CDU gewählt. So gesehen haben wir mit dem Festhalten am Namen CDU historisch recht behalten. Aber man konnte das nicht vorher wissen. Wir konnten nicht wissen, wie schnell das wirken würde. Und es hätte auch alles schiefgehen können. Gerade mit Schnurs Katastrophe einige Tage vor der Wahl. Diepgen und ich sind dann zu ihm ins Krankenhaus gefahren, und Diepgen ist zu ihm rein. Ich war nicht mit drin, sondern ging auf dem Gang hin und her. Diepgen und Schnur haben das unter vier Augen ausgemacht. Diepgen hat ihn in diesem Gespräch zum Rücktritt gepresst. Bis Schnur einen Zettel nahm und handschriftlich aufschrieb, hiermit trete er von allen Ämtern zurück, zugleich beteuere er aber weiter seine Unschuld. Er schrieb das übrigens gestochen scharf, da war nichts von einem Nervenzusammenbruch zu erkennen. Ganz blitzsauber und akkurat war seine Schrift. Um Schnur zu überzeugen – dafür war Diepgen also auch sehr wichtig gewesen. Zumal Helmut Kohl ihn angerufen hatte, er, Diepgen, müsse das jetzt machen angesichts der Vorwürfe gegen Schnur.

Weil der Kanzler um den Wahlsieg fürchtete?

An einen Wahlsieg dachte damals von uns niemand. Ein gutes Ergebnis – das hofften wir. Aber Sieg? Nein. Zumal wir es ja waren, die wenige Tage vor der Wahl den Schnur-Rücktritt auch der Öffentlichkeit mitteilen mussten. Ich war damals formal noch Pressesprecher in West-Berlin, also habe ich unmittelbar nach der Fahrt zu Schnur mit der Pressesprecherin des »Demokratischen Aufbruchs« Kontakt aufgenommen. Das war Angela Merkel. Außerdem musste Eppelmann als Schnurs Stellvertreter nun den Vorsitz übernehmen. Der war zunächst geplättet von der Nachricht, wollte es erst gar nicht glauben. Wieso Schnur? Das kann doch nicht sein. Eppelmann lamentierte, war verzweifelt. Aber es half ja nichts. Es kam auf Stunden an. Die Nachricht sollte am nächsten Tag in den Zeitungen sein. Auch so waren es nur noch zwei Werktage bis zu den Wahlen. In der Situation haben wir dann – das war im Nachhinein ein Fehler – die Pressekonferenz in der Landesgeschäftsstelle der West-Berliner CDU organisiert. Richtig wäre gewesen, es in den Geschäftsräumen des »Demokratischen Aufbruchs« im Haus der Demokratie zu machen. Das hat mir Angela Merkel später auch mal vorgehalten. Aber damals war keine Zeit, wir haben das dampfwalzenmäßig gemacht und sehr schnell dazu eingeladen. Diese Pressekonferenz war vom Westen dominiert, und das war Mist. Da saß dann ein Eberhard Diepgen, der sagte: »Ich habe Ihnen etwas mitzuteilen.« Dazu kam das Vorlesen des Schreibens von Schnur. Und Eppelmann und Angela Merkel und ich, wir saßen daneben. Die ganze Szene war gespenstisch. Letztlich kam es nur auf die Rücktrittsmeldung an. So habe ich Angela Merkel kennengelernt.

Haben Sie eigentlich auch mit Ihrem Cousin über die Stasi-Vorwürfe gegen ihn selbst gesprochen?

Natürlich. Wir haben in vielen Gesprächen darüber geredet, bei einem Gespräch war auch Eberhart Diepgen mit dabei. Wir sind damals lange um den Gendarmenmarkt gegangen. Das Ergebnis für mich: Ich habe volles Vertrauen zu ihm.

Wann haben Sie Angela Merkel wieder getroffen?

Das zweite Mal am Wahlabend. Der war natürlich sensationell, dieser Wahlabend am 18. März, weil wir ein überragendes Wahlergebnis erzielt haben, jenseits aller Erwartungen, oberhalb der bestmöglichen Sprachregelung, die wir für den aus unserer Sicht günstigsten Fall schon mal entworfen hatten. Es war sensationell.

Sie haben gesagt, Politik sei nicht gerecht. Fanden Sie das Wahlergebnis an diesem Abend nicht doch »gerecht«?

Wir fanden das ehrlich gesagt auch ungerecht, weil wir viel zu gut abgeschnitten hatten und die Bürgerbewegung insgesamt viel zu schlecht. Der Demokratische Aufbruch bekam am Ende 0,9 Prozent – ob mit oder ohne Schnur war das jämmerlich! Wir hatten gut 40 Prozent. Das hat sich Kohl natürlic selbst auf die Fahne geschrieben. Das war zwar nicht falsch, aber auch nicht ganz richtig.

Wie war der Wahlabend?

Als Erster ist uns Otto Schily in der Volkskammer über den Weg gelaufen. Er lief mit einer Banane rum, nach dem Motto: An dem Abend haben alle nur die Banane gewählt. Das war damals die Behauptung aller, die nicht der »Allianz für Deutschland« angehörten. Alle hätten die Banane gewollt, weil es in der DDR fast keine Bananen gegeben hatte. Schlechte Verlierer. Ansonsten wurde vor allem die CDU gefeiert. Der schmächtige Lothar wurde total erdrückt. Der wusste gar nicht recht, wie ihm geschieht. Außerdem wollte er zunächst gar nicht Ministerpräsident werden.

Er hatte nicht damit gerechnet?

Absolut nicht. Dann sind wir abends spät, ich weiß aber nicht mehr, wann, nach heutiger Erfahrung von Wahlabenden würde ich sagen, so gegen 22.30 Uhr beim Demokratischen Aufbruch eingetroffen. Die hatten ein Lokal gemietet, und da waren nur noch acht, vielleicht zehn Leute da. Wir kamen im Hochgefühl des Erfolgs an, angetrunken, vor Freude juchzend. Und die saßen da mit einer Leichenbittermiene. Das war ganz schrecklich, also mussten wir sofort verständnisvoll unser Lächeln einstellen. Die haben uns natürlich übelgenommen, dass wir uns so gefreut haben. Aber sie haben sich auch gefreut, dass wir überhaupt gekommen waren. Sonst war nämlich niemand gekommen. Das haben die uns auch im Nachhinein hoch angerechnet. Und da soll Angela Merkel mir beim Abschied gesagt haben: »Vergesst uns nicht – wir sind irgendwie auch wichtig gewesen.« Ich erinnere mich daran nicht. Ich hatte vielleicht zu diesem späten Zeitpunkt auch zu viel getrunken. Dass sie da war, weiß ich. Aber was sie an dem Abend zu mir gesagt hat, weiß ich nicht mehr. Trotzdem ist inzwischen daraus gemacht worden, dass wir uns an diesem Abend zum ersten Mal begegnet seien. Es wird gesagt, sie hätte gebeten, dass wir sie nicht vergessen. Dann hätte ich sie als stellvertretende Regierungssprecherin vorgeschlagen. Und deswegen habe sie ihre ganze Karriere mir zu verdanken. So ist's geschrieben worden, so lautet der Mythos. Aber das ist falsch.

Aber dass Sie Merkel später vorgeschlagen haben, stimmt doch?

Ja, das stimmt. Aber unser erstes Treffen hatte wegen Schnur stattgefunden. Und dass ich sie später bei der Zusammenstellung des Ost-Berliner Presseamtes vorschlug, geht sicher nicht auf ihre Bitte an diesem Abend zurück. Zu unseren Aufgaben – der alte Studienkollege Hans Reckers aus Münster war mittlerweile auch mit an Bord, er war damals Personalchef im Kanzleramt – gehörte zu dem frühen Zeitpunkt nach der Wahl, die Ministerien, das Amt des Ministerpräsidenten und damit auch das Presseamt neu aufzustellen. Das hieß damals noch anders. Ursprünglich waren wir davon ausgegangen, dass die SPD den stellvertretenden Sprecher stellen würde. Doch selbst als die Koalitionsverhandlungen quasi abgeschlossen waren, hatten die niemanden benannt. Dann haben wir Lothars designiertem Regierungssprecher Matthias Gehler gesagt, er sollte jetzt so schnell wie möglich jemanden berufen. Wenn die SPD so blöd sei, solle man sich die Chance nicht entgehen lassen. Er sagte, er kenne niemanden. In diesem Moment habe ich an Angela Merkel gedacht. »Sprechen Sie doch mal mit ihr, die ist vom Demokratischen Aufbruch, das passt ja eigentlich. Die macht einen ganz guten Eindruck. Ich kenne die nicht näher, aber fragen Sie doch mal!« Und dann kam er wieder und sagte: »Ich habe mich getroffen mit der Merkel, die macht das jetzt.«

Was Pflüger für Sie bei von Weizsäcker war, sind Sie für Merkel geworden.

Na ja, aber das war keine strategische Auswahl, dass ich gesagt hätte: Da ist eine Perle, die muss man dringend holen. Das ist eine super Chance, die Frau ist klasse, und die brauchen wir in unserem Team! Nichts davon. Ich kam auf sie, weil ich sie gerade vor Kurzem kennengelernt hatte und sie vom Demokratischen Aufbruch kam. Andere kannte ich nicht.

Haben Sie danach häufiger mit ihr zu tun gehabt?

Ja, klar! Dann änderte sich das schlagartig. Sie fing an, und es stellte sich schnell heraus, dass sie ebenbürtig oder besser als Matthias Gehler war, dass sie schnell das Vertrauen von Lothar fand, und entsprechend gehörte sie sehr bald zum engsten Team von Lothar, bestehend aus Sylvia Schulz, Lothars Büroleiterin, dazu Fritz Holzwarth und Hans-Christian Maaß, zwei westlichen Beratern, dazu ich, und wenigen anderen. Ab da haben wir uns jeden Tag Stunden gesehen und beim Einigungsvertrag haben wir oft nebeneinander gesessen.

Sind Sie Freunde seit der Zeit?

Sie ist meine Chefin, und da kann sie nicht meine Freundin sein. Wenn wir mal aus dem Amt scheiden, kann sich das ändern. Aber es gibt ein ganz tiefes Vertrauensverhältnis zwischen uns aus dieser Zeit. Anders wäre es sicher unmöglich gewesen, dass sie mich 15 Jahre später zu ihrem Kanzleramtschef machen konnte. Wir hatten zuvor nur dieses halbe, dreiviertel Jahr 1990 so eng zusammengearbeitet. Macht man sich das bewusst, dann war es schon riskant, dass sie mich damals für die Aufgabe im Kanzleramt ausgewählt hat. Richtig ist allerdings, dass alle, die damals ein knappes Jahr an dieser Einigung gearbeitet haben, eine besondere Beziehung zueinander haben, auch ein besonders gutes Vertrauen, parteiübergreifend. Ich nenne das die 89-Generation. Dazu gehören alle, die damals ein Jahr dabei waren – egal, ob Ost oder West. Da gehört Matthias Platzeck von der SPD dazu, auch Joachim Gauck. Da ist eine Art Grundsympathie und ein Grundvertrauen. Wer sich damals halbwegs anständig verhalten hat – der gehört da einfach dazu, und das hat uns alle mit geprägt. Auf CDU-Seite zählten Willi Hausmann und Wolfgang Schäuble dazu; Schäuble als Bundesinnenminister, Hausmann als sein Pressesprecher. Hausmann ist später CDU-Bundesgeschäftsführer unter dem CDU-Vorsitzenden Schäuble und der Generalsekretärin Merkel geworden. Das war so eine Gruppe, die damals in der Regierung zusammengearbeitet hat.

Zurück zum Morgen nach der Wahl. Wie sind Sie aufgewacht? Denkt man dann erst mal: »Ach, du lieber Himmel«?

Ja klar. Da war totale Euphorie, ohne zu wissen, wie kurz und dornig der Weg werden würde. Ohne zu wissen, was genau darauf folgen würde. Aber dann rattert es sofort im Kopf: Wie geht das jetzt mit Koalitionsverhandlungen? Wie mit der Regierungsübernahme? Ich hatte ja schon mal an Koalitionsverhandlungen teilgenommen. Ich war so eine Art Sekretär bei den Koalitionsverhandlungen in Westberlin gewesen. Ich wusste, wie so etwas geht, und ab da war klar, dass ich da bleibe.

Am Morgen danach hat Ihr Vetter gefragt: Thomas, bist du dabei?

Ganz ehrlich, ein richtiges Personalgespräch, eine richtige Absprache mit Vertrag und so hat es nicht gegeben. Es war nicht so förmlich wie zum Beispiel, als die Kanzlerin mich gefragt hat, ob ich Chef des Kanzleramts werden will. So war das nicht. Und es begann ja auch schon, nachdem er Parteichef geworden war. Ich bin mehr oder weniger in die Beraterrolle reingewachsen. Nach Lothars Wahl zum CDU-Vorsitzenden kam der Wahlkampf, und zwar in einer aussichtslosen Situation. Da bin ich wenig mit rausgefahren, ich habe keine Plakate mit geplant, habe anderes gemacht, vor allem die Organisation verbessert. Und ein richtig förmliches Fragen hat es dann erst recht nicht mehr gegeben. Ich gebe zu, im Rückblick ist das schon erstaunlich.

Wie fühlte es sich an, Teil der Regierung der DDR zu sein?

Ehrlich gesagt, wir haben einfach losgelegt. Tag und Nacht. Es gab zu viel zu tun, um darüber zurückgelehnt nachzudenken. So ging das bis zum 3. Oktober. Jeder Tag war damals wie fünf Tage. Ich bin morgens los und nachts wiedergekommen, ich wurde jeden Morgen von einem Fahrer abgeholt. Der Ministerrat der DDR war nämlich sehr üppig mit Personal ausgestattet und hatte Gästehäuser, Fuhrparks, verschiedene Casinos – für unterschiedliche Ranggruppen verschiedene Casinos. Und das interessanterweise mitten in der DDR.

Mehr Privilegien, als Sie erwartet hatten?

Ja, und das haben wir dann nach und nach abgebaut. Aber es gab erst mal Wichtigeres, als das sofort anzugehen. Das Verrückte war, dass es im Amt des Ministerpräsidenten viele Dienstleistungen gab, aber kaum politische Mitarbeiter. Die politischen Mitarbeiter der Regierungszentrale saßen nicht im Amt des Ministerpräsidenten, sondern im Zentralkomitee der SED. Man muss sich das Amt des Ministerpräsidenten zu DDR-Zeiten als eine Art herausgehobene Geschäftsstelle der Regierung vorstellen. Die eigentliche Regierung mitsamt ihrem Koordinationsapparat saß im Zentralkomitee der SED. Und diese »Geschäftsstelle« hatte wenig zu sagen, aber viele Privilegien. Für mich hieß das, dass ich jeden Morgen mit einem Citroën abgeholt wurde. Das war ehrlich gesagt nützlich und nötig, weil wir einfach extrem viel Arbeit hatten. Wir hatten das Gefühl, wir müssten Tag und Nacht arbeiten, eigentlich immer bis zur Erschöpfung, ohne wirklich erschöpft zu sein. Und das ging bei Lothar ja noch weit über mein Pensum hinaus. Ich war nur Berater, er trug die Verantwortung. Aber die Größe der Aufgabe, dieser spezielle Moment, an Geschichte mitzuwirken, das war ein so positiver Stress und hat eine solche Befriedigung ausgelöst, dass Belastung – Schlafmangel und so – einfach keine echte Rolle spielte. Allerdings habe ich mir dabei etwas sehr Schlechtes angewöhnt: Ich habe mit meinem Vetter, der sowieso schon zu viel rauchte, extrem viel geraucht. Ich habe in dem halben Jahr bestimmt pro Tag 40, 50, 60 Zigaretten geraucht und er 80 bis 100. Grauenhaft!

Was war Ihre erste Aufgabe?

An den Koalitionsverhandlungen war ich nur unmaßgeblich beteiligt, weil wir – Hans Reckers und ich – dann vor allem die Regierung aufgebaut haben. Das war ja das, was wir konnten. Erst saßen wir noch im Gebäude vom Hauptvorstand der CDU-Ost, dann wechselten wir bald ins Gebäude des Ministerrats, und dort haben wir dann Regierungsteams für die einzelnen Ministerien und Aufgabenbereiche zusammengestellt. Wir haben für jedes Ministerium ein neues Organigramm gemalt; für jedes einen Aufgabenkatalog für die ersten ein, zwei Wochen erstellt, bis hin zu Textbausteinen für eine Begrüßungsrede des neuen Ministers für die Mitarbeiter. Für jedes Ministerium haben wir dann einen Personalpool von zehn, zwanzig Leuten, nach grober Zuverlässigkeitsprüfung aus der ganzen Republik benannt; dazu »Pärchen«

aus westdeutschen Ministerien, die vielleicht als Berater in Frage kämen. Schritt für Schritt stellte sich heraus, welche Ressorts die Union bekommen würde und welche die »Allianz für Deutschland«. Als das klar war, haben wir jedem Minister die Organigramme und Personalvorschläge in die Hand gegeben. Und vertieft haben wir das natürlich für das Amt des Ministerpräsidenten gemacht. Organigramme gemalt; versucht, Leute zu rekrutieren, die da arbeiten könnten. Das galt insbesondere für Mitarbeiter von denen, die in festen führenden Funktionen waren – vor allem für den Amtschef des Ministerpräsidenten, er hieß Reichenbach. Und für Günther Krause, den Parlamentarischen Staatssekretär, der gleichzeitig Fraktionsvorsitzender in der Volkskammer war. Das war im Übrigen eine merkwürdige Doppelfunktion. So hat es das danach auch nicht mehr gegeben. Und wir haben natürlich Lothar selbst beraten, wie ein solches Amt eigentlich organisiert werden muss. Das wussten die ja alle nicht. Woher auch? Bis wann müssen Kabinettsvorlagen da sein, damit man sich beraten kann? Wie sollen die überhaupt aussehen? (Wobei man sagen muss, dass die äußere Form, die die DDR davor hatte, schon ziemlich gut war.) Wie werden sie vorbereitet, wer soll bei Sitzungen dabei sein? Welche Rolle spielt ein Koalitionsausschuss? Wann ist ein Koalitionsausschuss so zu terminieren, dass man das ins Kabinett noch umsetzen kann? Wer muss welche Unterlagen kriegen? Wer muss bis wann irgendwo mitgezeichnet haben, vor allem bei Dingen, wenn es ums Geld geht?

Wie viel davon ist »learning by doing« gewesen?

Ich wusste vielleicht fünfzig Prozent von dem, was man wissen muss, damit eine Regierungszentrale wirklich gut funktioniert. Der Rest war »learning by doing«. Ich persönlich hatte dabei nicht irgendeine feste Funktion. Ich glaube, ich stehe auch nirgendwo in irgendeinem Organigramm – ich habe die noch alle zu Hause. Lothar de Maizière hatte entschieden, dass die westdeutschen Mitarbeiter nicht in eine Funktion kommen, sondern nur als Berater arbeiten – zum Teil als »Pärchen« zu einem Mitarbeiter aus dem Osten, als »Spiegel« zu einem Abteilungsleiter. Meine Rolle war die Rolle des Liberos für bestimmte Aufgaben. Was zunächst vor allem bedeutete, dass ich für das Ministerpräsidentenamt regelmäßig an den Sitzungen der Staatssekretärsrunde teilnahm, die das Kabinett vorbereitete. Das war gerade in dieser Regierung von enormer Bedeutung.

Was ist damals passiert? Da ist eine Mauer, Sie sind in Berlin, Sie sind westdeutscher Deutscher durch und durch – und dann arbeiten Sie innerhalb weniger Wochen durch viele Umstände plötzlich für die DDR-Regierung. Die einzige frei gewählte. Was hat das mit Ihnen gemacht?

Darüber habe ich ehrlich gesagt die allermeiste Zeit nicht nachgedacht. Ab und zu habe ich mich gekniffen und zu mir selbst gesagt: Das kann ja alles nicht wahr sein. Ich war ein kleiner Fraktionssprecher in West-Berlin gewesen und plötzlich arbeitete ich für eine ganze Regierung an der deutschen Einheit. Irgendwann wurde ich dann übrigens Mitarbeiter des Bundeskanzleramts. Diepgen kam zu mir und sagte, er könne meine Gehaltszahlung der Fraktion nicht mehr zumuten, jetzt würde ich da ja für die Regierung arbeiten. Also bekam ich eine Art Werkvertrag, ausgestellt von Kohls Kanzleramt. Und auf dieser Grundlage wurde ich abgeordnet zum Amt des Ministerpräsidenten der DDR. Das ging damals alles. Allerdings gehörte meine Loyalität nicht dem Kanzler, meinem formalen Arbeitgeber, der mich bezahlte. Meine Loyalität galt der Regierung der DDR und insbesondere dem Ministerpräsidenten. Das war irgendwie schon verrückt.

Sie hatten damals besondere Aufgaben von Ihrem Vetter bekommen. Welche waren das?

Zu denen gehörte an erster Stelle etwas für Juristen Sensationelles. Wir mussten nämlich zuallererst die Frage beantworten, wie wir mit der nach wie vor gültigen Verfassung der DDR umgehen sollten – ohne darauf zu warten, dass es irgendwann eine neue Verfassung gibt. Und ohne zu wissen, wie lange der Prozess der Einigung dauern würde. Es gab einen Verfassungsentwurf des Runden Tisches, der relativ links war, der den »Dritten Weg« andeutete und uns deshalb zu weit ging. Ignorieren konnten wir die bestehende Verfassung aber auch nicht. Wir haben dann etwas gemacht, was es so wahrscheinlich noch nie gegeben hat. Wir haben ein sogenanntes Verfassungsgrundsätzegesetz gemacht, das mit einer Zweidrittelmehrheit verabschiedet werden musste. Gerade auch deshalb war die Große Koalition so wichtig. Darin hieß es sinngemäß: Die Verfassung der DDR bleibt in Kraft. Sie wird aber nach folgenden demokratischen Grundsätzen ausgelegt und angewendet. Es ging also um einen Auslegungsmaßstab im Verfassungsrang für die Verfassung der DDR. Das war so enorm wichtig, weil Lothar und wir die Verfassung der DDR nicht einfach ignorieren wollten. Lothar wollte eine Grundlage, auf der er gewählt würde. Er wollte eine Grundlage, auf der Gesetze verabschiedet werden. Er wollte keinen rechtsfreien Raum haben. Und er wollte auch noch nicht einfach das westdeutsche Grundgesetz anwenden. Die DDR war gerade nach den ersten freien Volkskammerwahlen immer noch etwas Eigenes, nicht nur ein Anhängsel, bei dem man alles, was war, einfach vergessen konnte. Hätten wir das ignoriert, hätten wir in der Volkskammer niemals eine Mehrheit bekommen. Die Wende in der DDR war eine friedliche Revolution im Sinne von Freiheit und Recht gewesen. Und wenn man dann gesiegt hat, kann man nicht einfach das Recht beiseiteschieben und sagen: »Wir machen das schon irgendwie frei Schnauze.«

Was andere durchaus gerne gemacht hätten.

Ich nicht, aber einige andere schon. Die haben sehr schnell gesagt, das sei doch alles »Formelkram«. Warum wenden wir nicht schon mal die Organisationsbestimmungen des Grundgesetzes an? So hätte man das ja auch machen können, indem man das abschreibt und sagt: »Das gilt dann mal vorläufig.« Lothar aber wollte keine neue Verfassung, weil dann in der Volkskammer sofort gesagt worden wäre: »Nein! So machen wir das dann auch wieder nicht. Dann machen wir doch eher eine neue Verfassung und so etwas wie den Dritten Weg.« Deshalb haben wir so für dieses Verfassungsgrundsätzegesetz gekämpft. Ich habe später dann auch die Vereinbarung zur »Regelung offener Vermögensfragen« mitverhandelt, die in den ersten und zweiten Staatsvertrag übernommen worden ist. Dabei ging es um die Vermögensfrage und die sehr schwierige Kompromisssuche bei den Enteignungen. Ich war so etwas wie Lothars Getreuer, der überall mit dabeisaß, damit er wusste, was alles wie lief. Deshalb unter anderem meine Teilnahme an den Staatssekretärsrunden und den Verhandlungen zu den beiden Staatsverträgen. Dazu muss man wissen, dass Günther Krause, der Verhandlungsführer auf unserer Seite, sehr gut war, aber auch die Tendenz hatte, sehr selbstständig zu sein. Deswegen war es Lothar, dem Ministerpräsidenten, ein Anliegen, dass eine Person seines Vertrauens immer darüber informiert war, was der macht. Das war meine Rolle in beiden Staatsverträgen, also auch im sogenannten Einigungsvertrag. Der erste Vertrag war der Vertrag über die Wirtschafts-, Währungs- und Sozialunion einschließlich der Einführung der DM; der zweite war der eigentliche Einigungsvertrag. Verhandlungsführer auf DDR-Seite war in beiden Fällen Herr Krause. Auf westlicher Seite war es beim ersten Hans Tietmeyer, damals als Direktoriumsmitglied der Bundesbank enger Berater Kohls, und beim zweiten Bundesinnenminister Wolfgang Schäuble.

Die SED war nicht mehr an der Macht, aber immr noch reich. Wie sind Sie damit umgegangen?

Die SED hatte ein gewaltiges Vermögen, teils in Liegenschaften, teils in Barvermögen. Das war keineswegs in allen Fällen präzise vom Staatsvermögen zu trennen. Wir bekamen bald Hinweise, dass dieses Vermögen ins Ausland transferiert und dort versteckt werden sollte. Zum Teil geschah das offenbar auch schon. Also mussten wir schnell reagieren.

Hat dabei Alexander Schalk-Golodkowski eine große Rolle gespielt?

Naja, die Erträge von Schalk gingen sowohl in die SED als auch in den Staatshaushalt. Es gab verschiedene Formen des Staatshaushaltes. Es gab den offiziellen Staatshaushalt, dann gab es den Schalk-Golodkowski-Topf, der ein eigener Kreislauf war, und es gab das SED-Vermögen. Damit mussten wir nun irgendwie umgehen. Gleichzeitig wurde aus der SED die PDS, also eine Partei in der Volkskammer. Und zu guter Letzt hatten auch andere Parteien Vermögenswerte, so wie auch die Gewerkschaften und andere, deren Herkunft jedenfalls teilweise problematisch war. Abgesehen davon aber war klar, dass die SED das meiste hatte. Wir haben dann quasi über Nacht ein Gesetz gemacht mit zwei Paragraphen, das das Vermögen der SED/PDS beschlagnahmt und unter Treuhandverwaltung gestellt hat, und zwar rückwirkend ab 1949.

Hat es so etwas jemals gegeben?

Das hat es noch nie gegeben. Die Rückwirkung war nötig, auch um sämtliche Vermögensverfügungen, die schon vor der Vereinigung, aber mindestens in diesen wirren Wochen und Monaten stattgefunden haben, zu erfassen. Und da wir jetzt nicht untersuchen konnten, ab wann man das jetzt beschlagnahmt, haben wir das ganze Vermögen einfach ab Gründung der SED beschlagnahmt. Das musste natürlich sehr schnell gehen, denn sobald das durchsickerte, bestand die Gefahr, dass bis zum Inkrafttreten des neuen Gesetzes noch manches ganz schnell verschwindet. Entsprechend haben wir das Gesetz sehr schnell und sehr geheim geschrieben, danach wurde es innerhalb von 24 Stunden – vielleicht waren es 36 – vom Kabinett und von der Volkskammer unter Verkürzung aller denkbaren Fristen verabschiedet.

Und die PDS?

Die schnaubte und hielt das für grob rechtsstaatswidrig.

War es das nicht?

Es war, sagen wir mal, ein Solitär in der Rechtsgeschichte. Geklagt dagegen haben sie, gegen einzelne Verfügungen, aber nie Recht bekommen. Außerdem hat es die Volkskammer blitzschnell verabschiedet, es erschien sofort im Gesetzblatt. So hatten wir sehr schnell einen Rechtstitel. Außerdem haben wir dann ebenfalls sehr schnell eine kleine Geschäftsstelle eingerichtet, die zunächst aus ein, zwei Leuten bestand. Der Leiter war ein Ostberliner Rechtsanwalt namens Reinicke, den mein Vetter gut kannte, der politisch sauber war – und mit allen Wassern gewaschen.

Es ging um sehr, sehr viel Geld. War das damals nicht eine lebensgefährliche Aufgabe?

Vielleicht schon, doch. Es ging um mehrere Milliarden. Man weiß das bis heute nicht ganz genau – oder ich weiß es nicht. Und ehrlich gesagt war der Rechtsanwalt bald auch überfordert. Wir hatten ja geregelt, dass ab sofort jede Verfügung jeder ehemaligen SED-Einrichtung und jeder PDS-Geschäftsstelle, einfach alles von dieser Geschäftsstelle genehmigt werden musste. Später wurde aus der kleinen ja auch eine richtig große Geschäftsstelle gemacht, geleitet von Herrn von Hammerstein aus dem Bundesinnenministerium. Man hat dann viel gefunden, wenn auch nicht alles. Wenn ich da am Anfang den Rechtsanwalt Reinicke besucht habe in seinem kleinen Büro und mir vorgestellt habe, dass er jetzt und hier der treuhänderische Eigentümer über ein Milliardenvermögen ist und jede kleinste Vermögensverfügung genehmigen soll, dann war mir eigentlich klar, dass das nicht funktionieren kann. Aber irgendwie hat es dann doch funktioniert. Insbesondere die Rechtsgrundlage. Dass ich an der mitgewirkt habe, das ist toll. Und dass diese Regelung später auch in den Einigungsvertrag und das Parteiengesetz übernommen wurde, macht mich bis heute ein bisschen stolz.

Sind Sie damals angefeindet worden? Selbst wenn man die Wahl gewinnt am 18. März, sind ja nicht gleich alle Mitarbeiter im Amt des Ministerpräsidenten ausgetauscht worden. Im Gegenteil: Viele waren doch noch da.

Ja, und das war schwierig. Aber ehrlich gesagt wandte man sich gleich den nächsten Aufgaben zu. Wir hatten überhaupt keine Zeit zum Reflektieren. Sie müssen sich das so vorstellen, dass wir in der wirklich gigantischen Fülle der Aufgaben, die ja alle eine Dimension hatten, die man sonst nur ein-, zweimal im Leben macht, keine Zeit zur Reflexion dessen hatten, was wir gemacht haben, nach dem Motto: Was passiert da jetzt eigentlich? Sofort war die nächste große Aufgabe zu erledigen. Und die Frage in mir, was das alles bedeutet, die ist zum Teil erst nach Jahren wirklich aufgetaucht.

Was war für Sie in diesen Wochen das Prägendste, das Sie erlebt haben?

Das kann ich nicht einmal sagen. Jeder Tag war wie ein Jahrhunderttag.

Haben Sie sich im Rückblick nicht manchmal gefürchtet, dass Sie auch schwere Fehler begangen haben könnten?

Immerzu. Aber zur Fehleranalyse war keine Zeit. So komisch das klingt.

Oskar Lafontaine hat der CDU später vorgeworfen, sie habe die SED quasi enteignet und sich selbst bereichert. Hat er nicht recht?

Mein Vetter hat sofort, nachdem er Parteichef geworden ist, alle Geldflüsse gestoppt. Und die Ost-CDU hat auf sämtliche Vermögen verzichtet. Sie hat alles an die Eigentümer zurückgegeben und erklärt, sie wolle und werde nichts behalten. Deswegen ist der Vorwurf von Lafontaine grob falsch. Und das weiß er auch. Die CDU hat auf sämtliche Vermögenswerte verzichtet, auf das Verlagshaus, wie viel immer das auch wert war, außerdem Ferienobjekte und all so etwas.

Hieß das im Umkehrschluss nicht, dass sich die Ost-CDU sehr früh zwangsläufig in eine Abhängigkeit von der West-CDU begeben hat?

Ja, das war die Konsequenz. Aber die Abhängigkeit war ja eigentlich auch beabsichtigt gewesen. Wir wollten ja eine Vereinigung herbeiführen. Es war klar, dass das auch auf eine Vereinigung der Parteien hinauslief, genauso wie es bald klar war, dass es zu einem Beitritt der DDR zur Bundesrepublik kommen würde. Diese Lösung hatte Nachteile, aber auch überragende Vorteile, zum Beispiel den, dass wir sofort Mitglied der Europäischen Union sein würden. Daraus resultierte allerdings unser ganz zentrales Problem. Wir hatten fortan die quasi unlösbare Aufgabe, Bedingungen auszuhandeln für etwas, das ohnehin erfolgen würde und eigentlich ohne Bedingungen gedacht war. Wir kämpften um einen Vertrag auf Augenhöhe, obwohl wir in Wahrheit gar nicht mehr auf Augenhöhe waren.

Wie schnell ist Ihnen das aufgegangen? Schon am 20. März?

Nein, am 20. März noch nicht annähernd. Aber im Juni, als in der Volkskammer die ersten Anträge aus dem eigenen Lager kamen, sofort und ohne Bedingungen und ohne fertigen Einigungsvertrag der BRD beizutreten. Dass wir das verhindern konnten, ist ganz wenigen Leuten zu verdanken! Das ist Lothar de Maizière zu verdanken, Richard Schröder und einigen anderen, die ganz pathetisch gesagt haben: »Wir müssen die Vereinigung und den Beitritt in Würde machen. Eine Sturzgeburt bringt nichts. Außerdem: Erst habt ihr von zehn, zwanzig Jahren geredet und einer langsamen Angleichung. Jetzt kann es euch nicht schnell genug gehen. Das passt nicht. Wir als Regierung der DDR verstehen uns als Anwälte der DDR-Bürger, die in Würde und mit möglichst vielen Rechten die DDR-Bürger in ein vereintes Deutschland führen wollen.« Dass das objektive Verhandlungsgewicht klein war und jeden Tag kleiner wurde – das spürten wir spätestens ab Sommer 1990 mit der Festlegung des Wahltermins. Von uns aus war das auch nicht zu verhindern. Immerhin gab es im Westen aber einige wenige, die sich sehr um Fairness bemüht haben. Wolfgang Schäuble zum Beispiel hat das Psychologische sehr gut erkannt. Schäuble hat immer den Eindruck erweckt, hier verhandeln zwei Seiten mit deutschem Patriotismus an einer großen Sache der Vereinigung auf Augenhöhe – wissend, dass das nicht stimmt. Andere dagegen, darunter nicht zuletzt die wichtigen Staatssekretäre, traten uns mit der Attitüde entgegen: »Naja, wir müssen hier pro forma noch ein bisschen verhandeln, verlangt mal nicht so viel, wir wollen dann mal fertig werden.« Das war die andere Art von Haltung. Der Respekt führte zur Freundschaft von Wolfgang Schäuble und Lothar de Maizière. Die andere Haltung hinterließ nur das Gefühl von Hochnäsigkeit und Arroganz des Westens. Das galt im Übrigen auch für manchen Vertreter der Bundesländer. Wolfgang Clement zum Beispiel war damals Chef der Staatskanzlei von Nordrhein-Westfalen. Er war hochkundig, hochengagiert, topfit in allen inhaltlichen Fragen, aber arrogant gegenüber dem Osten. Natürlich hatte er früh gemerkt, dass unser Verhandlungsgewicht quasi in sich zusammenfiel. Und das versuchte er zu nutzen, damit sich für sein Land Nordrhein-Westfalen das Stimmgewicht im Bundesrat durch den Beitritt der fünf ostdeutschen Bundesländer nicht zu sehr verringerte. Hinzu kamen weitere Lasten für den Westen, in der Rentenfrage, in der Gesundheitsfrage – und das war vielen überhaupt nicht recht. Ich will jetzt nicht sagen, dass Wolfgang Clement das nicht alles mitgemacht hätte. Er hatte ja auch eine dezidiert andere Position als Lafontaine. Ich will nur sagen, dass seine innere Haltung »Mit wem verhandle ich da?« sehr spürbar und aus unserer Sicht sehr arrogant war. Denken Sie an den Satz von Joachim Gauck: »Sie hatten vom Paradies geträumt und wachten in Nordrhein-Westfalen auf.« Dieser berühmte Satz, den er erst viel später gesagt hat, der hat für uns schon viel Wahres gehabt. Dieses Gefühl hat sich bei uns festgesetzt.

Ihr Cousin beschreibt in seinem Buch eindrücklich, wie er Helmut Kohl und die Arroganz der West-CDU empfunden hat. Wie ging es Ihnen?

Ähnlich. Arrogant, überheblich, besserwisserisch – so habe ich die CDU-Spitze damals erlebt. Und dazu noch ohne viel Einfühlungsvermögen. Es gab Ausnahmen, natürlich Wolfgang Schäuble, aber auch Elmar Pieroth, Eberhard Diepgen, auch Franz Josef Jung oder von der CSU Edmund Stoiber und Erwin Huber. Aber sie blieben Ausnahmen.

Hat diese Zeit Ihre Distanz zur eigenen Partei vergrößert? Oder ging es mehr um Personen als um die Partei insgesamt, also um »Kohl, Rühe und Co«?

Letzteres ist richtig. Die CDU-Führung haben wir vor allem so erlebt. Aber vielleicht ist es trotzdem nicht ganz falsch zu sagen, dass damals eine gewisse Distanz zu manchen in der West-CDU eher gewachsen ist. Ich fühlte mich damals als einer, der in einem historischen Prozess an einer großen Sache mitarbeitet. Ich arbeitete natürlich mit dem Grundgefühl, dass wir alle gemeinsame – überragend gemeinsame – Interessen haben. Auch nationale Interessen im guten Sinne des Wortes. Aber ich fühlte mich voll auf der Seite der DDR, wenn es um Eigentumsfragen ging, um

Rentenfragen, in allem. Und da gab es dann ja auch massive Interessenkonflikte.

Haben alle so gedacht, die damals in und für die DDR-Regierung gearbeitet haben?

Alle! Zugleich hatte Lothar von Anfang an entschieden, keine Westdeutschen auf offizielle Funktionen zu setzen. So wollte er mögliche Interessenkonflikte zwischen westdeutscher Herkunft und ostdeutschen Interessen verhindern. Entscheiden sollten Ostdeutsche. Ich hatte deshalb keine Funktion. Und alle anderen auch nicht. Staatssekretär, Abteilungsleiter – sie alle kamen aus dem Osten. Wir waren Berater. Allerdings war ich in der Staatssekretärsrunde, die das Kabinett vorbereitete, der einzige Berater, der mit dabei sein konnte. Ich habe die Kabinettsvorlagen vorbereitet und votiert. Ich will nicht sagen, dass ich keinen Einfluss hatte. Ich habe bestimmte Dinge auch selber gemacht. Aber eben in keiner Funktion. Das war ein wichtiger Punkt, um unangreifbar zu sein auch von Leuten aus dem Osten, die sicher manchmal misstrauisch geschaut haben. Und um nicht dem Vorwurf ausgesetzt zu sein: »Ihr seid vom Westen gesteuert.«

Gab es auch Mitstreiter im Osten, gegenüber denen Sie Ihre Partei verteidigen mussten?

Natürlich gab es immer wieder Leute, die sich über die West-CDU beklagt haben. Ich habe dann versucht zu erklären, dass die Parteispitze nicht die ganze CDU sei. Und dass Kohl auch seine großen Verdienste habe. Ganz klar, solche Anwürfe gab es unentwegt, aber ehrlich gesagt – jetzt kommt wieder das Exekutive – haben wir da nicht so viel CDU gemacht. Da musste ein sterbender Staat begleitet und mit einem anderen zusammengeführt werden, und jeden Tag kam eine neue Horrornachricht. Außerdem mussten wir die Koalition zusammenhalten. Das ging erst noch ganz gut. Dann aber wurde die SPD schwieriger. Bis sie schließlich aus der Koalition ausgetreten ist. Da waren der erste und der zweite Staatsvertrag und die Wahl. Alles war wichtiger als Parteipolitik. Keiner wusste, wie lange der Prozess der Deutschen

Einheit dauern würde. Eppelmann hatte etwas von zehn Jahren geredet. Die (CSU-nahe) DSU wollte den Zusammenschluss dagegen sofort, und die SPD wollte einen jahrzehntelangen Konvergenzprozess. Darüber gab es also von Anfang an großen Streit. Lothar hat dann in seiner Regierungserklärung gesagt: »Ich hoffe, dass wir bei den Olympischen Spielen 1992 schon eine gesamtdeutsche Mannschaft haben.« Mehr hat er nicht gesagt. Das war so eine Kompromiss-Idee, wie man den Streit vielleicht würde abfedern können. Dass das Ganze am Ende nur ein halbes Jahr dauern würde – das war im April 1990 außerhalb jeder Vorstellungskraft, jedenfalls unserer Vorstellungskraft. Selbst Kohl hat das Tempo nicht vorhergesehen.

Kohl hat aber sehr schnell sehr großen Zeitdruck ausgeübt. Hat das diese erste und letzte frei gewählte DDR-Regierung nicht geschwächt?

Doch, ja, genau das hat es. Es gab allerdings eine Zangenbewegung von zwei Seiten. Die westdeutsche Regierung, die auch mit einem gewissen Recht gesagt hat: »Wir buttern da jeden Monat unglaubliche Beträge rein, ohne zu wissen, wie lange das weitergeht«, hat aufs Tempo gedrückt. Das Gleiche taten Teile der DDR-Regierung in Form der DSU und viele aus der Bevölkerung. Die wollten auch einen sofortigen Beitritt – ohne völkerrechtlichen Vertrag, ohne sauberen rechtlichen Übergang, ohne auch den Versuch zu unternehmen, manches Erhaltenswerte zu erhalten. Ich erinnere mich gut an den 17. Juni. Da machte ich ausnahmsweise einen Ausflug mit meiner Frau, ich glaube zum jüdischen Friedhof in Ostberlin, und wir hörten im Radio, die DSU fordere eine Sondersitzung der Volkskammer. Thema: Der sofortige Beitritt zur Bundesrepublik. Von da an stellte sie diesen Antrag in nahezu jeder Sitzung der Volkskammer – und die hat jede Woche getagt. Also haben wir dann jedes Mal über diese Frage debattiert. Lothar de Maizière hat zwei, drei Rücktrittsdrohungen ausgesprochen, um das zu verhindern. Seine Begründung: Erstens seien die außenpolitischen Aspekte der Deutschen Einheit nicht vollendet. Das nämlich gehe nur im Einvernehmen mit Moskau und Washington. Zweitens müsse die DDR-Regierung auch die

Rechte der Bürger der DDR sichern. Und das könne man nur in einem Vertrag. Einem Vertrag, den die DDR-Regierung aushandeln müsse und auf den man sich hinterher auch berufen könne. Ab dem Zeitpunkt, ab dem die DSU und andere immer wieder eine Abstimmung über den sofortigen Beitritt stellten, und noch stärker ab dem Moment, an dem der Termin für gesamtdeutsche Wahlen feststand, ist das Verhandlungsgewicht der DDR-Delegation wie Eis unter der Sonne geschmolzen. Es war nicht nur der Druck von Helmut Kohl, es gab auch den Druck der Straße in der DDR und den Druck der DSU. Die haben immer wieder gesagt: Hört auf mit diesem Affentanz. Hört auf mit diesen juristischen Fragen. Macht jetzt mal los mit der Einheit! Dicke Verträge – was soll das denn? Dabei war es mit Kohl zwischendurch ziemlich gut gegangen, insbesondere nach dem Sieg bei der Volkskammerwahl. Kohl war Machtmensch genug, er wusste, dass auch Lothar die Wahl gewonnen hatte, das imponierte ihm. Aber dann hat Lothar gegen den Rat der CDU eine große Koalition gemacht, weil er gesagt hat: Ich brauche eine verfassungsändernde Mehrheit. Das war goldrichtig. Es ging andauernd um Verfassungsfragen. Vor allem um die Frage, ob es ein geordnetes Verfahren für den Beitritt geben würde. Da hat sich Lothar durchgesetzt. Helmut Kohl fand das alles zwar irgendwie merkwürdig, aber es hat ihm auch imponiert, dass dieser kleine, zarte, kettenrauchende Mann, drei Köpfe kleiner als er, das so durchzieht. Aus diesem Grund war das Verhältnis anfangs ziemlich gut, bis sich in der DDR politische und ökonomische Prozesse bis hin zu einer gefährlichen Erosion der wirtschaftlichen Lage so beschleunigten, dass Lothar Anfang August zu Kohl in dessen Urlaubsort am Wolfgangsee flog, um über einen früheren Beitritts- und Wahltermin zu sprechen. Beide einigten sich auf einen früheren Termin, vereinbarten, diesen verfassungsrechtlich zu prüfen. Lothar würde ihn anschließend in Berlin verkünden. Tatsächlich, das erfuhr Lothar erst später, stellte sich für Kohl noch in der darauffolgenden Nacht heraus, dass der Termin so verfassungsrechtlich nicht machbar war. Trotzdem ließ der Kanzler Lothar noch die Pressekonferenz machen. Als dann auch öffentlich klar war, dass der Plan verfassungsrechtlich nicht gehen würde, stand Lothar im Regen. Später hieß es sogar, der Jurist Lothar de Maizière habe Kohl einen verfassungswidrigen Termin vorgeschlagen. Ab da war das Tischtuch zwischen beiden zerschnitten.

Haben Sie sich damals für Ihre eigene CDU geschämt?

Was Kohl da gemacht hat, das fand ich unerhört. Und so etwas bleibt auch hängen. Dazu kam Otto Graf Lambsdorff, der Lothar in Eigentumsfragen wie einen Schuljungen behandelt hat. »Soll ich Ihnen einmal den Eigentumsbegriff erklären?« Als ob er alles wüsste und wir nichts. Deswegen war mir auch klar, dass ich, wenn alles vorbei sein würde, nicht zurückwollte, nicht nur nicht als Pressesprecher einer Opposition in West-Berlin. Obwohl ja dann der rot-grüne Senat zerfiel und Diepgen wieder Regierender Bürgermeister wurde. Ich wollte insgesamt nicht zurück in den Westen, auch nicht nach Bonn in Nordrhein-Westfalen. Es entstanden damals ja Partnerschaften zwischen West- und Ostländern. Eigentlich eine schöne Sache. Aber Nordrhein-Westfalen hatte Brandenburg als Partner, und der Slogan in Brandenburg für NRW hieß »Nun regieren wir!« Das bringt für mich so stark zum Ausdruck, wie auftrumpfend und nicht zusammenführend da zum Teil gedacht wurde. Manche Kritik am Osten war sicher berechtigt, anderes nicht. An dieser Haltung aber war alles unberechtigt. So entsteht Zusammenwachsen nicht. Ja, das Verhandlungsgewicht war faktisch sehr unterschiedlich. Aber damit klug umzugehen, war die eigentliche Aufgabe. Schließlich wollten wir auf beiden Seiten eine Zweidrittelmehrheit im Bundestag und in der Volkskammer haben – was in der Volkskammer überhaupt nicht ausgemacht war, weil die SPD zwar zunächst lange mit dabei war, dann aber die Regierung verließ und ab da plötzlich die Verhandlungsergebnisse als unzureichend beschrieb, an denen sie noch wenige Tage vorher mitgewirkt hatte. Es ist deshalb ein historisches Verdienst von Richard Schröder, der gegen die Aufkündigung der großen Koalition war, sich da aber nicht durchsetzen konnte und doch mit dafür gesorgt hat, dass die SPD dem Einigungsvertrag in der Volkskammer am Ende trotzdem zugestimmt hat.

Waren Sie eigentlich ein Anhänger einer neuen gemeinsamen Verfassung? Oder waren Sie sofort für die Beitrittslösung? Immerhin hat die entscheidend dafür gesorgt, dass Ihr Verhandlungsgewicht immer kleiner wurde.

Ja, das stimmt. Ich war trotzdem nicht für eine neue gemeinsame Verfassung. Erstens, weil ich nicht genau wusste, was rauskommt. Ich fürchtete eher etwas zu Linkes. Und zweitens erledigte sich die Frage von Tag zu Tag selbst, weil das Tempo des Vereinigungsprozesses so hoch war, dass dafür keine Zeit gewesen wäre. Man hätte eine verfassungsgebende Versammlung einberufen müssen und dann eine Verfassung beraten – selbst das Grundgesetz, was ja für damalige Verhältnisse sensationell schnell zustande gekommen ist, mit Vorgaben durch die Alliierten – hat zwar nur neun Monate, aber immerhin doch auch neun Monate gedauert. Nicht einmal diese neun Monate hätten wir gehabt. Und das bei den komplizierten Befindlichkeiten der Beteiligten in dieser Zeit – ausgeschlossen! Es gab daneben ja noch die Überlegung, ob man vielleicht nach einigen Jahren einen Anlauf zu einer neuen gesamtdeutschen Verfassung macht. Da ist aber nicht viel daraus geworden. So ist es dabei geblieben, dass wir nur an einigen Stellen das Grundgesetz geändert haben.

Günther Krause, Chefunterhändler der letzten DDR-Regierung, hat gesagt, in der letzten Nacht wäre der Einigungsvertrag an zwei, drei Fragen fast geplatzt. Wenn man Ihnen zuhört, denkt man: Na ja, geplatzt wäre er wahrscheinlich nicht.

Doch, der Einigungsvertrag wäre fast geplatzt. Wahrscheinlich wäre dann nicht der Beitritt geplatzt, aber es hätte einen überstürzten Beitritt gegeben. Wie wenn man eine Geburt einleitet, die scheinbar ordentlich verläuft. Doch dann passiert etwas, der Geburtsvorgang wird abgebrochen und das Kind geholt. Dann kommt das Kind auch zur Welt, aber anders. Genau so wäre auch der Einigungsprozess zu Ende gegangen, aber nicht mit einem Einigungsvertrag. Und das wäre ein schwerer Makel gewesen, jedenfalls aus meiner Sicht. Der Einigungsvertrag war kurz vor dem Scheitern. Nach meiner Erinnerung waren drei Fragen gefährlich. Dabei lasse ich die außenpolitischen mal weg, obwohl die auch nicht ohne waren. Aber die drei innenpolitischen Fragen waren wirklich gefährlich. Erstens: Bildung. Wissenschaftsminister Hans Joachim Meyer hatte spät – zu spät – Schul- und Hochschulgesetze für die neuen Bundesländer vorgelegt. Diese sollten mit dem Einigungsvertrag Recht der dann entstehenden neuen Bundesländer werden. Für die Bundesregierung war das okay, die westdeutschen Bundesländer dagegen haben das strikt abgelehnt. Nach dem Motto: Der Bund will das vorschreiben? Kommt nicht in Frage. Also haben wir einen »Nebentisch« bei den Verhandlungen eingerichtet mit den Kultusministern der Länder, die ja bekanntermaßen die schnellsten Verhandler sind ... Das war schon sehr schwierig. Dass es am Ende doch noch gelang, lag an einem Kompromiss. Meyer stimmte zu, dass die geplanten Regeln nur vorläufig in Kraft gesetzt werden, damit am 4. Oktober, also unmittelbar nach dem Beitritt, nach irgendeinem Recht Schule stattfinden könne. Sobald die einzelnen Bundesländer sich eigene Gesetze gegeben hätten, seien die vorläufigen Regeln hinfällig. Darüber hinaus gab es in diesem Zusammenhang im Einigungsvertrag noch einen Punkt, an dem es zwar nicht scheiterte, den ich aber für falsch und gefährlich gehalten habe. Es ging um die Anerkennung von Bildungsabschlüssen. Die DDR-Regierung hatte gefordert: »Bildungsabschlüsse in der DDR bleiben anerkannt.« Die Bundesregierung und die westdeutschen Länder dagegen erklärten, das gehe gar nicht. »Wir können doch nicht irgendwelche Abschlüsse eines sozialistischen Staates anerkennen, die wir nicht kennen.« Der Kompromiss sah dann vor, dass die Abschlüsse auf dem so genannten Beitrittsgebiet anerkannt bleiben. In ganz Deutschland – gemeint war Westdeutschland – sind sie aber nur anerkannt, sofern sie gleichwertig zu westdeutschen Abschlüssen sind. Und die Feststellung der Gleichwertigkeit hat die Kultusministerkonferenz übernommen. Dieser Kampf in der Kultusministerkonferenz hat im Wesentlichen unter dem Vorsitz von Mecklenburg-Vorpommern in den Jahren 1992 und 1993 stattgefunden. Also habe ich ihn als damaliger Staatssekretär im Schweriner Kultusministerium hautnah miterlebt. Das waren erniedrigende und entwürdigende Prozesse, weil man einem 40-,

45-jährigen Menschen, der sich auf die Deutsche Einheit gefreut hat, gesagt hat: »Herzlich willkommen, Dein Abschluss ist in Mecklenburg-Vorpommern weiterhin anerkannt. Aber falls du jemals nach Nordrhein-Westfalen oder Bayern gehen möchtest, dann wird erst mal geprüft, ob du dort überhaupt Lehrer sein darfst. Denn du warst ja Lehrer in einem sozialistischen System. Und wenn du Tischler bist, werden wir das genauso überprüfen. Wir müssen ja sehen, ob dein Fachschulabschluss für uns ausreicht.« Bei den Erziehern wurden große Erzieherweiterbildungen gemacht, nur damit sie sich anerkannte Erzieher nennen durften. Sie mussten Zusatzprüfung über Zusatzprüfung machen – und selbst wenn sie danach nach Niedersachsen hätten gehen wollen, wären sie dort nicht genommen worden. Anstatt dass man großzügig gesagt hätte, die Abschlüsse werden anerkannt, vielleicht mit Ausnahme ganz besonders gefärbter Universitäten oder einigen Parteihochschulen. Weil das nicht gelang, hat man hier den Graben zwischen West und Ost noch vergrößert. Und das, obwohl am Ende doch jeder Arbeitgeber selbst entscheidet, ob er einen einstellt oder nicht. Ob ihm die Nase gefällt oder nicht. Außerdem hätte man am Anfang die Probezeit auf ein Jahr verlängern können, warum nicht? Aber so, wie das gelaufen ist gegenüber den Menschen im anderen Teil Deutschlands, war es falsch.

Welche Sprengsätze gab es noch?

Der zweite war der Paragraph 218 im Strafgesetzbuch. In der DDR gab es eine Fristenlösung. Und in der Bundesrepublik gab es verfassungsrechtlich vorgegeben, auf Artikel 1 des Grundgesetzes gestützt, die bestehende Regelung im Strafgesetzbuch. Die Fristenlösung war glatt verfassungswidrig. Der Konflikt war eigentlich unüberbrückbar. Dann hat man aus Zeitgründen, nachdem man sich zunächst überhaupt nicht einigen konnte, etwas gemacht, was eigentlich unvorstellbar ist: Man hat beschlossen, dass für eine gewisse Zeit auf demselben Staatsgebiet unterschiedliche Strafgesetze gelten. Es gab in Deutschland in einer speziellen Frage plötzlich zweierlei Strafrecht. Unvorstellbar – in diesem Fall aber die Rettung aus einem Konflikt, der anders nicht hätte aufgelöst werden können. Für die westdeutsche CDU war das schon eine schwer zu schluckende Kröte; andererseits war die Fristenlösung für die DDR-Gesellschaft eine Errungenschaft, die einfach aufzugeben nicht in Frage kam. Auch mit Blick auf die Abstimmung in der Volkskammer.

Und wenn nun eine Frau aus Niedersachsen in Thüringen eine Abtreibung vornehmen lassen wollte?

Das genau war eines der praktischen Probleme. Es waren hochkomplizierte Abgrenzungsfragen. Gilt eigentlich der Wohnsitz oder der Ort der Abtreibung? Und so weiter und so weiter. Dazu kam, dass das Bundesverfassungsgericht die Fristenlösung als verfassungswidrig erklärt hatte.

War das für den Christdemokraten Thomas de Maizière auch eine schwer zu schluckende Kröte?

Ich habe die Kompromisslösung nicht für falsch gehalten. Allerdings habe ich in diesen letzten Stunden an der dritten Großbaustelle verhandelt, und das war die Frage des Umgangs mit den Stasi-Akten. Zur Lösung wurde eine kleine Gruppe eingesetzt. Verhandlungsführer auf westdeutscher Seite war Wolfgang Schäuble, auf ostdeutscher Seite war es Joachim Gauck. Da ging es in der letzten Nacht um die Frage, wie man mit den Stasi-Akten umgeht. Die westdeutsche Position war eindeutig: Das sind Staatsakten, das gehört ins Bundesarchiv, sie können auch gerne in Berlin bleiben. Aber das Bundesarchiv muss zuständig sein, das gewährt einen hohen wissenschaftlichen Standard, das ist nicht ideologisch, das ist objektiv. Und die Aufsicht liegt beim Bundesinnenminister. Das war eine verkopfte, aber erstmal vernünftige Position. Die DDR-Position, vehement vorgetragen von Gauck, war jedoch: »Das geht so nicht. Es können nicht westdeutsche Historiker aus Koblenz mit ein paar ostdeutschen Mitarbeitern über unsere Vergangenheit und die Aufarbeitung der Verbrechen und der Staatssicherheit wachen. Die können nicht die Spitzeleien bewerten und all das. Das müssen wir schon selbst machen.« Es mag sein, dass er damals schon im Hinterkopf hatte, dass er selbst ein ganz vorzüglicher Leiter einer entsprechenden Behörde sein könnte. Aber unterstellen will ich das nicht. Sein Argument war richtig. Und entsprechend sah am Ende auch der Kompromiss aus. Es wurde eine eigene, selbständige Behörde geschaffen, die aber zum Geschäftsbereich des Bundesinnenministers gehören sollte. Sie sollte von einem Ostdeutschen geleitet werden und unter dem besonderen Schutz des Parlaments stehen. Entsprechend sollte der Leiter nicht vom Innenminister oder vom Kabinett ernannt, sondern vom Parlament gewählt werden. Und so blieb es auch, bis der spätere Bundesinnenminister Otto Schily sich so über die Behörde ärgerte, dass er sie dem Kanzleramt vor die Füße geschmissen hat. Seither ist die Behörde dem Kulturstaatsminister im Kanzleramt unterstellt, aber weiterhin mit großer Unabhängigkeit.

Der vielleicht schwerste Punkt waren am Ende dennoch die Enteignungen. Warum?

Diese Frage hätte die DDR fast zerrissen, hat die CDU fast zerrissen und ist bis heute für manche eine schwere Wunde. Es ging vor allem um die Frage, ob die Enteignungen nach Kriegsende, durchgezogen von der sowjetischen Besatzungsmacht, rückgängig gemacht oder die Betroffenen mindestens entschädigt würden. Dabei ging es auch um die vielen westdeutschen Adelsfamilien, die nach dem Krieg Grund und Boden verloren haben. Die sahen 1990 ihre große Chance gekommen und wollten das zurückhaben. Es ging dabei genau genommen um einen rechtlosen Zustand. Für die Adelsfamilien und Großgrundbesitzerfamilien stand außer Frage, dass dieser rechtlose Zustand nur durch eine Rückgabe wiedergutgemacht werden könnte. Für die war alles andere Raub. Sie haben immer wieder erklärt, seit 300 Jahren säßen sie auf dieser Scholle Land. Und nicht wenige sind mitten in dem Streit schon mit dicken Autos vorgefahren und haben den Leuten erklärt, dass das eigentlich alles ihnen gehöre. Die DDR-Regierung dagegen hat gesagt, dass das eine Enteignung sei, die nicht die DDR durchgeführt habe, deshalb könne sie auch nicht dafür haftbar gemacht werden. Die Volkskammer und die Regierung Lothar de Maizière vertraten zudem die Auffassung, dass man Geschichte nicht rückabwickeln könne. Mein alter Vater vertrat übrigens die gleiche Position. Lothar und seine Regierung waren der Auffassung, dass, wenn jetzt die alten Eigentümer wiederkommen würden, in Ost-Berlin und der DDR noch einmal die Revolution ausbrechen würde. Zugleich war das Thema auch im Westen höchst gefährlich. Immerhin musste dafür das Grundgesetz geändert werden. Es stand in allen Wahlprogrammen und es war Konsens in der DDR, dass man diese Enteignungen nicht rückgängig machen kann, mehr oder weniger alle Enteignungen, vielleicht mit Ausnahme der Enteignungen jüdischen Eigentums vor und während des Krieges. Und die Enteignungen von Ausgereisten, die sich dann die Stasi unter den Nagel gerissen hat. So etwas gab es, aber im Prinzip sollte es keine Rückgabe geben. Nun hat sich aber doch nach und nach die Auffassung entwickelt, dass es grob rechtsstaatswidrige Enteignungen insbesondere auch zu DDR-Zeiten gegeben hat, die man rückgängig machen muss. Und so hat die DDR-Regierung sich darauf eingelassen zu sagen: »Rückgabe vor Entschädigung«.

Für Enteignungen nach 1949?

Ja, für alles, was nach 1949 geschehen ist. Was im Übrigen einen schweren Nachteil hatte, auf den ich gleich komme. Aber die Enteignungen nach dem Krieg, insbesondere die Bodenreform rückgängig zu machen, hätte noch mal eine schwere Vertrauenskrise und Belastung für den Einigungsprozess bedeutet. Und es hätte dann ganz sicher keine Zwei-Drittel-Mehrheit in der Volkskammer für den Einigungsvertrag gegeben. Zugleich war es für die westliche Seite aber kaum zu akzeptieren, Enteignungen der Sowjetunion gesetzlich abzusegnen, die nun mal glatt rechtsstaatswidrig waren. Die Sowjetunion ihrerseits hat gesagt: »Das ist eine deutsch-deutsche Veranstaltung, die deutsche Einigung. Ihr seid überhaupt nicht befugt, über Hoheitsakte, die wir von 1945 bis 1949 gemacht haben, irgendwie neu zu entscheiden, neue Rechtsakte zu schaffen. Dann stimmen wir der ganzen Vereinigung nicht zu.« Wie hart diese Bedingung war, ist bis heute umstritten, aber die Sowjets haben sie auf jeden Fall klar vorgetragen, da war ich auch mehrfach dabei. Und so ergab sich eine quasi unlösbare Situation. Die wir, Gott sei Dank, am Ende trotzdem gelöst bekommen haben, und zwar in einer ziemlich komplizierten Drei-Schritte-Lösung. Bei Enteignungen aus den Jahren 1933 bis 1945, insbesondere von jüdischem Eigentum, galt das Prinzip Rückgabe vor Entschädigung; für Enteignungen zwischen 1945 und 1949 gab es erst mal nichts; und bei Enteignungen zwischen 1949 und 1990 galt ebenfalls das Prinzip Rückgabe vor Entschädigung. Das war sehr schwierig, und die ganze Angelegenheit hat trotzdem wohl nur so eine Zwei-Drittel-Mehrheit in der Volkskammer bekommen. Bei der entscheidenden Abstimmung im westdeutschen Bundestag bedurfte es des vollen Einsatzes von Wolfgang Schäuble, damit die Union in dieser Frage nicht auseinanderbrach. Insbesondere die niedersächsische CDU mit vielen Betroffenen in der Partei wäre daran wirklich fast zerbrochen.

Waren Sie zufrieden mit der Lösung?

Ehrlich gesagt nein. Ich fand auch den Kompromiss schlecht. Ich hätte lieber gesagt: »Es wird überhaupt nichts zurückgegeben. Hier wird das Land neu aufgebaut. Und wenn überhaupt, dann reden wir später über einen kleinen Ausgleich. Aber zurückgegeben wird nichts mehr. Die Enteignungen bleiben alle so, wie sie sind. In zehn Jahren reden wir mal darüber, ob es eine Entschädigung gibt. Feierabend! Wir fangen jetzt nicht an, hier über Grund und Boden zu streiten.« Das war meine Meinung. Das war vielleicht auch naiv. Aber die Unterscheidung '33 bis '45, '45 bis '49 und '49 bis '90 – dass das zu Unfrieden führen würde, war klar, insbesondere bei den Enteignungen '45 bis '49 durch die Sowjetunion. Die haben im Westen bei der FDP und zum Beispiel bei der niedersächsischen CDU einfach für riesigen Ärger gesorgt.

Auch die Familie meiner Frau ist in dieser Zeit zwischen 1945 und 1949 enteignet worden. Das war für mich ein Spießrutenlauf bei Familientreffen, weil ich meine Position dort natürlich dezidiert vertreten habe – und alle anderen haben anders gedacht. Aber ich bleibe dabei: Politisch wäre es in Ost-Berlin anders nicht gegangen. Wir hätten für nichts anderes die notwendige Mehrheit bekommen.

Warum war das Prinzip »Rückgabe vor Entschädigung« für die Zeit nach der Wiedervereinigung so ein Problem?

Es hat den Aufbau in den Neuen Ländern massiv erschwert. Es hat zu einem erheblichen Teil zur Innenstadtverödung im Osten und zum Bau großer Einkaufszentren auf der grünen Wiese beigetragen. Darunter leiden viele Regionen noch heute. Wenn in einem innerstädtischen, verfallenen Haus eine Bäckerei aufmachen wollte oder ein Herrenoberbekleidungsgeschäft, um die Innenstadt zu beleben, wurde stopp gerufen, weil man nicht wusste, wie es juristisch um den Grund und Boden wirklich aussah und ob also die Investition dauerhaft möglich sein würde. Dann wurde das umfänglich geklärt, und irgendwann hat der Bäcker oder Textilkaufmann eben gesagt. »Ihr könnt mich mal! Jetzt mache ich halt den Laden vor den Toren der Stadt auf. Wenn ich ihn überhaupt noch hier aufmache.« Es hat Jahre gedauert, mindestens bis 1992, 1993 oder noch länger, bis man durch ein Gesetz einen Investitionsvorrang eingeführt hat. Der Bund hat dann entschieden, dass es zwar grundsätzlich bei der Regel »Rückgabe vor Entschädigung« bleibt, aber wenn einer eine Investition machen möchte, dann gilt der Grundsatz nicht. Dann kriegt der Investor das Grundstück zu irgendeinem Preis, und über eine Entschädigung an den eigentlichen Eigentümer, den man vielleicht später noch ausfindig machen kann – eine Erbengemeinschaft in Australien zum Beispiel –, reden wir später. Ohne diese Einschränkung löste der vorher beschlossene Grundsatz einen massiven Zeitverzug aus und war ein gewaltiger Hemmschuh für die innerstädtische Entwicklung, die zwar mittlerweile gut gelungen ist, aber mühsam in Gang kam. Ich bin jetzt zwar kritisch mit dem Einigungsvertrag. Ich will aber gerne betonen, dass das im Ganzen ein grandioses Erfolgsstück auch von Ministerialbürokratie und Politik ist – trotz dieser Webfehler.

Die Treuhand Die Treuhandanstalt ist wahrscheinlich die umstrittenste Institution der Wiedervereinigungsjahre. Sie wird am 1. März 1990 vom DDR-Ministerrat gegründet. In diesen Wochen vor der Volkskammerwahl am 18. März regiert in Ost-Berlin eine Übergangsregierung unter dem PDS-Politiker Hans Modrow. Ihr gehören auch einige Bürgerrechtler und Vertreter der Blockparteien an, darunter Lothar de Maizière. Ziel des Beschlusses soll es sein, das Volkseigentum der DDR, also alle Fabriken, den Grund und Boden, alle Immobilien sowie alle Landwirtschaftlichen Produktionsgenossenschaften (LPGs) in die Hände eines Treuhänders zu geben. Das soll sicherstellen, dass weder alte SED-Bonzen noch windige Geschäftemacher in Nacht-und-Nebel-Aktionen das ostdeutsche Volksvermögen verschachern können. Außerdem sollen die Unternehmen in Kapitalgesellschaften umgewandelt werden, die fürs Erste zu 100 Prozent der neuen Treuhandanstalt gehören. Die Hoffnung ist groß, aus den Staatsbetrieben handlungsfähige Unternehmen in der Marktwirtschaft zu machen.

Die Idee für eine Treuhand stammt allerdings nicht von der SED oder der Übergangsregierung. Laut Dirk Laabs, dem Autor einer Geschichte über die Treuhand, ist sie schon in den Tagen des Mauerfalls im Kreise einer Gruppe intellektueller DDR-Wissenschaftler um den Bürgerrechtler Wolfgang Ullmann entstanden. Ihre Kernidee war, das Volkseigentum in Form von Anteilsscheinen an die DDR-Bürger zu verteilen, um ihnen auch für die Zukunft ihren Anteil zu garantieren. Davon ist beim Beschluss vom 1. März keine Rede mehr.

Mitte Juni 1990 beschließt die Volkskammer auf Vorschlag der de Maizière-Regierung, die Kompetenzen der Treuhand zu erweitern. Vor allem wird die DDR-Verfassung so geändert, dass künftig auch ausländische Investoren ohne Einschränkungen Fabriken sowie Grund und Boden in der DDR erwerben dürfen. Das erweitert den Handlungsspielraum der Treuhand massiv – was bei möglichen Investoren Freude auslöst und bei vielen Menschen in der DDR nur die Sorge erhöht, dass sich am Ende einige wenige das Wichtigste unter den Nagel reißen könnten, und zwar auf Kosten anderer, weniger attraktiver Betriebe. Die Furcht ist zudem groß, dass mit der Einführung der D-Mark Anfang Juli viele Betriebe im Geschäft mit Osteuropa zu teuer und in der Folge schnell zahlungsunfähig werden könnten. Deswegen sehen viele Mitglieder der de Maizière-Regierung nur in Kooperationen mit westlichen Firmen noch eine Überlebenschance der ehemaligen Staatsbetriebe.

Die Bilanz der Treuhand fällt ambivalent aus. Sie hat durch Verkäufe gut 60 Milliarden D-Mark eingenommen, am Ende aber mehr als 200 Milliarden D-Mark an

Schulden hinterlassen, weil viele Hoffnungen – gelinde gesagt – unerfüllt geblieben sind. Noch gravierender als die nackten Zahlen sind die psychologischen Auswirkungen. Durch den Schuldenberg ist bei vielen Ostdeutschen vor allem das Gefühl geblieben, ihr Eigentum sei verschleudert worden. Und weil vor allem westdeutsche Politiker das hinterher damit erklärten, dass der Zustand der ostdeutschen Wirtschaft miserabel gewesen sei, verfestigt sich bei vielen Ostdeutschen nur der Eindruck, hier sei es nicht mehr mit rechten Dingen zugegangen. Hatten nicht zum Start der Treuhandanstalt noch West- wie Ostexperten erklärt, die Treuhand werde durch Verkäufe richtig viel Geld verdienen? So wurde aus einer Institution, die ursprünglich das Eigentum der DDR-Bürger schützen sollte, eines der größten Feindbilder der Geschichte der Wiedervereinigung.

Stichwort grandioses Erfolgsstück: Thema Treuhand. Warum ist das Unternehmen Treuhand in den Augen der allermeisten Menschen so schiefgelaufen?

Naja, schauen Sie auf die Gründung der Treuhand. Eigentum des Volkes – das war Volkseigentum. So stand es auch im Grundbuch. Das Volk aber ist abstrakt. Die Gründung der Treuhand war deshalb zunächst nichts anderes als der Versuch, dieses Eigentum treuhänderisch einer Institution in die Hand zu geben, die damit konkret handeln kann. Sie hatte eine juristische Konstruktion, wie wir sie heute auch verwenden mit Treuhandvermögen. Daraus wurde dann erst im zweiten Schritt ein Privatisierungsauftrag. Es ging also in diesem Schritt nicht mehr nur um das treuhänderische Verwalten, es ging um die saubere Privatisierung des Volkseigentums der DDR. In diesem Zusammenhang waren zwei Dinge sehr interessant: Zum einen ist es bei den Verhandlungen über das Treuhandgesetz zu einem massiven Streit zwischen dem westdeutschen Bundesfinanzministerium und der DDR-Delegation, der ich angehörte, gekommen. Es ging um die Frage, wer die Erlöse aus den Verkäufen erhalten sollte. Beide Seiten schätzten diese damals auf rund 100 Milliarden D-Mark. Ja wirklich, beide Seiten gingen damals noch davon aus, dass es um einen großen Gewinn gehen würde. Die BMF-Delegation erklärte: »Das fließt alles in den gesamtdeutschen Bundeshaushalt. Schließlich zahlen wir jetzt schon ein paar Monate für euch; das wird immer teurer werden. Deshalb muss das in den Bundeshaushalt gehen, das ist der Preis der Einheit. Vielleicht machen wir mit den Mitteln ein Strukturprogramm für die ostdeutschen Länder. Aber klar ist: Das gehört in den Haushalt.« Wir dagegen haben gesagt: »Das kommt überhaupt nicht in Frage! Das ist Volksvermögen der DDR; das haben die DDR-Leute erarbeitet. Das wird allenfalls irgendwo eingefroren und im Wege von Volksaktien oder anderswie den Menschen zurückgegeben!«

Das war nicht nur die Position der PDS, sondern auch die der Regierung von Lothar de Maizière?

Natürlich! Und das Absurde war, dass wir wirklich alle dachten, da springt noch was raus, wir werden einen Gewinn erzielen. Das Ergebnis war, dass die Treuhand Ende 1994 mit geschätzt weit mehr als 200 Milliarden D-Mark im Minus abgeschlossen hat. Mit anderen Worten: Da haben wir Wochen nach der Volkskammerwahl und wenige Monate vor der Deutschen Einigung rund um die Währungsunion nicht nur gehofft, sondern fest geglaubt, dass wir viel Geld aus der Privatisierung erzielen würden. Und uns darüber in die Haare gekriegt.

Das war eine grandiose Fehleinschätzung über das wirkliche Potenzial, die tatsächliche Kraft, die in der DDR-Wirtschaft steckt. Bis tief in das Jahr 1990 hinein lagen da alle Experten falsch. Ich sage das deswegen, weil es damals immer hieß: »Diese Laienschauspieler im Osten, die haben ja sowieso keine Ahnung.« Die anderen, die Hochgelobten im Westen, hatten auch nicht viel mehr Ahnung. Und das ist ein schwaches Bild für alle Beteiligten.

Die Kritiker der Treuhand verlangen bis heute, dass die Akten der Treuhand veröffentlicht werden sollen. Bis heute sind viele Akten unter Verschluss. Die Kritiker sagen: Wir wollen endlich wissen, was warum passiert ist. Unterstützen Sie diese Forderung?

Es ist möglich, dass es geschützte Akten gibt, zum Beispiel wegen des Steuergeheimnisses oder wegen geschützter Patente. Aber im Prinzip habe ich nichts dagegen. Auch weil es eine weitere Mythenbildung verhindern könnte. Trotzdem hatte ich nie grundsätzliche Zweifel an der Treuhand-Lösung.

Erst mal war die Konstruktion richtig. Sie war ja auch noch zu DDR-Zeiten entworfen worden, um überhaupt ein Wirtschaftsleben in Gang zu bringen. Wenn in den Grundbüchern steht: Es handle sich bei diesem Grundstück oder jenem Gebäude um »Eigentum des Volkes«, dann hat man ein großes Problem, solange es darüber keinen Verfügungsberechtigten gibt. Denn das Volk kann nicht agieren, das Volk kann nicht zustimmen, ob ein Grundstück von Herrn A an Herrn B verkauft wird. Und die Partei, die sich angemaßt hat, das zu machen, die gab es nicht mehr. Also brauchten wir einen – wie man das juristisch sagt – Verfügungsberechtigten. Den mussten wir schaffen, und das war die Treuhand. Und zwar am Anfang gedacht wie ein klassischer Treuhänder. Das war alles richtig. Der Streit um die vermeintlichen Erlöse war zudem sehr interessant, aber folgenlos, weil es keine Erlöse gab.

Ein objektiv unvermeidlicher Fehler war das Tempo, das galt ja generell für den Einigungsprozess. Der Prozess war für viele Dinge objektiv zu schnell, aber dieses Tempo war unvermeidlich. Die Stimmung auf der Straße und der Verfall der Wirtschaft haben den immer schnelleren Prozess erzwungen. Sie können über Vermögenswerte, deren Wert Sie auch gar nicht richtig einschätzen können, natürlich nicht gut entscheiden, wenn Sie das unter Zeitdruck tun. Dazu kam der Aufbau der Treuhand mit Mitarbeitern. Auch er erfolgte in einem Tempo, das nicht dazu führte, dass nur die Besten kamen. Das war das zweite große Problem.

Und das dritte Problem war der Zustand der Industriebetriebe. Um die ging es ja im Wesentlichen, und deren tatsächlicher Zustand war viel schlechter als erwartet. Zumal mit der Währungsunion auch noch der osteuropäische Markt zusammenbrach, was keiner erwartet hatte. Es gehört freilich zur historischen Wahrheit dazu, dass die industrielle Basis der DDR eigentlich von niemandem mehr gebraucht wurde. Auch die DDR-Bürger selbst kauften keinen Trabi mehr. Wer kauft also ein Trabi-Werk? Mit welchem Sinn?

Vielleicht Japaner, die auf den deutschen Markt wollten. Damals gab es durchaus solche Ideen.

Aber die wollten natürlich auch nicht viel zahlen, und mindestens mittelfristig auch keine Arbeitsplätze sichern, sondern höchst effektiv japanische Billigautos auf den ostdeutschen Markt drücken. Das also wäre auch nicht viel besser geworden, sodass objektiv die Bedingungen für eine erfolgreiche Privatisierung wegen der schlechten wirtschaftlichen Basis und des erforderlichen Tempos miserabel waren. Es war objektiv unmöglich, das gut zu machen. Und dann kommt noch hinzu, dass es natürlich Strolche gab, die sich das zunutze gemacht haben. Die Betriebe für 'n Appel und 'n Ei aufgekauft haben, die ein paar gute Maschinen weggeräumt, die Fördermittel kassiert haben und auf Nimmerwiedersehen verschwunden sind. Leute, die auch die Mitarbeiter der Treuhand über den Tisch gezogen haben. Vielleicht gab es zudem auch ein paar Strolche in der Treuhand. Man muss leider sagen, dass die Bedingungen, über die ich eben geredet habe, für solche Strolche besonders günstig waren.

In Mecklenburg-Vorpommern mussten Sie später bei den Werften schmerzhaft erleben, was alles passiert ist. Haben Sie angesichts der Betrügereien rund um die Bremer Vulkan und das Scheitern am Ende nicht Zweifel bekommen, dass die Treuhand so vielleicht doch falsch war?

Nein, ich hatte und habe keinen Zweifel an der Konstruktion der Treuhand. Aber ich hatte massive Zweifel an der Ausformulierung der Verträge, wenn man so will, und an der Kontrolle. Dass ein West-Unternehmen, in Wahrheit sogar eine einzelne Person, dessen Vorstandschef Friedrich Hennemann, imstande war, eine Summe von 850 Millionen DM fast ohne Kontrolle zu bekommen, das ist unfassbar. Er hat damit erste Investitionen in die Werften vorgenommen, das ist wohl wahr. Aber ein Großteil der Hilfen waren, als die nächste Stufe der Investition fällig gewesen wäre, einfach weg, weil die Hilfen ins Cash-Flow geflossen waren und in Bremen oder sonst wo verschwunden sind. Deswegen mussten die mühsam gestützten Werften zum zweiten Mal vor dem Kollaps gerettet werden, wieder mit der gleichen Summe, dem gleichen

Geld des Steuerzahlers, für den gleichen Zweck. Da kriegen Sie die kalte Wut. Und wenn dann einige aus der Politik, gerade der damals noch Bonner Politik, sagen: »Naja, es war ja von Anfang an falsch, die Werften in den ostdeutschen Ländern zu unterstützen, weil es für die keinen Markt mehr gibt. Also lassen wir das jetzt, wir können doch nicht noch mal Steuergelder nehmen!«, dann packt dich ein zweites Mal die kalte Wut. Es war unter anderem der berühmte Finanzstaatssekretär Manfred Overhaus, der das vertrat. Nur durch unseren Druck und die massive Unterstützung durch Johannes Ludewig im Kanzleramt wurde das letztlich anders entschieden.

Aber es gab und gibt auch großartige Privatisierungserfolge. Letztlich gehört die Chemie dazu, es gehört Volkswagen dazu, es gehört Opel dazu. Das allerdings hing oft an einzelnen Persönlichkeiten. Der frühere VW-Chef Karl-Otto Hahn zum Beispiel war da überragend. Und einige andere. Und zugleich gehört zur ganzen Wahrheit auch, dass die Allianz und die Deutsche Bank richtige Schnäppchen gemacht haben mit der sehr günstigen Übernahme der Bank der DDR und der Staatsversicherung. Sie haben aber auch etwas draus gemacht. Es bleibt einfach nicht aus: Wo gehobelt wird, fallen Späne. Das ist leider so. Ob man manchen Strolchen früher das Handwerk hätte legen können? Wahrscheinlich ja. Aber das war alles schon verdammt schwierig.

Das heißt: Eine eigentlich aus guten Motiven gegründete Organisation wie die Treuhand ist fast unvermeidlich zum Feindbild vieler geworden?

Wahrscheinlich ja. Durch die Verallgemeinerung von schlimmen Einzelfällen und durch eine Verdrängung der tatsächlichen ökonomischen Basis. Für die innere Haltung der Bürger der DDR gegenüber dem, was wirtschaftlich passiert ist, war der Einigungsprozess zu schnell zu Ende. Dass die DDR nicht nur politisch, sondern ökonomisch am Ende war – das war zwar Einzelnen in der alten DDR-Staatsspitze hochpräsent.

Denken Sie nur an das berühmt gewordene Papier von Gerhard Schürer, dem damaligen Vorsitzenden der Staatlichen Plankommission, der das kurz vor dem Mauerfall Egon Krenz vorgelegt hat. Bei der Bevölkerung aber ist das nie angekommen. Bei großen Teilen der Bevölkerung war angekommen, dass man unter die zehn besten Industriestaaten der Welt gehört, dass die industrielle Substanz gut ist und dass sie dann sozusagen für 'n Appel und 'n Ei an Unternehmer aus dem Westen verscherbelt wird. Das aber entspricht mitnichten der damaligen ökonomischen Realität. Das war alles viel verlotterter, als man sich das je vorstellen kann, aber durch den schnellen Einigungsprozess ist diese Wahrheit nicht bei den Menschen angekommen. Und dann ist sie durch Förderungen auch noch überdeckt worden. So konnte die Treuhand zu dem besonders großen Feindbild werden. Wenn man bei Null anfängt, ist es leichter, als wenn man fälschlicherweise glaubt, mit Hundert ins neue Leben zu starten.

Ostdeutsche Politiker wie Günther Krause beschweren sich heute manchmal, dass der Eindruck entstanden sei, die Familie de Maizière habe die Wiedervereinigung quasi alleine organisiert. Haben Sie Verständnis für solche Beschwerden?

Ja. Es ist aber nicht so gewesen. Aber ich muss zu Günther Krause ein paar Worte sagen. Günther Krauses Geschichte ist schon tragisch. Denn er war überragend in seiner Zeit in der Volkskammer und als Verhandlungsführer der DDR-Regierung. Er war wirklich ein hochbegabter, gerade eben habilitierter Informatiker, der mit den besten Profis, die der Westen zu bieten hatte – nämlich Tietmeyer und Schäuble und all den anderen –, verhandelte. Er hat denen Paroli geboten, die mit einem gigantischen Verwaltungshintergrund ankamen und eine erstklassige Ministerialbürokratie hinter sich hatten. Was der sich gemerkt hat, wie er formulieren konnte, wie schnell er wusste, wo die Interessen sind, wie der schnell erkannt hat, was welche Folgeprobleme aufwirft. Das alles war einfach sensationell. Nur leider hatte er auch eine hohe Arroganz. Und dass er dann an Umständen, die ich bis heute nicht ganz verstanden habe, gescheitert ist, ist einfach tragisch.

Es gab damals eine ganze Reihe bemerkenswerter ostdeutscher Politiker. Von denen ist heute so gut wie keiner mehr da. Haben Sie dafür eine Erklärung?

Naja, letztlich ist der Osten doch ziemlich erfolgreich. Immerhin haben wir jetzt eine Bundeskanzlerin und einen Bundespräsidenten, die beide aus den ostdeutschen Ländern stammen. Allerdings muss man sagen, die erste Generation, die die Revolution gemacht hat, von denen sind in der Tat ganz wenige in Führungspositionen gekommen. Das ist schon wahr. Die Fähigkeit, eine Revolution zu machen, und die Fähigkeit, in den Mühen der Ebene nach und nach jeden Tag etwas Gutes zu machen, ist unterschiedlich ausgeprägt und oft sehr schwierig miteinander zu vereinbaren. Ein Revolutionär, der muss eckig sein, der muss kompromisslos und widerborstig sein, der muss anstößig sein. Jemand in einer Demokratie, der erfolgreich ist, der muss nicht Opportunist sein, aber der muss sich natürlich ein bisschen anpassen können. Da muss man Kompromisse machen, man muss sich mit Rechtsfragen beschäftigen, mit Mitwirkungsrechten von Personalräten, Fristen für die Opposition bei der Beratung von Gesetzen. Und das sind Eigenschaften, die sich schwer beide gleichzeitig in einem Politiker finden.

Haben Sie beides?

Nein. Ich wäre sicher kein guter Revolutionär. Trotzdem bleibt die Frage, was aus der ersten, aus der Generation der Lothar-de-Maizière-Regierung geworden ist. Dazu gilt Folgendes: Erstens hat sich ein nicht unerheblicher Teil in den Ländern engagiert, das verstehe ich auch. Viele hatten die Revolution gemacht, die Einheit herbeigeführt, und jetzt wollten sie etwas bewirken. Und dass man da in der eigenen Heimat mehr bewirken kann als irgendwie im fernen Bonn, ist verständlich. Also haben ganz viele in ostdeutschen Ländern Karriere gemacht. Nicht nur in den Landesregierungen, auch als Landräte, als Bürgermeister. Und sie haben da sehr gut gearbeitet. Ein anderer Teil der Erklärung ist, dass die Zeit der Wende manchen einfach müde und mürbe gemacht hat, dass viele auch einfach fertig waren. Und drittens ist es einfach so,

Lothar und Thomas de Maizière am 18. März 2010 in Berlin bei einer Feierstunde zum 20. Jahrestag der Volkskammerwahl.

dass auch die westdeutsche politische Klasse nicht einfach weichen wollte. Es gab zum Beispiel zwischendurch mal die Erwägung, ob Lothar de Maizière Bundestagspräsident werden sollte. Das fand Rita Süssmuth falsch, weil sie dann hätte weichen müssen. Auch Günther Krause, der – wie gesagt – ein begnadeter Politiker war und zugleich auch gewiss Fehler gemacht hat, ist auch wegen seiner Stärke vom politischen Establishment in Bonn weggebissen worden. Das gehört zu dieser Geschichte dazu. Insofern, ja, sind die allermeisten aus dieser Zeit aus der Politik verschwunden – sehr schade eigentlich. Inzwischen beginnt sich aber viel zu ändern. Da kommt eine tolle junge Generation, die sehr gut ist, und das gilt nicht nur für die Politik, das gilt auch für die Wirtschaft, so wie es für den Sport immer galt.

Wie erschöpft waren Sie am 4. Oktober, als alles vorbei war?

Am 4. war ich noch gar nicht erschöpft, da hatte ich immer noch hohes Adrenalin. Aber dann, in den Tagen danach. Meine Frau und ich haben damals eine Woche Urlaub gemacht in Schleswig-

Holstein, in einem kleinen Häuschen von Freunden, und da haben wir gerade begonnen, uns ein bisschen zu entspannen. Und wir haben angefangen nachzudenken, was wir jetzt wohl machen würden. Und dann kam die Nachricht vom Attentat auf Wolfgang Schäuble. Dass jemand, der sich so reingekniet hatte, den ich stunden- und tagelang erlebt hatte, vor dem ich allergrößten Respekt gewonnen hatte, dass der niedergeschossen wurde – das hat uns umgehauen. Das Attentat hatte eigentlich gar nichts mit der Einheit zu tun, aber ich habe das so wahrgenommen. Es war ein unendlicher Tiefschlag, mitten rein in die allererste Entspannung.

KAPITEL 5

Lehrjahre im Osten – Ankommen in einer neuen Welt, erst Schwerin, dann Dresden

Schwerin Nach der Wiedervereinigung am 3. Oktober 1990 wechseln viele ostdeutsche Politiker, die die Monate zuvor in der Volkskammer gesessen hatten, in Regierungen und Parlamente der neu entstehenden ostdeutschen Bundesländer. Dort steht nach den Landtagswahlen der Aufbau komplett neuer Regierungsapparate an. Auch Thomas de Maizière, obwohl Westdeutscher, will sich dort engagieren. Er erhält ein Angebot, als Staatssekretär nach Schwerin zu gehen. Die CDU hat die Landtagswahl knapp gewonnen, Ministerpräsident wird der weitgehend unbekannte Ost-CDU-Politiker und Geograph Alfred Gomolka. De Maizière kommt ins Kultusministerium, seine Hauptaufgabe besteht darin, in all dem Umbruch Unterricht überhaupt sicherzustellen und die Schulen wie das Schulsystem umzubauen. Dabei geht es um sehr Grundsätzliches: Die Lehrer müssen bezahlt werden, die Schulgebäude dringend renoviert. Und in vielen Fällen kommt auch noch eine schwierige Stasi-Überprüfung der Mitarbeiter, Lehrer, Erzieher hinzu.

Neben dem, was klassischerweise zu einem solchen Neuanfang gehört, beginnen schon bald Intrigen und Grabenkämpfe innerhalb der Regierung. Nach knapp zwei Jahren wird Gomolka gestürzt und durch den bisherigen CDU-Landesgeneralsekretär Berndt Seite ersetzt. Damit geschieht auch in Mecklenburg-Vorpommern, was schon in zwei anderen neuen Bundesländern geschah: die ersten Anführer stürzen. Der CDU in Schwerin schadet das zunächst nicht, auch nach den nächsten Landtagswahlen 1994 bleibt sie stärkste Kraft. Allerdings muss sie eine Große Koalition mit der SPD eingehen. Neuer Chef der Staatskanzlei und Chefkoordinator des wackeligen Regierungsbündnisses wird Thomas de Maizière. Das Land an der Ostsee kämpft mit den Folgen der Werftenkrise und manchen Verwerfungen auch durch eine wenig erfolgreiche Treuhandpolitik. Als sich Seite 1998 erneut zur Wahl stellt, verliert er und tritt sofort ab. Thomas de Maizière steht zum ersten Mal ohne Stelle da.

Was hat Sie nach Schwerin geführt?

Wie oft in meinem Leben, es war Zufall und eine glückliche Konstellation. Dass ich nicht zurückwollte in das West-Berliner Abgeordnetenhaus, war klar. Dass es in der Stadt Berlin andere interessante Funktionen geben könnte, war damals noch völlig offen. Die Hauptstadt war in Bonn, der Wechsel nach Berlin nicht beschlossen.

War im Herbst 1990 klar, dass im Land Berlin noch mal gewählt würde? Das hätte Sie ja auch in Berlin halten können.

Ich glaube ja, aber es interessierte mich nicht mehr, auch wenn ich später noch mal im Gespräch war für die eine oder andere Position. Einmal sogar als Kultursenator. Davon hatte ich früher immer geträumt. Eigentlich eine sehr schöne Position. Und tatsächlich hat mich Diepgen später gefragt. Aber er fügte selbst schon hinzu: »Sie bleiben bestimmt in Schwerin, ich will Sie nur fragen, ob Sie für etwas bereitstünden.« Das hat mich berührt. Das fand ich schön. Trotzdem hatte ich nun am Werkstück »Deutsche Einheit« mitgearbeitet und wollte das fortsetzen. Die politische Klasse schwärmte ohnehin in großen Teilen in die Länder aus. Nur was aus meinem Cousin Lothar de Maizière werden würde, war unklar. Ich hatte ihm geraten weiterzumachen. Aber das war ein Fehler. Ich hatte ihm gesagt: »Der Anwalt der Bürger der DDR muss noch weiter ihr Anwalt sein.« Heute weiß ich: Er hätte gleich aufhören sollen. Die Zeit als Minister ohne Geschäftsbereich bis zur Neuwahl im Dezember 1990 war ganz schrecklich. Und danach herumgereicht zu werden, ob es irgendein Amt gibt, Parlamentspräsident vielleicht, repräsentativ, aber machtlos, und dazu am Ende auch noch am Widerstand Rita Süssmuths gescheitert – das empfand er und das empfand ich als entwürdigend, angesichts all dessen, was er zuvor geleistet hatte. Auch für die CDU. Dann gab es die Idee, er könne Justizminister werden – prompt folgte der Kommentar der Rechtsanwaltskammer, es könne doch nicht ein Ostjurist Justizminister sein. Also hat er auch das gelassen und gleichzeitig versucht, als CDU-Landeschef in Brandenburg etwas zu bewegen. Das hätte er alles lassen sollen. Da hatte ich mehr Glück. Schon bald kam eine erste Anfrage aus Sachsen-Anhalt, Staatssekretär zu werden. Ich bin hingefahren. Aber dann kam ich ins Gästehaus der Ost-CDU, erlebte das graue Wetter und ein graues Magdeburg – und das ging einfach nicht. Das war so ein düsterer Tag, es wurde schnell dunkel, es war feucht, es war regnerisch, es war grau.

Sind Sie so stimmungsabhängig?

Ja schon. Ich muss mich wohlfühlen in einer Stadt. Und dann kann auch das Wetter eine Rolle spielen. Dazu das Gästehaus. Ein dunkler Keller. Das war einfach nichts. Letztlich hat mich dann Günther Krause nach Mecklenburg-Vorpommern geholt. Er war damals CDU-Landeschef und hat gesagt: »Du musst jetzt nach Schwerin kommen. Was genau du wirst, wissen wir noch nicht – aber es wird was auf Staatssekretärsebene.« Die Wahlen waren knapp gewonnen worden. Aber eigentlich konnte am Ende nur mit Hilfe eines direkt gewählten SPD-Abgeordneten, der später in die Unionsfraktion wechselte, eine Regierung unter Alfred Gomolka gebildet werden. Und Gomolka hat die Devise ausgegeben: »Außer Justiz alle Minister aus dem Osten und alle Staatssekretäre aus dem Westen.«

Haben Sie das für richtig gehalten?

Ja, das war gut. Gomolka sagte: Wenn wir einen aus dem Osten finden, der Staatssekretär sein kann, gerne. Im Zweifel aber finden wir keinen, dann gerne Westdeutsche mit Regierungs- und Verwaltungserfahrung. Und so kam es dann auch. Diesmal bin ich mit meiner Frau nach Schwerin gefahren. Und das war nun ein schöner Tag, die Sonne flirrte um das Wasser. Wir haben uns eine schöne Adventspyramide gekauft, die immer in der Adventszeit bei uns zuhause brennt. Die stammt zwar aus dem Erzgebirge, aber für uns war es das erste Stückchen Schwerin. Dann haben wir das schöne Schloss gesehen, das viele Wasser und haben spontan gesagt: Das könnte was werden.« Wir hatten die Vorstellung, wir würden in ein schönes Häuschen ziehen am Schweriner See mit herrlichem Seeblick, vielleicht mit einem Segelbötchen unten

Schwerin im Februar 1991: Staatssekretär im Kultusministerium von Mecklenburg-Vorpommern.

am Wasser. Das war so unsere Idealvorstellung. Dann wurde ich als Staatssekretär für Kultus ausgeguckt. Aus dem Häuschen wurde nichts – die waren nämlich vermietet, enteignet, beschlagnahmt, umstritten. Da führte überhaupt kein Weg rein, und so sind wir für den Anfang in eine Plattenbauwohnung gezogen, ab Januar 1991, weil die eben frei war.

Warum sind Sie gleich mit Sack und Pack hingezogen?

Weil unsere Familie zusammen sein wollte. Wir hatten zwei kleine Kinder. Außerdem habe ich da gerade in der ersten Zeit so viel gearbeitet wie in den ersten Monaten in der DDR-Regierung, manchmal bis zur physischen Erschöpfung. Nach der Vorgeschichte hatte ich ein besonderes Herz für diese Menschen in ihrer Umbruchsituation, deshalb wollte ich das auch gerne. Und dass ich dieses Wissen in drei, vier Ressorts würde anwenden können, war klar. Günther Krause wusste das, er selbst war Informatiker gewesen und hatte dann über die Währungsunion verhandelt. Das war ihm nicht in die Wiege gelegt worden. Er hat gesagt: »Ich kann das, und der Thomas, der hat auch viel gemacht, der wird das auch können. Im Übrigen ist der einer, der für uns kämpft.« Und das war das Wichtigste. Es hätte sicher viele gegeben, etwa aus der Kultusverwaltung in Niedersachsen, Hamburg oder Schleswig-Holstein, die wären viel besser gewesen als ich. Ich war ja auch blutjung, 36, 37, damals. Aber mit der Vorgeschichte passte das schon.

War Günther Krause in der Zeit mehr CDU oder mehr Ostdeutscher für Sie? Sie haben gesagt, er habe Sie als »Einen von uns« bezeichnet.

Eigentlich beides. Aber Krause war viel stärker als Lothar, mein Vetter, ein CDU-Politiker, also einer, der vieles über die Partei macht und entwickelt.

Sie haben als Staatssekretär im Kultusministerium ganz auf CDU-Parteilinie ein dreigliedriges Schulsystem eingeführt, das sonst niemand im Osten hatte und niemand machte. Auch wegen der sinkenden Geburtenzahlen und dem daraus resultierenden Druck, immer alle drei Schulformen anbieten zu müssen. War das clever?

Nein, besonders clever war das nicht. In Sachsen haben die es klüger gemacht. Aber dafür gibt es eine Reihe von mildernden Umständen: Der erste ist die Demographie. Kein Mensch hatte damals eine Ahnung von dem demographischen Einbruch. Zwar ist von 1990 bis 1991 da schon viel passiert. Die Geburtenzahl brach ein. Aber da haben wir alle gedacht: »Naja, das ist so ein Übergangsjahr.« Und das gilt nicht nur für die Kultusbürokratie, sondern für alle – die Stadtentwickler, die Planer, auch die Bundesregierung. Es wurde überall mit einem Millionenzuwachs gerechnet. Dass wir einen demographischen Einbruch haben würden, der nachhaltig ist, hat uns, hat mir 1991 keiner erzählt. Wir haben darauf viel zu spät reagiert. Die Wucht der Demographie haben wir unterschätzt. Allerdings gilt das erst für die Jahre 1994/1995. Da hätten wir spätestens umschalten müssen. Für 1991 kann man diesen Vorwurf nicht machen. Zweitens muss man Folgendes sehen: Was habe ich da vorgefunden? Die Partnerländer hatten ähnlich wie ich damals, im März, April 1990, Paare gebildet und Aufbaustäbe. Als ich in Schwerin ankam, fand ich einen »Aufbaustab Ost« vor und einen parallelen »Aufbaustab West«. Das waren jeweils rund zehn Leute. Aber jetzt kommt der Punkt: Diejenigen, die da saßen, kamen alle aus Hamburg und waren alle SPD. Die hatten fest damit gerechnet, dass die SPD die Wahl gewinnt, das Kultusministerium bekommt und hatten entsprechende Pläne vorbereitet. Und dann kommt eine CDU-Regierung, ein CDU-Kultusminister, ein CDU-Staatssekretär – und finden das vor. Mit einem Teil habe ich sehr gut, gerade im Hochschulbereich, zusammengearbeitet. Im Schulbereich aber war das sehr schwierig. Die machten sich auch schnell wieder vom Acker und gingen nach Hamburg, die allermeisten. Und ich gebe zu, ein bisschen aus Trotz gegenüber dieser Art von Vorbereitung haben wir gesagt: »So, jetzt machen wir hier mal alles anders und wechseln auch die Berater.« Also kamen nun die CDU-Leute aus Schleswig-Holstein, und die haben gesagt: »Klar, wir machen ein dreigliedriges Schulsystem!« Das war im Übrigen auch völlig unumstritten.

Naja, unumstritten in der CDU.

In der CDU sowieso, weil man wegwollte von der Einheitsschule. Außerdem hieß es 1990 und 1991 stets: Weg von der DDR ist gut, und Hin zum Westen ist auch gut. Es hat schon der großen Kraft von Kurt Biedenkopf und anderen bedurft, das früh zu reflektieren und zu sagen: »Nein, wir machen ein Aliud, wir machen etwas anderes.« Selbst bei der SPD gab es zu Beginn den Reflex, Osten ist schlecht, Westen ist gut. Die haben natürlich das Schulgesetz abgelehnt, weil wir in der Regierung waren. Aber die Schulstruktur in einem gegliederten Schulwesen war nicht besonders umstritten. Ich habe die Schulstrukturfrage damals wahrscheinlich unterschätzt, so wie ich sie heute für überschätzt halte. Es wäre allerdings aussichtslos gewesen, damals gegen die herrschende Stimmung eine gemeinsame Mittel- oder Regelschule durchzusetzen. Dafür war ich auch zu unwichtig. Ich habe mich um Lehrerversorgung gekümmert. Sie müssen sich vorstellen, dass wir dort die Regelstundenzahl der Lehrer hochgesetzt haben. Als Beispiel: Die Lehrer hatten zuvor, sagen wir 25, 26 Stunden Lehrverpflichtung. Davon waren vier oder fünf Stunden Rotlichtbestrahlung.

Rotlichtbestrahlung?

Staatsbürgerkunde der DDR und Ähnliches.

Haben Sie den Begriff erfunden?

Nein. Das war eine gängige Formulierung. Diese Stunden fielen nach der Wende natürlich weg. Gleichzeitig arbeiteten die Lehrer im Westen 28 bis 30 Wochenstunden. Daran haben wir uns dann orientiert und sind auch in Mecklenburg-Vorpommern auf 28, 29 Stunden hochgegangen. Das heißt, mit einem Schlag waren zwanzig Prozent der Lehrer zu viel an Bord, und das noch ohne den demografischen Einbruch. Und dazu hatten wir in hohem Maße Lehrer mit den falschen Fächern. Wir hatten zu viel Staatsbürgerkunde, zu viel Mathe- und viel zu wenig Englischlehrer. Wie kommt man an neue Lehrpläne? Wie schnell führt man die ein? Wie kommen wir an Englischlehrer? Und dann: Wie ist das mit der Stasi-Belastung? Mit welchen Verfahren überprüfen wir die Lehrer? Das waren meine Schwerpunkte.

War das nicht im Einigungsvertrag geregelt worden?

Doch. Aber mit dem Einigungsvertrag kann man nur regeln, wie es grundsätzlich gemacht werden soll. Aber die Länder mussten die Details nun selbst beschließen. Wie also 30 000 bis 35 000 Lehrer überprüfen, die wir damals in Mecklenburg-Vorpommern hatten? Dafür musste man ein Gesetz machen. Mit diesen Fragen habe ich mich viel mehr beschäftigt als mit der Frage, ob die Hauptschule die geeignete Schulform ist. Und dann kam noch etwas dazu: Es wurde offensichtlich, dass die Schulen baulich total verlottert waren. Wir mussten ein Investitionsprogramm auf die Beine stellen, dafür irgendwie Geld besorgen, Planung in Gang schieben. Das war natürlich auch meine Aufgabe als Staatssekretär. Und dann kamen plötzlich, das mag absurd klingen, Tag für Tag neue Einrichtungen dazu, für die wir plötzlich zuständig sein sollten. Die DDR hatte ein Volksbildungsministerium. Diese Struktur war übrigens nicht das Dümmste, diese Idee: Bildung aus einer Hand. Sicher, das hatten die natürlich auch aus ideologischen Gründen so gewollt. Aber strukturell war das nicht nur unsinnig. Für uns aber hieß das, dass plötzlich irgendeine Volkshochschule kam, die sonst den Kommunen gehört, und sagte: »Wir gehören auch zur Volksbildung. Wir sind auch eure Mitarbeiter.« Wir mussten also entscheiden, was wir mit denen machen und wie wir die auch noch bezahlen können. Durch eine Fußnote im Einigungsvertrag war uns nur bis Jahresende 1990 Zeit gegeben, darüber zu entscheiden. Das war bei der Fülle der Aufgaben ein wahnsinniger Zeitdruck. Und das mit enormen Folgen für die Betroffenen. Einrichtungen, die nicht bei uns bleiben würden, wurden abgewickelt, die Menschen kamen in die sogenannte Warteschleife – sechs bis neun Monate – und landeten dann in der Arbeitslosigkeit. Wir mussten sehr schnell, viel und folgenreich entscheiden. Hängengeblieben ist trotzdem, dass wir damals das dreigliedrige Schulsystem eingeführt haben. Nicht viel anders lief es übrigens an den Hochschulen. Kultusministerium klang nach außen eher gemütlich, aber wir standen vor einem riesigen Berg Aufgaben. Mein Tag ging von morgens um acht bis spät in die Nacht. Die ersten Monate wohnte ich noch in einem Gästehaus, bis wir als Familie im Januar 1991 alle hinzogen. Das Gästehaus war schlecht, die Lage aber war wunderbar, am See. Wenn wir abends um elf wiederkamen, gab es nichts mehr zu essen. Das Essen bestand aus frittiertem Zeug, was tiefkühlmäßig ins heiße Öl geschmissen wurde – furchtbar. Dazu die vielen Autofahrten ohne Autobahn. In Ost-West-Richtung ist das Land sehr groß. Nach Greifswald fuhr man einen Weg dreieinhalb Stunden, kurvig. Ich bin manches Mal vor Erschöpfung und Aktenbearbeitung im Auto total im Eimer gewesen. Manchmal habe ich dem Fahrer gesagt: »Anhalten! Ich muss mich übergeben.« So war das. Dazu die Stapel von Akten! Berge von Besprechungen.

Hat die Familie das einfach mitgemacht? Sie waren schon wieder kaum zuhause.

Naja, zunächst war das Ankommen für die auch spannend. Allein den Kindergartenplatz für die Kinder zu suchen, war hochspannend. Darüber entwickelten sich erste enge Freundschaften. Dann den Alltag zu bewältigen, das war eine Herausforderung. Und für meine Frau die Frage: »Fange ich jetzt wieder einen Job an?« Das hat sie dann auch gemacht und eine evangelische Beratungsstelle für Schwangerschaftskonfliktberatung in Schwerin mit aufgebaut. Und das gerade in der Übergangsphase, als der Paragraf 218 in der ehemaligen DDR noch nicht galt. Sie hat die Beratungsstelle an neue Förderbedingungen angepasst, sie hat den Umstieg von der Fristenlösung auf die Beratungslösung mit organisiert. Es war also für alle spannend.

Was trieb Sie damals an?

Sicher auch Pflichterfüllung. Aber im Jahr 1990 und den Jahren direkt danach vor allem auch totale Leidenschaft. Es war ein Neuanfang. Ein Aufbau von allem. Man konnte so viel bewegen. Trotzdem hat mich meine Frau immer wieder gebremst. Sie ist ja auch deshalb von Berlin mit nach Schwerin gezogen, damit ich mit den Kindern mehr zusammen bin. Und dass sie ein bisschen auf mich achtgeben kann.

Achtgeben?

Ja. Dass ich gesund frühstücke und abends noch etwas Warmes esse. Oder mich einfach mal in den Arm nimmt. Selbst an den Wochenenden gab es manchmal noch Sportfeste, ich war ja auch für den Sport zuständig. Aber insgesamt hatte ich wenigstens an den Wochenenden zunächst eher wenig zu tun. Außer natürlich die Akten. Immer Akten am Wochenende, bis heute. Das gehört irgendwie dazu. Die Brücke zur Familie zu halten, war schwierig, auch weil ganz zu Beginn die Telefonverbindungen noch lange schlecht waren. Helmut Kohl hatte mal versucht, den Ministerpräsidenten zu erreichen – und hatte über Stunden keinen Erfolg. Er muss so auf den Tisch gehauen haben, dass wir mit einer List des Kanzleramts plötzlich als Landesregierung zwanzig Telefone mit einer so genannten Westleitung hatten. Es waren Nummern mit Vorwahl aus Hamburg und Osnabrück, die zu uns führten. Fragen Sie mich nicht, wie das genau ablief. Jedenfalls hatte unser Ministerium plötzlich drei solche Telefone, und ich in meinem Büro hatte eines. Ab da konnte ich besser telefonieren. Aber ehrlich gesagt, zu sehr habe ich das auch nicht genutzt. Erstens wollten natürlich andauernd auch andere Mitarbeiter ihren Mann oder ihre Frau im Westen anrufen. Und zweitens traute ich der Sache nicht so ganz, fürchtete, dass da trotzdem noch irgendjemand mithört. Und das wollte ich nicht. Das allerdings war erledigt, als wir in Schwerin wieder zusammenwohnten.

Wie haben die Freunde im Westen auf das neue Leben im Schweriner Plattenbau reagiert?

Wir haben am Anfang viel Besuch bekommen. Platz ist in der kleinsten Hütte. Auch da haben wir Nikolaus gefeiert wie immer. Wir haben schöne Dinge erlebt. Neue Freunde haben uns ein Ständchen gebracht, als wir eingezogen sind. Er war Zahnarzt und Geiger und spielte für uns vor der Tür. Das war wunderbar. Wir haben es uns irgendwie schön gemacht. Zwei Drittel der Möbel unserer alten Wohnung hatten wir in einem Lager in Lübeck untergestellt, weil wir schon wollten, dass das nur eine Übergangslösung sein sollte. Und dann hat es doch zwei Jahre gedauert. Aber zum Ankommen in Schwerin war das sehr wichtig und sehr gut, auch für die Akzeptanz, auch in einem Plattenbau. Andere Kollegen aus dem Westen sind nach Ratzeburg gezogen oder langfristig gependelt. Die, die pendelten, habe ich noch eher akzeptiert. Aber wenn jemand von Köln nach Schwerin zum Arbeiten kam und trotzdem nach Ratzeburg zog, damit die Familie weiter im westdeutschen Schleswig-Holstein leben konnte – das fand ich unerhört. Wir haben das nicht deswegen gemacht, um bei den Ostdeutschen, den Mecklenburg-Vorpommern gut anzukommen, sondern weil die Familie zusammen sein wollte. Trotzdem gefiel es den Menschen in Schwerin, weil wir unter den Politikern und Staatssekretären aus dem Westen lange die Einzigen waren. Und weil wir gleich mitmachten. Wir haben uns in der Kirche engagiert. Da gab es sogenannte »Abende der Begegnung«. Und in unserem Plattenbau haben wir aus unserem Leben erzählt. Der Plattenbau war gerade erst fertig geworden, da war rings um das Haus noch Erde und kein Gras und nichts. Im Sommer war plötzlich das Wasser abgestellt, weil halt nach dem Winter die Fernwärme gewartet werden musste. Da gab es unten einen Aushang: »Seit gestern gibt es zwei Wochen kein warmes Wasser.« Das ist mit kleinen Kindern nicht so toll. Darüber haben wir uns beschwert. Aber die Mecklenburger haben uns gesagt: »Regt euch nicht auf, das ist doch immer so. Seid lieber froh, früher waren es drei Wochen.« Dann haben sie uns gesagt, sie hätten Freunde in der Altstadt, da würden sie immer duschen. Das könnten sie auch für uns organisieren. Das war großartig. So kommt man an. Deswegen war das im Nachhinein sehr gut.

Und ihre Eltern? Ihre Geschwister? Ihre Freunde in Westdeutschland? Haben die nicht irgendwann gesagt: »Sag mal, wie kannst du deine Familie hierher lotsen?«

Die haben wahrscheinlich gedacht: »So ist er halt.« Viele haben auch gesagt: »Wir finden das ganz toll.« Meiner Mutter war das ein bisschen unheimlich, gerade mit kleinen Kindern. Für sie muss das irgendwie wie in Sibirien gewesen sein. Meine Eltern haben uns auch besucht. Sie sind sowieso viel gereist und haben mal eine Reise durch Mecklenburg-Vorpommern gemacht in ihrem kleinen Auto. Davon kamen sie dann begeistert zurück. Außerdem hat Ernst Barlach meine Mutter mit Schwerin und Mecklenburg-Vorpommern versöhnt, weil sie den immer verehrt hat. Der Rest der westdeutschen Familie hat allerdings schon gesagt: »Die sind verrückt.« Der ostdeutsche Teil fand das, glaube ich, ziemlich gut.

Wie begegneten Ihnen die Leute in Ihrem Ministerium? Ihnen, dem Westdeutschen?

Erst mal neugierig. Außerdem wurde in der ersten Zeit jedes Wort eines erfahrenen Menschen aus dem Westen, auch wenn er jung war, aufgesogen. Unkritisch aufgesogen. Jedes Auto aus dem Westen erschien besser als eines aus dem Osten, auch wenn es ein verrosteter Opel war. Das hat mich total irritiert. Ich fand das ganz bitter, dass dieses stolze Volk, das eine friedliche Revolution gemacht hatte, sich von Mediokren, zum Teil Strolchen, zum Teil Losern, die sonst keine Karriere gemacht hatten, haben erzählen lassen, wie die Welt funktioniert. Und das auch noch gerne. Viele von solchen Leuten kamen plötzlich an und machten hier den großen Max. Sicher, es kamen auch sehr gute Leute. Aber gerade in der ersten Phase waren leider viele nicht so gute Leute dabei. Heute wird oft gesagt, dass irgendwelche Versicherungsbetrüger, die es auch gab, viele Ostdeutsche in Mecklenburg und Sachsen und Thüringen über den Tisch gezogen haben. Das stimmt. Aber die Menschen im Osten haben sich am Anfang auch gerne über den Tisch ziehen lassen. Das stimmt leider auch. Das ist dann allerdings 1994, 1995 umgeschlagen in eine übertriebene Abneigung gegen alles, was aus dem Westen kam, leider.

Ostdeutsche Minister und westdeutsche Staatssekretäre – da hätte man auf den Verdacht kommen können, dass da eine Truppe von Aufpassern aus dem Westen mit an Bord ist. Gab es solche Ressentiments?

Nein. Die gab es nicht. Das war eine sehr gute Zusammenarbeit. Auch die Koalition funktionierte ziemlich gut mit der FDP. Es gab ein paar Reibereien über dies und das. Wir hatten ja durchaus unsere Probleme auch in der CDU: Da gab es die Dauerkonflikte zwischen Gomolka und Krause. Dann gab es den Sturz Gomolkas inklusive der Intrigen in der Staatskanzlei und manches mehr. Das hatte aber nichts mit der Koalition zu tun und auch nichts mit einem Konflikt Ost gegen West. Interessant war Folgendes: Wenn über die Westdeutschen geredet, geschimpft oder gelobt wurde, dann hieß es über uns: »Na, ihr de Maizières seid anders. Ihr gehört nicht in diese Kategorie. Ihr seid ja hier. Ihr habt eure Kinder hier in der Schule.«

Ob sie das nur gesagt haben, weil wir gerade dabei waren, und ohne uns anders geredet haben, oder ob sie das wirklich so empfunden haben, weiß ich nicht genau. Aber die Tatsache, dass wir da wohnten und unsere Kinder in den Kindergarten, in die Schule schickten, hat zu unserer Akzeptanz viel beigetragen.

Wie haben Sie den Ministerpräsidenten Alfred Gomolka erlebt? Sie kannten ihn überhaupt nicht.

Das stimmt. Ein Staatssekretär im Kultusministerium hat nicht so viel mit dem Regierungschef zu tun. Aber ich habe Gomolka sehr geschätzt. Gomolka ist ein sehr kleiner Mann. Kleine Männer werden ja oft unterschätzt. Er ist sehr ruhig, Pfeifenraucher, Geograph aus Greifswald, Professor, gar nicht aufgedreht. Es gibt kleine Männer, die deswegen aufdrehen, wie zum Beispiel Lafontaine. Das machte Gomolka gar nicht. Er war ganz zurückhaltend, deswegen leicht zu unterschätzen, aber er war gut, eigen, selbstbewusst. Er war nur leider unfähig, Intrigen zu erkennen und dazwischenzuhauen. Das war sein Fehler. Trotzdem war er sehr wichtig für den Neuanfang, hatte einen guten Blick und hat interessante Sachen gesagt. Zum Beispiel: »Ein Mensch kann nicht mehr als sechs bis acht Stunden gut arbeiten. Alles, was mehr ist, ist wie ein Hamster im Rad, bringt nichts, wird total ineffektiv. Arbeiten Sie nicht so viel!« Er hat sich selber nur begrenzt daran gehalten, wir gar nicht. Aber ganz falsch ist der Punkt nicht. Man kann viel in Sitzungen herumsitzen, ohne viel zu leisten. Richtig wirkungsvoll ist man nur ein paar Stunden am Tag. Gomolka war sehr reflektiert, sehr europäisch, hat früh an die Ostsee-Hanse gedacht, für ihn lag da die Zukunft. Er war allerdings nicht sonderlich gut in der Führung einer Verwaltung. Und das war damals besonders wichtig. Heutzutage ist es beispielsweise in Nordrhein-Westfalen oder Baden-Württemberg so, dass es nicht viel, manchmal sogar überhaupt nichts ausmacht, wenn die Politik einige Zeit schlecht regiert oder eine Verwaltung einige Wochen oder Monate gar überhaupt nichts macht. Für das öffentliche Leben dort ist das irrelevant. Das funktioniert eine gewisse Dauer von selbst. Wenn keine Entscheidungen fallen, dann stellt sich das erst viele Jahre später heraus. Wenn das Kultusministerium vier Wochen zumachen würde in Baden-Württemberg, dann fände dort trotzdem zuverlässig Schule statt. Das war bei uns damals ganz anders. Wir mussten jeden Tag etwas tun, damit das öffentliche Leben funktioniert. Wir mussten dafür sorgen, dass ein Lehrer sein Gehalt kriegt. Das war nämlich in diesen Monaten gar nicht klar. Es gab kein Landesbesoldungsamt. In Baden-Württemberg wird schon irgendeiner in der Bürokratie den Lehrern das Gehalt anweisen, auch wenn der Kultusminister oder der Finanzminister nicht da wären. Bei uns stellte sich die Frage: Wie sorgen wir dafür, dass das passiert? Was passiert, wenn die das zwei Monate nicht bekommen? Und wie um Himmels willen kriegen wir es hin, dass sie es im dritten Monat aber auch wirklich bekommen, weil die sonst plötzlich aufgehört hätten zu unterrichten? Diese Basis-Infrastruktur für das Funktionieren öffentlichen Lebens aufzubauen, das war extrem spannend und extrem kräfteaufreibend. Wer das nicht gut gemacht hat, bekam sofort größte Schwierigkeiten. Deswegen war gutes Verwalten da so wichtig.

War das Regieren damals hemdsärmeliger als heute? Mehr Improvisation als Politik?

Wir waren klein. Das Kultusministerium in Schwerin hat mit 100 Leuten – also mit dem Aufbaustab plus 70 Leuten – angefangen, ganz flache Hierarchien. Wir hatten wenige Kopierer, und wenn etwas zu kopieren war, ist der Staatssekretär an den Kopierer gegangen und hat das kopiert. Ich meine, das mache ich zwar heute auch noch mal als Minister. Da bricht mir kein Zacken aus der Krone, aber das gehörte damals dazu. Ich bin auch mal selber gefahren, wenn der Fahrer müde war. Es gab keine Schichtfahrer und Wechsel oder Lenk- und Ruhezeiten. Der Aufbruch, die gemeinsame Aufgabe, hat einfach dafür gesorgt, dass keine Stechuhrmentalität aufkam. Und sehr wenig Hierarchie. Das war eine tolle Zeit.

War das die schönste Zeit für Sie?

Wenn man die Jahre 1990 und 1991 zusammennimmt: ja. Das waren die anstrengendsten, aber sicher auch die erfüllendsten Jahre. Schön? Vielleicht nicht. Wenn Sie hunderte, tausende von Stasi-Akten lesen und hunderte von Gesprächen führen müssen mit Leuten, deren Geschichte Fragezeichen aufwirft. Das meiste hat zwar eine Prüfkommission gemacht. Aber in Zweifelsfällen, in Streitfällen musste auch ich die Akten lesen, gerade bei Fällen aus unserem eigenen Ministerium. Dass jemand im Westen groß geworden war und dann die vertracktesten Geschichten lesen und dann entscheiden musste, das war schon schwierig. Viele Erpressungsgeschichten waren das, die jedenfalls im Nachhinein so dargestellt wurden und vielleicht auch so waren. So hieß es manchmal: Nicht nur, damit ich Medizin studieren konnte, habe ich eine Verpflichtungserklärung unterschrieben, sondern auch, weil die Krankheit meiner Mutter sonst nicht wirklich behandelt worden wäre. Und so weiter. Brutale Geschichten. Dann kam die Frage von uns: »Warum haben Sie das denn nicht gesagt?« Antwort: »Ich hatte das verdrängt, und wenn ich das jetzt in den Bogen geschrieben hätte, dann wäre ich nicht übernommen worden.« Was wahrscheinlich richtig ist, weil es eben auch viele andere gab, bei denen so etwas nicht vorlag. Was macht man nun, wenn einer schreibt: Ich habe bei der Stasi eine Verpflichtungserklärung unterschrieben, aber ich sage euch: Ich bin erpresst worden. In solchen Fällen hat die Überprüfungskommission wahrscheinlich gesagt: Den legen wir jetzt mal auf die Seite. Das behaupten viele, dass sie erpresst wurden. Das alles war hart. Niemand wollte einen überflüssigen DDR-Lehrer haben – nicht im Osten, nicht im Westen. Also standen wir oft vor der Frage: Was wird aus diesen Menschen? Das war schwer. Aber die Arbeit insgesamt war erfüllend.

Sind Sie heute mehr ein ostdeutscher oder westdeutscher Politiker?

Ein ostdeutscher. Das ist schon so. Ich muss aber hinzufügen: Für meine Generation akzeptiere ich diese Begriffe noch, für die Jüngeren nicht mehr. Die sind nicht mehr ost- oder westdeutsch. Ich war von 1983 bis 1989 in Westberlin politisch tätig, was nun auch nicht Husum oder Aachen ist. Das sind sechseinhalb, fast sieben Jahre gewesen. Danach habe ich, wenn man die Wende dazunimmt, bis zum Wechsel ins Kanzleramt 2005 gut fünfzehn Jahre in den ostdeutschen Bundesländern gearbeitet. Für mich ist das ganz klar meine Prägung.

Sie haben schon früh in Schwerin nicht nur Aufbau, sondern auch Intrigen erlebt. Gegen den Ministerpräsidenten und gegen den eigenen Minister. Hat Sie das nie abgeschreckt vor dem politischen Geschäft?

So gut Gomolka auf seine Weise war, so sehr hat er am Ende auch Anlässe für Kritik geliefert. Bis heute ist mir Ursache und Wirkung in seinem Fall aber nicht so ganz klar. Für mich war am

Anfang das Verhältnis zu meinem Minister viel schwieriger. Oswald Wutzke war zwar herzensgut, aber in gewisser Weise kam er in dem Amt auch an die Grenzen seiner Kompetenz. Und er vertraute auf die falschen Leute: Auf einen Schulabteilungsleiter, dem ich nicht traute. Auf einen Hochschulabteilungsleiter, der mit einem falschen Professorentitel nach einiger Zeit das Ministerium still und heimlich wieder verlassen musste; auf einen persönlichen Referenten, der nachher Probleme mit dem Ausfüllen von Dienstreiseanträgen hatte – um es mal vorsichtig zu sagen. Wutzke war zu gutwillig und setzte auf Leute, die alles ausnutzten und ihm gut zuredeten. Ich setzte auf Qualität und wollte gute Leute. Trotzdem wollte ich loyal sein und blieb es auch, obwohl oft Leute zu mir kamen, klagten, sich beschwerten. Ich glaube, im Haus hat man gemerkt, dass das nicht einfach war und immer schwerer wurde. Und dann trat er zurück. Trotzdem: Wutzke hatte große Verdienste in der pommerschen Kirche, weil er diese sehr linientreue Kirche damals kräftig aufgemischt und aufgebrochen hat und Misstrauensanträge gegen die Leitung gestellt hat. Er war ein ganz gerader Charakter. Aber es gab dann auch Probleme zwischen ihm und der bildungspolitischen Sprecherin im Landtag. Das war schwierig. Dann trat er aus einem Grund zurück, der kein wirklicher Rücktrittsgrund gewesen ist. Irgendwie sagten trotzdem alle: »Es ist jetzt gut.« Die Zeit davor war für mich sehr schwierig, weil damals massive Illoyalitäten an mir vorbei zwischen vier, fünf Leuten im Haus zu ihm liefen, die ich dann unterbinden musste. Auch das ist eine Schulung fürs Leben gewesen.

Was haben Sie daraus gelernt?

Ich war in dieser ersten Zeit sehr jung und zu weich. Der Kampf gegen die Intrigen dieser Leute hat mich wahnsinnige Kräfte gekostet. Ich hätte mit meiner Erfahrung von heute wohl schnell und härter und entschiedener gehandelt. Ich kann mit Intrigen schlecht umgehen. Wenn ich die dann aber erkenne, dann muss ich hart dazwischengehen und die Leute hinaussetzen.

Verletzt Sie das persönlich?

Ja, das tut es. Weil ich sehr auf Loyalität setze und sie auch umgekehrt biete. Ich führe gerne mit Vertrauen, nicht mit Misstrauen. Das geht aber nur, wenn die Mitarbeiter loyal sind. Und das war da nicht der Fall. Doch statt durchzugreifen, habe ich laviert und jongliert und wusste nicht, wie mein Chef reagieren würde. Ich fand die große Aufgabe wichtiger als den Kleinkrieg. Das hat mich richtig Nerven gekostet und Kraft. Heute würde ich das nicht mehr machen. Ich würde es entweder lassen oder so dazwischenhauen, dass meine Botschaft glasklar ist. Ich muss mir immer ein Nest bauen, ein Basislager, auf das ich mich verlassen kann. Das habe ich da gelernt.

Wann wollten Sie nicht mehr der oberste Beamte und Dienstleistende sein, sondern selbst der Chef? Minister zum Beispiel?

Dafür gibt es keinen speziellen Moment, es hat sich fließend entwickelt. Beamtenmäßig gesprochen ist es der Moment, wenn man mit »Grün« schreibt. Chefs schreiben – das ist ein Ergebnis preußischer Verwaltungskultur – mit Grün. Als Staatssekretär, dann als Chef der Staatskanzlei in Schwerin, ja, sogar als Chef der Staatskanzlei in Sachsen im Ministerrang schrieb ich mit Rot. Der Vertreter schreibt nämlich immer mit Rot. Sogar als Chef des Bundeskanzleramtes im Ministerrang habe ich mit Rot geschrieben. Für mich kam dieser Moment, als ich im Herbst 2009 Bundesinnenminister wurde. Da war ich Chef, und das ist schön. Allerdings schadet es nichts, wenn man ziemlich lange mit Rot schreibt. Das ist im Leben eine gute Lehre. Und Politiker? Auch das verlief fließend. Ich glaube, ich habe angefangen, mich als Politiker zu fühlen, als ich Chef der Staatskanzlei in Schwerin wurde. In meinem inneren Verständnis war ich aber noch immer eher Spitzenbeamter, auch wenn ich von da an stärker politisch denken musste und wahrgenommen wurde. Erst als Kurt Biedenkopf mich in Sachsen zum Minister machte, habe ich gedacht: »So, jetzt bin ich Politiker.« Ziemlich spät, im Herbst 1999.

Als Sie 1994 Staatskanzleichef von Berndt Seite wurden, mussten Sie sofort eine große Koalition koordinieren. Wie war das? Ein bisschen nach »Ach Du liebe Güte, jetzt also das ...«?

Ja, schon so. Das war eine Notlösung. Man muss dazu wissen, dass der SPD-Mann Harald Ringstorff sich schon 1990 in der Volkskammer – der demokratischen Volkskammer – darauf vorbereitet hatte, Ministerpräsident zu werden. Er führte schon damals das große Wort im Rahmen der vorbereitenden Länderberatungen. Nach dem Motto: »Wir aus Mecklenburg-Vorpommern«. Dann wurde er 1990 aber nicht einmal Spitzenkandidat. Das war die erste Demütigung für ihn. Statt seiner kam ein Justizminister aus Schleswig-Holstein, der schlecht abschnitt, fast noch am Wahlabend wieder seine Koffer packte und nach Schleswig-Holstein zurückging. Dann wähnte sich Ringstorff wieder als Ministerpräsident, doch stattdessen wurde der CDU-Mann Gomolka mit einer Stimme Mehrheit gewählt – der Stimme eines Abgeordneten, der als SPD-Direktkandidat in den Landtag gekommen war, dann aber zur CDU wechselte. 1994 schnitt Ringstorff zwar besser ab, doch die SPD wurde nicht stärkste Partei. Um sein Ziel trotzdem zu erreichen, wollte er dann in einem historischen Akt mit der PDS eine Koalition machen. Und was passiert? Der damalige SPD-Vormann im Bund, Rudolf Scharping, verbietet ihm das, und zwar am Telefon! Weil Scharping als Kanzlerkandidat im Bund um seine Wahlchancen fürchtete. Scharping rief Ringstorff an und erklärte sofort nach dem Telefonat öffentlich, es werde keine Koalition mit der PDS geben. Damit war Ringstorff zum dritten, vierten Mal innerhalb von vier Jahren gedemütigt worden. Von den allgemeinen Umständen, von der eigenen Partei, von der CDU. Und nicht genug: Jetzt sollte und musste er als Juniorpartner auch noch in eine große Koalition – unter einem Ministerpräsidenten Seite, dem er sich überlegen fühlte. Entsprechend schlecht waren die Bedingungen für die Koalition. Ringstorffs Geschichte erklärt auch, warum er selbst bald wieder raus ist aus der Regierung. Nicht die SPD, aber er als Person. Damit konnte er mehr Distanz wahren. Das war aus persönlichen Gründen nachvollziehbar und insgesamt für das professionelle Arbeiten in der

Regierung sogar hilfreich. Naja, und dann gab es auch noch Eckhart Rehberg, den CDU-Fraktionsvorsitzenden. Wir haben uns inzwischen längst ausgesöhnt. Aber damals hat er uns das Leben schwer gemacht. Er hielt sich auch für den Besten, und so kämpften da drei miteinander, die sich nicht ausstehen konnten: Rehberg, Ringstorff und Seite. Drei Alphatiere. Da diese Mecklenburger sehr stur sein können, war das heftig für mich als Chef der Staatskanzlei. Ich musste viel in der Sache arbeiten, aber ich habe mich immer auch als Mediator und Löwenbändiger gefühlt – ganz schwierig zwischen diesen Dreien.

Wie macht man das? Geht man mit jedem abwechselnd essen?

Auch das. Und immer freundlich bleiben. In solchen Fällen – das habe ich damals gelernt – hilft es sehr, wenn man, je persönlicher und je schwieriger eine Situation ist, umso sachlicher vorgeht. Die einzige Chance, einen Kompromiss zu finden, ist es, wegzukommen von der persönlichen Ebene und auf die Sachebene zu gehen. Einen Vorschlag zu machen oder etwas ins Gespräch zu bringen, was bisher nicht diskutiert worden ist. Etwas ins Gespräch zu bringen, durch das niemand das Gesicht verliert. Je persönlicher eine Debatte schon geworden ist, umso eher treten Gesichtswahrungsargumente auf, und dann ist es aussichtslos zu sagen: »Du verzichtest hier ein bisschen, und ich verzichte dort ein bisschen, und fertig ist der Kompromiss.« Das funktioniert dann nicht mehr. Man muss auf die Sachebene, und da das vielleicht eine Stärke von mir ist, hatte ich einen Vorteil, jedenfalls eine wichtige Voraussetzung. Ich habe mir damals den Ruf erarbeitet: »Die Vorschläge, die de Maizière macht, da geht's um den Sachverhalt, nicht um Eitelkeiten. Dann wird der Sachverhalt zumindest korrekt vorgetragen.« Wenn die anderen vortrugen, war die Gefahr groß, dass der Sachverhalt so einseitig vorgetragen wurde, dass die anderen schon mal alle explodiert sind. Dann gab es ein »So geht's ja gar nicht!« oder ein »Ich hab' das aber anders gehört!« Ich habe mir natürlich sehr viel Mühe gegeben, fair vorzutragen, aber natürlich auch mit dem Ziel, dass ein bestimmter Eindruck vom Sachverhalt entsteht. Nur: Meine Version war nie eine Version von einem der Alphatiere um mich herum. Ansonsten wäre alles schwierig geworden. Außerdem darf man sich in einer Koalition als Mittler auf keinen Fall bei einem der drei über den anderen beschweren! Das ist ganz wichtig. Es spricht sich doch alles herum. Deshalb gilt die Regel: Kein schlechtes Wort über den jeweils anderen sagen, nur denken und allenfalls mit der Ehefrau besprechen. Aber nie im politischen Raum. So ging das. Es ging ja am Ende sogar vier Jahre.

Ein Schulfreund von Ihnen hat gesagt, eigentlich seien Sie wie geschaffen für eine Große Koalition – durch die Prägung von zuhause.

Eigentlich gehören wir, Union und SPD, nicht zusammen. Wir liegen doch in vielem weit auseinander. Aber weil wir immer fast gleich groß sind, jedenfalls vom Anspruch her, sind die Kompromisse leichter als mit kleineren Parteien. Obwohl die SPD immer irgendwie selbst zerstritten ist, habe ich sie, wenn sie in der Regierung ist, stets mit klaren Führungsstrukturen erlebt. Was oft auf Kosten der Partei geht, aber fürs Regieren ein riesiger Vorteil ist. Die Partei geht womöglich vor die Hunde, aber die Regierung wird straff geführt. Ringstorff führte straff, Müntefering führte straff, Steinmeier führte straff – was natürlich für die Arbeit in der Koalition ein großer Nutzen ist, während das bei kleineren Parteien ganz anders aussieht. An sich sollte man denken, kleinere Parteien seien straffer geführt. Aber so, wie ich das bislang erlebt habe, ist das Gegenteil der Fall. Kleine Parteien sind disparater, haben unterschiedlichere Interessen. Da sind Einzelpersonen wichtiger und Kompromisse schwieriger zu finden. Wenn Sie einen Kompromiss machen, der irgendwo in der Mitte liegt, ist das bei zwei quasi gleich großen Parteien leichter als zwischen zwei sehr unterschiedlich großen Partnern. Dann sagt der größere andauernd: »Warum soll ich dem so viel nachgeben? Der ist doch so klein!« Und der kleinere sagt: »Der behandelt mich so schlecht, weil der viel größer ist. Ich darf mich nicht bevormunden lassen!« Das ist im Übrigen auch ein Problem der schwarz-gelben Koalition heute. Ich frage mich, was dabei an Personen liegt. Inzwischen glaube ich, dass es ein Stück weit auch ein Strukturproblem ist. Bei Groß und Groß geht eben manches besser als bei Groß und Klein. Das ist nach meiner Erfahrung strukturell, nicht inhaltlich die leichtere Grundsituation in großen Koalitionen. In Schwerin war es trotzdem besonders schwierig, wegen der Personen.

Sie sind kein besonders profilierter CDU-Politiker. Hilft das in solchen Konstellationen?

Vielleicht. Außerdem war ich – das muss ich zugeben – ganz wenig Opposition in meinem Leben. In der Opposition ist es immer schön und wichtig, wenn man der Partei nahe ist. Eine Regierung – jetzt kommt ein ganz altmodisches Argument – dient nicht dazu, dass es der Partei gutgeht, sondern eine Regierung dient dazu, das Land gut zu regieren. Das macht man natürlich mit der Prägung der Partei, der man angehört. Aber Regierung und Partei darf nicht das Gleiche sein. Es kommt Folgendes hinzu, und, wenn man lange regiert, prägt das natürlich auch: Nachdem ich über viele Jahre Chef von zwei Staatskanzleien und dann Chef des Kanzleramts war, also zehn, zwölf Jahre Koalitionen koordiniert habe, stelle ich fest, dass sechzig, siebzig Prozent der Konflikte, die als Konflikte zwischen Koalitionspartnern, zwischen Parteien dargestellt werden, in Wahrheit Konflikte sind, die zwischen den Ressorts und bestimmen Politikfeldern ausgetragen werden. Das bedeutet: In einer anderen parteipolitischen Konstellation würden die gleichen Konflikte mit vertauschten Rollen wieder auftauchen. Ob zwischen Umwelt und Wirtschaft, zwischen Innern und Justiz – und zwischen Finanzen und allen anderen Ressorts. Parteipolitisch haben wir viele Scheingefechte, die in Wahrheit ganz normale Sach- und Interessenkonflikte sind, abhängig von der jeweiligen Rolle.

Gab es in Schwerin einen Moment, an dem die Große Koalition hätte platzen können?

Und ob! Als Folge der Werftenkrise. Wir waren uns zwar einig gewesen in der Empörung über das Verhalten des Bremer Vulkan-Chefs. Wir waren uns einig im Zorn über die mangelnde Kontrolle durch die Treuhand. Und wir waren uns einig, die Werften zu retten. Aber wir waren uns uneinig über die Frage, ob neben denen in Berlin und in Bremen auch Vertreter unserer Koalition Schuld hatten am Desaster. Dann verlangte die SPD den Rücktritt der CDU-Finanzministerin, weil diese angeblich die Katastrophe früher hätte bemerken müssen. Das war hochgefährlich, weil Harald Ringstorff als SPD-Landeschef eigentlich nur einen Vorwand suchte, um doch mit der PDS koalieren und auf diese Weise noch Regierungschef werden zu können. Damals habe ich gelernt, dass Personalfragen Grundsatzfragen sind. Wir haben gesagt: Egal, was ist: Jede Partei bestimmt ihr Personal selbst. Und die SPD hat gesagt: Kann sein, dass der Grundsatz normalerweise gilt. In diesem Fall gilt er nicht. Das war enorm schwer für uns. Wir wollten hart bleiben. Aber wir fürchteten, dass die SPD mit der PDS koalieren würde. Wir waren in einer Situation, in der wir nicht mehr weiterwussten. Die SPD spürte, dass wir im Zweifel an der Regierung festhalten würden. Wir waren also erpressbar. Wir haben die Backen aufgeblasen, haben erklärt, dass sie das mit uns nicht machen könnten. Aber in Wahrheit hatten wir Angst, dass die Koalition platzt. In dieser Phase kam Angela Merkel. Sie war damals Bundesministerin, aber auch CDU-Landesvorsitzende. Und während Rehberg von der SPD die große Entschuldigung forderte und unerbittlich an der CDU-Finanzministerin festhalten wollte, hat Merkel einen berühmten Satz gesagt: »Wer auf den Baum raufklettert, dem muss man helfen, langsam herunterzukommen. Wenn man von dem verlangt: Spring runter von dem hohen Baum, dann kommt er nicht.« Also brauchten wir Zeit und einen Weg, wie wir als Koalition wieder herunterkommen. Wie wir das Tempo herausnehmen. Wie wir Gespräch über Gespräch führen, bei denen jeder ausreden darf. Damit die Luft weichen konnte. Das Ganze ging für uns dann noch ganz gut aus. Unsere Ministerin gab zwar das Finanzressort auf, blieb aber im Kabinett und bekam ein anderes Ministerium. Und Ringstorff, der immer schwieriger geworden war, verließ das Kabinett. Damit saß eines der Alphatiere, das die Koalition zuletzt viel gestört hatte, nicht mehr am Kabinettstisch. Die SPD gab das als Stärke und Sieg aus. Uns hat es aber auch gefallen. Merkel riet uns: Lasst die so reden, haltet das aus. Wenn wir jetzt sagen, wir haben eigentlich die anderen besiegt, klingt das gut, und unsere Leute freuen sich vielleicht drei Tage. Vielleicht haben wir für kurze Zeit sogar eine gute Presse. Aber nach drei Monaten wechseln die den Koalitionspartner – und wir haben keine Freude mehr. Das war gut und weitsichtig. Ich war damals der kleine Chef der Staatskanzlei, und sie war Bundesministerin und Landesvorsitzende. Und in dieser Rolle hat sie den Raum betreten und das Blatt gewendet. Da habe ich gelernt, was Bund ist, was Land ist, und dass wir ziemlich viel Provinz waren.

Wie sehr hat Sie das geprägt für den Umgang mit der SPD?

Ich habe in der Zeit viel gelernt. Das Bild mit dem Baum ist gut, und auch die Überzeugung, dass man den Gegner, der in der Situation auch Partner ist, nicht demütigt. Dass man an den Tag danach denkt; dass man Verhandlungsergebnisse und vor allem den eigenen Erfolg dabei eher untertreibt. Vor Wahlen kann das anders sein, aber weil man sich wie in Koalitionen mehrfach im Leben sieht, ist eines klar: Je höher man die eigenen Erfolge preist, umso größer ist der Preis in der nächsten Verhandlung. Das ist ganz klar.

Das ist aus Regierungssicht logisch, für die eigene Partei aber kaum zu ertragen.

Schrecklich, ich weiß! Deswegen galt ich sicher auch in der Großen Koalition vielen als Weichei gegenüber der SPD. Aber ich bin mir sicher, dass das nur so geht. Also muss ich die Kritik ertragen. Ich bin der tiefen Überzeugung, dass eine gute Regierungsarbeit für jede Regierungspartei in einer Koalition sowieso der beste Wahlschlager ist. Irgendein Profil zu zeigen, ist nicht entscheidend. Entscheidend ist es, gute Arbeit zu machen. Dabei ist auch klar, dass gute Arbeit immer eher der Partei mit dem Regierungschef zugutekommt als dem kleinen Partner.

Heißt das, dass Sie als kleiner Partner nicht in eine Große Koalition gehen würden? Ihrer Partei davon abraten würden?

Ich würde nur ganz ganz ungerne als Kleinerer in eine Große Koalition gehen. Aus diesem Grund. Ja, man würde zwar regieren, aber das wäre für die CDU in der Rolle des Kleineren vielleicht noch schwieriger als für die SPD. Die SPD ist 2009 aus der Großen Koalition klein rausgekommen. Sie ist 1969 bei der ersten Großen Koalition mit Willy Brandt aber groß herausgekommen. Daraus ergibt sich für mich auch, dass man als Größerer immer klug sein muss gegenüber dem Kleineren. Klar ist, dass man natürlich so gut und so hart wie möglich verhandelt. Aber man muss das Ergebnis nicht großspurig verkünden. Man kann bescheiden bleiben. Weil das langfristig besser wirkt.

Es gab in Ihren Jahren in Mecklenburg-Vorpommern noch ein Ereignis, das weit über die Landesgrenzen für viel Aufregung gesorgt hat. Die Unruhen und schweren Ausschreitungen gegen Ausländer in Rostock-Lichtenhagen 1992. Wie sehr hat Sie das beschäftigt?

Sehr. Es hat mich zunächst vor allem verstört, weil ich das überhaupt nicht erwartet hatte. Ich hatte mir nicht vorstellen können, dass so etwas passieren könnte. Inzwischen weiß ich aus meiner sächsischen Zeit, dass es natürlich auch in der DDR Rechtsextremismus gab. Dass der verdeckt worden war. Dass Ausländer aus befreundeten Staaten schlecht behandelt worden waren als Werksarbeiter. Das habe ich erst allmählich gelernt. Damals in Rostock war ich über das Ausmaß total entsetzt. Gut, es war kein Thema für das Kultusministerium, es schien ein Thema des Innenministers. Das ist im Rückblick sicher ein Fehler gewesen, weil man mindestens hinterher hätte sagen müssen: »Jetzt müssen wir auch über Bildung reden.« Aber damals ist es ein städtebauliches und ein innenpolitisches Thema gewesen. Wir haben als Zuschauer verfolgt, was da passiert ist. Ob man das in den Griff bekommt, wie schlimm es ist, ob es wirklich Rechtsextremismus ist und was an städtebaulicher Entwicklung zu solchen Gefahren geführt hat. Aber unabhängig von unserer damaligen Rolle – die Auswirkungen für das Ansehen der Politik und des Landes waren natürlich dramatisch.

Hat Sie das persönlich beschämt? Es gibt im kollektiven Gedächtnis der Republik wenig Themen, die so heikel sind, weil sie die nationalsozialistische Zeit berühren.

Die Ereignisse in Rostock-Lichtenhagen haben mich beschämt, wirklich total beschämt. Aber es kommt noch etwas hinzu. Wir in

Schwerin und in Mecklenburg hatten damals alle die Tendenz, das Problem dadurch klein zu halten, dass wir es kleinredeten. Und schon gar nicht wollten wir von Nachrichtensendern aus Japan oder auch aus den westdeutschen Ländern erklärt kriegen, wie die Wirklichkeit in Rostock oder in den ostdeutschen Ländern tatsächlich ist. Wenn dann Scharen von Journalisten ausschwärmen und ein, zwei Hakenkreuze hundertmal abfilmen und diese so in der ganzen Welt auf den Bildschirmen erscheinen, als sei das ganze Land voller Hakenkreuze, entsteht eine Gegenreaktion bei der Bevölkerung und bei den politisch Verantwortlichen. Die lautete damals: »Es ist nicht so schlimm, es wird nur hochgepuscht, und ihr macht es erst zum Thema, indem ihr es medial so hochzieht.« Damit haben wir uns die Welt etliche Jahre kleingeredet. Eigentlich haben wir uns das auf diese Weise kleingeredet, bis die NPD plötzlich in den Landtagen saß.

Hat das die Regierung strategisch so entschieden?

Nein, das war keine strategische Entscheidung. Es ist einfach so gewachsen, ein bisschen auch aus Trotz. Wir haben uns die Welt schöner gemacht, als sie war, und unter dem Schutz dieser Unterschätzung sind die NPD und der Rechtsradikalismus immer größer geworden. Allerdings bleibe ich dabei: Es hat der Sache auch nicht gedient, als sehr holzschnittartig gesagt wurde: »Wenn so etwas in Rostock-Lichtenhagen passiert, dann wird es in jedem Plattenbau in den ostdeutschen Ländern gefährlich.« Und dann kam auch noch der westdeutsche Kriminologe Christian Pfeiffer mit seiner Töpfchen-Theorie. Pfeiffer erklärte, dass die externe Betreuung von Kindern in der DDR, gerade auch der Kinder im ersten Lebensjahr, mit einem Zwangsweise-auf-das-Töpfchen-Setzen zu einer erhöhten Gewaltbereitschaft von Jugendlichen geführt habe. Das hat die Menschen in den ostdeutschen Ländern total empört, die Erzieherinnen und Eltern aus der DDR. Nach dem Motto: Jetzt erklären die uns, was hier unsere Wirklichkeit ist. Und das steht uns bis oben. Diese Belehrungen aus dem Westen waren in dieser Situation sicher alles andere als hilfreich.

Wie gefährlich ist der Rechtsextremismus heute für unsere Demokratie? Ist die NPD etwas, das wir aushalten müssen?

Nein. Mit der NPD muss man es nicht aushalten, mit der NPD muss unsere Gesellschaft nicht leben. Die muss man hart bekämpfen, auch als Partei. Ich bin allerdings eher gegen einen Verbotsantrag, zumal das Risiko, dass es nicht klappt, nach wie vor sehr groß ist. Aber man darf nicht sagen: Naja, andere Länder haben ja auch einen Le Pen, also haben wir jetzt halt die NPD. Das geht nicht, wir müssen alles tun, damit die wieder verschwinden. Das muss glasklar sein. Ich habe allerdings mehr Sorgen vor so einer populistischen Wilders-Partei nach holländischem Vorbild. So eine Mischung aus Jörg Haider und Wilders. Das ist eher meine Sorge. Denn das Potenzial dafür ist da. Außerdem halte ich eine Parteineugründung nicht für so schwierig. Es gibt einige Prominente, die bräuchten keinen großen Apparat, um bekannt zu werden. Die haben längst eine Medienpräsenz und hätten die Werbung mit Hilfe einer Partei gar nicht so sehr nötig. Es gibt auch über die NPD hinaus ein rechtsextremes Gedankengut. Damit werden wir in einem gewissen Maße leben müssen. Das gibt es in jeder Gesellschaft. Bei uns gibt es das bislang wahrscheinlich unterdurchschnittlich, wegen der bei uns zu Recht bestehenden Tabuisierung des Themas. Aber sich damit abzufinden, halte ich für grundfalsch. »Containment«, also Eindämmung, muss sein. So viel eindämmen wie möglich, immer wieder, und das lieber geschickt als mit dem Holzhammer. Gerade unter den Modernisierungsverlierern sind viele für Rechtsextreme ansprechbar. Zu glauben, wir könnten das ganz rauskriegen aus unserer Gesellschaft, halte ich allerdings für eine Illusion.

Was heißt in diesem Zusammenhang geschickt? Wie muss man mit so genannten national befreiten Zonen umgehen?

National befreite Zonen kann es überhaupt nicht geben. Es darf grundsätzlich keine Gegend geben, wo die Polizei nicht reinkann. Oder wo man nicht herumlaufen kann. Auch in der Großstadt darf es das nicht geben. Das müssen wir auf jeden Fall hinkriegen. Da mag es immer mal einen U-Bahn-Tunnel geben, wo es vor

Urin nur so stinkt und sich unangenehme Leute versammeln, dass dann eine Frau da nicht durchgehen möchte. Aber selbst das darf es eigentlich nicht geben. Da ist deutliche Härte geboten, wie auch immer man das macht. Ob mit mehr Polizisten und mehr Geld für städtebauliche Änderungen. Gute Jugendarbeit muss hinzukommen. Das ist oft keine Geldfrage. Es gibt so viele Jugendclubs, es gibt in den ostdeutschen und westdeutschen Ländern oft gar nicht mehr so viele Jugendliche für die vielen Jugendclubs. Und so mancher Jugendclub, der mit öffentlichem Geld finanziert wurde, ist gerade ein Ort für Rechtsextreme geworden. Hier kommt es auf intelligente Arbeit an. Viele Jugendliche gehen heute gar nicht mehr in den Jugendclub. Die stehen eben lieber an der Bushaltestelle oder sind im Internet. Dann beklagen sich manche, die NPD würde Kinderfeste mit Hüpfburgen machen – und sagen, wir sollen das verbieten. Oder sie klagen, die NPD mache Hartz-IV-Beratung – und wir sollten auch das verbieten. Da sage ich: Nein! Wir müssen halt ein besseres Kinderfest veranstalten. Wir müssen eine bessere Beratung machen. Auch für die Hartz-IV-Empfänger. Das ist, wenn man so will, das eigentliche Feld der Auseinandersetzung. Nicht verbieten, sondern etwas anderes, etwas Besseres machen. Das heißt, auch gute Sachen im Internet anzubieten. Und wenn die Rechten Abenteuergeschichten machen mit Zeltlagern, Anstrengung, Abenteuer, Sport, dann müssen wir die Pfadfinder im besten Sinne auf neue Art beleben und unterstützen. All das meine ich mit geschickt.

Aber das kostet natürlich auch Geld.

Ja. Das stimmt. Aber nicht so viel.

Und was kann die Politik selbst tun?

Da gibt es etwas, das habe ich als Chef des Kanzleramtes mit den sozialen Wohlfahrtsverbänden besprochen. Wir haben auch Tagungen dazu gemacht. Wir kümmern uns liebevoll um Drogensüchtige und Alkoholkranke, um autistische Kinder, um Kinder mit ADHS-Syndrom. Wir tun das mit viel Verständnis, und gerade die Sozialverbände machen das vorbildlich. Aber mit rechtsextremen Jugendlichen oder solchen, die gefährdet sind, machen wir es nicht. Wir machen ganz viel, damit sie nicht erst auf die schiefe Bahn geraten – und wir stigmatisieren ganz früh alle, die schon auf der schiefen Bahn sind. Wer auf der schiefen Bahn ist mit Drogen oder mit Alkohol, bei dem sagen wir: »Um dich kümmern wir uns!« Aber wer auf der schiefen Bahn ist beim Rechtsextremismus, den schreiben wir schon ab. Das treibt diese Jugendlichen noch viel stärker dorthin. Wir müssen also viel mehr intelligente Angebote machen, mit den »Schmuddelkindern« arbeiten, um ein Lied von Franz Josef Degenhardt zu zitieren. Ich weiß von meiner sächsischen Landeskirche, dass es für solche Programme sogar Geld gibt, aber zu wenige wollen das machen. Wenn einer im Freundeskreis sagt: »Was machst du?«, und der antwortet: »Ich bin Sozialarbeiter, ich arbeite mit Drogenabhängigen«, dann bekommt er die Antwort: »Das ist aber eine tolle Arbeit, sicher sehr schwer.« Wenn stattdessen einer antwortet: »Ich bin Sozialarbeiter, ich arbeite mit rechtsextremen Jugendlichen«, dann wird er betretenes Schweigen ernten. Und noch was kommt dazu. Es ist technisch für einen Lehrer relativ leicht, im Unterricht Auschwitzfilme zu zeigen. Es ist aber gar nicht so einfach, wirklich die ganze Geschichte, die zum Schreckensregime der Nazis und zur Judenverfolgung führte, jugendgerecht zu erzählen. Wie kam Hitler an die Macht? Wie hat er nach und nach alle Gegner ausgeschaltet? Warum haben so viele Menschen mitgemacht? Wie fing die Judenverfolgung im Kleinen an und endete in der Shoah? Dazu braucht es mehr als einige Filme. Die meisten haben die Auschwitz-Filme gesehen und sich davon leider gar nicht mehr so beeinflussen lassen. Viele sagen oder denken auch: »Ja, Auschwitz wollen wir natürlich nicht, trotzdem möchten wir nicht, dass Juden so stark sind in unserem Land.« Und sie sagen: »Warum müssen wir uns immer wieder damit beschäftigen? Ja, wir haben darüber viel gehört, wir finden das nicht schön, aber wieso habe ich da eine Haftung? Was hat das mit mir zu tun?« Darauf brauchen wir bessere, ausführlichere Antworten. Sicher, wir machen Aussteigerprogramme, mühen uns da sehr, aber wir arbeiten zu wenig mit den abrutschenden Jugendlichen. Das ist mein zentraler Punkt, und ich glaube nicht, dass das zuallererst eine Geldfrage ist, sondern eine Konzeptfrage.

Die Geschichte des Nationalsozialistischen Untergrunds, der NSU, also jener rechtsextremen Bande, die über Jahre in Deutschland morden konnte, ohne entdeckt zu werden – stellt das für Sie das System der V-Leute aus der rechtsextremen Szene nicht vollkommen in Frage? Es gab so viele V-Leute – und der Verfassungsschutz hat vermeintlich nichts gewusst und womöglich einiges gar vertuscht.

Nein, das sehe ich nicht so. Dass wir die NSU nicht entdeckt haben, desavouiert für mich nicht das Arbeiten mit V-Leuten. Ich war ja auch Innenminister in Sachsen zu einer Zeit, in der die, wie wir heute wissen, zwar aufgehört hatten, zu morden. Ich habe mich später schon sehr gefragt, ob ich, ob wir irgendetwas übersehen haben. Ob da was gewesen sein könnte, was früher zur Aufdeckung geführt hätte. Ich glaube das zwar nicht, aber dass wir das nicht hingekriegt haben, empfinde ich als empörend und beschämend. Mir hat das Respekt abgenötigt, dass Otto Schily, der sich sonst lieber die Zunge abbeißt, als sich zu entschuldigen, es in dieser Frage getan hat. Er, der ursprünglich selbst öffentlich erklärt hat, dass es keinen rechtsextremen Hintergrund gebe.

Heißt das, die Behörden haben nichts falsch gemacht?

Doch. Die Ursachen dafür, dass wir die NSU-Mörder nicht entdeckt haben, liegen ganz wesentlich in der mangelnden Zusammenarbeit zwischen Polizei und Verfassungsschutz. Die Polizeien von Bund und Ländern sind eigentlich ziemlich gut, sie arbeiten in der Regel auch gut zusammen. Aber hier hat die weitere Kooperation mit den Verfassungsschutzämtern versagt. Das Bundeskriminalamt arbeitet im Großen und Ganzen sehr gut. Aber die Qualität mancher Verfassungsschutzämter und die Zusammenarbeit der Verfassungsschutzämter von Bund und Ländern ist schlecht. Gerade der Verfassungsschutz wird außerdem sehr ideologisch gehandhabt. Je nachdem, wer gerade regiert, werden die Budgets hoch- und runtergefahren. Wenn man den Untersuchungsbericht des früheren Bundesrichters Gerhard Schäfer liest, dann stellen sich einem die Nackenhaare auf. Da muss dringend etwas geschehen. Schäfer hat vorgeschlagen, die Landesämter aufzulösen und ein großes Bundesamt zu schaffen. Das ist ein schöner Vorschlag, gegen den ich nichts habe. Aber das wird nicht klappen, weil die Länder nicht mitmachen werden. Jedenfalls ist das mein Eindruck. Also muss man den Vorschlag nicht weitertreiben. Wenn sich dafür aber eine Chance ergäbe, würde ich sofort zugreifen. Sich in der Richtung abzukämpfen, hat aber wenig Zweck. Also bleibt eigentlich nur, in den jetzigen Strukturen eine deutlich bessere Arbeit zu organisieren. Was die V-Leute angeht, so muss ich nochmal daran erinnern, dass viele Leute denken, V-Leute seien verdeckt ermittelnde Polizeibeamte. Das sind sie nicht. Sie sind Leute aus der Szene, die dem Staat Informationen geben. Sie gehören der rechtsradikalen Szene selbst an. Sie sind keineswegs Vorzeigedemokraten, die zwar in die NPD gehen, aber weil ihr demokratisches Gewissen schlägt, dann doch dem Verfassungsschutz berichten. Nein, so ist das nicht. Das sind alles merkwürdige Leute, die Geldprobleme haben, die eine Doppelloyalität haben. Ich bin deshalb nicht gegen V-Leute, aber ich bin ganz dagegen, Aussagen von V-Leuten für sich genommen zu wichtig zu nehmen. Sie sind ein kleiner Mosaikstein beim Zusammentragen der Wahrheit oder bei der Abschätzung von möglichen Gefahren. Mehr nicht. Als solche sollte man sie nutzen – und nicht zu wichtig nehmen.

Warum sagen Sie nicht: Schluss mit den V-Leuten? Die Vorstellung, dass die Staatsgeld kassiert haben, aber die NSU absichtlich verschwiegen haben könnten – eine Katastrophe.

Die Information eines V-Mannes ist nur ein Mosaiksteinchen. Aber nehmen wir mal an, eine große rechtsextreme Demonstration steht an, und dann wird im NPD-Vorstand beraten, an welchen Tagen man einen großen Schwerpunkt für Demonstrationen macht. Das wird im NPD-Vorstand vorgetragen, dann ist der V-Mensch vielleicht einer, der dabeisitzt. Und von dem erfährt man, wann so etwas stattfinden soll. Dann hat das einen großen Wert. Darauf muss man sich nicht zwingend verlassen, aber man kann frühzeitig sagen: »Wahrscheinlich kommen die an diesem Tag irgendwohin.« Das Problem ist nämlich, dass die großen Demonstrationen gar nicht von der NPD angemeldet werden. Also braucht man Informationen, wie die Verbindung ist zwischen der NPD und diesen Anmeldern. Wie zwischen der NPD und Skinhead-Gruppen. Gibt es Absprachen über Friedlichkeit und Gewaltanwendung? Haben wir einen schwarzen Block? Geht der schwarze Block vorne oder hinten? Diese Informationen sind hochwichtig für die Einsätze der Polizei. Am Ende wird die Zuverlässigkeit der V-Leute nicht an Einschätzungsfragen getestet, sondern im Zusammenhang mit den Veranstaltungen und Ereignissen überprüft, bewertet, eingeschätzt. Das braucht man schon. Ich bin deshalb dafür, das System der V-Leute beizubehalten. Und ich bin dafür, auch wegen des Urteils des Bundesverfassungsgerichts, keine gehobenen Vorstandsmitglieder zu nutzen. Da hat der Staat nichts verloren und schon gar nicht, wenn diese Vorstände dann Parteiprogramme schreiben und so auch nur der Eindruck entstehen könnte, ein mit dem Staat irgendwie Verbandelter schreibt an den Parteiprogrammen mit. Das würde ja den Verdacht nähren, der Staat selbst schriebe die Parteiprogramme, um die Partei anschließend aufgrund dieser Inhalte verbieten zu können. Aber ein Mitarbeiter aus dem Vorstand, eine Sekretärin, ein persönlicher Referent oder so jemand, der an einer Vorstandssitzung teilnimmt, die würde ich weiter nutzen.

Im Umgang mit Informationen zur NSU-Mörderbande sind auch Ihr Ministerium und Sie selbst in die Kritik geraten, weil MAD-Kenntnisse über einen der drei nicht gleich an die Staatsanwaltschaft und den Untersuchungsausschuss im Bundestag weitergeleitet worden sind. Wie konnte das passieren?

Weil wir uns darauf verlassen hatten, dass der Ausschuss die MAD-Unterlagen, die wir gar nicht mehr hatten, vom Landesamt aus Sachsen bekommen und lesen würde.

Hat auch Ihnen in dieser heiklen Situation die Sensibilität gefehlt?

Ja.

Schämen Sie sich über diesen Fehler?

Na ja. Schämen ist zu viel gesagt. Aber ich habe mich geärgert über mich und mein Haus. Das hat mich gewurmt, weil es ein kleiner Fehler war, ein überflüssiger Fehler. Große, unvermeidbare Fehler – die haben mich schon als Schüler nicht sehr geärgert. Aber kleine Flüchtigkeitsfehler, zu denen ich damals neigte, die haben mich viel mehr geärgert. Es war naheliegend und wäre eine Kleinigkeit gewesen, dem Bundestagsuntersuchungsausschuss mitzuteilen: »Holla, hier ist eine Information, von der wir nicht wussten, dass es sie noch gibt. Bitte guckt da genau hin.« Stattdessen haben wir gesagt: »Wenn das sächsische Landesamt für Verfassungsschutz dem Ausschuss die Informationen liefert, in zwei, drei Wochen, dann reicht das irgendwie auch.« Das war einfach gedankenlos. Dass das meinem Haus, aber auch mir passiert, wo wir sonst immer ziemlich erpicht darauf sind, viele Dinge zu Ende zu denken, das hat mich mächtig geärgert.

Wie hat Mecklenburg Ihre Sicht auf die Welt verändert?

Ich bin korrigiert worden. Wir sind als Familie damals mit dem Gefühl nach Schwerin gefahren: Wenn einer, der aus dem Westen stammt, den Osten kennt und die ostdeutschen Gefühle versteht, dann sind wir das. Das war nach kürzester Zeit in Schwerin erledigt. Und zwar, weil die Unterschiede zwischen Ost und West groß waren, aber die Unterschiede zum Beispiel zwischen Mecklenburgern und Sachsen größer, prägender, entscheidender sind. Historische und kulturelle Prägungen. Gleichzeitig haben wir hie und da schon eine Entfremdung zu westdeutschen Freunden erlebt. Wir waren mal bei Freunden in Westdeutschland eingeladen und haben uns überhaupt nicht wohlgefühlt. Die Themen, über die diese Freunde Anfang der neunziger Jahre sprachen, waren so weit weg von unserer Realität, dass wir dachten: »Das ist gar nicht Deutschland, in dem wir leben.« Das Zweite, was ich gelernt habe: Nicht die Provinz verachten! Die hat ihre große Stärke und Kraft und Ruhe. Und: Mecklenburg hat mich gelehrt, dass man im Kleinen Führung lernen muss, um im Großen führen zu können.

Dresden Nach der Niederlage der CDU in Mecklenburg-Vorpommern steht de Maizière ohne Arbeit da und wird erst mal Hausmann. Erst nach einiger Zeit ohne passendes Angebot hat er Glück: Er bekommt einen Anruf aus Dresden. Kurt Biedenkopf, längst »König Kurt« der Sachsen, sucht einen neuen Staatskanzleichef. Noch ist die Stelle nicht vakant, noch müssen die nächsten Wahlen im September 1999 abgewartet werden. Aber Biedenkopf möchte ihn unbedingt nach Dresden locken und bietet ihm an, bis dahin sein Koordinator für die Verhandlungen zum Solidarpakt II zu werden. Dabei geht es um den milliardenschweren Finanzausgleich zwischen Ost und West zum Aufbau der ostdeutschen Bundesländer. De Maizière sagt zu.

Biedenkopfs Landes-CDU regiert seit Jahren mit absoluter Mehrheit. Im September 1999 erringt sie gar fast eine Zwei-Drittel-Mehrheit im Landtag. Doch was dann kommt, ist für den neuen Staatskanzleichef de Maizière nur zu Beginn einfach und bequem, denn es dauert nicht lange, bis der überragende Wahlerfolg vielen in der CDU zu Kopf steigt und zu einer Hybris führt, die die erfolgsverwöhnte Partei schwer erschüttert. Kern der Probleme ist ein Zerwürfnis zwischen Biedenkopf und seinem Finanzminister Georg Milbradt, bis dahin eine seiner wichtigsten Stützen im Kabinett. Ein schmutziger Streit beginnt, Biedenkopf wirft Milbradt aus dem Kabinett, wenig später muss er selbst gehen. Auslöser ist die sogenannte IKEA-Affäre. Nach einem Einkauf des Ehepaars Biedenkopf in dem Möbelhaus wird bekannt, dass Frau Biedenkopf mit Vehemenz einen Rabatt gefordert hatte. Nun kehrt Milbradt zurück und setzt sich in einer Kampfabstimmung um Parteivorsitz und Ministerpräsidentenamt durch. Allerdings wird er Regierungschef mit einer gespaltenen Partei hinter sich. Beschädigt sind von da an alle in der CDU.

In den Wirren dieser Jahre wechselt Thomas de Maizière in schneller Folge die Ämter. Im Februar 2001 wird er zunächst Milbradt-Nachfolger und Finanzminister; nach Biedenkopfs Sturz wird er im Mai 2002 Justizminister; und nach den Landtagswahlen im Herbst 2004 wechselt er ins Innen-Ressort. Auch dieses Ministerium führt er nur ein Jahr. Dann kommt ein Anruf aus Berlin.

Ihre Zeit in Schwerin endete mit einer Niederlage. War das noch schmerzhafter als in Berlin?

In Berlin hatte ich so etwas schon einmal hautnah miterlebt und erlitten. Aber in Schwerin war ich selbst Chef der Staatskanzlei. Ich war in der Wahlkampfkommission gewesen. Ich hatte diese nicht geleitet, war nicht selbst Spitzenkandidat, aber natürlich an führender Stelle für die Arbeit der Regierung verantwortlich gewesen. Deshalb traf mich das schon sehr. Allerdings kam die Niederlage nicht ganz überraschend. Wir hatten acht Jahre regiert. Länger als acht Jahre zu regieren, ist schwierig. Es gab Verschleißerscheinungen in der CDU, und der Bundestrend war 1998, im Jahr der Abwahl von Helmut Kohl, auch nicht besonders gut. Aber wir haben nicht herumgemacht, wir haben es nicht auf Kohl geschoben. Wir wussten, wir sind auch selbst verantwortlich für die Niederlage. Uns war klar, dass wir es irgendwie verdient hatten. Die Niederlage 1989 in Berlin fand ich am Wahlabend viel ungerechter. Auch durch den extrem plötzlichen Absturz in Berlin. In Berlin war ich wütend auf das Wahlvolk gewesen, wenn man so will. Auch wenn ich das hinterher rationaler einordnen konnte. In Schwerin war dieses Gefühl nicht da. Nur das Ausmaß war ein bisschen überraschend. Aber Berndt Seite war halt auch kein Manfred Stolpe oder Kurt Biedenkopf, und er war kein erstklassiger Redner. Er hat das gut gemacht, und er hat sich in der Niederlage hochnobel verhalten. Ich war dabei, als die Prognosen kamen, schon nachmittags, sie wurden um vier, um fünf und um sechs immer schlechter. Da hat er sich schon kurz danach ganz gerade gemacht, hat den Rücken durchgedrückt und gesagt: »O.K., dann trete ich zurück.« Mir hat das imponiert. Ohne ein böses Wort über seine Gegner in der CDU und der SPD hat er das gemacht. Da habe ich erlebt, wie man zurücktritt, wenn es so weit ist. Geradeheraus. Schnörkellos. Ohne wehleidig zu sein.

Haben Sie eine Erklärung dafür, dass die ehemalige DDR auch solche Demokraten hervorbringen konnte?

Unter Druck reagiert mancher so und ein anderer anders. Seite war ein ganz ruhiger Mensch und hat sich nicht unter Druck setzen lassen. Er war Tierarzt von Beruf; es gibt ohnehin viele Tierärzte in der Politik in den ostdeutschen Bundesländern. Sie hatten in der DDR eine gewisse Macht und zugleich einen gewissen Schutz – im ländlichen Gebiet sowieso. Sie hatten vor allem eine hohe Autorität. Die SED war auf sie angewiesen, sie hat sie dringend gebraucht.

Das hat Menschen wie Seite unabhängiger gemacht. Manche gingen in die CDU, er nicht. Er hasste die alten Blockis. Auch als sich die Wende entwickelte, ging er zunächst nicht in die CDU, sondern ins Neue Forum. Und nach der Niederlage war für ihn einfach klar: Wenn man verliert, verliert man eben. Es gibt bei älteren Ostdeutschen oft so eine verschwiemelte Art, die Welt zu beschreiben. Kryptisch ist das, man weiß nicht, was sie meinen. Daneben gibt's aber noch einen anderen Schlag Menschen – und die sind gerade unter Mecklenburgern viel häufiger als zum Beispiel unter Sachsen. Da wird geraderaus gesagt: »Du bist gut. Du bist schlecht. Ich habe verloren. Ich habe gewonnen. Fertig.« Und so hat Seite das auch gemacht. Das hat mir imponiert.

Was bedeutete das für Sie?

Es war klar, dass das für uns ein viel härterer Einschnitt werden würde als jener nach der Niederlage in Berlin. Dass ich damals in West-Berlin einen Job finden würde, daran hatte ich keinen Zweifel gehabt. Jetzt war ich ein zwar nicht schlecht beleumundeter Staatssekretär, aber ein Staatssekretär einer Verliererpartei in einem Bundesland, das nicht den besten Ruf hatte. Außerdem hatte ich kein Landtagsmandat. Also stand ich erst mal da. Zumal ich vor dem Wahltag nicht so furchtbar viel Zeit gehabt hatte, mich darauf gedanklich vorzubereiten. Dann haben wir angefangen, Abschied zu nehmen. Und zwar mit einem lachenden und einem weinenden Auge. Es war klar, dass das der Abschied aus Schwerin sein würde. Unser Gefühl war einerseits: Schade, es ist schön hier. Aber dass ich mich als Anwalt niederlasse in Schwerin oder zu einem Unternehmen gehe, das mir einen adäquaten Job würde bieten können, war andererseits sehr unwahrscheinlich. Der Markt ist da zu klein. Das bedeutete zwingend: wir würden umziehen.

Klingt nach Aufbruch und Neuanfang.

Nicht wirklich. Dass man einem Wahlverlierer den roten Teppich ausrollt, war doch sehr unwahrscheinlich. Das hieß: hinten anstellen, zunächst in Schwerin bleiben, aber außerhalb von Schwerin suchen.

Hatte Ihre Frau damals einen Job, der die ganze Familie ernährt hätte?

Meine Frau hatte gerade die Leitung einer kirchlichen Beratungsstelle mit der Teilzeit von 75 Prozent übernommen. Aber wenn man ehrlich ist, war ich zwar ohne Arbeit, aber nicht ohne Einkommen. Für einige Zeit war klar, dass wir immer noch gut würden leben können mit dem, was man als Übergangsgeld bekommt. Außerdem hoffte ich natürlich, dass ich irgendetwas finden würde. Ich war Mitte vierzig. Nur: Wo und wie und ob noch einmal in der Politik – das war völlig offen. Ich konnte mir auch vorstellen, etwas anderes zu machen. Ich habe zum Beispiel überlegt, mich zu habilitieren und an die Hochschule zu gehen. Das hätte mir gefallen können.

Das klingt ja doch fast sorgenlos.

So war es aber nicht. Wir hatten keine finanziellen Sorgen, man sorgt sich dank Übergangsgeld auf einem ziemlich hohen Niveau. Aber die Vorstellung, keinen Job zu haben, später dann nicht ordentlich Geld zu verdienen, ohne zu wissen, was kommt, den Haushalt zu machen – das war ganz schön hart. Meine Frau hat zu mir gesagt: »So, jetzt bist du sowieso erst mal alleine verantwortlich.« Ich habe dann zuhause alles gemacht und festgestellt, wie das ist: einen Haushalt zu führen mit drei Kindern. Dass man da abends erledigt ist und letztlich nicht genau weiß, warum. Dass man kaputt ist, ohne zu wissen, was man eigentlich gemacht hat – außer dass man die Kinder von A nach B gefahren und Wäsche gewaschen und irgendetwas gezupft und gemacht und Essen gekocht und wieder abgeräumt und drei Telefonate geführt und etwas eingekauft hat. Und dabei nicht mal in die Zeitung geschaut hat. Das habe ich damals gelernt.

Waren Sie schon auf Entzug von der »Droge« Politik?

Nein. Das kam, glaube ich, erst später. Wie gesagt, ich habe überlegt, ob ich habilitiere. Ich hatte überlegt, ganz wegzugehen. Ich hatte das Angebot, ein Headhunter zu werden. Ein Unternehmen in Frankfurt wollte für den öffentlichen Sektor in den ostdeutschen Ländern jemanden haben, der Leute kennt und den personellen Neuaufbau bei der Verwaltungsleitung von öffentlichen Krankenhäusern, bei den Geschäftsführungen von Wohnungsbaugesellschaften, bei Vorständen von Energiewerken, Vorstandsmitgliedern und Vorsitzenden von Sparkassen organisiert. Eine große Aufgabe. Eine Verlockung. Außerdem hätte ich ordentlich Geld verdient. Aber erstens wäre es Frankfurt am Main gewesen, also tief im Westen. Und zweitens suchte da ein Headhunter einen neuen Headhunter. Ich habe mich gefragt, ob ich das wirklich bin. Ich habe das ernsthaft erwogen. Ich fand das schmeichelhaft, weil es zunächst mal das einzige Angebot war, das ich bekam. Ich hatte gehofft, ich kriege jede Woche fünf Anrufe, aber das war nicht so. Und selber habe ich mich nicht gemeldet. Dann kam der Bundesparteitag, und ich bin dort ziemlich herumgeschlichen. Ich war kein Delegierter. Das war einerseits aufregend, weil Wolfgang Schäuble zum CDU-Vorsitzenden gewählt wurde. Andererseits hatte ich gedacht, dass mich vielleicht irgendeiner ansprechen würde. War aber nicht der Fall. Die Leute, mit denen ich sprach, waren nett und unverbindlich. »Ach, wie schade, was ist denn da passiert? Was machen Sie denn jetzt?« »Ja, mal gucken.« »Ja, dann alles Gute!« So.

Das fühlte sich anders an, als Sie es gewohnt waren.

In der Tat. Aber Gott sei Dank hat der Schwebezustand nicht zu lange gedauert. Anfang 1999 kam ein Anruf aus Dresden. Der Chef der dortigen Staatskanzlei, Günter Meyer, meldete sich und fragte mich: »Können Sie mal kommen? Wir haben hier was vor mit Ihnen.« Wir kannten uns, wir waren Kollegen gewesen als Chefs der jeweiligen Staatskanzlei in Schwerin und Dresden. Die Ministerpräsidenten und die Chefs der Staatskanzleien kennen sich untereinander sehr gut. Die sehen sich oft, nicht nur bei den Ministerpräsidentenkonferenzen – im Bundesrat, in den Vorgesprächen. Diese Sitzungen sind nicht öffentlich, also gibt es ein sehr pragmatisches Verhältnis zueinander. Da wird wenig Parteipolitik gemacht, weil jeder weiß, was er vom anderen zu halten hat. Und wenn doch einer anfängt, fangen die anderen gleich an zu lachen. In Sachsen kam Folgendes dazu: Günter Meyer war immer ein

Mann Biedenkopfs gewesen, er war schon in den achtziger Jahren in Nordrhein-Westfalen an seiner Seite gewesen. Er war Kettenraucher, er war erschöpft. Deshalb hatte Biedenkopf einen jungen talentierten beamteten Staatssekretär zu Meyers Nachfolger ernannt. Aber der starb nach einem halben Jahr an einer schweren Krankheit, innerhalb von vier Wochen. Das war furchtbar, und das war ein Jahr vor der Wahl. Da sagte Biedenkopf: »Günter, du musst jetzt noch mal ran, ein halbes Jahr, dann holen wir uns einen, und den machen wir dann zu deinem Nachfolger.« Und dann kamen sie offenbar auf die Idee: Wir holen den de Maizière aus Schwerin. Der ist »auf dem Markt«. Der kann was. Die Frage für die beiden war nur: Wie halten wir uns den warm, wie überbrücken wir mit ihm das dreiviertel Jahr, damit er nicht etwas anderes annimmt, bis die Wahl in Sachsen vorbei ist? Alles musste natürlich vertraulich bleiben. Das hatten nur Meyer, Biedenkopf und Georg Milbradt besprochen. Milbradt war eingeweiht und war auch damit einverstanden. Damals waren Biedenkopf und Milbradt ja noch ein Ei und ein Kuchen, ganz unterschiedliche Typen, aber sehr eng zusammenarbeitend. Also bin ich hingefahren. Kurt Biedenkopf hat mir schnörkellos eröffnet. »Ich möchte gerne, dass Sie Chef der Staatskanzlei werden, und zwar im Ministerrang. Aber erst ab Oktober.« Ich antwortete, das sei sehr ehrenvoll, aber ich müsse jetzt mal darüber nachdenken, denn bis Oktober – das sei noch lange hin. Daraufhin sagte er: »Okay, dann mache ich Sie bis dahin zum Berater. Sie kriegen 25 Prozent von Ihren Versorgungsbezügen dazu. Wenn Sie mehr verdienen, müssen Sie es sowieso abführen.« Ich erwiderte: »Na gut, Berater – was soll ich denn machen?« Und Biedenkopf antwortete: »Sie sollen den Solidarpakt vorbereiten. Das ist zwar ein bisschen früh, aber Sachsen ist Vorsitzland der Ost-MPK, wir haben also eine wichtige Aufgabe. Und das können Sie schon mal vorbereiten.« So habe ich angefangen. Da hatte ich – ausnahmsweise mal – eine richtige Vierzigstundenwoche, bin Freitagfrüh oder auch mal Donnerstagabend nach Hause nach Schwerin gefahren. Wir haben dann schon kurz vor dem Wahltermin den Mietvertrag unterschrieben. Die Umfragen waren alle über 50 Prozent für die CDU, also konnte nicht wirklich viel schief gehen. Komplizierter wurde es, als ich dann Staatskanzleichef wurde und weiter die Verhandlungen zum Solidarpakt II organisierte. Da fing es an zu knirschen, weil Milbradt als Finanzminister sagte: »Das ist der Chef der Staatskanzlei. Warum bereitet der das vor, das ist an sich unser Job.« Es ging am Ende trotzdem gut mit ihm. Erstens, weil mein Draht zu seinem Staatssekretär gut war, und zweitens, weil Milbradt bald alle Hände voll zu tun hatte mit den Sparkassen und dem Volksbegehren über den Sparkassen-Verbund.

Sie hatten viel Glück.

Ja, auch das. Milbradt war einverstanden. Und ich hatte, weil wir auf die Verhandlungen gut vorbereitet waren, ein gutes Standing bei den Ministerpräsidenten. Ich bin herumgereist, wurde Koordinator der ostdeutschen Länder für den Solidarpakt, also Verhandlungsführer, und das blieb ich auch später, als ich dann Finanzminister geworden war.

Was haben Sie über den Mann gedacht, den alle damals »König Kurt« genannt haben? War Ihnen das nicht suspekt?

Ich fand ihn großartig. Ich kannte Kurt Biedenkopf schon lange. Das erste Mal erlebt hatte ich ihn als Student. Da hatte ich ihn für den RCDS nach Münster eingeladen. Zu einer großen Veranstaltung – 1000 Leute. Ich hatte mit seinem Mitarbeiter zig Briefe ausgetauscht und Kurzberichte über die Lage an der Universität Münster geschrieben, damit er im Bild sein würde bei seinem Auftritt. Dann kommt der berühmte Professor da an, steigt aus dem Auto und sagt: »Ach, Sie sind Herr de Maizière, sehr schön, ich kenne ja auch Ihren Vater! Worüber soll ich reden?« Ich dachte: Ach du lieber Himmel! Da sitzen 1000 Leute, und der ist total unvorbereitet! Wofür habe ich stundenlang diese Briefe geschrieben? Wie soll das werden? Er hatte sie offenbar alle nicht gelesen. Vielleicht hat er sie nicht lesen wollen; sie waren vielleicht schlecht; der Mitarbeiter hatte sie ihm nicht gezeigt, keine Ahnung. Dann habe ich gesagt: »Über Hochschulpolitik unter besonderer Berücksichtigung der Lage an der Universität Münster.«

»Wie lange?« »Halbe, dreiviertel Stunde, und dann Diskussion.« »Gut, dann berichten Sie mir über die Lage an der Universität Münster!« Dann sind wir vom Auto bis unten zum Pult gegangen, vielleicht zwei, drei Minuten, 180 Meter oder so, und ich habe ihm im Staccato gesagt, was mir eingefallen ist über die Universität Münster. Daraufhin hat er, während ich ihn begrüßt habe, so kleine Zettelchen gemacht. Fast liebevoll, mit sauberer Schrift. Und dann hat er 40 Minuten gesprochen, druckreif, frei, mit den Stichworten und diesen kleinen eingebauten Splittern, die ich ihm zugerufen hatte. Er hat die so eingebaut in die Rede, dass die Zuhörer dachten, er sei ein intimer Kenner der Zustände der Westfälischen Wilhelms-Universität Münster. Das hat mich schwer beeindruckt. Das war intellektuelles Hochreck. Später, in seinem Amt in Dresden kamen allerdings dieser Stolz auf sich und die Eitelkeiten rund um seine Person dazu. Das war mir, als ich nach Dresden ging, auch klar. Ich kannte ihn ja nun gut aus der MPK-Ost und war sicher, das würde ein tolles Arbeiten. Ein ganz anderer Typ als Seite, sehr grundsätzlich und sehr mit einem bundespolitischen Anspruch. Das hat mir auf andere Art wieder sehr gefallen. Zumal Sachsen ja einen guten Ruf hatte mit Biedenkopf.

Welche Rolle hatte die CDU damals in Ostdeutschland?

Ich lernte damals, wie sehr in der sächsischen CDU eine Auseinandersetzung zwischen den alten Blockparteimitgliedern und den neuen Mitgliedern getobt hatte. Das waren richtige Krisenschlachten vor meiner Zeit gewesen; sie hatten ganze Parteitage nur über diese Frage abgehalten. Die CDU Sachsen hat damit einen echten Reinigungsprozess durchlaufen. Die mecklenburg-vorpommersche CDU nicht. Die haben viel verdrängt, überspielt. Das war ein wichtiger Unterschied. Das Zweite ist: In Sachsen war die CDU Kurt Biedenkopf, und das Land war Kurt Biedenkopf plus Team, also nicht nur er, sondern auch Milbradt, Wirtschaftsminister Kajo Schommer, Staatskanzleichef Günter Meyer, Wissenschaftsminister Hans Joachim Meyer, Kultusminister Matthias Rößler, Sozialminister Hans Geisler und andere, alles starke Figuren. Und dazu gab es mit Michael Sagurna einen sehr guten Regierungssprecher.

Als neuer Chef der sächsischen Staatskanzlei auf einer Ministerpräsidentenkonferenz 1999, gemeinsam mit Ministerpräsident Kurt Biedenkopf und Regierungssprecher Michael Sagurna.

Er hat alles dafür getan, dass nie eine Differenz zwischen Sachsen und der CDU aufkam. Die CDU war die Sachsen-Partei, wie in Bayern die CSU die Bayern-Partei gewesen ist. Das war extrem erfolgreich. Dreimal hintereinander gewann sie eine absolute Mehrheit. Und bei der Wahl, nach der ich dann dazukam, fast eine Zweidrittelmehrheit! Meistens ist so etwas jedoch gefährlich. Erst war die CDU-Fraktion noch friedlich. Aber recht bald änderte sich das, erst mit dem Streit Biedenkopfs mit Milbradt und dann noch einmal rund um Biedenkopfs Abgang. Aber am Anfang war alles gut.

Ministerpräsidenten mit derart großen Mehrheiten sind nicht selten noch in derselben Legislaturperiode gestürzt. Bei Stoiber war das nach der Wahl 2003 so, bei Biedenkopf auch. Liegt es an einer Hybris, die einen Regierungschef dann beschleicht?

Nein. So stimmt das nicht. Biedenkopf hat schon Fehler gemacht, aber Hybris ist eine ganz falsche Bezeichnung. Ich glaube, dreimal eine fette absolute Mehrheit ist irgendwann genug. Und in der dritten Phase, die ich ja nun miterlebt habe, wuchs nicht er, es wuchs vor allem die CDU in eine Position der Arroganz hinein.

Nach dem Motto: »Uns kann keiner was!« Biedenkopf hat es in den ersten zwei Legislaturperioden sehr gut verstanden zu sagen: »Wir dienen Sachsen. Ihr macht die Politik, ihr seid die Besten, und ich bin stolz, dass ich euch dabei helfen darf.« Das war meines Erachtens nicht nur eine geniale Kommunikation, sondern es war auch so gemeint. Erst im Laufe der dritten Legislaturperiode mit absoluter Mehrheit entstand der Eindruck: »Wir, die CDU, führen das Land. Wir wissen alles und im Zweifel alles besser. Wir haben alle Positionen, egal, was die Bevölkerung sagt.« Es war: die Arroganz der Macht.

Wieso verlieren Politiker plötzlich alles aus den Augen?

Es passiert, wenn man zu groß wird und zu lange regiert und zu lange mit den gleichen Leuten. Es war ja nicht vor allem Biedenkopf, sondern es waren auch manche Andere, denen das zu Kopf stieg. Und es waren halt über einen langen Zeitraum immer die Gleichen. Wenn man immer die gleiche Rede hört – irgendwann verschleißt sich das. Dazu entstehen Undiszipliniertheiten, meistens in der Fraktion. Da wird plötzlich jemand nicht in einen Ausschuss gewählt. Ohne Ansage. Das tut weh, den Nichtgewählten sowieso, aber die in der Führung spüren den Stich auch schon. Es zerbröselte die Geschlossenheit und die Macht. Dann kam Biedenkopfs 70. Geburtstag. Wir haben ihn groß gefeiert im Amt. Da verselbständigte sich manches, die Arroganz wuchs. Das Land war bestens aufgestellt, es war nicht mehr so viel Neues zu machen, es begann der Rückbau. Die Demographie schlug zu: Wir sollten weniger Hochschulen haben, wir sollten weniger Lehrer haben, wir sollten weniger Gewerbegebiete haben, wir sollten weniger Spaßbäder haben. Und so weiter und so weiter.

Hatte die CDU Sachsens ihr Ziel verloren?

Ein bisschen schon. Dazu kamen Fehler von Biedenkopf, Illoyalitäten von anderen, auch von Milbradt. Wenn eine Partei, die sich den Ruf erworben hat, für Sachsen Gutes getan zu haben, arrogant wird und wenn sie, die bis dahin so geschlossen gewirkt hat, sich plötzlich heftig streitet und den eigenen Spitzenmann beschädigt, dann wird es gefährlich. Die einen haben damals gesagt: »Es wird Zeit, dass Biedenkopf geht.« Und die anderen haben gesagt: »Wie geht ihr denn mit Biedenkopf um?« Und dann kam von Biedenkopf selbst noch dieser Ausspruch über Milbradt: »Erstklassiger Fachmann, schlechter Politiker.« Das war wahrscheinlich gar nicht strategisch gemeint, aber es hat Milbradt natürlich getroffen und war auch ein Stück weit ungerecht. Zumal Biedenkopf das sogar einem Journalisten gesagt hatte. Es wurde also nicht aus einer internen Runde nach außen getragen. Er hatte es einem Journalisten auf dem Weg vom Frühstück zum Sitzungssaal gesagt. Milbradt erfuhr es aus dem Ticker. Das war alles misslich. Die CDU schlug sich selbst. Bei der nächsten Wahl unter Milbradt sind wir um knapp sechzehn Prozentpunkte abgestürzt. Und das, obwohl es inhaltlich gar keine Wechselstimmung gab. Keiner wollte die SPD oder einen SPD-Ministerpräsidenten. Es war reine Unzufriedenheit mit uns und nicht mit unseren Inhalten! Keiner hat gesagt: »Dem Land geht es schlecht.« Keiner hat gesagt: »Ihr habt einen wirklichen Fehler gemacht.« Die haben gesagt: »Wir können euch nicht mehr sehen.« Und sie haben gesagt: »So könnt ihr mit diesem Land und mit uns nicht umgehen.« Das war der Grund. So gesehen war es eine Hybris der Partei, der politischen Klasse.

Als seine Frau bei IKEA einen Rabatt erzwingen wollte – da müssen Sie doch auch den Kopf geschüttelt haben. Ist das nicht eine Frage von Anstand, Haltung, gutem Ton, dass man das nicht macht?

Natürlich macht man so etwas nicht. Das ist klar. Aber es gehört zur ganzen Geschichte auch, dass von den Sachen, die sie bei IKEA gekauft hat, bestimmt die Hälfte für irgendwelche öffentlichen Dinge bestimmt war. Dafür wollte sie dann insgesamt einen Rabatt haben, den es nicht gibt. Sie hat gesagt: Ich arbeite wie verrückt für dieses Land. Ich sammle Spenden für die Frauenkirche, ich stärke meinem Mann den Rücken, ich verdiene keinen Pfennig, ich bin eine Landesmutter, ich habe ein eigenes Büro und bin eine Art Petitionsausschuss. Ich kümmere mich um Leute, die sich ungerecht behandelt fühlen. Ich arbeite Tag und Nacht, kriege dafür nichts. Dafür will ich aber wenigstens ein bisschen Infrastruktur. Das war die innere Grundhaltung; das war die Grundkonstellation. Günter Meyer und andere haben immer versucht, dagegenzuhalten. Oft ging es gut, dann eben nicht mehr.

War der Konflikt mit IKEA nicht der Tropfen, der das Fass zum Überlaufen gebracht hat?

Das weiß ich nicht. Ich kann mir durchaus vorstellen, dass davor viele gesagt haben: Aber Frau Biedenkopf, Sie bekommen doch einen Rabatt bei uns. Ob das stimmt oder nicht – es würde die Lage doch etwas anders beschreiben. Hinzu kommt die Situation bei Biedenkopfs zuhause, in der Schevenstraße. Da waren natürlich alle, die sich später beklagt haben, zuvor zum Essen eingeladen. Und sie haben es sehr genossen. Biedenkopf hat voll umfänglich für Sachsen gearbeitet und sein Privatleben und sein dienstliches Leben gemischt. So entstand der Vorwurf: Was ist eigentlich ein Privatessen und was nicht? Der ist einerseits zu Recht erhoben worden, andererseits ging es, auch wenn das verrückt klingen mag, bei allem, was er tat, immer um Sachsen. So gesehen war die Kritik auch ungerecht.

Wie vermeidet man das?

Durch eine glasklare Trennung. Hier Privates, Persönliches – da der Job. Anders geht es nicht. Ich wohne in Berlin auch privat auf eigene Kosten. Eine Dienstwohnung – das kann schnell ein Problem werden. Auch ich war oft bei Biedenkopfs zum Essen eingeladen. Und da wurde die ganze Zeit über Sachsen geredet, auch wenn da ein paar private Freunde waren. Was hat er befreundeten Unternehmern Geld für Sachsen aus dem Kreuz geleiert! Das muss man von der Psychologie her schon ein bisschen verstehen. Richtig war es trotzdem nicht.

Sachsen wurde zu einem Bundesland, in dem Sie schnell neue Ämter hatten. Kaum waren Sie als Chef der Staatskanzlei richtig angekommen, wurden Sie schon Finanzminister, weil Biedenkopf Milbradt rausschmiss. Haben Sie das gerne gemacht?

Es war unangenehm. Aber ich habe Milbradt nicht gestürzt. Milbradt hat sich selber gestürzt. Trotzdem war es mir peinlich, ihm nachzufolgen. Ausgerechnet er hat es mir aber leichter gemacht, als ich ihn nach meiner Nominierung angerufen habe. Da hat er zu mir gesagt: »Gut, dass du das jetzt machst.« Da hat er echte Größe gezeigt, weil er natürlich stocksauer war auf alles. Er war ja nicht nur kein Minister mehr, er war regelrecht verbannt. Er war zwar Abgeordneter, aber er hatte keine sonstige Funktion mehr, nichts. Das war mir peinlich. Andererseits fühlte ich mich sehr gut vorbereitet auf das neue Amt. Ja, eigentlich war es zwingend, dass ich das machen würde, weil wir vor den Schlussrunden der Verhandlung zum Solidarpakt II standen. Ein anderer Finanzminister hätte da nur danebengesessen, und ich hätte das als Chef der Staatskanzlei gemacht. Ich hatte alles vorbereitet. Das hätte in der Situation kein anderer gekonnt.

Bescheidenheit klingt anders.

Naja, ich war der festen Überzeugung, dass ich das gut vorbereitet und organisiert hatte. Und ich gebe zu, die Haushaltsfragen traute ich mir auch zu. Anders ist es mit dem Finanzbereich gewesen. Mit dem Streit um die Rolle der Sparkassen und der Sachsen LB und dem Volksbegehren über den Umbau der sächsischen Bankenlandschaft. Da dachte ich, das übersteigt meine Kompetenz. Davor hatte ich viel Respekt und habe hart daran gearbeitet, um das zu bestehen.

Haben Sie eigentlich mal ein Stoßgebet gen Himmel geschickt, angesichts dessen, wie sich für Sie die Dinge immer wieder gut gefügt haben? Bei Weizsäcker, bei Diepgen, in Ostberlin, Schwerin, Dresden?

Ja. Die Konstellationen waren immer wieder auf meiner Seite. Letztlich bin ich zwar auch besser geworden, Schritt für Schritt. Aber ich hatte eben auch Glück. Dafür bin ich sehr dankbar. Ich lerne daraus, dass Glück dazugehört, und sage jüngeren Leuten: »Plant nicht so viel! Es ist auch viel Konstellation. Macht euch nicht zu viele Hoffnungen, nach dem Motto: Der eine geht weg, und dann werde ich dessen Stellvertreter, und dann geht der Nächste, und vielleicht komme ich dann dort hin. Das kann klappen, aber genauso gut schiefgehen. Guckt, was passiert!« Solange man jung ist, muss man offen sein – dann ergibt sich irgendwann auch die Konstellation. Das ist so. Und es ist wahr: ich hatte bis heute viel Glück mit den Konstellationen. Dass ich als kleiner Finanzminister aus Sachsen bei den Verhandlungen zum Solidarpakt II dabei war, wir haben da über mehr als 250 Milliarden D-Mark verhandelt, das hat mir den Atem verschlagen! Ich hatte noch nie mit so viel Geld zu tun. Ich hatte nicht nur Glück mit den Ämtern, ich hatte auch das Glück, dass mit ihnen jeweils große Projekte verbunden waren. Erst der Einigungsvertrag, dann in Schwerin der Aufbau eines neuen Schulsystems, in Dresden der Solidarpakt II, im Kanzleramt die Finanzkrise und Schuldenbremse und aktuell der Umbau der Bundeswehr. Das macht an meinem Beruf einfach Freude. Das ist großartig und erfüllend.

Was haben Sie von Biedenkopf gelernt?

Sehr viel. Ich habe von ihm zum Beispiel die richtige Reihenfolge gelernt. Wenn es ein Problem gab, dann fragten wir uns zuerst, wie wir es der Sache nach lösen können. Wie ist der Sachverhalt, und wie wollen wir das hinbekommen? Erst danach fragten wir uns, ob und wenn ja, wie das möglicherweise der CDU hilft. Und wie es sich mit dem Profil der Partei verträgt. Wir haben zunächst gesagt, was wir wollen. Und dann haben wir geprüft, ob das durchsetzbar ist. In der Partei oder in der Koalition. Manchmal mussten wir dann feststellen, dass der eigentlich richtige Weg nicht machbar ist. Und dann folgte darauf ein dritter Schritt, nämlich die Frage: Was können wir retten von dem, was jetzt richtig wäre. Viele andere gehen oft umgekehrt vor. Sie fragen erst mal nicht, was sie wirklich in der Sache wollen und für richtig halten. Sie fragen: Wem hilft es? Hilft es mir? Passt es in die Zeit? Und erst zum Schluss fragen sie: Ist das auch richtig, was wir hier tun? Weizsäcker ist übrigens auch so wie Biedenkopf vorgegangen, methodisch, an der Sache orientiert. Ich habe das vielleicht früher hie und da instinktiv auch so gemacht. Aber gelernt habe ich es bei Biedenkopf. Und das kann ich nur jedem empfehlen. Milbradts Schwäche war oft, bei dem stehenzubleiben, was er für richtig hielt, ohne Rücksicht auf die Durchsetzbarkeit. Und Biedenkopf hat manchmal die Überzeugungsprobleme unterschätzt. Er dachte, wenn er nur gut mit den Leuten redet, dann folgen die ihm, weil er ja so brillante Gedanken hat. Das war eine Schwäche dabei, aber der methodische Ansatz ist richtig und wichtig. Auch Angela Merkel geht so vor, und als ich Chef des Kanzleramtes war, haben wir es ebenfalls so gemacht. Erst die Frage: Was ist in der Sache eigentlich richtig? Dann die Abwägung: Was davon können wir wie durchsetzen? Und wie passt das zur CDU?

Daneben habe ich etwas Zweites von Biedenkopf gelernt: Wie man ein Haus führt. Wie man ein Kabinett führt. Wie man seine engste Mannschaft führt. Dazu gehört zum Beispiel das »Führen durch Fragen«. Biedenkopf führte, indem er kluge Fragen stellte. Dabei dominierten die Fragen den Gesprächsgang und das Ergebnis. Beispiel Zukunft der Renten. Wenn man fragt: »Ist es richtig, dass wir die Beitragslast der jetzigen Arbeitnehmer nicht so hoch belasten sollen?«, dann ist man schnell bei einem Steuerzuschuss in die Rente, um die Rentenbeiträge selber kürzen zu können. Wenn man aber fragt: »Wie viele junge Menschen werden in zehn Jahren noch in die Rente einzahlen?«, dann ist man schnell bei einer Kapitalrücklage, damit das System in zwanzig Jahren nicht zusammenbricht. Also: »Führen durch Fragen.« Hinzu kam bei ihm das »Führen durch Lob«, und zwar öffentliches Lob gegenüber Dritten. Loben in Erwartung einer Leistung. Das spornt unendlich an, geht aber nur mit guten Leuten. Biedenkopf saß mal in einer kleinen Runde aus Kabinett und Fraktion und hat über seinen Innenminister Klaus Hardraht gesagt: »Der Innenminister wird in drei Tagen eine bedeutende Rede halten. Ich komme da extra und freue ich mich sehr drauf. Das wird eine richtig gute Rede.« Hardraht saß daneben, und Biedenkopf konnte sicher sein, dass der anschließend drei Tage lang noch an der Rede arbeitet. Also, nicht sagen: »Ich erwarte, dass Sie da eine gute Rede halten.« Das kann man auch mal machen, muss man manchmal sogar, aber eleganter ist: »Ich weiß, dass Sie eine gute Rede halten.« Und das Dritten gegenüber, das ist besonders wirksam!

War Biedenkopf Ihr Lehrmeister?

In gewisser Weise schon. Und er hat mir viel Vertrauen entgegengebracht. Das könnte man auch »Führen durch Vertrauen« nennen. Dabei habe ich gelernt, wie schön eine absolute Mehrheit ist. Vor allem für den Ministerpräsidenten. In der Zeit hat Biedenkopf einmal zu mir gesagt: »Lieber junger Kollege, Sie wissen ja, ich bin immer in Davos.« Die Bundeskanzlerin der Bundesrepublik Deutschland hetzt heutzutage nach Davos und ist nach anderthalb Tagen wieder da. Der Ministerpräsident von Sachsen dagegen war eher zwei Wochen in Davos. Aber nicht zum Skifahren. Naja, vielleicht hat er auch mal irgendwie den Schnee gesehen. Er hat vor allem mit den klügsten Menschen dieser Welt geredet. Und das war nicht zum Nachteil des Freistaates Sachsen. Als es also wieder so weit war, sagte er: »So, ich fahre jetzt nach Davos und bin dann übernächste Woche Donnerstag wieder da. Wenn es etwas Wichtiges gibt, Sie können mich ja anrufen.« Das verschlägt einem den Atem.

Aber gleichzeitig war es auch schön. Und natürlich kam in diesen Tagen plötzlich eine Frage auf, die ich total wichtig fand. Also rief ich ihn an. Er kam gerade von einem Gespräch mit Nobelpreisträger A und ging zum Gespräch mit Nobelpreisträger B. »Ja, was ist denn?«, fragte er. »Naja, ich habe ein sehr wichtiges Problem, ich brauche mal einen Rat.« – »Hm, tja, hm, was schlagen Sie denn vor?« Da habe ich gesagt: »Ja, ich habe mir das so und so überlegt, so könnte man das machen.« – »Genau! Gut, dann bis dann! Tschüss!« Das antwortete er. Ich glaube aber, er hatte nicht eine Sekunde richtig zugehört.

Das klingt nach: Regieren durch Desinteresse?

Nein. »Führen durch Vertrauen«. Mehr erschrecken und mehr anspornen konnte man mich gar nicht. Das lässt sich durchaus auf ein Büro, ein Ministerium, andere Organisationen übertragen. Es funktioniert nicht immer, es funktioniert aber bei guten Leuten.

Stichwort gute Führung: Sie sind am Ende Ihrer Zeit in Sachsen Innenminister gewesen. Und in diesem Amt zeigten Sie ein sehr hartes Gesicht. Es ging um den Einsatz eines Sondereinsatzkommandos. Dabei sind die Polizisten in ein Haus eingedrungen und haben, wie sich später herausstellte, die falschen Leute auf garstige Weise festgenommen. Trotzdem haben Sie sich nicht für den Einsatz entschuldigt, sondern die Polizisten verteidigt und dazu auch noch erklärt, die Leute sollten sich nicht so aufregen. Soll so der Staat gegenüber seinen Bürgern auftreten?

Ja, und ich will Ihnen genau sagen, warum. Das war sehr interessant. Georg Milbradt war inzwischen Ministerpräsident, ich war Innenminister, und das Sondereinsatzkommando hat sich vollständig richtig verhalten. Es ging um einen Bordellbesitzer, der auch wegen Waffenhandels und anderer schlimmer Sachen gesucht wurde. Der Kerl wohnte im selben Haus wie seine Schwester, die verheiratet war, Kinder hatte und außerdem zwei große Hunde, die aber alt waren. Der Bordellbesitzer wohnte nicht im Erdgeschoss, sondern nach derselben Haustür ging eine Treppe hoch ins Obergeschoss, da wohnte er. Unten wohnte seine Schwester. Und diese Schwester wiederum arbeitete in der Poststelle des Innenministeriums, also meines Ministeriums. Dort werden alle Briefe aufgemacht, also auch Briefe mit Berichten des Landeskriminalamtes über Ermittlungsverfahren. Und eigentlich ging schon das überhaupt nicht. Natürlich ist dann auch der Verdacht entstanden, dass die Polizei den Bordellbesitzer schon deshalb nicht findet, weil seine Schwester mitbekommen hat, wo und wie und wann ermittelt wird. Doch unabhängig davon hatte das LKA plötzlich einen klaren Verdacht, die Beamten waren sich todsicher, dass er an diesem Abend da sein würde. Also ist das SEK rein. Und zwar genau so, wie ein SEK so etwas eben macht. Einer der SEK-Führer sagte anschließend: »Wer SEK bestellt, bekommt SEK.« Die klopfen nicht an. Die dringen ein. Man kam in die obere Wohnung aber nur, indem man unten rein ist. Es gab nicht verschiedene Aufgänge. Also sind die unten rein, haben die Bewohner erstmal auf den Boden geworfen und festgehalten. Und weil deren Hunde groß waren und gefährlich erschienen, wurden die Hunde erschossen.

Warum diese Brutalität?

Die Hunde waren sehr groß. Dass sie alt waren und wohl auch blind und eigentlich ungefährlich, war in der Situation, so sagen es die SEK-Beamten, nicht zu erkennen gewesen. Doch oben war niemand. Der Kerl war, anders als vermutet, nicht da. So weit so gut – oder schlecht. Aber dann ist ein schwerer Kommunikationsfehler passiert. Die Polizei hat zunächst selbst das Stichwort »Falsche Wohnung« gegeben. Was zwar ein bisschen stimmte und doch falsch war. Besser und richtiger wäre gewesen zu sagen: Richtiges Haus, richtiger Zutritt, aber leider haben wir einen Kollateralschaden. Daraufhin rief Heinz Eggert, der ehemalige sächsische Innenminister, bei Milbradt an und verlangte, dass ich mich bei den Opfern entschuldigen sollte. Die hatten zehn Minuten oder länger halbnackt auf dem Boden gelegen, bis die SEK-Leute überprüft hatten, ob der Gesuchte oben war oder nicht. Das war ja eine Art Wohngemeinschaft. Ich habe mir die Sache angeguckt, habe die Polizei intern scharf in den Senkel gestellt wegen ihrer schlechten Kommunikation und habe mich dann, ich war noch relativ neu als Innenminister, öffentlich vor die Polizei gestellt mit der Erklärung: »Der Einsatz war richtig, und das war nicht die falsche Wohnung.« Dazu habe ich einen berühmten Satz gesagt, der dann sehr umstritten war: »Im Übrigen gilt: Sage mir, mit wem du umgehst, und ich sage dir, wer du bist.« Gemeint war: Wer in dieser Situation – auch wenn es der Bruder ist – mit einem Bordellbesitzer und gesuchten Verbrecher unter einem Dach wohnt, der soll sich nicht beschweren. Ich gebe schon zu: Das hat das Land ziemlich gespalten. Im ländlichen Bereich habe ich viel Zustimmung gekriegt. Seitdem war ich richtig Innenminister, der sich »hart« gezeigt hat und bekannt wurde. Und die Polizei fand das natürlich erst recht klasse. In den Städten waren die Leute dagegen kritisch. Viele hatten die Vorstellung, es könnte ihnen womöglich genauso passieren, wenn irgendwo in ihrem eigenen Mietshaus auch ein Gesuchter wohnen sollte. Die dachten: Die legen mich flach, die erschießen womöglich meinen Hund und dann soll ich mich noch schämen, dass ich mit so einem Typen im gleichen Haus wohne. Das kann ja wohl nicht wahr sein. In den meisten Köpfen hatte sich eingebrannt: falsche Wohnung, falsches Haus, falsche Betroffene – obwohl das so nicht stimmte. Wäre es uns gelungen, von Anfang an die richtige Botschaft rüberzubringen, dann wäre die Diskussion mit einem Schlag beseitigt gewesen.

Das heißt, Sie bereuen nichts? Sie ärgern sich nur über den Fehler in der Kommunikation?

Genau. Und ich habe mich natürlich geärgert, dass der Kerl entwischt ist.

Blieb die Frau in der Poststelle Ihres Ministeriums?

Sie wurde krank, dann holte sie sich einen Anwalt, der Schmerzensgeld wegen der erschossenen Hunde und der zitternden Kinder einforderte. Ihr Vorwurf: Ich und das SEK seien schuld. Aber das verfing nicht mehr richtig. Wir haben gesagt, sie solle jetzt erst mal richtig gesund werden. Am Ende ging das weitgehend aus wie das Hornberger Schießen. Vor Gericht gab es einen Vergleich, sie erhielt ein bisschen Entschädigung. Aber natürlich hat die Bild-Zeitung jedes einzelne Einschussloch abgebildet. Das SEK hatte 36 Schüsse in die Wand gesiebt. Dann wurde das vergrößert und sah aus wie ein Panzerkrater.

Sie würden es heute trotzdem wieder machen?

Ich würde heute versuchen, die Kommunikation früher zu bestimmen – oder, wenn das nicht geht, nicht mehr so auftrumpfend auftreten.

In der Zeit entwickelte sich in Sachsen noch eine zweite große Affäre, die später als sogenannter Sachsensumpf in die Geschichte einging. Am Ende waren viele Vorwürfe – es ging unter anderem um Bestechung, Bandenkriminalität, Geldwäsche, Prostitution, Mord und Korruption – nicht zu halten. Trotzdem hat das für viel Wirbel gesorgt. Und Sie waren der zuständige Landesinnenminister. Was ist damals in Sachsen geschehen?

Zunächst muss man wissen, dass es in Sachsen und insbesondere in Leipzig seit einigen Jahren Vermutungen und Indizien und auch

Ermittlungsverfahren gab rund um das Thema Organisierte Kriminalität in Verbindung mit Drogen und Prostitution. Da lag manches im Argen. Es gab auch Verdächtigungen, dass es Verbindungen bis hinein in die Leipziger Polizei gäbe. Deswegen sind einige Ermittlungsverfahren von Leipzig nach Dresden abgegeben worden. Außerdem gab es Dissonanzen zwischen dem Landeskriminalamt und den Leipziger Behörden. Das war der psychologische Resonanzboden. Und dann muss man noch wissen, dass zu diesem Zeitpunkt der sächsische Verfassungsschutz auch die Zuständigkeit für Organisierte Kriminalität hatte. Natürlich nur beobachtend, wie das der Verfassungsschutz macht, nicht exekutiv. Der Verfassungsschutz hat sich deswegen auch um die Organisierte Kriminalität gekümmert. Berichte habe ich als Minister in diesem Stadium aber nicht gesehen. Dann hat die Partei Die Linke gegen diese Zuständigkeit des Verfassungsschutzes geklagt. Und das Landesverfassungsgericht hat in einer Entscheidung erklärt, grundsätzlich könne der Verfassungsschutz keine Zuständigkeit für die OK haben – es sei denn, sie wäre so gefährlich, dass sie den Bestand des Staates gefährde. Der Verfassungsschutz schützt ja den Bestand des Staates. Ich veranlasste am Tag nach dieser Entscheidung eine Prüfung, welche der Fälle, die der Verfassungsschutz bearbeitete, so leicht seien, dass sie gestoppt werden müssten, und welche so schwer seien, dass sie weiter bearbeitet werden könnten oder sogar müssten. Nach den Kriterien des Landesverfassungsgerichts. Dazu habe ich einen Bericht bekommen, dass der Verfassungsschutz Fälle beobachtet, bei denen nicht auszuschließen sei, dass es bis in höchste Kreise der Justiz und der Stadt Verflechtungen mit der Organisierten Kriminalität gebe. Jetzt stand ich vor folgenden Fragen: Entweder ich sage, dass das nicht staatsbedrohend ist und deshalb sofort eingestellt werden muss. Wenn es sich dann später als wahr herausgestellt hätte, wäre der Vorwurf entstanden, wie konnte man so etwas unaufgeklärt lassen. Die zweite Variante war, es zwar einzustellen für den Verfassungsschutz, aber es der Polizei zu geben. Die Polizei aber kann nur tätig werden, wenn sie einen Anfangsverdacht hat. Davon aber war man hier entfernt. Es gab Verdächtigungen, Hinweise und unzuverlässige Zeugen. Und die dritte Option, für die ich mich dann entschieden habe, war: Die Sache könnte sich als so gefährlich für den Bestand des Staates entwickeln, dass das weiter aufgeklärt werden muss, und zwar durch den Verfassungsschutz. Dass es damals auch Eigeninteressen im Verfassungsschutz gab und der mit Übereifer recherchiert hatte, war mir nicht klar. Für mich war die Grundsatzentscheidung wichtig, dass der Verfassungsschutz angesichts dieser möglichen Dimension der Verbrechen und der Verflechtungen in Justiz und Verwaltung weiter beobachten darf.

Sehen Sie das auch heute noch so, obwohl sich viele Verdächtigungen als falsch erwiesen haben?

Diese Entscheidung vertrete ich auch heute noch. Ich halte sie für richtig. Im Nachhinein ist ein Teil der Vorwürfe haltlos, ein Teil der Vorwürfe gegen hohe Justizmitarbeiter war falsch, und von daher ist mir auch der Vorwurf gemacht worden, dass ich gegen das Urteil des Gerichts agiert und hohe Justizmitarbeiter weiter in Misskredit gebracht hätte. Letztlich ist bis heute nicht ganz klar, was im Einzelnen da los war. Es gibt auch noch aktuelle Gerichtsverfahren, zu denen ich mich nicht äußern will. Aber wenn es der Auftrag des Verfassungsschutzes ist, etwas zu beobachten und gerade nicht prozessural zu ermitteln, bei dieser Schwere der Vorwürfe, dann fand und finde ich es richtig, dass man so etwas nicht einfach zu den Akten legt. Das nämlich hätte zwingend zur Folge gehabt, dass die Sache vollständig unklar bleibt. Im Nachhinein war diese Entscheidung umstritten, aber ich fand sie in der Situation richtig.

Sie würden sie tatsächlich wieder so treffen?

Genau.

Zu Ihrer Zeit in Dresden gehört schließlich noch eine Niederlage. Und zwar eine deftige. Sie haben eine Volksabstimmung verloren, mit 25 zu 75 Prozent. Dabei ging es um einen geplanten Umbau der Sparkassen- und Bankenlandschaft. Warum haben Sie verloren?

Wir wollten die Sparkassen vor Ort am Leben erhalten, aber eine Holding drübersetzen, die bestimmte Risiken abfedern sollte und größere Geschäfte möglich machen könnte. Wir wollten die Sparkassen vor Ort also am Leben erhalten, nicht abschaffen oder schwächen, aber einbinden. Doch die meisten Sparkassen, die Bürgermeister und Landräte haben das umgedreht. Sie haben gesagt: Unsere Selbstständigkeit wird genommen. Die Kreissparkasse des Landkreises soll jetzt von irgendeiner Holding in Leipzig unter Federführung des Finanzministers gekillt werden. Und dann könnten die Kreissparkassen nicht mehr Sponsoring machen für den Heimatsportverein. Ab da hatten wir verloren. Wir haben es wacker durchgefochten, aber es war aussichtslos. Das war bitter.

Hat das Ihr Interesse an Volksentscheiden erhöht oder verkleinert?

Ich bin immer schon gegen Volksentscheide. Die mag es in bestimmten kommunalen Fragen geben, aber prinzipiell bin ich ein Anhänger der repräsentativen Demokratie. Aus vielerlei Gründen. Obwohl es in Dresden und Sachsen Volksentscheide gab, die in meinem Sinne ausgegangen sind. Zum Beispiel für die Waldschlösschenbrücke. Das war schon sehr interessant. Die Dresdner haben sich für die Brücke entschieden, und das Feuilleton der gesamten deutschen Presse ist dagegen gewesen. Und dann waren plötzlich die Befürworter von Plebisziten gegen dieses Plebiszit. Es wurde in Frage gestellt, ob die Autofahrer, die angeblich nur rasen wollen, die richtigen sind, um über Kultur zu entscheiden. So entwickelte sich plötzlich die Debatte, Kulturthemen vielleicht auszunehmen von Plebisziten. Weil den Feuilletons das Ergebnis nicht passte. Aber das ist gar nicht mein Hauptpunkt. Ich kenne in meiner ganzen politischen Erfahrung ganz wenige Entscheidungen, die man glasklar in eine fair zu formulierende Alternative fassen könnte. Fast alle Entscheidungen sind Abwägungsentscheidungen, schwierige Abwägungsentscheidungen, wo man vieles mit bedenken muss. Wo man nicht einfach Ja oder Nein sagen kann. Oder nur Ja oder Nein unter ganz bestimmten Bedingungen. Das lässt sich nicht in eine Frage pressen für ein Plebiszit. Außerdem bin ich der festen Überzeugung, dass Plebiszite strukturell eine Nein-Haltung bevorzugen. Unser Zustand, unser Leben, unsere wirtschaftliche Lage ist insgesamt relativ gut. Deshalb ist der Bedarf an Veränderung nicht immer leicht ersichtlich. Ja, ich würde sagen, viele Menschen sind angesichts einer relativ guten Grundsituation veränderungsfeindlich. Unser Land braucht aber Veränderung. Und Veränderung kommt eigentlich nur über die repräsentative Demokratie zustande, nicht über Plebiszite. Schließlich polarisieren Plebiszite und bevorzugen auf diese Weise sehr aktive Minderheiten.

Das sehen die Befürworter aber nicht negativ, sondern als absoluten Pluspunkt: Plebiszite aktivieren die Menschen.

Das Argument ist stark. Aber ich möchte entgegenhalten, dass der Betroffenenbegriff beim Plebiszit nicht abschließend zu klären ist. Wer ist beim Stuttgarter Bahnhof betroffen? Die Baden-Württemberger, die, wenn sie mit dem Zug fahren, von schnelleren Zügen und Verbindungen profitieren? Oder die Stuttgarter, die während der Baustelle vor allem auch viel Staub und Ärger abbekommen? Wer also ist betroffen? Und wer stimmberechtigt? Die Betroffenen vor der Baustelle sind dagegen; die Nutzer, die nur den Vorteil sehen und nicht den Nachteil haben, sind tendenziell dafür. Ich bin der festen Überzeugung: Ein Land in unserer Lage, in der Mitte Europas, mit den meisten Nachbarn, muss gegen Einzelinteressen Verkehr organisieren, Infrastruktur organisieren. Das geht nicht mit einem Plebiszit.

Kurz gefasst: Plebiszite privilegieren Minderheiten und fördern eine Nein-Haltung; der jeweilige Betroffenenbegriff ist kaum zu klären, und die allermeisten Entscheidungen brauchen einen schwierigen Abwägungsprozess. Deshalb bin ich gegen Plebiszite.

Die Befürworter, auch jene in der Union, wollen Politik damit aber wieder bürgernäher machen und die Politikverdrossenheit bekämpfen. Halten Sie das gar nicht für nötig?

Doch. Dafür muss man die Bürger früher und verständlicher informieren und beteiligen. Aber entscheiden muss die Politik, *weil* sie und *wenn* sie keine eigenen Interessen verfolgt.

Als Sie Kanzleramtsminister wurden, ist Ihre Familie in Dresden geblieben. Zum ersten Mal gab es keinen Umzug. Was ist aus dem Vagabunden Thomas de Maizière geworden?

Naja, als wir nach Dresden kamen, wurde ich Minister, und wir hatten eine absolute Mehrheit. Dass das irgendwie länger gehen würde, war klar. Bis heute regiert dort die CDU. Dass ich gar mal im Gespräch sein würde als Ministerpräsident, daran habe ich 1999 nicht im Traum gedacht. Aber dass wir, als ich mich da eingearbeitet und eingegraben und wohlgefühlt habe, da bleiben könnten und dass man da auch außerhalb der Politik Jobs findet und etwas Gutes machen kann, das war uns ziemlich schnell klar. Als ich dann 2005 in die Bundespolitik ging, in eine Große Koalition, von der keiner wusste, wie lange sie hält, und das ohne Mandat, da war das keine Grundlage für einen Umzug. Außerdem hatte meine Frau damals angefangen, eine dritte berufliche Laufbahn einzuschlagen. Der jüngere Sohn sang im Kreuzchor, und unsere Älteste stand vor dem Abitur. Das waren lauter gute Gründe, um zu sagen: »Jetzt ist Schluss, wir bleiben hier.« Aber genau genommen haben wir das nicht verstandesmäßig entschieden. In Dresden ist es über die Jahre sehr schön geworden. Wir haben allmählich gespürt: Hier bleiben wir. Erst danach entwickelte sich übrigens noch eine andere Erkenntnis: Dass es gar nicht schlecht ist, manchmal eine räumliche Distanz zu haben nach Berlin. Die Kanzlerin, mit der ich nun wirklich eng zusammenarbeite, hat ein derart einnehmendes Wesen und verlangt so sehr volle Hingabe, dass ein räumlicher Abstand manchmal einfach gut ist. Wir haben viel gearbeitet, und ich denke, dass das Amt des Kanzleramtschefs nach dem der Kanzlerin und dem des Finanzministers das anstrengendste Amt ist, das die Politik dieses Land zu vergeben hat. Ich brauchte da Abstand. Ich kann mir nicht vorstellen, als Arzt zu arbeiten, wenn unten die Praxis ist und wir oben drüber wohnen. Oder eine Tischlerei zu haben; vorne ist die Tischlerei, und wir wohnen im Hinterhaus. Das fände ich schrecklich. Ich brauche Distanz zu meinem Arbeitsort. Gerade auch bei einer Bundeskanzlerin, die doch gerne sagt: »Ach Thomas, kannst du mal eben rüberkommen? Oder können wir uns kurz treffen?« Wir haben trotzdem viel telefoniert. Ich war trotzdem viel in Berlin, ich war trotzdem sonntags abends oft, ja fast immer in Berlin. Aber es ist trotzdem ein Unterschied, ob ich gleich ums Eck zu erreichen bin oder man sich fürs Telefon verabredet. In Berlin könnte man kaum Nein sagen. Von Dresden aus kann man das, naja, manchmal.

Trotzdem machen Sie etwas, das immer mehr Menschen tun müssen: pendeln. Und Sie haben erzählt, wie wichtig es für Sie war, in Berlin, Schwerin und Dresden zusammen zu sein. Lässt sich da noch so etwas wie Heimat und Zuhause fühlen, leben, aufrechterhalten?

Mit der Familie, insbesondere wenn die Kinder noch klein sind, ist das schwer. Pendeln ist keine gute Sache. In unserem Fall sind die Kinder größer gewesen, sie gingen allmählich aus dem Haus. Aber trotzdem ist das einfach keine gute Situation – das muss ich sagen. Ich bin heute Bundesverteidigungsminister, und zehntausende, vielleicht hunderttausend meiner Mitarbeiter und Soldaten pendeln. Das ist nicht schön. Ich unterschreibe alle vier bis sechs Wochen einen Kondolenzbrief an eine Mutter oder eine Frau von einem Soldaten, der sich auf unseren Autobahnen zu Tode fährt. Keineswegs mit Alkohol, nicht durch Raserei. Die sind einfach in Unfälle verwickelt – ob das jetzt wegen Übermüdung oder anders geschieht. Das ist furchtbar. Ich weiß nicht, ob tödliche Unfälle statistisch bei Soldaten überproportional vorkommen, aber mir fällt es sehr auf. Pendeln ist und bleibt Mist.

Ist durch die Wirklichkeit das alte idyllische Bild, dass man an einem Ort lebt, dass man sich dort ein Haus baut und ein Bäumchen pflanzt und die Kinder zur Schule gehen – ist das überholt, und die CDU müsste das begreifen? Oder haben Sie Verständnis dafür, dass sich in Ihrer Partei immer noch viele nach ebendiesem Lebensmodell sehnen?

Zunächst einmal ist die Lebenswirklichkeit sehr unterschiedlich in Deutschland. Es gibt nach wie vor Gegenden, wo es genau so ist, dass man da bleibt, wo man aufgewachsen ist. Meine Frau hatte vor wenigen Jahren ein Klassentreffen. Und dabei stellte sich heraus, dass 80 Prozent ihrer früheren Schulfreunde noch immer in einem Umkreis von 50 Kilometern rund um das alte Zuhause leben. Und das zweite ist: Als Bundesinnenminister hat mir das Bundesinstitut für Bevölkerungsforschung von einer Studie berichtet, die sie gemacht haben. Sie kam zu dem Ergebnis, dass wir eine Generation der mobilen Immobilen haben. Was das heißt? Dass gerade die jüngeren Menschen im Ausland studieren. Sie gehen als Schüler ein Jahr weg, sie machen Praktika in der ganzen Welt, sie reisen ins Ausland, sie nehmen teil an Erasmus-Programmen, aber sie wohnen immer länger im »Hotel Mama«. Das Alter, in dem Kinder von Zuhause wegziehen, wird immer höher. Dass einer mit 18 das Haus verlässt, gibt es kaum noch. Lieber richten die Eltern, die auch mehr Geld haben als früher, noch eine Einliegerwohnung im Einfamilienhaus ein, damit der Sohn oder die Tochter unabhängig ist, aber zu Hause bleiben kann. Für den Sohn oder die Tochter ist das sehr bequem, weil eben doch die Mutter vielleicht die Wäsche wäscht. Ich bedauere diese Entwicklung. Das ist nämlich nur eine scheinbare Mobilität. Ich finde es normal, dass man zwar ohne viele Umzüge zu Hause aufwächst, mit den Eltern zusammen ist, vielleicht auch einmal umzieht oder so. Aber nach dem Schulabschluss muss man weggehen und sich eine neue Heimat, eine neue Familie aufbauen und nicht im ersten Stock zu Hause einziehen. Ich denke, es ist bewahrender, wichtiger und zugleich heimatbegründender, wenn man sich an einem neuen, eigenen Ort etwas gründet und sich dort sein Leben aufbaut. Heimat muss erworben werden. Ich finde angeeignete Heimat besser als ererbte Heimat. Weil sie dann innerlich stattfindet, etwas Eigenes ist. Das finde ich konservativ und gut konservativ.

KAPITEL 6

Umzug ins Kanzleramt – Bestehen-Müssen in einer neuen Liga

Angela Merkel und die Wahl 2005 Im Jahr 2005 kommt es zum Machtwechsel in Deutschland. Nachdem die SPD am 22. Mai ihr Stammland Nordrhein-Westfalen verliert, entscheidet sich Bundeskanzler Gerhard Schröder in einem überraschenden Schritt, schon gut ein Jahr vor Ende der Legislaturperiode Neuwahlen anzustreben. Angela Merkel, die drei Jahre zuvor Edmund Stoiber die Kanzlerkandidatur überlassen musste, tritt nun selbst an. Lange Zeit führt ihre Union in den Umfragen haushoch, am Wahltag selbst aber kann sie sich nur noch hauchdünn vor Gerhard Schröders SPD behaupten.

Ein Machtkampf um die Vorherrschaft in der nun wahrscheinlich gewordenen Großen Koalition beginnt, den Merkel am Ende gewinnt, weil die Union knapp vor der SPD ins Ziel kommt. Die SPD sieht keine Möglichkeit mehr, für eine andere Regierung unter eigener Führung eine Mehrheit zu finden. Schröder gibt allerdings erst auf, als SPD-Chef Franz Müntefering ihm anzeigt, dass er keine Chance mehr hat. Die nachfolgenden Koalitionsverhandlungen beginnen anders als sonst. Statt zunächst über Inhalte, dann über die Ressortverteilung und am Ende über Personen zu sprechen, führt der Machtkampf ums Kanzleramt dazu, dass sofort über die Ressortverteilung und erst danach über die Sache gesprochen wird. Als der designierte Vizekanzler Müntefering seine Mannschaft dann auch noch frühzeitig vorstellt, muss Merkel nachziehen. Unter dem Druck von Münteferings Auftritt gibt sie sich genau ein Wochenende Zeit – und wählt bei dem für sie vielleicht wichtigsten Posten, dem des Kanzleramtschefs, keinen der Kandidaten aus Berlin, sondern einen alten Bekannten: Thomas de Maizière. Mit ihm hatte sie im Vereinigungsjahr an der Seite Lothar de Maizières zusammengearbeitet. Für de Maizière ist es Ehre und Last zugleich. Der Anfang in Berlin wird kein einfacher für den Mann aus Dresden.

Sie sind Minister in Dresden. Sie sind zum ersten Mal an einem Ort wirklich zuhause. Dann kommt ein Anruf aus Berlin. Haben Sie alles stehen und liegen lassen?

Nein, keineswegs. Ich war ja erst gut ein Jahr vorher sächsischer Innenminister geworden. Und das war nicht nichts, denn ursprünglich war ich nach Biedenkopfs Rücktritt und Milbradts Wahl zum Ministerpräsidenten erst mal auf die »Strafbank« gesetzt und vom Finanz- zum Justizminister gemacht worden.

Hat Sie das verletzt?

Zunächst ja. Das war schon als Abstieg gedacht. Ich habe auch überlegt, ob ich das mache. Aus Milbradts Sicht war es aber verständlich und nachvollziehbar. Ich war schon ein enger Begleiter von Biedenkopf gewesen. Dann hat mir das Justizressort aber nach und nach immer besser gefallen, und ich habe es sehr gerne geführt. Das ist ein schönes Ressort, gerade auf Landesebene. In der Zeit habe ich zum Beispiel über die Frage: »Was ist ein guter Richter?« eine Diskussion angestoßen und einen Paragraphenpranger erfunden. Bürger konnten sich an uns wenden, wenn sie einen Paragraphen für überflüssig hielten. Dann, nach der Wahl 2004, wurde ich Innenminister. Das habe ich Milbradt hoch angerechnet. Zumal er mich zuvor auch schon in die Verhandlungskommission für die Koalitionsverhandlungen mit der SPD berufen hatte. Das waren auf beiden Seiten nur fünf Leute dabei – und es war sehr spannend, mit der SPD zu verhandeln. Den Zahlen nach handelte es sich gar nicht um eine große Koalition. Trotzdem erhob die SPD den Anspruch, als Große behandelt zu werden, weil sie eben die SPD sei. »Groß« hieß in Sachsen für die SPD damals: gerade mal knapp zehn Prozent. Für die Übernahme des Innenministeriums hatte ich allerdings eine Bedingung gestellt: Ich wollte das nur werden, wenn wir eine große Funktionalreform machen. Sonst wäre ich im Justizressort geblieben. Funktionalreform hieß, alle Zuständigkeiten zwischen Land und Kommunen zu überprüfen und gegebenenfalls zu verändern. Dazu sollte auch eine Kreisgebietsreform gehören, damit größere Kreise mit mehr Aufgaben versehen und die Zahl der Landesbehörden gesenkt werden könnten. Das sollte ein großes Rad werden. Milbradt hat die Idee gefallen, also hat er gesagt: Dann machst du das. Und so stellten wir eine Kommission zusammen, die auch als eine Art Lenkungsausschuss der Koalition für diese Reform diente. Wir arbeiteten recht schnell und hatten das allermeiste in Eckpunkten schon nach einem Jahr fertig. Nun sollte es in die Gesetzgebung gehen. Und so schön es ist, wenn plötzlich ein Anruf aus Berlin kommt: Ich war mittendrin in einem anderen großen Projekt, das ich auf die Schiene gesetzt hatte und unbedingt fertigstellen wollte.

Sie hatten mit Merkels Anruf nicht gerechnet?

Nein. Gar nicht. Das Angebot der Bundeskanzlerin kam völlig überraschend. Ja, ich war zwar von Zeit zu Zeit als möglicher Ostbeauftragter gehandelt worden. Das wäre auch durchaus folgerichtig gewesen. Aber Chef des Bundeskanzleramtes – dafür wurden ganz andere Namen genannt. Norbert Röttgen gehörte meines Wissens zu den Kandidaten, auch Volker Kauder. Und ich glaube, auch der Name Erwin Huber war mal aufgetaucht. Dann aber hatte SPD-Chef Franz Müntefering etwas eigentlich Unerhörtes gemacht. Er hat vor Beginn der eigentlichen Verhandlungen sein Personal benannt, an einem Mittwoch. Nach klassischem Verständnis tat er es erstens zu früh und zweitens alleine, was natürlich ein Zeichen des Selbstbewusstseins der SPD sein sollte. Immerhin ernennt und entlässt formal die Kanzlerin ihre Minister, auch wenn über die Namen alleine die jeweilige Partei einer Koalition entscheidet. Münteferings Schritt erhöhte automatisch den Druck auf Merkel, nun auch ihr Personal vorzustellen. Sie kündigte öffentlich an, dass sie am darauffolgenden Montag ihre Mannschaft präsentieren würde. An sich wollte sie Inhalte und dann Ressorts verhandeln und abschließend das Personal benennen, so wie immer. Aber das ging nun nicht mehr. Also war sie unter Druck. Sie hatte sicher schon einige Namen im Kopf, aber nun musste sie sie mit dem jeweiligen Ressort verbinden. Das war zu einer Machtfrage geworden. Da bekam mein Büro an jenem Freitag einen Anruf, wo Frau Merkel mich am Wochenende denn erreichen könne. Das trug mir meine Sekretärin mit zitternder Stimme vor. Mein erster Gedanke war: Da geht es um den Ostbeauftragten – das mache ich nicht. Ich bin Innenminister, wir haben große Pläne, nein, das mache ich nicht. Staatsminister im Kanzleramt, nein, selbst wenn ich »der« Ostmensch bin und die Biographie dafür wie gemalt gewesen wäre. Ich kam nach Hause und meine Frau fragt: »Na, haben wir etwas zu erwarten am Wochenende?« Und das noch bevor ich ihr überhaupt erzählt hatte, dass Merkel mit mir telefonieren wolle. Das war sensationell, ihr Gespür. Ich habe geantwortet: »Ja, ja. Sie wird wohl anrufen, und ich rechne damit, dass ich Staatsminister für Aufbau Ost werden soll. Ich habe mir schon genau zurechtgelegt, ohne sie zu beleidigen, wie ich ihr sagen werde, dass ich das nicht mache.«

War das so einfach abzusagen?

Naja, sie hatte mir schon zweimal das Angebot gemacht, Generalsekretär der CDU zu werden. Das hatte ich zweimal abgelehnt. Genauer gesagt: Sie hatte einmal voll und einmal halb gefragt.

Halb gefragt?

Sie hat einmal richtig gefragt, das habe ich abgelehnt. Und einmal hatte sie wohl schon jemand anderen im Kopf und hat zu mir gesagt: Ich nehme jenen, aber ich will dich noch mal gefragt haben. Du hast es einmal abgesagt. Wenn du jetzt Ja sagst, überlege ich noch mal. Aber komme bitte nicht hinterher und sag zu mir: Warum hast du mich nicht noch mal gefragt? Das ist ein halbes Fragen. Doch dann rief sie an diesem Samstagmorgen um elf Uhr an und sagte: »Ich möchte dich als Chef des Kanzleramts, mit Ministerrang, auch mit der Teilnahme an CDU-Präsidiumssitzungen.« So wie sie das aus der Kohl-Zeit mit Bohl und Schäuble gewohnt war. Da habe ich gesagt: »Wow! Ich dachte Aufbau Ost und so.« »Ach nein, da denke ich jetzt noch gar nicht daran, jetzt geht es erst mal um die Minister.« Und dann habe ich angefangen, allerlei Gegenargumente vorzutragen. Ich habe aufgezählt, was dafür spricht und was dagegen. Dafür sprach, dass wir uns vertrauen und dass ich eine Regierungszentrale leiten kann. Dann habe ich gesagt: »Aber ich komme aus dem Land, und Land ist Provinz. Bund ist etwas ganz anderes. Ich war zwar im Vermittlungsausschuss, bin kein Unbekannter, kenne viele Leute in der Bundespolitik. Aber ich habe nie im Bund ein Amt gehabt.« Ihre Antwort: »Das war bei Steinmeier auch der Fall. Nach ein paar Monaten war der drin.« Das war ein starkes Argument. Also sagte ich: »Ich habe aber kein Mandat.« »Ja«, sagte sie, »das ist so, aber in diesem Kabinett werden einige kein Mandat haben.« Tiefensee hatte kein Mandat, Steinbrück und Steinmeier nicht, von der Leyen auch nicht.

War das nicht für viele ein großes Risiko?

Nach den klassischen Regeln und Überzeugungen schon. Und natürlich ist es immer besser, wenn ein Minister auch Teil der Fraktion ist. Aber das Mandat sollte nicht die oberste Voraussetzung sein, um jemanden zum Minister zu machen.

Also haben Sie zugesagt?

Nein. Ich habe gesagt: »Okay, das ist ein sehr ehrenvolles Angebot. Das kann man eigentlich nicht absagen. Aber ich bin hier Innenminister, natürlich muss ich mit Milbradt sprechen und noch mit ein paar anderen, vor allem auch mit meiner Familie. Ich sage dir morgen Bescheid.« Ich verlangte also nicht zu viel, nur dass ich noch einmal darüber nachdenken und darüber schlafen wolle. Aber sie sagte ganz nüchtern: »Nein, heute.« Ich versuchte es noch einmal: »Angela, das ist so eine wichtige Entscheidung!« Sie blieb klar und schnörkellos: »Nein, heute.«

Sagte sie: »Sei mir nicht böse, aber ich brauche es leider heute.«? Oder sagte sie: »Nein, heute!«?

Ich glaube, sie hat nur gesagt: »Nein, heute.« Sie war unter Druck. Gut, den Chef des Bundeskanzleramtes hätte man vielleicht noch zwei Tage später nachnominieren können, aber das wäre ihr peinlich gewesen. Ich erinnere mich, dass wir dann sogar noch um eine Stunde gefeilscht haben. Ich glaube, ich habe gesagt: »Okay, 19 Uhr.« Und sie hat gesagt: »Nein, 18 Uhr.« Sie hatte sich bestimmt schon weitere Gespräche im Anschluss zurechtgelegt. Je nachdem, ob ich Ja oder Nein sagen würde, musste und wollte sie andere Optionen haben.

Und Sie?

Mir blieb nicht viel Zeit. Also haben wir Familienrat gehalten. Zu Hause am Tisch. Davor und danach habe ich einige Freunde angerufen, vielleicht insgesamt fünf: meinen Vater, Milbradt – der war ja mein Chef – und drei Freunde. Danach haben wir entschieden, dass ich zusage. Die meisten, die ich angerufen habe, haben auch gesagt, ich soll es machen, so ein Angebot könne man nicht ablehnen. Auch Milbradt sagte das. Und zwar nicht mit dem Gefühl, dass er froh war, einen möglichen Konkurrenten loszuwerden. Es war für ihn schwer, den Innenminister neu zu besetzen. Er hat aber gesagt: »Aus Sachsen, der Chef-BK! Was Besseres kann uns doch gar nicht passieren!«

Haben Sie sich wieder überlegt, ob das Ihre Optionen erweitert?

Ja. Und zwar nicht, ob man später noch ein anderes Ressort kriegen kann, sondern eher vor dem Hintergrund, dass ich das ohne Mandat machen würde. Was ist, wenn die Koalition platzt? Nach einem Jahr kann man da schon weg sein. Ich habe ein Landtagsmandat, ich bin hier geachteter Innenminister, ich habe große Pläne, will meine Reform umsetzen. Und mit der Landes-SPD gibt es diese Chance. Das würde das Land für zwanzig Jahre prägen. Im Kanzleramt dagegen werde ich zum Moderator in einer Koalition, von der niemand weiß, ob sie länger als ein Jahr hält. Merkel hatte es ja gerade noch so geschafft. Die Union hatte ein schlechtes Ergebnis erzielt. Es wurde sowieso viel gemosert. Und in der Situation soll ich alles fahren lassen und Chef des Kanzleramtes werden? Aber genau in der Stimmungslage hat mir dann ein Freund gesagt: »Thomas, erinnere dich dran, wir saßen vor zwanzig Jahren mal irgendwo in der Sauna, und da habe ich dich gefragt: ›Was wäre eigentlich dein Traumjob?‹ Und du hast ganz spontan gesagt: ›Chef des Bundeskanzleramtes unter Angela Merkel.‹ Jetzt kriegst du diesen Traumjob angeboten – na dann los!«

Und dann hat er noch gesagt: »Wenn du das halbwegs gut machst, dann landest du nicht auf der Straße, dann findet sich immer etwas.«

Und Ihr Vater, was hat der gesagt?

Er hat auch gesagt: »Klar machst du das!« Und hinzugefügt: Wenn die Bundeskanzlerin einen so etwas fragt, dann sagt man nicht nein.

Das haben Sie offenbar nicht gleich so gesehen?

Naja, ich habe abgewogen, so wie ich das immer gemacht habe. Aber im Grunde stimmt das. Ich würde sogar noch weiter gehen. Wenn die Bundeskanzlerin sagt: »Ich möchte, dass Du Verteidigungsminister wirst«, und man antwortet: »Nein, ich möchte gerne Innenminister bleiben«, dann muss man damit rechnen, dass die Bundeskanzlerin sagt: »Dann bleibst du auch nicht Innenminister.« Die Bundeskanzlerin hat das Recht, wie ein Fußballtrainer ihre Mannschaft aufzustellen. Feierabend! Da kann ich nicht sagen: »Ja, aber ich möchte es lieber so.« Dann hat die Bundeskanzlerin das Recht zu sagen: »Einverstanden. Mach, was du für richtig hältst, aber nicht in meiner Mannschaft. Ich möchte, dass du Verteidigungsminister wirst. Wenn dir das nicht gefällt, dann bist du offenbar nicht der richtige Minister für mich, auch nicht der richtige Innenminister. Dann bist du nicht mehr Mitglied meines Teams.« So war es dann später nicht. Aber so kann ein Bundeskanzler handeln.

Woher kommt diese Auffassung des Dienens?

Auch von meinem Vater. Der war Soldat, er wurde versetzt. Das gehört dazu, und dann macht man das. Es hat mich in Wahrheit keiner davon abgehalten. Die Kanzlerin hatte mir übrigens noch Folgendes mit auf den Weg gegeben. Sie hat gesagt: »Lieber Thomas, ich akzeptiere für deine Absage keinen einzigen Grund, außer deine Familie ist dagegen. Die politischen Gründe, die du dagegen vorträgst, das zu beurteilen ist mein Job, und wenn ich das anders sehe, sehe ich das anders.« Das ist jetzt mein Vokabular, nicht ihres. »Du kannst trotzdem ablehnen, aber ich akzeptiere eine Absage nur, wenn die Familie Nein sagt.« Das fand ich für eine Frau, die keine eigenen Kinder hat, in der Situation und unter dem Druck, in dem sie war, bewegend. Auch wenn sie mich damit genau genommen noch mehr unter Druck gesetzt hat. Das ist klar. Ganz nach der Methode: »Führen durch Lob«. Das hätte eine Absage noch schwieriger gemacht. Wenn die Familie allerdings Nein gesagt hätte, dann hätte ich es auch nicht gemacht. Aber die Familie hat im Familienrat mit einigen Bedenken Ja gesagt, und dann habe ich Merkel um 18 Uhr gesagt: »Ich komme.«

Wie hat sie reagiert?

Sie hat sich bedankt und sich gefreut. Und hinzugefügt, ich möge doch bitte am Montag zur Präsentation nach Berlin kommen. Wir würden uns eine halbe Stunde vorher treffen, alles Weitere folge dann. Das war klar und kurz und knapp. Wir waren als Familie dagegen das ganze Wochenende ein bisschen durch den Wind. Da stand ja auch eine riesengroße Aufgabe bevor, und ich wusste überhaupt nicht, ob ich das schaffen und wie das alles gehen würde. Ich habe es natürlich erst mal auch nur wenigen erzählt. Sonntagabend sickerte es langsam durch. Dann hat Merkel mich am Montag präsentiert, unter der Kuppel im Reichstag. Und sie hat gesagt: »Thomas de Maizière ist einer meiner ältesten politischen Freunde.« Das hat mich berührt. Sie hatte das nie zuvor gesagt. Auch mir nicht. Und dann kam Volker Kauder auf mich zu, er war damals noch Generalsekretär, den ich nur mittelgut kannte, und hat mir die Hand gegeben: »Ich bin Volker Kauder. Ab jetzt für dich Volker. Ich freue mich, dass du das wirst. Auf gute Zusammenarbeit!« Ich habe das freundlich, aber nicht überschwänglich entgegengenommen – und erst Wochen später erfahren, dass das eine große Geste war, weil er eigentlich selber sehr gerne Chef des Kanzleramts geworden wäre. Später habe ich ihm dafür richtig gedankt.

2006 als neuer Chef des Bundeskanzleramts.

Und wie ging es nach Ihrer Präsentation weiter?

Ziemlich mittelmäßig für mich. Ich war ja nun designierter ChefBK und wollte eigentlich gleich loslegen und habe in den nächsten drei Wochen ein Zimmerchen oben in der sächsischen Landesvertretung bezogen. Nur: Es gab für mich bei den Koalitionsverhandlungen erst mal gar keinen Platz. Es war keiner vorgesehen. Die Plätze in den Koalitionsgremien waren vergeben, Volker Kauder koordinierte das alles. Ich lief da ein bisschen wie Falschgeld rum. Ich kannte von der Föderalismuskommission einige, hatte mit Norbert Röttgen viel und gut zusammengearbeitet. Aber ich war natürlich kein Platzhirsch. Trotzdem sollte ich Chef des Kanzleramtes werden, also war mir klar, dass ich hier jetzt was ändern muss. Also habe ich Merkel gesagt: Ich muss hier mindestens mal irgendwo dabei sitzen, ich muss noch nichts koordinieren, aber ich muss die Koalitionsvereinbarungen nachher umsetzen. Das leuchtete sofort ein. Also bekam ich einen Platz, saß allmählich überall dabei – und habe dann nach und nach versucht, einige Fäden in die Hand zu nehmen. Das war schwierig, aber irgendwann ging es dann.

Sie kehren also nach Berlin zurück, fünfzehn Jahre, nachdem Sie die Ost-Berliner Regierung beraten hatten. Wie sehr hatte sich alles verändert?

Bis 1989 war die Westberliner Politik eine Mischung aus Stadt- und Landespolitik mit einem Hauch Deutschland-Politik. Dann kam die Zeit Ende 1989 und 1990. Das war deutsche Politik und Weltpolitik in einem. Und das war exzeptionell. Das kann man mit nichts anderem vergleichen. Seit ich 2005 in die Bundespolitik kam, habe ich dagegen mit Berlin als Stadt nichts mehr zu tun. Sicher, ich wohne hier, aber das ist es dann auch. Ich habe mit der Bundespolitik zu tun, und die hatte ich bis dahin immer als untergeordneter Teilnehmer wahrgenommen. Ich war im Bundesrat, ich habe mit dem damaligen Forschungsminister Heinz Riesenhuber in den 90er Jahren über Forschungsinstitutionen geredet, ich war Mitglied im Vermittlungsausschuss, ich habe in der Föderalismuskommission I als Vertreter Sachsens teilgenommen. Bei all dem waren wir von den Ländern her gehobene Zaungäste und

Mitwirkende an bundespolitischen Themen. Als ich aber als Chef des Bundeskanzleramtes mitten ins Zentrum der Gestaltung der deutschen Politik geworfen worden bin, habe ich plötzlich den Ligaunterschied, den Klassenunterschied zwischen Landes- und Bundespolitik zu spüren bekommen. Plötzlich waren Mecklenburg-Vorpommern und Sachsen nur noch sehr kleine Länder. NRW, Bayern und Baden-Württemberg sind größer. Aber im Zweifel erleben auch die das so. Mein Amtsvorgänger Frank-Walter Steinmeier kam als Chef der Staatskanzlei aus Hannover nach Berlin – und er hat das ähnlich geschildert. Berlin ist eine ganz andere Liga. Ich hatte deshalb Zweifel, ob ich die Aufgabe im Kanzleramt bewältige.

Ihr Start war alles andere als einfach. Warum?

Das stimmt, das muss ich selbstkritisch sagen. Ich habe bestimmt ein halbes Jahr, vielleicht neun Monate gebraucht, um richtig hineinzukommen. Die Menge der Medien, die Breite und die Internationalität vieler Themen, die man in diesem Amt sehr schnell bewältigen muss. Dazu die Bedeutung der Europapolitik – auch schon lange vor der Finanzkrise. Das hatte eine Wucht, die enorm war. Und dazu viele neue Menschen, die dort längst mit ihrer ganzen Erfahrung agierten – ich habe ganz schön schlucken müssen, bis ich reingekommen bin und mich über Wasser gehalten habe. Dazu kamen die Befindlichkeiten der verschiedenen Personen. Die Befindlichkeiten in der Fraktion. Der Umgang mit den Medien. In Sachsen und in Mecklenburg-Vorpommern war ich gewohnt, dass der Fraktionsvorsitzende und sein parlamentarischer Geschäftsführer entscheidend sind. Und dann gab es noch ein, zwei weitere, die in der Fraktion wichtig sind. Alle anderen mussten nicht vorher informiert werden. In Berlin war das plötzlich ganz anders. Die Rolle eines Arbeitsgruppenvorsitzenden, eines stellvertretenden Fraktionsvorsitzenden, zum Teil sogar einzelner Abgeordneter, die nicht mal Arbeitsgruppenvorsitzende sind, ist sehr wichtig. Der eine, weil er öffentlich Stimmung beeinflussen kann, der nächste, weil er in der Sache gut ist und viele Multiplikatoren kennt. Gleichzeitig wacht der Fraktionsvorsitzende eifersüchtig darüber, dass man mit ihm etwas abstimmt und er und der Parlamentarische Geschäftsführer das dann mit den Arbeitsgruppenvorsitzenden ausmachen. Bei der Fülle der Themen kann er das manchmal aber gar nicht. Also muss man Dinge gleichzeitig abstimmen, mit den Arbeitsgruppenvorsitzenden spezieller, mit den Fraktionsvorsitzenden etwas allgemeiner. Dann kommen weitere Fragen: Wer kriegt wann welche Unterlagen? Wer ist wie wichtig, informell wichtig? Wer redet viel und ist nicht wichtig? Wer redet wenig, ist aber wichtig? Wer redet viel und ist trotzdem wichtig? Und: Wann kommt ein Thema in den Koalitionsausschuss? Die Koordinationsaufgabe ist einfach gigantisch.

Und Sie fühlten sich wie ein Anfänger?

Naja, ich wusste ja schon, wie man regiert. Der Prozess selber, der war für mich nicht wirklich neu. Aber ich hatte geglaubt, in der Großen Koalition machen wir die großen Projekte außer bei der Gesundheitsreform auch mal in reiner Form. Das hätte geheißen: In dem einen Projekt setzt sich die Union durch, dafür ist es ein schlüssiges Konzept. Und in einem anderen Projekt setzt sich die SPD durch, und dann ist auch das ein schlüssiges Projekt. Die Ideen bekommen also eine echte Chance, und nach einer gewissen Zeit überprüft man, ob das geht oder gescheitert ist, um es im Zweifel zu korrigieren. Tatsächlich aber hieß es sofort: Ausgeschlossen! Mit der Idee bin ich gescheitert, weil sich in jedem Projekt Unions- und SPD-Positionen wiederfinden mussten, auch wenn es sachlich nicht vernünftig war.

Wer hat das unmöglich gemacht?

In der Regierung und mit den Ressorts hätte man das vielleicht noch hingekriegt, aber mit den Fraktionen nicht. Dass ein wichtiger Arbeitsgruppenvorsitzender im Politikfeld A hinnimmt, dass sein Werkstück sozialdemokratisch geprägt ist, weil in einem anderen Feld ein anderer Arbeitsgruppenvorsitzender der Union sich durchsetzt – das war weder in der Unions- noch in der SPD-Fraktion mit den jeweiligen Fachsprechern zu erreichen. Mit den Ländern und dem Vermittlungsausschuss hatte ich bei der Einarbeitung weniger Probleme, da war ich sofort drin, das war ein großer Vorteil. Das heißt nicht, dass wir nicht viele Probleme mit den Ländern hatten, und das, obwohl die Koalition im Bundesrat eine große Mehrheit hatte. Trotzdem ging das für mich mehr oder weniger aus dem Stand. Da war ich akzeptiert, die kannten mich. Die wussten, dass ich sie nicht über den Tisch ziehe. Aber das eigentliche Berliner Geflecht war doch eine gewaltige Herausforderung.

Ich hatte für all das so etwas wie ein Schlüsselerlebnis. Nach einiger Zeit fing ich an, ein bisschen Pressearbeit zu machen. Wenig natürlich und viel im Hintergrund. Aber immerhin. Und dazu hat mich eine Presseagentur – es war nicht einmal die größte – in ihre Konferenz eingeladen. Wir kommen da hin in ein Großraumbüro, und da sitzen fast hundert Journalisten. Wir machen eine Runde, und die Leute stellen sich vor: »Hallo, wir drei sind zuständig für Gesundheitspolitik! Guten Tag, wir beide sind zuständig für Wirtschaftspolitik! Und ich bin zusammen mit meiner Kollegin für Sie und das Kanzleramt zuständig. Wir berichten nebenbei noch ein bisschen von der CDU.« Daraufhin habe ich gefragt: »Moment mal, Sie beide beschäftigen sich Ihren ganzen Tag nur damit, was das Kanzleramt macht?« »Ja.« Das hat mich umgehauen. Zumal das noch multipliziert werden muss mit fünf Agenturen, dazu kommen die Korrespondenten in den Zeitungen, in den Rundfunkanstalten, und so weiter und so weiter. Ich habe gedacht: Was ist denn hier los? Wie kann man hier jemals irgendetwas vertraulich halten oder einfach mal überlegen? Das wird ja alles beobachtet! Jeder Schritt! Und so war es auch. Das war für mich ein Schlüsselerlebnis. Ich hatte in Sachsen als Justizminister zweimal im Jahr einen Presseabend gemacht. Da kamen die Justizreporter, das waren relativ viele, aber die landespolitischen Korrespondenten, die ich natürlich kannte aus meiner Zeit als Chef der Staatskanzlei, die kamen nicht einmal, weil die zu viel zu tun hatten. Wenn man dort mit fünf bis zehn Journalisten redete, dann war die gesamte Landespressekonferenz abgedeckt! Und dabei hat Sachsen noch mehr Korrespondenten als Mecklenburg-Vorpommern.

Ich bin nicht schwer von Begriff, ich hatte schon viele Jobs bis dahin, und ich war und bin bereit, wirklich viel zu arbeiten. Aber dieses Themenspektrum und diese Belastung – ich hatte anfangs echt Probleme, das physisch, psychisch und intellektuell zu bewältigen. Sicher, wenn man das mal geschafft hat und Blut geleckt hat in der Bundespolitik, dann geht man nicht mehr zurück in die Landespolitik. Der Gestaltungsspielraum ist da gering geworden in der Landespolitik – das ist mir nach kurzer Zeit natürlich auch sehr klar geworden.

Haben Sie jemanden um Rat gebeten?

Nicht viele. In den Bundesländern konnte ich keinen fragen, weil die keine Erfahrung hatten. Aber ich habe sehr ausführlich und offen mit einem meiner Vorgänger geredet: Friedrich Bohl. Und das war großartig. Den kannte ich aus meiner Zeit in Schwerin. Also habe ich ihn um Rat gefragt. Und er hat gesagt: »Na klar, das mache ich.«

Was haben Sie ihn gefragt?

Einfach alles. Was macht der Chef-BK? Wann sind Sie aufgestanden? Wie ist eigentlich der Tagesablauf eines Kanzleramtschefs? Wie war Ihr Wochenablauf? Was haben Sie montags gemacht? Was dienstags? Wer ist wichtig? Wer ist unwichtig? Wie war das mit den Kabinettsvorlagen, wann sind die gekommen? Was war mit dem Koalitionsausschuss? Wie oft haben Sie den Kanzler gesehen? Wie oft den Fraktionsvorsitzenden? Wie haben Sie die Opposition behandelt? Was war mit Pressepolitik? Wie ist die Rolle der Abteilungsleiter im Kanzleramt? Wie haben Sie die gebändigt? Warum wollen die alle »Beauftragte« heißen und nicht Abteilungsleiter? Ich habe ihn sprichwörtlich mit Fragen gelöchert. Er hat mir geduldig, sehr kundig und ganz vertraulich alles erzählt. Ich konnte ihm auch die dümmsten, einfachsten, schlichtesten Fragen stellen. Fragen, die ich mich nie getraut hätte, jemand anderen zu fragen. Davon habe ich in meiner Arbeit unendlich gezehrt. Wer lernen will, muss fragen. Wer regieren können will, muss auch dümmste Fragen stellen können.

Hätten Sie das Amt auch für einen anderen Kanzler übernommen?

Wahrscheinlich nicht. Die Tatsache, dass es Angela Merkel war, hat eine große Rolle gespielt.

Ist es nicht gefährlich, wenn man eine solche Entscheidung auf eine Person stützt und nicht auf ein Amt?

Doch. Die Abhängigkeit von Personen verschließt eher Optionen. Personen werden abgewählt, werden abgelöst, werden pensioniert. Trotzdem spielt die persönliche Beziehung gerade in so einem Fall doch eine sehr große, auch emotional wichtige Rolle. Ich habe zu Merkel gesagt: »Angela, wir mögen uns, wir haben einiges zusammen erlebt, aber ich hatte bisher keine Arbeitsbeziehung zu dir. Du hast in der Fraktion fünfzig Leute, die hast du jeden Tag gesehen. Du weißt, was die können und was die nicht können. Du weißt nicht, wie ich von morgens bis abends bin. Du hast mich als Kollegen vor 15 Jahren erlebt, und dann hast du mich als Chef der Staatskanzlei erlebt. Das ist doch weit weg.« Da sagte sie: »Ja, das ist so, aber ich glaube, das wird gut.« Dass Angela Merkel mich gefragt hat mit ihrer Art, an die Dinge heranzugehen, und mit einem ganz tiefen Vertrauen aus dem Jahre 1990 – nicht abgestumpft im Alltag – das war schon sehr entscheidend.

Hat sie Ihnen beim Einleben geholfen?

Ja. Ich habe aber auch ein paar Fehler gemacht, und da hat sie mich schon zurechtgewiesen.

Was für Fehler?

Das kann und will ich nicht erzählen. Aber sie waren hilfreich fürs weitere Arbeiten. Ich würde sogar sagen: Man muss Fehler machen, um wirklich gut zu werden.

Gab es auch Sozialdemokraten, mit denen Sie sich beraten haben? Gibt es an so einer Stelle gar einen Ehrenkodex, dass man sich hilft?

Die Amtsübergabe mit Frank-Walter Steinmeier war relativ knapp, nicht aus bösem Willen, sondern weil die Zeitabläufe damals so waren. Er musste ja als neuer Außenminister an anderer

Stelle ein Haus übernehmen. Ich habe ihn dann vier bis sechs Wochen danach besucht, und wir haben zwei Stunden miteinander geredet, unter vier Augen. Er hat mir über seine ersten Erfahrungen als Außenminister berichtet. Dass er sich danach sehnt, dass Vermerke auch einmal nur drei, vier Seiten umfassen und nicht zwanzig. Und ich habe über meine ersten Schritte erzählt. Dabei hat auch er mir Tipps gegeben, indem er erzählte, wie er dieses und jenes gemacht hat. Später, vielleicht so nach einem Jahr, habe ich dann alle meine Vorgänger eingeladen. Zum Abendessen ins Kanzleramt. Das war sehr schön. Da haben wir uns gegenseitig viel erzählt, auch die Sozialdemokraten. Aber deren Zeit war mit Ausnahme Steinmeiers doch schon weit weg. Wir haben außerdem in der großen Koalition regelmäßig mit Müntefering und Wasserhövel und dann später mit Steinmeier und seinen Leuten über die Zusammenarbeit gesprochen. In einem engeren exekutiven, organisatorischen Sinne. Nicht so sehr im parteipolitischen, nach dem Motto: Wer setzt sich in welcher Frage durch? Wir haben uns gefragt: Wie kommen wir miteinander aus? Sind wir genügend informiert? Wie ist unsere Arbeit? Stimmen die Stränge der Information? Wir haben diese Dinge reflektiert und darüber geredet. Wir haben uns gefragt, ob wir ein Frühwarnsystem haben, damit wir sagen können: »Achtung, da hakt es, da müssen wir was tun.« Wenn ich ein Problem mit einem Minister hatte, dann hat meistens mein Büroleiter dessen Büroleiter schon mal angerufen. Und dieser hat dann seinem Minister gesagt: »Der Chef-BK hat damit und damit ein Problem, der könnte Sie gleich anrufen.« Dann konnte der sich innerlich darauf einstellen. Bei dem Einen ging das mehr, bei dem Anderen ging das weniger. Wir haben auch darüber gesprochen, ob es richtig ist, dass wir uns immer auf Chefebene treffen. Wann sollen Staatssekretäre Konflikte lösen? Darüber haben wir mit einigen wenigen in der Union und mit einigen vom Koalitionspartner immer wieder im Kanzleramt diskutiert. Auf Eskalations- und De-Eskalationsabläufe habe ich mit meinen Mitarbeitern großen Wert gelegt. Es ging trotzdem vieles schief, aber über diese Fragen sollte man immer wieder reden und sie nicht als selbstverständlich ansehen.

Muss sich das jede Koalition stets von Neuem erarbeiten?

Es gibt Strukturelemente, die gelten für jede Koalition. Es gibt besondere Strukturelemente, die gelten für Große Koalitionen, und es gibt Personen, die halt in einer bestimmten Weise miteinander können oder nicht. Und dafür braucht man dann bestimmte Konstruktionen. Zum Beispiel ist es eine alte Tradition gewesen, dass sich das Umwelt- und das Wirtschaftsministerium nicht vertragen. Was heute so ist, war früher auch schon so. So musste Steinmeier zwischen Wolfgang Clement und Jürgen Trittin immer wieder heftigst vermitteln. Das hat sich zwischen den Ressorts fortgesetzt, unabhängig davon, wer regiert hat. Bei Rot-Grün war das nicht anders als in der schwarz-roten Koalition oder jetzt in der christlich-liberalen. Das liegt nicht nur an den handelnden Ministern, sondern vor allem an der Sozialisation der Mitarbeiter in den Ministerien. Die haben sich nicht das Schwarze unter dem Fingernagel gegönnt. Bis hin dazu, dass sie zum Teil Probleme hatten zu entscheiden, wo sie sich bei Verhandlungen treffen und wer den Kaffee bezahlt. Zu meiner Zeit haben wir deswegen oft im Kanzleramt Besprechungen gemacht zwischen Wirtschafts- und Umweltministerium, auch mit ein paar Mitarbeitern aus dem Kanzleramt dabei. Da bin ich oft am Anfang nur dabei gewesen, damit das Gespräch überhaupt zustande kommt. Die haben sich nicht einmal geeinigt, wo man sich trifft. Wer also zu wem gehen muss. Bis ich entschieden habe, dass wir diese Besprechungen künftig immer häufiger im Kanzleramt machen würden. Dann habe ich gehört, dass das früher auch schon so war. Das ist absurd. Zwischen Ministerialräten? Lächerlich. Und doch: Wenn man zu wichtigen Ergebnissen kommen will, muss man auf so etwas Rücksicht nehmen. Ich kann die Menschen doch nicht ändern. Dann musste man klären, bei wem man sich darauf verlassen kann, dass eine Information auch ankommt. Bei wem muss man anschließend beim Staatssekretär noch mal die Information nachträglich übermitteln, damit sie auch wirklich ankommt im Apparat? Bei wem ist das nicht nötig? Das sind Dinge, die muss man in jeder Koalition immer wieder neu erarbeiten, auch dafür ist der Chef-BK da. Es kommt immer wieder vor, dass man sich bei einem Minister nicht darauf verlassen kann, dass er die Infos ins Ministerium gibt. Und wenn das passiert, stoppt der ganze Prozess erst mal – ohne dass das Kanzleramt das mitbekommt. Deshalb muss man wissen, dass so etwas passieren kann. Man braucht Sicherungen, die so etwas zu verhindern helfen. Es geht eben nicht nur darum, Wahlen zu gewinnen und Macht zu erlangen. Man muss regieren auch können. Und das machen sich viele vorher nicht bewusst.

Haben Sie Ihre eigenen Leute, vielleicht sogar die Mitarbeiter von Kabinettskollegen, in solchen Fragen mal geschult? Im Kanzleramt? Oder auch in der CDU?

Ja und nein. Mir selbst haben natürlich meine vielen Amtswechsel sehr geholfen. Auch das Organigramme-Malen. Ich habe mein halbes Leben Organigramme gemalt. Das begann mit meinem ersten Organigramm, das war die Organisationsstruktur des Grundsatzreferats in der Senatskanzlei West-Berlin. Wie müsste es aussehen, damit wir erfolgreich sind? Dann der Aufbau der DDR-Regierung, dann der Aufbau einer Landesregierung in Mecklenburg und so weiter. Das hat mich mein Leben lang begleitet. Aber nicht nur aus Fleiß, es hat mich auch sehr interessiert. Mich interessieren Organisationen und deren Eigenleben stark. In Schwerin in der Staatskanzlei haben wir tatsächlich mal eine Weiterbildung gemacht, haben Vertreter eines großen Industrieunternehmens eingeladen zu der Frage: Wie funktioniert eine gute Organisation? Wie müsste eine Staatskanzlei funktionieren im Verhältnis zu den Ressorts? Da haben wir eine richtige Schulung gemacht. Ansonsten ist und bleibt halt die Praxis die beste Schule des Lebens – und die Reflexion darüber. Das ist besonders wichtig: Dass man nicht einfach die Struktur der Vorgänger übernimmt, sondern stets über die eigene Organisation nachdenkt.

Gab es Augenblicke, in denen die Verantwortung so groß war, dass Sie gerne geflohen oder in die Rolle des Hausmeister geschlüpft wären? Beispielsweise bei Entführungsfällen?

Nein. Ich habe nie gedacht, ich wäre jetzt lieber etwas anderes. Und der Gedanke, dass ich gerne Fachminister wäre oder ein anderes Ressort übernehmen würde, war weit weg. Gerade 2005. Aber dass es extrem schwierige Entscheidungen gibt, gerade bei Entführungsfällen, ist absolut richtig. Beispielsweise die Frage: Zugriff oder kein Zugriff? Der Chef des Bundeskanzleramtes ist als Aufsichtsorgan des Bundesnachrichtendienstes und Vorsitzender der Lage der Nachrichtendienste (ND-Lage) mit schwierigsten Sachverhalten konfrontiert. Wie geht man mit Entführungen um? Wann soll die Öffentlichkeit informiert werden? Soll sie überhaupt informiert werden? Was passiert, wenn man etwas entscheidet und die Öffentlichkeit wird nicht informiert, es kommt dann aber trotzdem raus? Das sind sehr schwierige Fragen. Und solche Belastungen sind sicher nicht das Allerschönste. Aber abgewandelt von Franz Münteferings Spruch – Opposition ist Mist! – würde ich dennoch sagen: Regieren ist nicht Mist. Das ist schön, und ich habe das Glück gehabt, sehr viel in Regierungstätigkeiten zu sein. Bis heute. Und wenig in der Opposition. Da spürt man schon, dass Regieren schön ist. Andererseits gibt es in einer Regierung natürlich schwierigste Entscheidungsvarianten, die sehr bedrücken. Das bleibt dann auch in den Kleidern hängen, das legt man nicht einfach weg. Da ist keineswegs alles schön, aber das gehört dazu.

Gibt es für Sie, wenn Sie in einem Ministerium oder im Kanzleramt neu anfangen, eine erste Amtshandlung?

Ja. Ich habe immer versucht, mir ganz schnell ein eigenes kleines Nest zu bauen – mit Vorzimmer, Fahrer, Büroleiter und so. Das ist sachlich wichtig, aber auch für so etwas Altmodisches wie Geborgenheit. Und dann habe ich in allen meinen Funktionen bis auf das Verteidigungsministerium (dort habe ich es in Maßen ein bisschen nachgeholt) einen Hausrundgang gemacht. Angefangen in der Poststelle und Registratur. Bei den einfachen Mitarbeitern, die man sonst als Minister nicht sieht. Auch im Kanzleramt. Ich bin durch jedes Zimmer gegangen, habe gefragt, wer da ist, habe mich vorgestellt, obwohl die das ja alle wussten. Und ich habe sie nach ihrer Arbeit gefragt. Das dauert. Das Kanzleramt hat ja nicht so viele Mitarbeiter, aber auch das hat drei Vormittage gebraucht.

Das fand und finde ich für mich hilfreich, und offenbar haben die Mitarbeiter das auch sehr geschätzt und wahrgenommen. Jedenfalls erinnere ich mich an eine Szene bei der Telefonzentrale oder Poststelle, wo eine Mitarbeiterin gesagt hat, sie hätte noch nie einen Minister zu Gesicht bekommen, obwohl sie seit dreißig Jahren im Kanzleramt arbeite.

Der Spiegel hat etwas ironisch geschrieben, Sie hätten als erste Amtshandlung im Verteidigungsministerium die Schrifttypen auf Briefen und Vermerken vereinheitlicht. Ist das nicht in der Tat kleinkariert von Ihnen gewesen?

Nein, keineswegs. Weil eine einheitliche Schrift sehr wichtig ist. Im Kanzleramt musste ich das nur begrenzt machen, weil da schon alles sehr gut war. Ich habe es im Übrigen auch im Verteidigungsministerium nicht als Erstes gemacht. Aber sehr bald. Denn eine korrekte, eine einheitliche äußere Form ist für den Inhalt sehr wichtig. Dabei gibt es ganz praktische Dinge: Der Chef des Bundeskanzleramtes, der Verteidigungsminister, der Innenminister, sie alle müssen viele Akten lesen, auch spät abends, auch übermüdet. Das Kanzleramt hat sechs Abteilungen, das Innenministerium hat noch mehr, das Verteidigungsministerium hatte sogar zwölf. Wenn jede Abteilung einen eigenen Schrifttypus hat – die eine schreibt Arial, die andere Times New Roman; die eine hat den Rand da, die andere seinen Rand anderswo – da werden Sie wahnsinnig. Außerdem ist der Zwang der äußeren Form – im Kanzleramt darf ein Vermerk möglichst nicht länger als drei Seiten sein – sehr hilfreich. Er zwingt zu inhaltlicher Präzision. Weiter brauchen Sie Platz auf diesen Vermerken, damit Vorgesetzte etwas hineinschreiben können. Denn ganz vieles läuft schriftlich und leider nicht mündlich. Also muss der Platz für die Anmerkungen ganz klar sein. Der Abteilungsleiter hat immer seinen Platz, wo er auf seiner Akte schreibt. Und der Chef hat seinen Platz auch. Dem dienen im Übrigen auch die unterschiedlichen Farben. Der Chef in der Verwaltung schreibt grün, der Stellvertreter rot. Als Chef des Kanzleramts habe ich rot geschrieben. Selbst Kopien sind heutzutage farbig, damit immer klar bleibt, wer was geschrieben hat. Ein sehr wichtiges Thema ist darüber hinaus, wer was gesehen hat. Wer muss mitzeichnen? Dienstwege und Mitzeichnungen sind wichtig und müssen festgelegt sein, weil die Tendenz in der Verwaltung ausgeprägt ist, entweder etwas alleine zu machen und andere möglichst nicht zu beteiligen, um oben gut auszusehen. Oder aber sich so abzusichern, dass es nie zu einer Verantwortung kommt – Hauptsache, es haben alle gesehen. Dafür müssen Sie einen richtigen Weg finden, und all das findet seine Zuspitzung in äußeren Formvorschriften. Sie sind für die Rationalität, Transparenz und die inhaltliche Präzision der Arbeit sehr wichtig, obwohl es nach Formelkram klingt.

Sie haben im Kanzleramt etwas nicht gemacht, was Sie später im Innenministerium und auch im Verteidigungsministerium gemacht haben. Sie haben sehr schnell – ich würde sagen, als erste Amtshandlung – den Staatssekretär entlassen.

Einen von zweien, ja.

Braucht ein Minister das als Zeichen seiner Macht?

Nein. Zunächst zum Kanzleramt: Wenn eine Regierung richtig wechselt, dann scheiden normalerweise alle Abteilungsleiter aus dem Kanzleramt aus. Die sind politische Beamte, die sind sehr nah am Regierungschef oder der Regierungschefin, an der Regierungspolitik. Deswegen ist es in Ordnung und nicht zu beanstanden, wenn sich ein neuer Regierungschef neue Abteilungsleiter im Kanzleramt sucht. In einem Fachressort ist das nur teilweise der Fall. Aber es muss nicht flächendeckend sein, auch bei Staatssekretären nicht. Aber im Kanzleramt ist ein solcher Wechsel absolut verständlich. Wir hatten 2005 nun das Glück, dass es gar kein vollständiger Regierungswechsel war. Die SPD blieb ja in der Regierung, wenn auch als Juniorpartner. Die führenden Leute der SPD hatten ein eigenes Interesse, ihre guten Leute aus dem Kanzleramt zu sich zu holen. So gab es keine Wunden, die die Zusammenarbeit in der Koalition erschwert hätten. Mehr noch: Diejenigen, die aus dem Kanzleramt in SPD-Ressorts gingen, wussten, wie ein Kanzleramt funktioniert und wann Ärger aus dem Kanzleramt fachlich ist, wann eine Bitte vielleicht aus Parteiinteresse gestellt wird und wann es der Kanzlerin rein fachlich geschuldet ist. Das war sehr hilfreich, es hat sehr viele Konflikte entdramatisiert. Der Kanzler oder die Kanzlerin müssen über vieles einfach informiert sein, und dann war es kein böser Wille oder der Wunsch, irgendwie ein CDU-Ding zu machen. Dass diese ehemaligen Kanzleramtsmitarbeiter das gut zu unterscheiden wussten, war sehr, sehr hilfreich für die Zusammenarbeit.

Umso erstaunlicher war, dass Sie zweimal sofort einen Staatssekretär entließen, obwohl Sie in ein schon zuvor von der Union geführtes Ministerium wechselten.

Als Innenminister und Verteidigungsminister habe ich das aus Gründen gemacht, die nach dem Beamtenrecht vorgesehen sind. Es entspricht meinem Stil und entspricht der Rechtslage, und man ist gut beraten, über die Gründe dafür auch nicht nach Jahren öffentlich zu reden.

Über die Wirkung kann man trotzdem sprechen. Hat Ihnen das zusätzlichen Respekt verschafft?

Das war eine rein personenbezogene Entscheidung in beiden Fällen und hat mir, weil es auch fachlich bedeutende Persönlichkeiten waren, sicher auch Schwierigkeiten gemacht. Aber ich habe die Entscheidung gefällt, dass das nötig war. So ist es, dabei bleibt es. Und wie gesagt, auch im Nachhinein wäre es nicht richtig, über die Gründe zu sprechen. Eines aber ist klar: Die Begründung war nicht, meine Macht zu demonstrieren.

KAPITEL 7

Große Koalition I: Erst im Glück, dann im Clinch

Der Start der Großen Koalition Die Große Koalition ist im Herbst 2005 von niemandem gewollt und wird auf beiden Seiten mit größter Vorsicht ausgehandelt. Doch als die neue Regierung steht, hat sie zuallererst Glück. Denn die Wirtschaft fasst schnell Vertrauen und ist froh, dass der politische Stillstand fürs Erste vorbei ist. Dieses Gefühl wiegt deutlich schwerer als der erste Beschluss des schwarz-roten Bündnisses, der von vielen Wirtschaftsexperten als falsch und gefährlich bezeichnet wird: Die massive Mehrwertsteuererhöhung zum 1. Januar 2007. Gleich um drei Prozentpunkte wird die Steuer erhöht. Obwohl die SPD im Wahlkampf entsprechende Pläne der Union scharf kritisiert hat, erschreckt die Koalition die Menschen damit nicht. Stattdessen löst sie mit dem Beschluss im Jahr 2006 einen gegenteiligen Effekt aus. Nicht wenige Menschen entschließen sich, längerfristige Investitionen vorzuziehen, um noch in den Genuss des niedrigeren Satzes zu kommen.

Leicht wird das Regieren trotzdem nicht. Schon bald rücken Beschlüsse der alten SPD-Regierung in den Fokus, die für die Koalition zu einer schweren Belastung werden könnten. Es geht um die beiden Terrorverdächtigen Khaled al-Masri und Murat Kurnaz. Al-Masri war von den Amerikanern in der heißen Phase des Anti-Terror-Kampfes nach dem 11. September 2001 entführt und gefoltert worden, bevor er klammheimlich wieder freigelassen wurde. Obwohl der damalige Bundesinnenminister Otto Schily davon später erfahren hatte, informierte er niemanden und unternahm auch nicht den Versuch, eine Entschuldigung und eine Entschädigung für al-Masri auszuhandeln. Der andere, Murat Kurnaz, saß nach Jahren der Gefangenschaft noch immer in Guantánamo, weil die Schröder-Regierung nichts unternommen hatte, um den, wie sich mit der Zeit herausstellte, unschuldig dort einsitzenden Kurnaz wieder nach Deutschland zu holen. Kanzlerin Merkel nun kritisiert kurz nach der Amtsübernahme die USA für das Gefangenenlager und kündigt an, Kurnaz nach Deutschland zu holen. Das erhöht die Spannungen in der Koalition, weil der frühere Kanzleramtsminister Frank-Walter Steinmeier in die Kritik gerät. Zum Bruch führt es aber nicht, weil mehrere CDU-Politiker in ihrer Bewertung Verständnis zeigen für die schwierige Lage der Vorgängerregierung.

Ein drittes, für die Koalition zentrales Thema wird die Gesundheitsreform. Union und SPD verständigen sich auf ein Konzept, und das, obwohl sich die Idee einer Kopfpauschale (der Union) und einer Bürgerversicherung (der SPD) eigentlich wechselseitig ausschließen. Der Kompromiss wird in der Öffentlichkeit deshalb von den meisten zerrissen, weil der Eindruck entsteht, dass die Lösung vor allem viel Geld koste, zusätzliche Bürokratie schaffe und nur beschlossen wurde, um beiden Seiten die Möglichkeit zu geben, das jeweils eigene Konzept später doch noch in Reinform umzusetzen. Während die Koalition sich also selbst auf die Schulter klopft, halten die meisten Menschen den Kompromiss für falsch.

Die Große Koalition ist 2005 von Glück begleitet ins Amt gestartet. Die Mehrwertsteuer hat nicht jene negativen Folgen, die viele vorhersagten. Woran lag das? Anfängerglück?

Die Mehrwertsteuererhöhung war das Ergebnis eines vorbereitenden Koalitionspapiers von Peer Steinbrück und Roland Koch. Die beiden haben damals die Finanzpolitik ausgehandelt. Beide haben gesagt, die Haushaltslage sei so schlecht, dass an einer Erhöhung kein Weg vorbeiführe. Ihre Begründung: Man könne an anderer Stelle nicht so schnell so viel bewirken. Deswegen müsse es eine Erhöhung der Mehrwertsteuer sein. Eine Erhöhung der Einkommenssteuer hätte den Konsum wahrscheinlich mehr belastet. Eigentlich hatte der Vorschlag der beiden darin bestanden, die Mehrwertsteuer gleich um vier Prozentpunkte zu erhöhen. Darüber haben wir lange diskutiert. Ob es, wenn man das schon macht, nicht besser wäre, gleich einen richtig großen Schritt zu tun. So, dass es richtig wirkt. Der Ärger würde sowieso gleich groß sein. Aber wir haben uns dann auf drei Prozent verständigt, vor allem damit der Haushaltsdruck auf die anderen Bereiche hoch bleiben würde und die Haushaltsprobleme nicht nur über mehr Einnahmen gelöst würden. Außerdem haben kluge Ökonomen gesagt, man könne durch eine zu große Erhöhung den Konsum erdrosseln und die wirtschaftliche Entwicklung stoppen. Dann hätten wir mit Zitronen gehandelt. Das diskutieren wir ja auch heute: Wie erreicht man eine kluge Haushaltskonsolidierung, ohne das Wachstum zu erdrücken? Diese Abwägung war das entscheidende Argument, nur um drei Prozent – »nur« in Anführungszeichen – zu erhöhen. Dabei war uns klar, dass das sehr riskant war. Es gab viele Experten, die gesagt haben: »Das ist ökonomisch ganz falsch.« Aber es ist gutgegangen. Ich kann das ökonomisch kaum erklären. Sicher, wir hatten das Inkrafttreten erst für ein Jahr später beschlossen. Das sollte Vorzieheffekte auslösen, was ja dann wohl auch eingetreten ist. Aber so genau war das alles nicht zu berechnen. Ich würde sagen: wir hatten auch Glück.

Als die Große Koalition 2005 zusammenfand, hat sie mindestens zu Beginn besser funktioniert als erwartet. Warum eigentlich?

Naja, sie hat gar nicht immer gut funktioniert. Im Nachhinein wirkt das alles rosig, aber vieles hat natürlich nicht gut funktioniert. Der Start war immerhin positiv. Erstens haben sich alle am Riemen gerissen. Die CDU hatte kein glanzvolles Ergebnis erreicht. Im Gegenteil. Und das, obwohl kurz vorher noch ganz anderes erwartet worden war. Zugleich konnte die SPD froh sein, dass sie überhaupt noch in der Regierung war. Ihre Ergebnisse bei den Landtagswahlen zuvor waren ja miserabel gewesen. So hatten beide Seiten gute Gründe, sich demütig zusammenzureißen. Zweitens waren wir uns der Situation sehr bewusst, dass eine Große Koalition nur alle Jubeljahre vorkommt und eine Ausnahme sein würde und sein muss. Dieser besonderen Verantwortung wollten wir gerecht werden. Und drittens hat eine echte große Koalition, also eine mit zwei fast gleich großen Partnern, einen strukturellen Vorteil gegenüber kleinen Koalitionen, insbesondere bei der gemeinsamen Willensbildung und der Kompromissfindung. Jedenfalls, wenn die führenden Personen einer solchen Koalition halbwegs miteinander können. Da beide Partner ungefähr gleich groß sind, liegen die Kompromisse immer eher in der Mitte. Koalitionen zwischen Groß und Klein haben dagegen – egal wer jetzt groß und wer klein ist – immer die Tendenz, dass der Große den Kleinen nicht gut genug behandelt und der Kleine stets meint, er müsse besser behandelt werden. Der Große fragt sich dauernd, warum er so viele Zugeständnisse machen soll. Und der Kleine fürchtet andauernd, dass er untergebuttert wird. Das war bei Rot-Grün genauso wie jetzt bei Union und FDP.

Nicht viel anders ist es in vielen Ländern. Das kann bei Großen Koalitionen nicht passieren und ist deshalb ein strukturell hilfreicher Punkt. Und dann kommt noch etwas Besonderes dazu, was keineswegs selbstverständlich ist: Die Bundeskanzlerin und Müntefering hatten die Personen der Regierung exekutiv besetzt. Fast alle, die als Minister in die Regierung kamen, hatten Regierungserfahrung, ob in den Ländern wie Frau Schavan oder Frau von der Leyen oder ich oder in großen Kommunen wie damals Herr Tiefensee. Und dazu gab es viele ehemalige Minister, bei uns wie bei der SPD.

War das Zufall oder Absicht?

Ich kann das nicht mit letzter Gewissheit sagen. Ich war ja nur Objekt dieser Zusammenstellung. Aber ich glaube, das war Absicht – aber ich vermute mal, dass das nicht abgesprochen war. Auf beiden Seiten herrschte einfach eine Stimmung nach dem Motto: Wenn schon eine Große Koalition, dann brauchen wir da Leute wie Steinbrück und wie Schäuble. Das müssen Leute sein, die regieren können.

Ein interessanter Aspekt kam dazu: Wer in den Ländern regiert hatte, wer da also Erfahrung gesammelt und Fachministerkonferenzen erlebt hatte, wusste, dass in dem einen Land die SPD regierte und die oppositionelle Union deren Politik scharf kritisierte, während in einem anderen Land die CDU als Regierungspartei gar nicht so weit weg war von der Politik des Nachbarlandes, diesmal aber heftig von der SPD-Opposition kritisiert wurde. Es gab also viele Erfahrungen mit der Unterscheidung zwischen gutem Regieren und parteipolitisch motivierter Kritik. Das war sehr wichtig für einen guten Anfang. Selbst die zweite Reihe, die Riege der Staatssekretäre, war in den wichtigen Ressorts gut besetzt. Und die Staatssekretärsrunde war effektiv. Die Staatssekretäre hatten Prokura, wie wir das genannt haben. Sie hatten also

Die Große Koalition: Mit Bundeskanzlerin Angela Merkel und Vizekanzler Franz Müntefering.

auch die Macht, Dinge zu entscheiden, mussten nicht immer rückfragen beim Minister. Diese Runde war weitgehend vertraulich und dicht, hat nichts ausgeplaudert. Sie ist bis heute eine der ganz wenigen Runden in Berlin, aus der nicht viel öffentlich gequatscht wird. Und wenn, dann sehr gezielt, was dann allerdings besonders ärgerlich ist.

Schließlich gab es da noch eine letzte Erfolgsbedingung für die Große Koalition, und die kam für uns eher überraschend. Denn auch die Journalisten wollten, dass diese Koalition erst mal Erfolg hat. Das darf man nicht vergessen. Wir wurden hochgeschrieben. Was wiederum damit zu tun hatte, dass die Kanzlerin, die insbesondere aus der Wirtschaft kritisch beäugt wurde, ihre Sache viel besser machte, als es viele erwartet hatten. Also gingen ihre Werte plötzlich hoch, und den angeblich großen Zampano Schröder vermisste plötzlich niemand mehr so sehr. All das waren begünstigende Faktoren für uns.

Wer war beim Start wichtiger? Frau Merkel oder Herr Müntefering? Der SPD-Vormann hatte die schwierige Aufgabe, eine sehr verwundete SPD über Wasser zu halten.

Beide waren sehr wichtig, aber am wichtigsten war die Kanzlerin. Dass Müntefering regieren konnte, war klar. Dass er autoritär seinen Laden zusammenhalten kann, mit allen Problemen, die das auch für ihn bedeutet hat, war auch klar. Müntefering war wichtig, als Autorität und als verlässlicher Partner. Bei der Kanzlerin dagegen war unklar, ob sie »Kanzler kann«, wie das einer sagte. Das war ja eine der Hauptbotschaften im Wahlkampf der Sozialdemokraten gewesen, dass Gerhard Schröder »Kanzler kann« und Angela Merkel angeblich nicht. Ja, sicher, da war diese für die SPD schreckliche Agenda 2010. Sie war nötig, aber eins schien vielen klar: Schröder kann Kanzler und die Frau aus dem Osten nicht. Diese Propaganda wirkte nach, auch in unserem Lager. Nach dem eher schlechten Wahlergebnis gab es ohnehin Kritik. Angela Merkel hat das innerhalb weniger Monate gründlich widerlegt. Und das war natürlich eine Erfolgsbedingung für die Große Koalition. Zumal sie es dann so gemacht hat, dass sie die Sozialdemokraten nie »geduscht hat«, wie meine Kinder es sagen würden, der SPD also nie das Gesicht genommen hat. Auch zum Ärger in der eigenen Partei hat sie Herrn Schröder oder die Politik von ihm auch mal gelobt. Das war wichtig.

Haben Sie eine Veränderung erlebt bei den Sozialdemokraten?

Ja, wachsenden Respekt, von Woche zu Woche. Es hat gerade in der Anfangsphase auch sehr gut funktionierende Vier-Augen-Gespräche zwischen der Bundeskanzlerin und ihrem Vizekanzler gegeben, auch einen guten Austausch per SMS, obwohl Müntefering eher ein SMS-Muffel war. Was aus meiner Sicht eher für ihn spricht.

Wer aus der SPD hat Sie am meisten beeindruckt?

In der Anfangszeit und überhaupt Müntefering. Später dann Steinbrück in der Finanzkrise. Und mit Steinmeier habe ich seit der Zeit – übrigens schon, als er Chef des Bundeskanzleramtes

Am Rande einer Kabinettssitzung am 24. Oktober 2007 mit Außenminister Frank-Walter Steinmeier.

war und ich Chef der Staatskanzlei – ein sehr kollegiales Verhältnis. Bis heute ist das so. Was wir vertraulich miteinander besprochen haben, blieb vertraulich. Die zweite Phase mit ihm, als er Vizekanzler war, war auch gut. Obwohl er dann zunehmend Probleme auch in der eigenen Partei hatte bis hin zur Krise um Kurt Beck als SPD-Chef. Müntefering und Steinbrück sind die, die mich am meisten beeindruckt haben. Die größte Nähe hatte ich mit Steinmeier und Steinbrück.

Steinmeier hat einige Zeit nach dem Start mal gesagt, Sie könnten das nicht. Hat Sie das verletzt, oder hatte er am Anfang sogar recht?

Hat er das gesagt? Ich hatte Merkel ja gewarnt, dass ich nicht wisse, ob ich das alles hinbekommen würde. Sie hatte geantwortet, dass Steinmeier es nach einigen Monaten auch geschafft habe. Damit sprach sie nicht nur aus, dass es nach einer Weile schon klappen würde. Sie machte auch so wunderbar klar, dass das nicht auf Anhieb gelingen würde. Keiner kann sein Amt auf Anhieb, wenn er neu anfängt. Ich weiß nicht, wann Steinmeier das gesagt hat. Später habe ich das jedenfalls nicht mehr gehört – weder von ihm noch von anderen.

Sie waren noch früh im Amt, da landete schon ein Thema auf Ihrem Tisch, mit dem Sie sicher nicht gerechnet hatten. Die Rede ist von Khaled al-Masri und Murat Kurnaz. Beides deutsche Staatsbürger, beide standen unter Terrorverdacht, und beide waren nach dem 11. September 2001 auf unterschiedliche Weise in die amerikanische Anti-Terror-Brutalität geraten. Al-Masri war von den Amerikanern entführt und in verschiedenen Ländern, darunter Afghanistan, gefangen gehalten und gefoltert worden, bis er still und leise freigelassen worden war. Und Kurnaz saß fünf Jahre in Guantánamo, bevor die USA ihn wieder freiließen und Deutschland ihn wieder aufnahm. In beiden Fällen richtete sich die Kritik gegen die SPD-geführte Vorgängerregierung. Einmal, weil mit dem damaligen Innenminister Otto Schily ein prominentes Regierungsmitglied früh vom Fall al-Masri wusste, ohne der Sache nachzugehen. Im anderen Fall, weil die Bundesregierung und damit auch Ihr Vorgänger Frank-Walter Steinmeier einem Guantánamo-Häftling keine Einreise nach Deutschland gewähren wollte und dieser auch deshalb immer länger in Guantánamo saß. Was haben Sie gedacht, als Sie das erste Mal davon hörten?

Zunächst muss ich sagen, dass mich genauso die Frage beschäftigt hat, ob es auf deutschem Boden unerlaubt Transporte von Gefangenen gegeben haben könnte.

Bei den genannten beiden Fällen ging es im Wesentlichen um zwei Fragen: War das, was Schily gemacht hat, in Ordnung? Und war es richtig, dass die Vorgängerregierung sich nicht so richtig intensiv bemüht hat, Herrn Kurnaz aus Guantánamo zu holen? Schily verschwieg den von den Amerikanern eingeräumten Fehler bei al-Masri. Er war derjenige, der gesagt hat: »Ich berichte das nicht.«

Ich fand Schilys Verhalten von damals für einen Innenminister in einer solchen Lage falsch. Man muss so einer Sache härter nachgehen. Aber Schily war der Vertrauensmann der deutsch-atlantischen Beziehungen. Das Verhältnis zu den Amerikanern war schwer gestört. Er wollte es nicht weiter belasten und hat die Geschichte deswegen für sich behalten. An sich geht das nicht. In der konkreten Situation war es verständlich.

Er hat die Menschenrechte von al-Masri ignoriert, weil er persönlich Verständnis für das Handeln der USA gehabt hat. Muss man zum Schutze eines guten Verhältnisses zu den USA einen solchen Preis im Kampf gegen den Terror akzeptieren?

Jetzt mal langsam. Ich habe gesagt, dass ich das im Grundsatz für falsch halte. Als der Fall hochkam, war Schily zu seinem Leidwesen nicht mehr Minister. Und mir war in meiner Position als Chef des Bundeskanzleramtes relativ schnell klar, dass auch ich Entscheidungen treffen würde, die sich später auswirken und womöglich im Rückblick anders hätten entschieden werden können. Deswegen habe ich auch entsprechend im Untersuchungsausschuss ausgesagt. Ich wollte die extreme Entscheidungssituation, in der die damals Handelnden waren, nicht im Nachhinein mit späteren Erkenntnissen schlaubergerisch anders darstellen. Auch in der Hoffnung, dass, wenn ich mal in so eine Lage geraten sollte, meine Nachfolger sich ähnlich verhalten. Deswegen: was Herrn al-Masri angeht, hätte man das bei funktionierenden deutsch-amerikanischen Beziehungen in der Regierung erfahren müssen. Schilys Verhalten war nicht in Ordnung. Aber in der Gesamtsituation, in der Otto Schily sich in der Koalition befand, hatte ich dafür auch im Nachhinein ein gewisses menschliches Verständnis. Ich wollte dann auch nicht nachtreten. Das ist mir wichtig.

Wo wir allerdings sehr empfindlich waren und dem auch nachgegangen sind, war die Frage: Haben die Amerikaner, ohne uns etwas zu sagen, in Deutschland Gefangene hin- und hertransportiert und ihre Rechte, die sie zur Nutzung deutscher Flugplätze haben, wissentlich missbraucht? Der Sache sind wir, soweit wir das aufklären konnten, scharf nachgegangen, mit – Gott sei Dank – negativem Ergebnis.

Bei dem fünf Jahre in Guantánamo sitzenden Murat Kurnaz haben wir uns anders verhalten als bei al-Masri. Wir haben dort anders gesprochen und gehandelt als unsere Vorgänger – allerdings ohne die Sozialdemokraten und ihre Entscheidung offen zu kritisieren. Wir haben gesagt: »So geht es nicht weiter. Bei Kurnaz gibt es einen klaren Deutschlandbezug, wir nehmen ihn aus Guantánamo.« Wir haben nicht die Linie unserer Vorgänger fortgesetzt, nach dem Motto: »Naja, eigentlich täten wir ihn schon gerne nehmen wollen müssen. Aber in Wahrheit wollen wir ihn doch nicht richtig haben.« Aber ich habe zusammen mit Wolfgang Schäuble, der damals Bundesinnenminister war, Wert darauf gelegt, dass das in einer Weise geschieht, die auch die Vorgängerregierung nicht komplett beschädigt. So fanden wir das angemessen, und so habe ich mich dann auch im Untersuchungsausschuss als Zeuge verhalten.

Sind solche Fehler unvermeidlich in Zeiten des Terrors?

Ja. Wir waren ja alle nach dem 11. September überrascht über das Ausmaß auch der Vorbereitungshandlungen in Deutschland. Stichwort Mohammed Atta, der in Hamburg gelebt hatte und einer der Drahtzieher gewesen ist. Deswegen ist die ganze Arbeit der Sicherheitsbehörden danach ausgerichtet gewesen, die Gefährlichkeit von Personen früh zu erkennen. Die Tendenz war natürlich eher, sehr vorsichtig zu sein. Im Strafrecht gilt die Unschuldsvermutung. Wenn es Indizien gibt und die reichen nicht zu einer Verurteilung, dann hat der Mensch als unschuldig zu gelten.

In der Vorbeugung, bei den Nachrichtendiensten, ist es exakt umgekehrt. Wenn es Indizien gibt, die auf eine Gefährlichkeit hindeuten, dann gilt das im Zweifel zu Lasten des Betroffenen. Das ist so, und das ist auch notwendig. Da geht es nicht um exekutive Befugnisse; da wird ja keiner verurteilt. Aber lieber hat man einen mehr im Blick als zu wenig. Und daraus können natürlich Fehler passieren.

Das heißt, die Unschuldsvermutung, wie sie im normalen Strafrecht gilt, ist im Antiterrorkampf nicht mehr so viel wert?

Doch, wenn es um die Strafverfolgung geht, ist sie gültig. Aber wenn es um die Vermeidung der Begehung von Straftaten geht, im Vorfeld also, gilt sie nicht. Das ist auch richtig so. Wir haben einen Ausdruck, der auch öffentlich bekannt ist. Wir sprechen von Gefährdern. So nennen wir Personen, von denen wir der Überzeugung sind, dass sie potenziell geeignet, in der Lage und willens sind, einen Anschlag zu begehen. Ob sie es tun, ob sie die Infrastruktur haben, ob ihre Gefährlichkeit wirklich so ausgeprägt ist wie vermutet, das weiß kein Mensch. Aber wir würden unsere Pflicht verletzen, wenn wir sie nicht beobachten würden. Deswegen war es bei Kurnaz auch richtig, dass man bei ihm äußerst vorsichtig gewesen ist.

Aus der damaligen Sicht war Kurnaz ein Mensch, der sich radikalisiert, der sein Äußeres verändert, der aus Bremen so weggeht, dass er im Bekanntenkreis Andeutungen macht, dass er in den Kampf zieht. Damals jemandem vorzuwerfen, dass er das für gefährlich hält, in der damaligen Situation, das fand ich falsch. Deswegen war das, was Herr Steinmeier und andere damals entschieden haben, aus der damaligen Sicht nachvollziehbar und richtig. Als sich das dann später anders dargestellt hat (wie immer man auch seine Gefährlichkeit einschätzt) und er in Guantánamo saß und wir uns öffentlich gegen Guantánamo ausgesprochen hatten – da haben wir die damalige Entscheidung korrigiert und ihn nach Deutschland geholt.

Das heißt, nach dem 11. September gab es eine Zeit, in der auch die Bevölkerung aus Ihrer Sicht mit so einem »Kollateralschaden« leben musste? In der Abwägung durch Politiker?

Ja. Die Einschätzungen können falsch sein, wenn man sich in der Einschätzung der Gefährlichkeit von Personen irrt. Übrigens ist das nicht nur im Anti-Terror-Kampf der Fall. Auch bei der Frage nach einer vorzeitigen Haftfreilassung von Sicherungsverwahrten. Wie gefährlich ist ein Mensch? Das ist eine unendlich schwere Entscheidung. Das ist ja nicht Mathematik! Da kann man sich

Der Kanzleramtsminister Thomas de Maizière vor dem BND-Untersuchungsausschuss zum Fall Kurnaz, 10. Mai 2007.

irren! Das hat manchmal schlimme Folgen, aber das ist bei jeder Einschätzungsfrage so.

Würden Sie bei der Sicherheitsverwahrung sagen: Trotz des Risikos dürfen wir das Prinzip nicht aufgeben, die Leute – wenn es irgendwie geht – wieder zu resozialisieren?

Das Risiko der Einschätzung der Gefährlichkeit bleibt immer. Das führt dazu, dass wenn so jemand entlassen wird, die Polizei ihn rund um die Uhr begleitet, damit er oder sie keine Straftat mehr begeht. Das ist nicht nur aufwändig, sondern bringt neue eigene Probleme mit sich, insbesondere für den Rest der Bevölkerung, der dauernd mit dem Gedanken konfrontiert ist, dass da ein ehemaliger und vielleicht künftiger Mörder oder Vergewaltiger lebt. Der Umgang mit der Gefährlichkeit von Menschen ist als solcher gefährlich. Da kann man immer nur behutsam und klug damit umgehen, verantwortungsvoll, mit dem Risiko des Scheiterns.

War die Geschichte um Kurnaz gefährlich für den Zusammenhalt der Koalition? Oder war es für Sie eine Gelegenheit, sich solidarisch zu zeigen?

Herr Steinmeier und andere in seinem Umfeld waren immer sehr nervös und besonders empfindlich, wenn er den Eindruck hatte, dass wir das Thema nutzen, um die Vorgängerregierung und damit auch seine Arbeit als Chef des Bundeskanzleramtes zu diskreditieren. Es gab zugleich in meiner Fraktion Kollegen, die gesagt haben: »Ihr schont die Sozialdemokraten zu sehr!« Aber ich habe mein Verhalten nicht so sehr im Blick auf die Koalition und die Folgen für sie ausgerichtet. Ich hatte die Kontinuität von staatlichem Handeln im Umgang mit solchen Fällen zu berücksichtigen. Dann gibt es noch etwas, was immer ein bisschen eigenartig klingt, aber sehr wichtig ist: Auch Dienste und Regierungen müssen sich darauf verlassen können, dass Informationen, die sie untereinander geben, vertraulich bleiben. Dass man damit behutsam umgeht und sie auch im Nachhinein nicht innenpolitisch missbraucht. Wenn das anders ist, kriegt man keine Informationen mehr. Und da wir hundertmal mehr abhängig sind von amerikanischen Informationen als Amerikaner von unseren Informationen, werden wir in solchen Fällen immer behutsam abwägen müssen.

Der FDP-Politiker Max Stadler, damals Obmann seiner Fraktion im Untersuchungsausschuss, heute Staatssekretär im Bundesjustizministerium, hat gesagt, am Umgang mit Kurnaz habe man studieren können, wie »ein Rechtsstaat entgleisen kann, wenn die Kontrollschrauben gelockert werden«.

Welche Kontrollschrauben? Ich will mal ein anderes Beispiel nennen, den unter Terrorverdacht in einem syrischen Gefängnis sitzenden Deutsch-Syrer Zammar. Er war ein des Terrorismus beschuldigter Mann, er war ein Doppelstaatler. Und er saß in Syrien in Haft unter Haftbedingungen, die offensichtlich menschenrechtswidrig sind. Dann kam aus Damaskus das Angebot, man könne ihn im Zusammenhang mit deutschen Ermittlungsverfahren befragen. Die syrische Regierung bot das an, man bat sogar darum, um selbst Informationen zu erhalten, die möglicherweise andere Terrortaten verhindern. Ist das nun erlaubt oder nicht? Das war die Frage. Dazu kam die eher mittelwichtige

Frage, ob das Bundeskriminalamt oder der Bundesnachrichtendienst dabei sein sollten. Schäuble entschied damals zu Recht, in Zukunft nicht mehr die Strafverfolgungsbehörde, sondern nur die Sicherheitsbehörden mit so etwas zu beauftragen. Aber die viel wichtigere Frage war: Darf man das überhaupt machen? Legitimiert man damit das Justizvollzugssystem von Syrien? Weil man nicht ausschließen kann, dass der Mann vielleicht vorher gefoltert worden ist? Weil man nicht weiß, was vorher und hinterher mit ihm passiert? Weil ihm vielleicht sogar eine Aussage, die er macht, besonders schlecht bekommt anschließend? Bei all diesen Fragen finde ich, dass es nicht die polizeiliche Aufgabe der Strafverfolger ist, aber natürlich eine Aufgabe von Nachrichtendiensten und Aufklärung, so viele Informationen wie möglich zu bekommen, um mögliche Attentate zu verhindern. Selbst dafür gibt es allerdings Grenzen. Wir können Folter nicht dulden. Deshalb haben wir auch Regelungen getroffen, was geschieht, wenn es dafür Anzeichen gibt. Wenn die Befrager Folterspuren sehen, wird das Gespräch abgebrochen. Und doch: Wenn wir nur mit Staaten zusammenarbeiten würden, die einen Rechtsstaat haben wie wir, dann können wir mit vielen wichtigen Staaten die Zusammenarbeit gegen den Terrorismus einstellen. Wir haben Informationen aus Saudi-Arabien bekommen mit Blick auf die Kofferbomber in Köln. Sollen wir die Informationen nicht verwerten, weil Saudi-Arabien keine freiheitlich-demokratische Grundordnung hat und wir nicht wissen, wie die Informationen, die Saudi-Arabien uns gegeben hat, zustande gekommen sind? Sollen wir deswegen auf die Informationen verzichten? Natürlich nicht! Das sind natürlich Grenzfälle, immer. Es gibt andere Fälle, die sogar noch schwieriger sind. Wir vereinbaren mit Staaten, etwa mit den Maghreb-Staaten, dass wir gemeinsam den Terrorismus bekämpfen, und wissen, dass wir zum Teil eine gleiche Bedrohungssituation haben. Das bedeutet auch, dass wir Reisewege von bei uns lebenden terroristischen Gefährdern in ein solches Land dem jeweiligen Land mitteilen. Es kann aber sein, dass dieses Land diesen Reisenden daraufhin in ein Gefängnis steckt, das nicht unseren rechtsstaatlichen Kriterien entspricht. Darf man das tun oder nicht? Meine Antwort ist: Ja! Man darf sie nicht sehenden Auges in diese Gefängnisse schicken, aber wenn man einen gegenseitigen Informationsaustausch über solche Reisewege vereinbart, kann es sein, dass auch das die Folge ist. Sonst kann man internationale Zusammenarbeit einstellen. Wir sind die Hauptnutznießer solcher Informationen, weil die meisten Täter aus Staaten kommen, bei denen es keine freiheitlich-demokratische Grundordnung gibt, die Anschläge aber bei uns stattfinden sollen.

Ist das der Preis, den vermeintlich oder berechtigt Verdächtige bezahlen müssen, damit unsere Gesellschaft geschützt ist?

Ich nehme für uns in Anspruch, für meine Zeit, in der ich das verantwortet habe, dass wir versucht haben, damit sehr behutsam und gewissenhaft umzugehen. Deswegen sind ja in der Lagebesprechung der Nachrichtendienste (ND-Lage) und in der Lagebesprechung der Präsidenten der Sicherheitsbehörden (Präsidentenlage) auch andere Ressorts beteiligt. Ich habe immer darauf geachtet, dass wir alle Entscheidungen in der Präsidentenlage einvernehmlich treffen, das heißt, zwischen allen Ressorts. Es gibt keinen einzigen Fall, wo wir das streitig entschieden hätten. Blieb es strittig, habe ich es zurückgestellt. Wir haben so lange diskutiert, bis wir eine Einigung hatten. Auch diese Fragen haben wir beispielsweise mit dem Justizministerium, das da ja dabeisitzt, immer so diskutiert. Aber ich wiederhole: Wir reden hier nicht über rechtsstaatliche Grundsätze der Strafverfolgung, sondern wir reden über Gefahrenabwehr und internationale Zusammenarbeit. Da müssen andere Regeln gelten zum Schutze unserer Bürger.

Warum hat Angela Merkel Guantánamo kritisiert? Die SPD hat es nicht gemacht, die Kanzlerin war kaum im Amt und hat das Gefangenenlager klar verurteilt.

Weil die Kanzlerin in vielen Fragen viel grundsätzlicher ist, als ihr das zum Teil zugeschrieben wird – und auf jeden Fall grundsätzlicher als ihr Vorgänger.

Heißt das, dieser Schritt ist intern auch genau so geplant worden?

Nein, das war keine strategische Entscheidung, nach dem Motto: Condoleeza Rice kommt, und dann machen wir das. So wie es ohnehin selten den großen Plan gibt in der Politik. Ich weiß es nicht mehr genau. Vielleicht war es eine Frage eines Journalisten in der Pressekonferenz, vielleicht hatte es sich im Gespräch ergeben. Ich kann es nicht mehr sagen, aber sie hat die Kritik nach meiner Erinnerung in einer behutsamen Form vorgetragen. Und sie konnte sich das wegen des ansonsten guten Verhältnisses zu George W. Bush leichter leisten.

Sie hatten in der Zeit noch einmal Ärger mit dem Bundesnachrichtendienst. Es wurde öffentlich, dass der Dienst kritische Journalisten bespitzelt hatte. Und das auch noch im Inland, wo der BND sprichwörtlich nichts zu suchen hat. Wann sagt einer wie Sie mal ganz klar: »Jetzt ist Schluss!«?

Naja. Erstens war das alles lange vor meiner Zeit gewesen. Zweitens haben wir das dann hart aufgeklärt, auch mit einem Sonderermittler – dem ehemaligen BGH-Richter Schäfer. Ich musste, da das auch lange zurücklag, keinerlei Rücksicht auf irgendwen nehmen. Und wenn doch, war mir das völlig egal. Ich will aber drittens sagen, dass es natürlich für einen Teil der damals Handelnden im BND, aber auch für einen Teil der Journalisten sehr spannend war, Hintergrundgespräche zu führen. Und wer da wen abgeschöpft hat, das lässt sich bis heute im Nachhinein nicht so ganz klären. Es haben sich also auch einige von den Journalisten ganz schön willig in diese Situation hineinbegeben. Das gehört zur Wahrheit dazu. Wir haben als Folge daraus rote Linien gezogen für die Zukunft, was alles nicht mehr gehen darf. Das alles war aber nicht so schwierig. Schwieriger waren Fälle im Kongo, als Internetanschlüsse in einem Hotel und die Nutzung durch deutsche Staatsbürger überwacht worden waren und man mir eine Information darüber vorenthalten hatte. Wie geht man damit um?

All das war nicht in Ordnung, wurde aufgeklärt und für die Zukunft abgestellt. Auch mit Härten für die beteiligten BND-Mitarbeiter.

Sie haben damals trotz allen Ärgers den Chef des Nachrichtendienstes nicht entlassen, auch weil Sie gesagt haben, er sei nicht verantwortlich gewesen. Wenig später folgte dann doch ein Ultimatum an Ernst Uhrlau, der den BND führte. Warum?

Dabei ging es um eine in Afghanistan abgehörte Spiegel-Redakteurin – und die Kongo-Abhöraffäre schwang noch so mit. Dabei ging es gar nicht so sehr um die Sache selbst. Eine Sache übrigens, die sehr interessant ist. Was ist, wenn man bei einem Gesprächspartner den Telefonverkehr überwacht, wenn man also wie in diesem Fall Informationen über einen ausländischen Politiker zusammenträgt, einschließlich seiner Telefonanschlüsse? Dann gibt es zwingend Mitbetroffene, nämlich alle, mit denen er telefoniert hat. Wie also gehe ich mit diesen Informationen um? Da ist es so, dass die reine Aufzeichnung eines solchen Gesprächs mit einer Journalistin noch nicht per se zu beanstanden ist, wohl aber der mögliche Umgang damit. Das muss vernichtet werden. Der technische Aufzeichnungsvorgang ist einer von vielen. Auch durch Menschen. Dann lesen die das, dann muss es vielleicht einer abschreiben. Aber wenn das dann ein Verantwortlicher zu lesen bekommt, muss er sagen: »Halt! Das ist eine Journalistin? Das müssen wir vernichten.« Das muss passieren, ist hier aber nicht passiert. Das war das Problem.

Im Kongo-Fall lagen die Dinge ein bisschen anders. Da gab es den Fall, dass der BND in einem Hotel im Kongo alle Anschlussnehmer überwacht hat, unter anderem auch deutsche Staatsbürger. Das Letztere war nicht in Ordnung. Und dazu kam, dass es ein, sagen wir mal, Informationsübermittlungsproblem gegenüber dem Präsidenten des BND gab und wahrscheinlich auch gegenüber dem Kanzleramt. In der Situation habe ich dem Präsidenten des BND die Gelbe Karte gezeigt und gesagt: »Das war der letzte Fall dieser Art, sonst ist es Ihr Ende.«

Ruiniert sich der BND durch solche Affären selbst? Er hat getan, was er nicht darf – und seine Kritiker immer vermuten.

Solche Dinge sind gefährlich. Sie führen nicht nur zu Rücktritten, sondern auch noch zu einer Rufschädigung.

Aber ich will zum Schutz des Dienstes etwas sagen: Das sind 6000 Mitarbeiter. Bei anderen Einrichtungen, die 6000 Mitarbeiter haben, passieren auch jede Menge Fehler, auch beim Umgang mit Daten, und zwar nicht nur bei Sicherheitsbehörden, auch sonst wo. In irgendwelchen Finanzämtern, in irgendwelchen Umweltämtern, in irgendwelchen Meldeämtern passieren Fehler beim Umgang mit Daten. Das kriegt man nur seltener mit. Und wenn doch, dann ist es halt ein Skandal, dann wird das irgendwie korrigiert. Aber hier, im Falle des Bundesnachrichtendienstes, bekommt jeder Fall sofort eine hochpolitische Bedeutung.

Das muss auch so sein. Ein Geheimdienst ist kein Finanzamt.

Ja, es ist richtig, dass das so ist. Ich beklage das nicht. Das größte Problem ist oft der Umgang mit dem Fehler. Man muss dann eben seinen schwarzen Zylinder aufsetzen und zum Chef kommen und sagen: »Wir haben da ein Problem gehabt.« Man muss aufklären, man muss dann die Konsequenzen ziehen, aber einen fehlerfreien Nachrichtendienst, den kann es nicht geben.

Wer über den Staat, den Staatsschutz, Geheimdienste spricht, der denkt inzwischen oft ganz leise auch an Michael Buback, den Sohn des von der RAF getöteten Generalbundesanwalts Siegfried Buback. Er kämpft einen einsamen Kampf. Er will endlich wissen, wer seinen Vater ermordet hat, und er wird den Verdacht nicht los, dass möglicherweise auch der Verfassungsschutz – vorsichtig gesagt – nicht alles zur Aufklärung beigetragen hat. Haben Sie Sympathien für jemanden, der so leidet und sich hinters Licht geführt fühlt?

Ich bin als Bundesinnenminister mit seiner Geschichte vertraut gewesen. Ich habe Herrn Buback und anderen geholfen, Zugang zu mehr Akten zu bekommen, weil ich es rechtsstaatlich richtig fand, einer Strafverfolgung im Nachhinein noch einmal eine Chance zu geben. Allerdings habe ich das nicht vollständig getan, und zwar mit Rücksicht auf gegebene Zusagen früherer Regierungen.

Gab es Zusagen an den Verfassungsschutz? Gar an die RAF?

Nein, es gab Zusagen früherer Regierungen an bestimmte Personen, etwas nicht offenzulegen. Und daran haben sich alle Nachfolgeregierungen – auch ich mich – gebunden gefühlt. Aber wir haben dann Aktenauszüge oder Sachverhalte so zusammengestellt, dass sie Rückschlüsse auf bestimmte Personen nicht zugelassen und zugleich eine vollständige Aufklärung der strafrechtlichen Beteiligung ermöglicht haben. Das haben wir genau so mit der damaligen Generalbundesanwältin besprochen, sodass die Strafverfolgung auch im Nachhinein voll umfänglich gewährleistet war. Das zuständige Oberlandesgericht hat jetzt ein Urteil gesprochen. Ich kann nicht erkennen, dass durch das Zurückhalten von irgendwelchen Akten es hier zu irgendeinem anderen Urteil gekommen ist. Dass das Herrn Buback nicht zufriedenstellt, mag sein, aber das betrifft die Rechtsfindung des Oberlandesgerichts. Ich habe sie nicht zu beanstanden.

Das heißt, nach allem, was Sie wissen, ist Herrn Buback keine Wahrheit mit Blick auf die Täter vorenthalten worden?

So ist es.

Haben Sie ihn auch mal persönlich empfangen?

Nein.

Der Name Buback verbindet sich auch mit dem Phänomen »Personenschutz«. Dadurch, dass man wie Sie einen dauernden Personenschutz um sich hat, schwingt ja immer auch die Gefahr mit. Beschäftigt Sie das? Fühlen Sie sich manchmal in Ihrer Freiheit beraubt?

Nein, meiner Freiheit beraubt, das wäre ja nun völlig übertrieben. Ich fühle mich auch nicht wirklich bedroht. Ich fühle mich beschützt. In dem Schutz liegt aber auch eine Last, weil ich mich im Prinzip bei jedem Schritt außerhalb von vier Wänden begleiten lassen muss, bis hin zu Momenten, wenn ich mit meiner Frau spazieren gehe. Das sieht für manche von außen vielleicht wichtigtuerisch aus. Es kommt auch vor, dass Menschen hinter uns im Flugzeug blödes Zeug tuscheln, weil wir uns vermeintlich so wichtig nehmen würden. Schwieriger ist jedoch, dass so ein Personenschutz auch zu Distanz zu normalen Menschen führt. Gleichzeitig will ich nicht verschweigen, dass das manchmal auch bequem sein kann. Ich kümmere mich nicht um mein Visum, ich bin von Gepäckkontrollen an Flughäfen befreit. Wenn der Koffer schwer ist, hilft mir einer, ihn zu tragen. Aber in der Bequemlichkeit liegt eben auch die Last der ständigen Begleitung. Daran kann man sich gewöhnen, unsere Personenschützer sind auch sehr diskret und sehr gut. Ich habe ja jetzt – wenn man so will – das dritte Team, kenne viele, da kann ich mich überhaupt nicht beklagen. Aber es ist eben ein ständiges Gefühl des Beobachtetwerdens, auch im Auto. Ich soll das gepanzerte Auto benutzen, auch für Privatfahrten. Das heißt, wenn ich telefoniere, wenn ich mit meiner Frau, mit irgendwem spreche, dann bekommt mein Kraftfahrer alles mit, was ich sage. Vorne sitzt ein weiterer Personenschützer. Das ist alles in Ordnung, die sind verschwiegen, es gibt keinen einzigen Skandal, dass da etwas an die deutsche Öffentlichkeit gedrungen ist, aber es ist auch eine Last.

Heinrich Böll hat das mal »fürsorgliche Belagerung« genannt. Würden Sie das auch so beschreiben?

Belagerung geht mir zu weit, aber es ist ein erheblicher Verlust an Privatsphäre und Intimität, den ich als Preis des Amtes bezeichnen würde. Daran muss man sich erst gewöhnen. Nach innen ist der Preis höher, als es nach außen hin aussieht.

Nach dem Glück bei der Mehrwertsteuer kam der Streit über die Gesundheitsreform. Der Kompromiss mit der Schaffung eines Gesundheitsfonds, der Union wie SPD den Weg zu zwei ganz konträren Zielen offenlässt, wurde zum Beleg dafür, wie es nicht gehen sollte. Was ist schiefgelaufen?

Ich finde die Kritik falsch, in der Sache falsch. Ich weiß, dass ich da zusammen mit der Bundeskanzlerin und einigen wenigen eine Mindermeinung vertrete, aber ich vertrete sie trotzdem. Man muss zunächst die Ausgangsposition sehen. Die Ausgangsposition der Sozialdemokraten war die Bürgerversicherung mit einer Versicherungspflicht für alle, einer Abschaffung der privaten Krankenversicherungen und vor allem einer Finanzierung über alle Einkommensquellen hinweg. Die SPD vertrat also die Auffassung, dass sich das Problem lösen lässt über die Verbreiterung der Bemessungsgrundlage mit einer gewissen Spartendenz. Die Union dagegen kam mit dem krassen Gegenteil, sie kam mit dem Konzept einer Gesundheitsprämie, beschlossen auf dem Leipziger Parteitag.

Besser bekannt als Kopfpauschale.

So ist sie von den Sozialdemokraten fälschlicherweise und hämisch diskreditiert worden! Gesundheitsprämie – das ist die Philosophie, dass jeder die gleiche Versicherungsprämie zahlt, wie auch beim Auto für eine Haftpflichtversicherung. Jede Gesundheit ist gleich viel wert, und diese Gesundheit wird für jeden mit der gleichen Summe versichert. Außerdem gehörte dazu, dass das soziale Ausgleichsproblem nicht über Beiträge gelöst werden sollte, sondern im Steuersystem. Ich finde das bis heute sozial gerechter, weil das Beitragssystem für höhere Einkommen praktisch wie eine Flatrate wirkt. Im heutigen System werden die hohen Einkommen durch die Beitragsbemessungsgrenze gedeckelt. Beim Steuersystem ist das anders. Nun hatten wir also zwei gänzlich unterschiedliche Systeme. Was tun? Eine Variante wäre gewesen, nichts zu tun. Weil das alles zu weit auseinanderlag. Nach dem Motto: We agree to disagree. So wie wir das bei der Atompolitik ja auch gemacht haben. Dann hätte man gesagt: »Wir haben ein Riesenproblem. Wir einigen uns nicht, Wiedervorlage in vier Jahren.« Bei anderen Themen konnte man das machen. Hier ging das nicht. Der Kostendruck war viel zu groß, deswegen war auch der Entscheidungsdruck viel zu groß. Gleichzeitig muss man sich bewusst machen, dass das ganze Politikfeld Gesundheit – mit Ärzten, Krankenkassen, Krankenhäusern, der Ärzteselbstverwaltung und der Pharma- und Medizintechnikindustrie – positiv ausgedrückt – hochkompliziert ist. Negativ ausgedrückt kann man auch sagen, dass es extrem verkrustet, ja verrottet ist. Die Selbstverwaltung funktioniert nicht, hat aber viele Zuständigkeiten. Die politische Last der Folgen von Entscheidungen trägt zwar die Politik. Die entscheidenden Verteilungsgrößen aber macht die Selbstverwaltung. Wir haben als Politik Ärger gekriegt über Ärztehonorare, die tatsächlich die Kassenärztliche Vereinigung zugeteilt hatte. Es gibt einen bitteren Streit zwischen Hausärzten und Fachärzten, zwischen den niedergelassenen Ärzten und den Krankenhäusern. Das müsste in der Ärzteschaft entschieden werden, nicht durch die Politik.

Sie meinen, die Entscheidungen trifft oft die Selbstverwaltung, den Ärger kriegt aber die Politik ab?

Genau, den kriegt immer die Politik ab. Aber die Selbstverwaltung funktioniert einfach nicht mehr. Dazu kam damals, dass die Konflikte in der Politik bei diesem Thema ebenfalls total verkrustet waren, bis hinein in die einzelnen Parteien selbst. Hier kannten sich alle seit Jahren, sie hatten sich alle wundargumentiert. Wenn an irgendeiner Stelle etwas in Frage gestellt wurde, kam sehr schnell persönliche Betroffenheit ins Spiel, nach dem Motto: Wer gewinnt? Wer verliert? Sodass die Bedingungen für einen Kompromiss dadurch noch einmal viel schwieriger waren. Die handelnden Personen waren nicht wirklich kompromissbereit, die Ausgangspositionen waren ideologisch aufgeladen und lagen sehr weit auseinander. Die Große Koalition war darüber hinaus nicht alleine Herr des Geschehens, weil ganz viele ringsum auch noch mitredeten. Die Bundesländer vor allem, die unterschiedlichste Interessen haben, Stichwort »Risikostrukturausgleich«. Deswegen war das so schwierig. Gemessen daran ist das Ergebnis ausgezeichnet. Es ist bei der gesetzlichen Versicherung, so wie sie ist, im Kern geblieben. Mit dem Zusatzbeitrag haben wir ein Instrument, das eine andere Regierung zu einer Gesundheitsprämie ausbauen oder als Einstieg in eine Bürgerversicherung nutzen könnte. Das ist ziemlich intelligent. Und der sogenannte Gesundheitsfonds, der insbesondere von der Selbstverwaltung als bürokratisches Monster und Moloch geschmäht worden war, wird heute nur von zehn, zwanzig Leuten betrieben. Er ist nichts weiter als eine finanzielle Verteilstelle, weil man davon ausgeht – und das bräuchte man für die Bürgerversicherung wie für die Gesundheitsprämie – dass prinzipiell jede Krankheit die gleichen Kosten verursacht und dafür – unabhängig davon, ob man am Starnberger See lebt oder in Neuruppin – die gleiche Behandlung herauskommen muss. Dafür braucht man eine Umverteilung nach gesundheitlichen Risikogruppen, deswegen der Risikostrukturausgleich zwischen den Kassen über den Gesundheitsfonds. Ergebnis: Jede Kasse bekommt für den gleichen Patienten das gleiche Geld. Das finde ich bis heute richtig.

Haben Sie eine Erklärung dafür, warum das dann so miserabel gelaufen ist und kaum jemand Ihre Sicht teilt?

Ja. Weil das, was wir gemacht haben, brutal in Interessen hineinschneidet, vor allem derer, die bisher mehr gekriegt haben. Zur Wahrheit gehört eben, dass ein Orthopäde in Baden-Württemberg und in Bayern für die gleiche Behandlung eines Bandscheibenvorfalls viel mehr bekommen hat, als ein Orthopäde in Rostock oder Pirna. Und das bei den gleichen Kassenbeiträgen. Genau das ist durch unsere Lösung offengelegt worden. Hinzu kommt auch eine enorme Ineffizienz. Wenn zum Beispiel in einer Gegend sehr viel mehr Radiologen sind als in einer anderen. Jens Weidmann, der jetzt Bundesbankpräsident ist, hat mir einmal so schön erklärt: »Das ist ein angebotsinduzierter Markt.« Normalerweise ist ein Markt nachfrageinduziert. Ich möchte Gummibärchen, also frage ich Gummibärchen nach, also produziert jemand Gummibärchen. Nachfrageinduziert. Bei der Medizin ist es genau umgekehrt. Man stellt ein Röntgengerät hin, und das Röntgengerät wird benutzt. Stellt man kein Röntgengerät hin, wird nicht so häufig geröntgt. Das heißt, wir haben pro Kopf im Münchner Raum viel mehr Radiologen und Röntgengeräte als anderswo und trotzdem Wartezeiten – übrigens auch keine höhere oder geringere Morbidität als irgendwo anders. Das wurde früher alles nachfinanziert, und das ist ungerecht. Der Gesundheitsfonds mit dem so genannten morbiditätsorientierten Risikostrukturausgleich sorgt dafür, dass die Krankheit von Menschen das wesentliche Verteilkriterium fürs Geld ist und nicht das Einkommen von Fachärzten. Das, finde ich, ist das Gerechteste, was es gibt.

Warum sieht das außer Ihnen fast niemand so?

Es ist kritisiert worden, weil es Besitzstände und Verkrustungen offengelegt hat, die die Profiteure des alten Systems lieber hätten verschweigen wollen. Da liegt das Problem, und uns ist es nicht gelungen, das kommunikativ rüberzubringen.

Die Gesundheitsreform war operativ ein großer Erfolg, weil es gelungen ist, zwei extrem unterschiedliche Positionen halbwegs zusammenzubringen. Und es ist weiter ein großer Erfolg, weil ein nicht unerheblicher Teil von Intransparenzen im Gesundheitswesen endgültig und irreversibel aufgedeckt wurden. Nur leider war das Thema einfach vergiftet. Selbst in der Koalition, selbst in den jeweiligen Fraktionen gab es Konfliktlinien. Also haben wir nicht mit einer Stimme gesprochen. Nicht einmal die Politiker der eigenen Koalition. Interessanterweise hat diese Gesundheitsreform trotzdem bis heute Bestand. Die christlich-liberale Koalition hat zwar in den Koalitionsverhandlungen heftig darüber gestritten. Aber das Grundprinzip und der Gesundheitsfonds sind geblieben. Die Union hat nicht gesagt: Das krempeln wir alles um. Die FDP im Ergebnis auch nicht.

Mehr noch: Uns ist sogar gelungen, etwas ins Wanken zu bringen, was mich immer geärgert hat. Das ist die sogenannte Portabilität bei den privaten Krankenkassen. Die privaten Krankenkassen gingen zu einem Studenten und sagten: »Komm zu uns, der Beitrag ist niedrig.« Der ist am Anfang tatsächlich niedrig, denn Studenten sind jung und gesund. Deswegen ist das Angebot auch so verlockend. Wenn aber nach 20 Jahren, nach 30 Jahren der Student Studienrat geworden ist oder Oberstudienrat und sagt: »Ich bin mit meiner privaten Krankenkasse nicht zufrieden. Ich möchte gerne wechseln, von der privaten Krankenkasse A in die private Krankenkasse B.« Dann antwortet seine private Krankenkasse: »Das darfst du nicht, denn wir haben ja deine Beiträge angelegt. Deswegen waren die so niedrig am Anfang. Und deswegen dürfen jetzt die Beiträge so steigen. Du bist ja auch kränker geworden. Du kannst nicht wechseln.« Das finde ich empörend!

Wir Christdemokraten haben gesagt, wir wollen, dass man eine private Krankenkasse wechseln kann. Und wenn man das tut, dann nimmt man diese Versorgungsansprüche, die man für später erworben hat und die für den Versicherten angelegt worden sein sollen, mit! Daraufhin haben die privaten Krankenkassen gesagt: »Das ist eine Enteignung unseres Vermögens!« Da bin ich dann richtig ärgerlich geworden – und habe denen geantwortet: »Moment mal! Ihr habt dem Studenten, als ihr den aufgenommen habt, nicht gesagt: ›Wir möchten gerne eine Vermögensübertragung in unser Vermögen.‹ Ihr habt – wenn überhaupt – gesagt: ›Wir legen mal in deinem Interesse dein Geld an!‹ Durch unsere Reform ist dieses Verhalten offenbar geworden. Ja, man kann zwar immer noch nicht wirklich gut die Kasse wechseln. Aber das Wie und das Warum liegen jetzt offen. Und das ist sehr hilfreich.

Die Gesundheitspolitik ist das verminteste, das schwierigste, das unübersichtlichste Politikfeld, das ich je kennengelernt habe. Und die Unübersichtlichkeit ist Absicht, um Interessen zu verschleiern. Leider ist es uns nicht gelungen, diesen, wie ich finde, operativ und fachlich guten Kompromiss so zu kommunizieren, dass eine relevante Öffentlichkeit gesagt hat: »Das habt ihr gut gemacht.« Das ist kommunikativ missglückt, weil es von Anfang an als Missgeburt galt. Aber dass heute einer sagen würde, die Gesundheitsreform sei so schlimm, die müsse man sofort wieder abschaffen, das gibt es auch nicht. Ich kenne jedenfalls keinen!

Warum wir kommunikativ gescheitert sind? Ich weiß nicht genau, woran das lag. Die Zahl der Kritiker war zu groß. Es war halt wirklich etwas Neues. Persönliche Befindlichkeiten auch auf Seiten der Politiker spielten eine große Rolle. Ich habe versucht, eine Antwort auf diese Frage zu finden, in vielen Gesprächen.

Meine Einschätzung ist, dass wir es hier mit »Murphys Gesetz« zu tun haben: Wenn etwas einmal schief eingetütet ist, dann kriegen Sie es nicht mehr repariert. Wenn das einmal als negativ wahrgenommen worden ist, ist es unendlich schwer zu sagen: Es ist aber doch ein Erfolg. Kommunikativ kommt es also sehr auf den Anfang an. Ich bin schon sehr enttäuscht, dass es ausgerechnet bei einem so großen Projekt nicht gelungen ist, das von Anfang an besser hinzukriegen – also die interne Debatte intern zu halten und die Idee dann geschlossen zu präsentieren.

Sie haben einmal gesagt, das Gesundheitssystem könne man nicht einfach »mit der Machete freischlagen«. Was meinten Sie damit? Man müsste sie verwenden, aber man kann es nicht?

Ja genau. Das hängt auch mit dem Regieren an sich zusammen. Sie können in der Politik nicht ohne Weiteres vom Zustand A nach B kommen, nur weil Sie das gerade so wollen. Es gibt, ich nenne das jetzt mal so, eine Pfadabhängigkeit von Politik. Sie haben einen bestimmten Pfad, den ist zum Beispiel Ihr Vorgänger gegangen, und der hat Spuren im Schnee hinterlassen. Sie können nicht so tun, als gibt es die nicht. Sie können nicht einfach zurückgehen und neu anfangen. Manchmal sind auch die Kosten – finanzielle oder politische – höher als der Nutzen, wenn man direkt von A nach B geht. Selbst wenn man B erreicht. Dabei geht es nicht nur um Besitzstände, die plötzlich für manchen verloren gehen. Der Veränderungsprozess selbst löst vielleicht Folgen aus, deren Schaden größer ist als der erste Erfolg eines neuen Ergebnisses. Ich will es an einem Beispiel verdeutlichen. Die rot-grüne Regierung unter Gerhard Schröder hatte vorgeschlagen, die Kassenärztliche Vereinigung abzuschaffen. Das hat der Bundeskanzler in seiner Regierungserklärung verkündet. Dieses Vorhaben ist gescheitert. Wir haben das in der Großen Koalition noch mal geprüft. Wenn Sie Ärzte fragen, was sie von der Kassenärztlichen Vereinigung halten, würden Sie wahrscheinlich eine klare Mehrheit gegen die Kassenärztliche Vereinigung bekommen. Wir haben in Vorgesprächen gesagt: »Ok, dann machen wir das.« Dann aber kam die Frage: »Was dann? Was setzen wir an deren Stelle?« Und da wäre die erste Aussage gewesen: »Nichts. Ein Teil der Aufgaben kann auf die Ärztekammer übergehen.« Dann hieß es aber von Seiten der Ärzte: Naja, dann sind wir Ärzte ja den Krankenkassen hoffnungslos ausgeliefert!« Dann haben wir gesagt: »Da könnt ihr ja Arbeitsgemeinschaften bilden, Anbietergemeinschaften.« Die Ärzte haben geantwortet: »Ja. Aber dann sind wir immer noch zu schwach, und man kannibalisiert das System.« Das heißt, weil keinem von uns oder den kritischen Ärzten selbst eine kluge Alternative zur Existenz der Kassenärztlichen Vereinigung eingefallen ist, ist es bei der Konstruktion der Kassenärztlichen Vereinigung geblieben, die Teil der Selbstverwaltung ist, aber von der Mehrheit der Ärzte selber abgelehnt wird. Das ist unbefriedigend, aber in dem Fall ist das einfach so. Wenn im Gesundheitswesen, wo der Angstfaktor besonders hoch ist, jeder einzelne Transformationsschritt für sich angstbesetzt ist und das Verhetzungspotential entsprechend groß, dann scheut man sich manchmal, etwas Richtiges zu tun, weil der Weg zum besseren Ziel zu kompliziert ist. Man würde zwar manchmal gerne die Machete nehmen. Aber die Wirkung wäre fatal.

KAPITEL 8

Große Koalition II: »Euer Geld ist sicher« – der Kampf gegen die Weltfinanzkrise

Große Koalition II: Finanzkrise und Opel Im Herbst 2008 bricht weltweit eine Krise aus, die die Große Koalition im letzten Jahr ihrer Amtszeit vor völlig neue Herausforderungen stellt. Davor hatten sich Union und SPD über Mindestlohn und Arbeitslosengeld gestritten. Jetzt kommt mit der Weltfinanzkrise ein ökonomischer Sturm auf sie zu, der alles davor wie lächerliches Sandkasten-Gezänk erscheinen lässt. Begonnen hatte es bereits 2007 mit dem Platzen einer großen Immobilienblase in den USA, die in Amerika zahlreiche Banken und Versicherungen durch Kreditausfälle in Nöte brachte, aber in Deutschland noch weitgehend ohne Folgen blieb. Auch weil die US-Regierung begann, in Not geratenen Banken unter die Arme zu greifen. Die Krise ändert sich allerdings schlagartig, als sich die US-Regierung am 15. September 2008 entscheidet, eine der größten amerikanischen Investmentbanken – Lehman-Brothers – nicht mehr zu stützen, sondern pleitegehen zu lassen. Wahrscheinlich in der falschen Annahme, dass das keine zu großen Folgewirkungen mit sich bringen würde. Das Gegenteil ist der Fall. Mit einem Mal stehen zahlreiche Banken auch in Europa vor dem Kollaps. Zu groß sind die Verflechtungen mit Lehman gewesen. Die Bundesregierung wird vor allem wegen der Hypo Real Estate (HRE) gezwungen einzugreifen. Bei ihr haben auch zahlreiche öffentliche Pensionskassen ihr Geld angelegt. In der Nacht zum 29. September muss sie in einer dramatischen Rettungsaktion gut 40 Milliarden Euro an Garantien aufbringen, um die HRE vorläufig zu retten. Nur eine Woche später, am 5. Oktober, sehen sich Bundeskanzlerin Merkel und Finanzminister Steinbrück gezwungen, den Menschen in Deutschland zu versprechen, dass all ihre Spareinlagen sicher seien. Die Krise zwingt zu dramatischen Auftritten und lässt sich keineswegs schnell vertreiben. Schon am 17. Oktober müssen Bundestag und Bundesrat binnen einer Woche einen Schutzschirm von knapp 500 Milliarden Euro an Bürgschaften beschließen, um das deutsche Bankensystem vor dem Zusammenbruch zu bewahren. Es sind für die allermeisten Kabinettsmitglieder die wohl dramatischsten Tage ihrer Karriere.

Und kaum ist diese Krise in Deutschland richtig angekommen, da muss sich die Koalition einer weiteren Großbaustelle zuwenden: dem in massive Schwierigkeiten geratenen Autobauer Opel. Der Tochter des US-Konzerns General Motors (GM) droht die Pleite – und die GM-Konzernzentrale in Detroit fordert Staatshilfen aus Berlin, um Opel am Leben zu erhalten. Es folgt ein monatelanger Kampf um den richtigen Weg der Rettung. Von allen Seiten sind Sozial- und Christdemokraten engagiert, beteiligt und betroffen. Im Bund wie in den Ländern. Zum Teil im engen Schulterschluss, zum Teil im politischen Wettbewerb, weil die Bundestagswahl im September 2009 längst in vielen Köpfen steckt. Es hat in Deutschland immer wieder Versuche gegeben, in die Krise geratene Großunternehmen zu retten. Die Rettungsaktionen um Opel im Jahr 2009 aber nehmen eine Sonderrolle ein. Und das auch, weil Opel zunächst gerettet scheint und die Rettung Monate später in einem Affront gegen die Berliner Politiker von GM annulliert wird.

Das größte Thema in Ihrer Kanzleramtszeit war der Ausbruch der Weltfinanzkrise, ausgelöst vor allem durch die Pleite der US-Investmentbank Lehman-Brothers. Wie erreichte die Nachricht von der Katastrophe das Kanzleramt? Wie läuft so etwas ab?

Die Lehman-Pleite kam nicht ganz aus heiterem Himmel. Es gab eine Finanzkrise, die ausgelöst worden war durch die Immobilienkrise in den Vereinigten Staaten. Wir allerdings wähnten uns zunächst sicher und glaubten nicht, dass uns das stärker treffen könnte, abgesehen von ein paar globalen, nicht allzu großen Turbulenzen. Die US-Regierung rettete derweil eine Bank nach der anderen, sie rettete auch Versicherungen, und zwar große. Und der Tenor der Mehrheit der Deutschen, die wie immer alles besser wissen, war: Das ist falsch. Erstaunlich war es schon, dass die Amerikaner, die immer so große Kapitalisten gewesen sind, plötzlich Banken retteten, und das auch noch durch Teilverstaatlichungen. Das hätte vorher niemand für möglich gehalten. Plötzlich hatte sich der damalige US-Finanzminister Paulson jedoch für einen anderen Schritt entschieden. Er hat Lehman-Brothers nicht gerettet, sondern fallen gelassen. Vermutlich in einer Fehleinschätzung der Folgen.

Sie meinen den 15. September 2008?

Ja. Vielleicht ist Jens Weidmann, der damals Merkels Wirtschaftsberater war, anders darüber informiert worden. Ich habe das jedenfalls aus dem Ticker erfahren. Und der erste Gedanke war: Na gut, endlich machen die Amerikaner das, was schon längst geboten war, nämlich ein Exempel statuieren. Jetzt geht eben mal eine Bank pleite. Die systemischen Eruptionen, die damit verbunden waren, tauchten allerdings rasend schnell auf, innerhalb weniger Tage. Und der Katalysator für uns war die Hypo Real Estate, weil sich dort die Risiken plötzlich anhäuften. Dazu kamen Probleme mit Landesbanken und einigen anderen. Trotzdem hatten wir zunächst die Tendenz, eine systemische Lösung der Bankenkrise abzulehnen und stattdessen als Ziel auszugeben, Bank für Bank einzeln zu begutachten und mit Hilfe des bestehenden Einlagensicherungsfonds der Banken zu stützen. Doch was wir uns so schön zurechtgelegt hatten, war bald nach der Lehman-Pleite nicht mehr zu halten. Als die HRE-Katastrophe ihren Lauf nahm, mussten wir an jenem berühmten Wochenende Ende September ganz schnell übergehen zu einer staatlichen Lösung mit der Rettung der HRE. Die Hauptkontakte zu den Banken hatten damals Merkels Wirtschaftsberater Jens Weidmann und Finanzstaatssekretär Jörg Asmussen. Zwischen denen und den Banken ging es an diesem Wochenende hin und her, bis die Lösung gefunden war.

Wer war in dieser Nacht eigentlich stärker: die Politik oder die Banken?

Ich glaube, beim Anstoß einer Rettung waren die Banken stärker, bei den Verhandlungen über das Wie aber die Politik.

Ist Ihnen in der Nacht manchmal schwindlig geworden, als es plötzlich um dutzende Milliarden Euro und noch viel größere Gefahren im Fall eines Scheiterns ging?

Nicht nur in dieser Nacht. Die Zahlen waren so gewaltig. Unvorstellbar.

Ein Wochenende später drohte erneut Gefahr. Bis die Kanzlerin und ihr Finanzminister vor die Kameras traten und versprachen, dass die Spareinlagen sicher seien. Wie kam es zu diesem dramatischen Auftritt?

Es war klar gewesen, dass auch dieses Wochenende arbeitsreich sein würde. Für mich zunächst aber von Dresden aus. Dann hieß es, ich sollte wegen der Krise am Sonntagnachmittag im Kanzleramt sein, gegen 15 Uhr. Ich bin, einem siebten Sinn folgend, eine Stunde früher da gewesen, und kaum war ich da, kam die Frage auf, ob wir den Menschen versprechen, dass ihre Einlagen sicher seien. Zunächst gar nicht als strategische Überlegung, nicht als Teil einer später folgenden großen systemischen Antwort, sondern als Antwort auf Informationen der Bundesbank, dass es ein auffälliges Verhalten von Bankkunden gebe. Da werde in großen Mengen Bargeld abgehoben, da gebe es ein auffälliges Leerräumen von Bankautomaten. Das war alles unterhalb der Schwelle des systemisch Gefährlichen, aber oberhalb der Schwelle der Nichtbeachtung. Jetzt war die Frage: Wie reagiert man darauf, ohne dass ein richtiger Banken-Run losgeht? Wir hatten so etwas nicht nur in Argentinien gesehen, sondern auch beim Kollaps einer britischen Bank in Großbritannien studieren können. Lange Schlangen vor den Banken. Also berieten wir, wie wir dem begegnen sollten. Die eine Denkschule empfahl: Wir beruhigen und sagen, dass das alles nicht so schlimm ist. Die andere riet: Wir garantieren die Spareinlagen, um Sicherheit zu geben. Und es stellte sich im Laufe dieses Nachmittags schnell heraus, dass das die einzig mögliche Antwort war. Wir saßen mit Weidmann, Asmussen, Wilhelm und drei, vier Leuten im Kanzleramt zusammen, dazu Steinbrück, der zunächst noch im Finanzministerium war und später rüberkam, weil ja die Zeit drängte. Sollten wir tatsächlich etwas machen, würde das ja noch früh in den Nachrichtensendungen gesendet werden müssen, damit es auch die erhoffte Wirkung erzielen würde.

Hatten Sie nicht Angst, mit so einem Auftritt die Sorgen noch zu vergrößern statt zu verkleinern?

Doch, darüber haben wir viel nachgedacht. Ich habe das mit folgendem Bild verglichen: Wenn man ein Feuer, das glimmt, auspusten will, holt man viel Luft und pustet es, wenn man gut ist, und schnell und entschlossen, auch wirklich aus. Das ist der günstige Fall. Wenn man schlecht pustet, zögerlich, vorsichtig, dann leistet exakt dieses Pusten einen zentralen Beitrag dafür, dass das ein richtig großes Feuer wird. Es gab das Risiko, dass Leute sagen: »Moment mal! Wenn diese ruhige Bundeskanzlerin, die nicht zur Panik neigt, plötzlich sagt: ›Euer Geld ist sicher!‹, dann ist es wirklich ernst! Und dann steht da auch noch der Steinbrück dabei, der auch gut Bescheid weiß. Na dann fange ich doch besser schon mal ganz schnell an, mein Geld abzuheben!« Ganz klar, dann hätte die Garantie für die Spareinlagen das Problem erst heraufbeschworen. Umgekehrt war auch klar: Wenn, dann geht das nur an diesem Sonntag. Und das war nun eine klassische Führungsentscheidung der Kanzlerin und Peer Steinbrücks, das zu machen. Höchst riskant! Sicher eine der schwersten politischen Entscheidungen. Es ist gutgegangen. Grandios. Aber es war nicht komplett zu Ende gedacht.

Wie meinen Sie das?

Es war zwischen siebzehn und achtzehn Uhr, es war großer Zeitdruck, die Bilder mussten noch ins Fernsehen, um zu wirken. Die beiden standen ehrlich gesagt ziemlich betreten da, aber damit war auch klar, dass da nichts inszeniert war. Dass die beiden da so unbeholfen standen, war unbeabsichtigt, aber Teil der positiven Wirkung. Und als dann alles gesagt und die Sache im Kasten war, stellte plötzlich einer die Frage: »Was genau ist eine Einlage? Was garantieren wir da eigentlich?« Nicht viel später haben die ersten Journalisten uns das Gleiche gefragt. Unser erster spontaner Gedanke war: »Na, die Sparbücher!« Daraufhin stellte sich jedoch sofort die Frage: »Reicht das? Wie viel Geld ist denn das? Herr Asmussen, wie viel Sparbucheinlagen haben wir eigentlich in Deutschland?« Ein anderer fragte: »Gehören zu den Einlagen auch die Aktien?« Unsere spontane Antwort darauf: »Aktienbesitz? Wir können doch nicht den Kurs von Aktien garantieren! Das geht ja gar nicht!« Und was ist mit Anleihen? Investmentfonds? Staatsanleihen? Anlagen in Immobilien? Wie viele sind das überhaupt? Über all diese Fragen, die wir plötzlich diskutierten, wurde deutlich, dass das nicht bis ins Detail vorbereitet war, aber auch nicht sein konnte. Es war eben nicht Teil einer längeren strategischen Überlegung gewesen. Es entsprang den Sorgen an diesem Tag.

Und wie haben Sie das Problem gelöst?

Wir haben uns mit Steinbrück zusammengesetzt – die Kanzlerin war schon weg – und haben gesagt: Ehe wir jetzt eine falsche Zahl nennen, nennen wir lieber gar keine, lassen das vage, und irgendeiner muss in einem Nebensatz Bezug nehmen auf die Grundlage für die normale Einlagensicherung der Banken, also auf die bewährten Systeme, die ja auch gedeckelt sind in der Höhe. Ich habe die Summen nicht mehr genau im Kopf, aber die sind dann im Lauf der Krise noch erhöht worden. Aber zunächst musste Uli Wilhelm als Regierungssprecher am nächsten Tag, als diese Fragen kamen, ein bisschen herumeiern. Immerhin, am Ende ist es gutgegangen. Das war eine sehr, sehr wichtige, aber nicht strategisch vorbereitete Entscheidung, die exakt die Wirkung hatte, die sie haben sollte. Sie war extrem riskant gewesen, aber gerade die Tatsache, dass schon der Einlagenbegriff kryptisch geblieben war, hat letzten Endes zum Erfolg beigetragen. Hätten wir alles liebevoll ausgerechnet und präzisiert, dann hätte es sofort zu Verlagerungen von der einen zur anderen Investitons- und Anlageform kommen können, also auch zu panikartigen Verkäufen von der ungesicherten Einlage A und zum Kauf der abgesicherten Einlage B. Das hätte auch einen Teilerfolg zunichte gemacht. Ja, das war Können und Glück hoch drei.

Was macht Politik in einem Moment, in dem es keine Experten mehr gibt, weil die sogenannten Experten auch keine Ahnung mehr haben? Im Herbst 2008 war das eindeutig der Fall.

Einer der ganz wenigen, die damals wirklich gut waren, war Siemens-Chef Peter Löscher. Er hat bei einem Krisengipfel im Kanzleramt gesagt, die Unternehmensführer müssten jetzt raus aus ihren Vorstandsbüros und in die Betriebe gehen, die Chefs müssten sich bei ihrer Belegschaft blicken lassen. Er hat den Vorschlag gemacht, im großen Stil eine Kurzarbeiterregelung möglich zu machen. Ich habe das Löscher hoch angerechnet und ihm das später einmal gesagt. Ansonsten aber war das Erlebnis der Krisengipfel erschreckend. Als wir den so genannten Konjunkturgipfel im Kanzleramt hatten, waren vier, fünf, sechs angesehene Wirtschaftswissenschaftler da, und alle erklärten uns, dass sie über die Wirkungszusammenhänge der internationalen Finanzkrise, insbesondere auf die reale Wirtschaft, nichts sagen konnten. »Wir wissen es nicht«, erklärten sie. »Wir kennen die Funktionszusammenhänge nicht.« Das fand ich erschütternd. Ja, das war ein Desaster. Sie haben dann versucht, es wenigstens in Ansätzen zu erklären. Aber allein die Tatsache, dass das, was da passiert war und sich weiter munter ausdehnte, ziemlich unbekannt war, fand ich erschreckend. Nun bin ich sowieso relativ kritisch gegenüber so genannten Experten. Experte sein ist kein geschützter Begriff. Es gibt Autoexperten, Finanzexperten, Umweltexperten, Sicherheitsexperten, Terrorismusexperten. Was ist das eigentlich? Da wird meines Erachtens auch in den Medien ziemlich viel Schindluder getrieben, dass irgendein Mensch, der irgendwo im Fernsehen auftritt, als Experte gilt, um legitimerweise interviewt zu werden. Einer dieser Experten hat der Öffentlichkeit in dem Zusammenhang erklärt, dass nach der Finanzkrise und der Wirtschaftskrise nie wieder erfolgreich große Autos gebaut würden. Tja. So etwas kann mich ärgern. Es gab ja auch bei der Finanzkrise angeblich nur einen Einzigen, der das im Fernsehen erklären konnte, ein Herr mit Fliege, der immer auftrat. Oder nehmen Sie die Börsenberichte abends vor den Nachrichtensendungen. Da tritt manchmal irgendein dahergelaufener Experte auf und sagt: Die Marktaussichten von dem und dem Unternehmen sind in diesem Jahr ziemlich gut oder ziemlich schlecht. Unterschrift Börsenexperte. Ich finde, das geht einfach nicht. Immerhin ist es schon besser geworden. Wenn da steht »Leiter der volkswirtschaftlichen Abteilung der X-Bank« bin ich ja noch halbwegs beeindruckt. Aber manchmal steht da einfach Börsenexperte – und der redet so daher. Seine Worte haben aber große politische und psychologische

Auswirkungen! Natürlich achte ich Gespräche mit Leuten, die etwas vom Fach verstehen; ich bediene mich auch des Sachverstands von Experten. Aber ganz viele, die sich öffentlich als Experten verkaufen, vertreten einseitig Interessen von irgendwem. Das gilt besonders für Gutachter und noch mehr für juristische Gutachter! Deshalb lautet mein erster Satz: Vorsicht vor Experten! Wenn man sich auf Experten stützt, dann muss man mit vielen reden. Und man muss sehen, dass die Experten, mit denen man redet, das nicht gleich der Presse erzählen. In so einer Krise lernt man die Grenzen von Experten kennen. Außerdem gibt es Situationen – und das betrifft mich als Verteidigungsminister heute erst recht –, da besteht Politik darin, in Unbekanntes hinein eine Entscheidung zu treffen, in Unsicherheit. Das hatte ich als Kanzleramtschef in Terrorismusfragen und in Sicherheitsdingen. Aber das ist eben der innerste Kern und das Wichtigste und das Schönste auch, was Politik überhaupt kann und muss. Expertenwissen umzusetzen in politisches Handeln ist auch wichtig. Aber in einer bestimmten Situation zu sagen: »Wir machen das jetzt so – vielleicht ganz alleine oder gegen den Rat von irgendwem oder ohne die Folgen umfassend beurteilen zu können – das macht große Politik aus. Dazu hat man nicht immer die Chance. Da greift man auch daneben, das kann alles sein, aber es ist jedenfalls richtig, dass man nicht nur Expertenwissen umsetzt!

Diese Krise war ein Offenbarungseid der Experten. Hat das für Sie im Umgang mit Politik etwas Fundamentales verändert? Bundestagspräsident Norbert Lammert hat über den Kampf gegen die Eurokrise mal gesagt: »Von allen denkbaren Verfahren in der Bewältigung dieser Krise ist das am wenigsten taugliche die Umsetzung von Expertenempfehlungen gewesen.«

Ich teile das! Ich will aber vorweg sagen: Mein erstes Erlebnis dieser Art war nicht die Finanzkrise, sondern war der Deutsche Einigungsprozess. Ich habe ja berichtet, dass Experten aus West und Ost sich darüber gestritten haben, wie man die angeblichen Erlöse des Treuhandvermögens am besten verwendet. Das Ergebnis war, dass es diese Erlöse gar nicht gab. Aber alle Experten, jedenfalls alle relevanten, waren der Meinung, die gäbe es.

Würden Sie sagen, dass Frau Merkel durch diese Erfahrung mit den Experten im Herbst 2008 verändert wurde?

Bestimmt. Jetzt sind wir bei der Euro-Krise in einer Situation, wo ein Teil der Nobelpreisträger sagt: »Ihr müsst alles Geld ins Fenster stellen!«, und ein anderer Teil der Nobelpreisträger sagt: »Ihr dürft überhaupt kein Geld ins Fenster stellen!«, und jeder mit guten Gründen und für sich schlüssig, aber mit Folgen, die sie selber zum Teil nicht offenlegen oder beurteilen können und erst recht nicht verantworten müssen. In dieser Situation hat die Kanzlerin in der Eurokrise gesagt: »Ich gehe nur Schritte, die ich verantworten kann.« Vielleicht sei auch das am Ende falsch, nach dem Motto: »In der Not ist der Mittelweg der Tod.« Aber sie könne das nur so verantworten. Sich auf eine Seite zu schlagen, wo sie überhaupt nicht wisse, ob die richtig sei, das könne sie nicht verantworten. Ich teile diese Auffassung. Das ist ein bisschen, wie wenn man im Nebel ist oder auf der Skipiste. Und die einen sagen: »Schnell fahren, es wird nur noch schlimmer, du siehst immerhin noch ein bisschen!« Die anderen dagegen warnen: »Am besten bleibst du stehen. Alles andere ist zu gefährlich.« Da kann man das Eine oder Andere machen. Du weißt nicht, was kommt. Die Lösung, die die Kanzlerin gewählt hat in der Eurokrise, ist zu sagen: Ich fahre halt Stück für Stück, ich guck', wie weit ich gucken kann. Es kann sein, dass ich mal einen Meter nichts sehe, aber weder stehenbleiben noch runterstürzen halte ich für verantwortbar. Eine solche Entscheidung kann einem niemand abnehmen.

Wichtig in solchen Lagen ist die Haltung. Ein nicht unwesentlicher Teil der Bevölkerung versteht in der Sache nicht, was geschieht und was richtig ist. Ich vermute, ein Großteil der Bevölkerung wäre auch der Meinung, gar kein Geld ins Schaufenster zu stellen, schon gar kein deutsches Geld für andere. Aber sie sind unsicher, und in der Situation vertrauen sie jemandem wie der Bundeskanzlerin eher, die ruhig sagt: »Ich bin fleißig. Ich gebe mir Mühe. Ich versuche das zu durchdringen, und ich halte dieses für verantwortbar – das andere dagegen nicht.« Alleine diese Art und Weise des Vorgehens mit dem Risiko, dass es schiefgeht, führt bei den Menschen zu Vertrauen und Zustimmung. Die sagen: »Wir verstehen das alles nicht, aber die Kanzlerin hat das bisher gut gemacht, dann wird sie das jetzt auch ganz gut machen. Warum sollen wir ihr das Vertrauen entziehen?«

Wäre in dieser Situation nicht Platons Idee vom Philosophenstaat, also einer Regierung der Besten, nicht doch eine verlockende Alternative?

Für manchen mag das ein verlockender Gedanke sein. Ich bin strikt dagegen. Aus demokratietheoretischen Gründen und aus politischen Gründen. Nicht nur, weil ich nun mal Politiker bin. Eines meiner Schlüsselbücher ist Karl Poppers »Die offene Gesellschaft und ihre Feinde«. Das Buch ist eine bittere Abrechnung mit Platon und seinem Philosophenstaat. Platon sagt: Die Politiker sind nicht die Schlauesten und einseitig. Am besten wäre es, eine Regierung bestünde aus den klügsten Menschen, also aus den sogenannten »Experten«. Popper rechnet damit ab. Erstens gibt es keine Klugheit in Allem. Zweitens muss irgendjemand die Klugen auswählen. Wer soll das sein? Die Klugen haben die Tendenz, dass sie als ihre Nachfolger welche auswählen, die nicht so klug sind wie sie selbst – das wissen wir aus der universitären Selbstergänzung. Und drittens ist Klugheit alleine und Wissen alleine nicht das Entscheidende. Ich stimme Popper zu. Eine andere Erfahrung, die ich aus seinem Buch habe, ist etwas, das zu meinen Grundüberzeugungen in der Politik zählt: Sie können ein System nicht so bauen, dass es nur mit den Besten funktioniert. Dann funktioniert es vielleicht, und nur wenn Sie Glück haben, weil Sie gute Leute haben. Ein Schulsystem kann so schlecht sein, wie es will – es funktioniert mit Top-Lehrern immer. Aber Sie müssen ein System haben, und das gilt auch für die Demokratie, das sagt Popper, das auch mit Mittelmaß funktioniert. Ja, die Demokratie ist die Staatsform, die auch mit Mittelmaß funktioniert. Eine Expertenherrschaft oder ein autoritäres System funktioniert allenfalls bei Top-Leuten an der Spitze. Und die Nachfolger sind es vielleicht schon nicht mehr. Deswegen ist ein System, das mit Mittelmaß und mit einer bestimmten Ausstattung an guten Leuten funktioniert, richtig. Wenn Sie dann gute Leute haben, umso besser! Aber Sie müssen ein System so bauen – ein Schulsystem, einen Staat, eine Armee, ein Finanzsystem –, sie müssen es so bauen, dass es auch mit mittelmäßigen Leuten funktioniert. Das ist die Kunst. Das heißt allerdings nicht, dass alle Experten Idioten sind und dass man sich mit denen nicht mehr auseinanderzusetzen hätte. Aber ich spreche dabei auch lieber mit den Stilleren als mit den Lauten. Man braucht sie, und zugleich darf man seine Entscheidungen nicht von ihnen abhängig machen. Das Primat der Politik gilt gerade auch hier. Das macht natürlich freier, das stärkt das Selbstbewusstsein, aber das erhöht auch die Verantwortung, denn man kann dann auch schiefliegen. Und man kann dann nicht hinterher sagen: »Tja, ich hatte auch ein ungutes Gefühl, aber die Experten haben mir das geraten!« Diese Entschuldigung ist dann verwehrt!

Wie schnell war im Laufe der Krise 2008 die Weltwirtschaftskrise von 1929 in den Köpfen? War das nur in den Medien so oder auch eine Sorge in der Politik?

Das war von Anfang an in den Köpfen. Wenn auch nicht die Folgen der damaligen Krise, die ja politisch ins Jahr 1933 mit der Machtübernahme Hitlers führten. Wir waren erstaunt, dass jedenfalls zunächst die Folgen auf die Realwirtschaft praktisch nicht spürbar waren. Wir haben natürlich darüber reflektiert, dass wir andauernd über eine Krise reden, die die Bevölkerung nicht wahrnimmt. Später kam die Krise dann an, der Einbruch beim Wirtschaftswachstum um fünf Prozentpunkte war mächtig. Aber da konnten wir sagen, dass das Schlimmste vielleicht bald schon wieder vorbei ist. Zuvor war das schon eine extreme Situation. Wir waren gewissermaßen »vor der Zeit«. Manchmal haben wir gesagt: »Da kommt ein Taifun, und wir reden, was passiert, wenn der Taifun kommt oder jedenfalls ein riesiges Gewitter. Und die Leute sitzen da und sehen nicht einmal die Gewitterwolken. Also sagen die auch: Worüber redet die Politik eigentlich? Weltwirtschaftskrise? Zusammenbruch unserer Einlagen? Ist doch alles gut! Wir haben zum ersten Mal leichte Kaufkraftzuwächse, die

Konjunktur entwickelt sich nicht schlecht. Ja, in Amerika gehen ein paar Häuser flöten. Das haben die auch nicht besser verdient, haben wir doch immer gesagt. Die sind immer leichtsinnig mit dem Geld umgegangen, aber bei uns doch nicht!« Von der HRE hatten die noch nie gehört! Systemrelevant? Was ist denn das? Ich habe mein Geld bei der Sparkasse, ich sehe keine Krise! Das war der Tenor, und zwar ziemlich lange. Deshalb war es ganz schwierig, als die Notwendigkeit eintrat, die Banken zu retten, das den Menschen plausibel zu machen.

Zum Beispiel diese 500-Milliarden-Euro-Rettungsaktion, die wir innerhalb einer Woche durch Bundestag und Bundesrat bringen mussten. Es hat geklappt, am 17. Oktober wurde sie verabschiedet, weil die politische Elite begriffen hatte, was los ist, und eng zusammengearbeitet hat. Aber die Bevölkerung hat überhaupt nicht verstanden, warum das so eilig und wichtig war. Wir haben das praktisch über die Köpfe der Leute hinweg gemacht. Erst später ist es bei ihnen angekommen. Trotzdem war das nötig, und das genau ist ja die Aufgabe von Politik: Wenn Not ist, zu regieren. Dazu sind wir in Verantwortung.

Konnten Sie dabei eigentlich noch gut schlafen? Dauernd Entscheidungen über Milliarden verantworten zu müssen?

Im Zentrum des Geschehens – wenn man voll gefordert ist – kann man so einen Stress ziemlich lange aushalten. Natürlich kostet das auch Kraft. Aber ich kann ziemlich gut schlafen, habe selten Schlafmangel, hatte vielleicht ein, zwei schlaflose Nächte. Aber das war relativ wenig.

Wie oft denkt man in so einer Krisenphase an die eigene Partei? In Ihrem Fall also an die CDU?

In der heißen Phase der Rettung ehrlich gesagt ganz wenig. Manchmal ging es um Platzvorteile im Verhältnis zwischen der Kanzlerin und Finanzminister Steinbrück. Meistens verbunden mit der Frage, wer auf welche Pressekonferenz geht. Die Antwort war dann meistens: gemeinsam. Später dann, bei den Debatten um die Konjunkturpakete, ging es dann häufiger um Union und

SPD. Aber in der unmittelbaren Phase der Bankenrettung, der Einführung des Finanzmarktstabilisierungsfonds, der Abwendung einer Finanzkrise, die Deutschland ins Mark erschüttert hätte, spielte die Parteipolitik und damit auch die CDU keine große Rolle.

War Steinbrück in dem Augenblick für Sie noch Sozialdemokrat?

Nein, und das gilt für Steinmeier und Steinbrück und auch für Steinbrücks Staatssekretär Asmussen. Das war bei denen nicht anders als bei uns. Ich habe das wenigstens so wahrgenommen.

Sie beschreiben Politik und Regierung als handlungsfähig in dieser Zeit. Gleichzeitig wirkte die Politik noch nie so sehr als Getriebene der Ereignisse auf den Finanzmärkten. Was stimmt denn nun?

Wahrscheinlich beides. Wir waren sehr handlungsfähig und zugleich getrieben von den Ereignissen. Wir haben in meiner Wahrnehmung sehr entschlossen gehandelt. Die Grundentscheidungen, wie man vorgeht, hat die Politik getroffen. Und ich glaube, dass das die Bevölkerung auch so wahrgenommen hat. Übrigens auch international. Im Rahmen der EU und von G20. Die Probleme fingen an, als es um mittelfristige und längerfristige Lösungen, also nachhaltige Veränderungen, ging. Da hat die Politik Mühe bekommen, das Primat der Politik international durchzusetzen. Diese Mühe hat sie im Übrigen immer noch. Veränderungen durchzusetzen ist auch instrumentell schwierig. Die Interessen sind sehr unterschiedlich. Die Regelungsmöglichkeiten sind meist national, die Probleme aber international. Doch in der unmittelbaren Krise war die Politik nicht nur Getriebene, sondern auch besonders stark.

Gleichzeitig brauchten Sie Hilfe von außen. Es gab Berichte, dass die Regierung sich von Anwaltskanzleien Gesetze schreiben lassen musste.

Ach, es wurde viel gesagt und geschrieben. Einerseits stimmt das. Welche Verwaltung hat Fachleute für so etwas? Andererseits sind alle wesentlichen Grundentscheidungen allein von uns getroffen worden. Beispielsweise wie man das macht mit dem Deckeln der Gehälter von Vorständen als »Gegenleistung« für Hilfen. Das ist alles politisch entschieden worden. Da sind wir nicht von Anwaltskanzleien an der Nase herumgeführt worden. Es ist dummes Zeug, dass Kanzleien die Dinge bestimmt hätten.

Seit dieser Zeit sind zwei gegenläufige Trends noch stärker zu beobachten: Einerseits wächst die Geringschätzung der Politik, nach dem Motto: Die Finanzmärkte treiben die Politik. Andererseits wächst die Heilserwartung an die Politik, nach dem Motto: Wann kommt endlich der eine große, rettende Schritt? Wird die Politik dazwischen zerrieben?

Ich teile diese Beschreibung nur teilweise. In der ersten Phase der Finanzkrise wurde das Zutrauen in Politik riesengroß, es wurde zu groß. Nicht selten hieß es: Wir sind ganz gegen die Bankenrettung. Aber wenn ihr das für nötig haltet, auch zum Schutz meiner Einlagen, dann habt ihr wahrscheinlich recht. Macht das mal! So habe ich es jedenfalls empfunden. Das geringe Vertrauen und Misstrauen kam dann eher, als es um die strukturelle Bewältigung der Krise ging. Wie kann man verhindern, dass das Kasino wieder anfängt zu spielen? Was ist mit diesen Leerverkäufen? Da setzte eine Kritik ein nach dem Tenor: Ihr müsst nicht nur in dieser Krise stark sein, ihr müsst auch stark sein in der Verhinderung der nächsten Krise. Und da spielen die internationalen Entwicklungen und Kräfteverhältnisse wieder eine große Rolle. Die Briten und Amerikaner haben andere Interessen. Brasilien und Indien und China haben ihre Interessen. Da kannst du nicht einfach Beschlüsse fassen im Bundestag und Bundesrat – und dann wird die Welt so, wie du dir das wünschst.

Dann besteht also doch die Gefahr, dass mangelndes Vertrauen und zu hohe Erwartungen für die Politik zu einer Zerreißprobe werden.

Zerreißen ist vielleicht zu hart, aber eine Gefahr gibt es schon. Doch sie hat nicht nur mit solchen Krisen zu tun. Es geht um den Anschein, den wir auch in ganz normalen Zeiten erwecken. Das kritisiere ich an vielen meiner Kollegen. Viele Politiker tun so, als hätten sie eine quasi allumfassende Kompetenz und könnten deshalb, wenn sie nur das Richtige tun oder sogar sagen, alle Probleme lösen. Sie suggerieren eine allumfassende Kompetenz fürs Kinderkriegen, fürs Glück, für gesunde Ehen, für die Vermeidung von Unglücken, für die Vermeidung von Straftaten, für die Vermeidung von Verkehrsunfällen, für den Gebrauch und Missbrauch von Alkohol durch Jugendliche und so weiter und so weiter. Nicht selten handelt es sich aber um Phänome, die aus der Gesellschaft heraus entstehen und bei denen die politischen Instrumente begrenzt sind. Trotzdem sagt die Politik gerne: »Wenn wir jetzt dieses Instrument einführen, wird alles gut.« Ohne zu sagen, dass die Wirkung begrenzt ist. So war es beispielsweise, als Jugendliche zu viele Mixgetränke mit Alkohol kauften und tranken. Dann verbot die Politik Mixgetränke, hatte scheinbar irgendwie was Gutes gemacht, um den Alkoholmissbrauch für einen jungen Menschen zu beenden. Und was machen die Jugendlichen? Die kaufen Wodka und Red Bull und kippen das selber zusammen. Und was macht die Politik dann? Dann sagt sie: Tja, da können wir ja nichts machen! Meine Empfehlung ist, dass wir von Anfang an sagen, dass es zwar vielleicht ein kleines Zeichen wäre, Mixgetränke zu verbieten, aber hinzufügen, dass wir uns nicht einbilden, damit einen wesentlichen Beitrag im Kampf gegen den Alkoholkonsum von Jugendlichen zu leisten. Wir leisten einen kleinen Beitrag dazu, und wir bitten Eltern und Jugendliche, das Ihre auch zu tun. Die Politik hat Allmachtsfantasien oft selbst hervorgerufen – und läuft Gefahr, hinterher sagen zu müssen, dass sie gar nicht allmächtig ist. Wir haben es der Bevölkerung sehr bequem gemacht zu sagen: Ja, wenn mein Kind ein Alkoholproblem hat, ist die Politik schuld. Auch so entsteht Politikverdrossenheit. Wir müssten mehr den Mut haben zu sagen: Bestimmte Dinge können wir nicht beeinflussen. Wir müssten die Kraft haben zu erklären, dass es Grenzen dessen gibt, was Politik leisten kann. Das ist sehr schwer. Ich erinnere mich, wie in einem Sommer hintereinander zwei, drei Reisebusse schwere Unfälle hatten. Ein Unfall passierte in Ungarn mit Schülern. Die Bahnschranke war zu, und der Fahrer ist wohl trotzdem drübergefahren. Der damalige Verkehrsminister Manfred Stolpe hat eine Weile versucht zu sagen: »Ein furchtbarer Unfall, wahrscheinlich Fahrerversagen.« Und er hat gesagt, dass das eine traurige Katastrophe ist, dass es aber trotzdem keinen politischen Handlungsbedarf gebe. Er hat das nicht durchgehalten. Der Druck war so groß, dass es dann plötzlich hieß: Wir brauchen neue Fahrtenschreiber und neue Lenk- und Ruhezeiten für Busfahrer und so weiter. Das war zwar verständlich. Es war bestimmt auch nicht falsch, was man da gemacht hat. Vielleicht ein bisschen zu viel Bürokratie, aber sei's drum. Nur: Eine Lösung des Problems, das zu diesen Unfällen geführt hat, war es in Wahrheit nicht. In solchen Fällen spielt der öffentliche Druck, angeführt von vielen Medien, eine gigantische Rolle. Wehe, wenn die Politik sagt: Es gibt hier keinen Handlungsbedarf. Das wird jedes Mal als Schwäche ausgelegt. Wer will schon schwach aussehen? Dabei wünschte ich mir, wir hätten manchmal den Mut zu sagen: Da kann Politik nichts machen.

Wie war das Verhältnis zwischen der Regierung und den Banken? Sie mussten sich in dieser Phase von Banken beraten lassen, die man zugleich retten musste. War das nicht merkwürdig?

Das war es. Aber es war unverzichtbar. Im Wesentlichen wird das ja an der Person von Josef Ackermann diskutiert, dem damaligen Chef der Deutschen Bank. An ihm ist mir das so richtig deutlich geworden. Er hat natürlich auch sein Interesse vertreten und sicher auch verschwiegen, dass die Deutsche Bank einen Teil der Geschäfte selbst mitgemacht und dann anderen Banken aufgedrückt hat, die anschließend von uns gerettet werden mussten. Aber trotzdem gab es viele Gespräche und viele Phasen, in denen wir von ihm profitiert haben. Besonders er hat das Zusammenwirken der Probleme geschildert, hat die systemischen Risiken dargelegt, hat dann wieder die übertriebene Hektik aus den USA ruhig und gelassen eingeordnet. Wissend, dass deren Wunsch, jetzt alles ganz schnell zu retten, geprägt war durch deren traumatische Erfahrung mit der Pleite von Lehman. Das war alles sehr hilfreich. Sicher haben Ackermann und seine Kollegen nicht alles offengelegt, aber die Bankvorstände waren aus meiner Sicht dennoch wichtige Gesprächspartner. Trotzdem bleibt die Tatsache, dass es neben den gemeinsamen auch sehr unterschiedliche Interessen gab. Ich meine zum Beispiel die HRE. Da war die Neigung der Banken, zu helfen, am geringsten ausgeprägt. Trotzdem haben wir geholfen, nachdem dann zum Beispiel die Diakonie und andere öffentliche Gläubiger sich gemeldet haben, zahlreiche Kommunen und viele andere, weil sie selber Geld bei der HRE angelegt hatten, oft für die Altersversorgung ihrer Mitarbeiter. Die HRE war der öffentliche Finanzierer. Wenn die Rentenversicherungen plötzlich kommen und sagen, welche Einlagen sie bei der HRE haben, wird es kompliziert. Wir haben dann bei unseren Rettungsaktionen versucht, zu trennen zwischen der Hilfe für Personen und der Hilfe für die Institutionen. Die Personen der Vorstände waren unwichtig, die Bank als Institution extrem wichtig.

Hat die Krise für Sie die Welt verändert?

Ja, mit der Weltfinanzkrise ist die Internationalität der politischen Zusammenhänge für jedermann endgültig deutlich geworden. Für mich ist das klar geworden am Verhältnis von den G8- und den G20-Konferenzen. Nicht nur, dass plötzlich aus den G8 sehr schnell die G20 wurden. Mit einem Mal saßen eben auch alle wichtigen Schwellenländer mit am Tisch. Aber etwas anderes kommt noch dazu. Eine Zeit lang waren die Treffen der G8 das Feindbild für viele Menschen. Wenn man jemanden bekämpfen musste, dann war es das Zusammentreffen dieser Großen und Mächtigen, die angeblich die Welt unter sich aufteilen. Die Beschlüsse fassen, die nicht demokratisch legitimiert sind. Plötzlich aber, innerhalb weniger Wochen, ruhte ein Übermaß an Erwartungen auf diesen Treffen. Diese Treffen sind formal für nichts zuständig, ihre Entscheidungen haben anders als bei den Vereinten Nationen keine völkerrechtlichen Verbindlichkeiten. Trotzdem hieß es: »Jetzt müssen die G20 Folgendes beschließen, sonst entsteht kein Vertrauen in der Welt!« Nicht die Bundeskanzlerin, nicht Herr Steinbrück, nicht die EU, sondern die G20. Zum Beispiel bei dem Ziel, dass es keinen Platz auf der Welt ohne Bankenaufsicht mehr geben soll. Plötzlich hingen die Hoffnungen auf Rettung daran, dass sich jene treffen, deren Treffen man früher bekämpft hatte. Das ist interessant. Letztlich ist – mindestens für eine gewisse Zeit – eine Art Ad-hoc-Weltregierung entstanden, an der viel Hoffnung hing, viel mehr als an der UNO. Jetzt hat die

Bedeutung von G20 wieder etwas abgenommen, aber dass diese Krise die Welt erheblich verändert hat – das ist für mich eine bleibende Erfahrung.

Es gibt die neue Macht der G20, und es gibt die Macht der Ratingagenturen. Teilen Sie Befürchtungen, dass die Fokussierung der bis heute allein amerikanischen Ratingagenturen auf die Schuldenkrise in Europa zum Ziel haben könnte, von der größeren Schuldenkrise in den USA abzulenken?

Auf den Gedanken kann man kommen. Andererseits behandeln die Ratingagenturen die europäischen Staaten nicht per se besonders schlecht oder besonders falsch. Vielleicht behandeln sie sie im Vergleich zu den USA härter. Aber wenn die Ratingagenturen mit dem amerikanischen Staat auch so umgehen würden wie mit uns, wäre es für uns ja keinen Deut besser. Jetzt auf solche Vermutungen zu setzen, erinnert mich ein bisschen an den Verweis auf andere, die auch Alkoholiker sind. Das ist nicht schlimm, dass ich Alkoholiker bin, weil der andere ja auch säuft! Deswegen ist manches davon letztlich eine Schutzbehauptung. Es macht die Welt nicht schöner, wenn die Ratingagenturen den amerikanischen Staat auch noch herabstufen würden. Gleichzeitig finde ich allerdings auch, dass der Peak der Ratingagenturen in ihrer Bedeutung überwunden ist. Oder dass die sich vielleicht sogar überdreht haben. Ich habe in den letzten Wochen etliche Herabstufungen mitbekommen, von Banken und auch von Staaten. Aber eine Wirkung ist nahezu vollständig ausgeblieben. Es hieß: »Das haben die Agenturen schon richtig gemacht, das stimmt wahrscheinlich.« Aber derzeit ändert es nicht die Fundamentaldaten. Das war zu Beginn der Krise anders. Da konnte eine Ratingagentur durch eine Bewertung die Lage erheblich verändern. Das hat sich etwas verbessert.

Angela Merkel spricht seit 2008 davon, dass mit der großen Krise die Machtverhältnisse auf der Welt neu verteilt würden. Tobt dieser Kampf nach wie vor? Ist der Kampf um die Rettung des Euro gar Teil dieses globalen Machtkampfes?

Nein, das Letzte glaube ich nicht. Aber Einfluss und Gewichte werden in der Welt insgesamt neu verteilt, da bin ich ganz sicher. Dafür gibt es auch viele Anzeichen. Erstes Beispiel: Europa stellt heute nur noch acht Prozent der Weltbevölkerung, erwirtschaftet aber 25 Prozent der weltweiten Wirtschaftsleistung und gibt 50 Prozent der Sozialausgaben der Welt aus, überwiegend finanziert durch Verschuldung. Ich glaube nicht, dass das zukunftsfähig ist. Zweites Beispiel: Bei den G20 haben die Europäer immerhin noch sieben oder acht Stimmen, Indien eine. Ich glaube nicht, dass das die nächsten 20 Jahre so bleibt. Als ich ganz neu als Verteidigungsminister in New York war, hatte ich ein längeres Gespräch mit dem indischen UNO-Botschafter. Man muss wissen, dass es bei den UN-Militärmandaten etwa fünf Staaten gibt, die die meisten Soldaten stellen – darunter ist Indien. Und es gibt etwa fünf Staaten, die das Meiste bezahlen – dazu zählt Deutschland. Bei unserem Gespräch sagte der indische Botschafter zu mir: »Wissen Sie, wenn wir mal ein bisschen reicher werden, möchten wir das für die nächsten 30 Jahre mal umdrehen. Wir zahlen mehr – und Sie schicken mehr Soldaten. Wie finden Sie das?« Ich habe ihm dann etwas über deutsche Traditionen erzählt, warum das alles schwierig sei, warum unsere Geschichte da natürlich wie eine Bremse wirke und uns Zurückhaltung auferlege. Doch so sehr ich ihm das auch zu erklären versucht habe, ich blieb nach dem Gespräch, das unentschieden endete, sehr nachdenklich zurück. Ich habe gemerkt, dass die Zeit weitergegangen ist. Ich habe gemerkt, dass wir – zugespitzt formuliert – Auschwitz nicht mehr zu unseren Gunsten argumentativ einsetzen können. Auschwitz ist kein Grund mehr, sich nicht an einem UN-mandatierten Einsatz zu beteiligen. Es kommt noch etwas hinzu, das habe ich bei einem Besuch in der Türkei gemerkt. Da saß ich unter einer großen Landkarte meines türkischen Kollegen, und auf der war nicht Europa in der Mitte, sondern die Türkei. Ringsum waren Syrien, der Irak, der Iran und so weiter – und Deutschland lag auf der Karte eher an der Peripherie. Wir aber reden noch immer vom Nahen, vom Mittleren und vom Fernen Osten, weil wir es durch unsere Brille betrachten. Wir leben und denken europazentriert! Wieso ist eigentlich Japan Ferner Osten? Für die Welt? Doch nur für uns! Wieso ist Syrien Naher Osten? Das gehört zum Mittelmeerraum. Aber kein Syrer würde im Ernst sagen: »Wir sind Naher Osten.« Diese zentrierte Sichtweise von uns auf die Welt wird nicht mehr lange gutgehen. Wir tun noch so, als hätten wir den Erfolg für uns gepachtet. Wir tun so, als hätten wir den Wohlstand für uns gepachtet. Wir tun so, als dürften nur wir erklären, wie sich die Menschenrechte in der Welt entwickeln. Wir dürfen einen hohen CO_2-Ausstoß pro Kopf behalten, die anderen aber möglichst nicht, aus Umweltgründen. All diese Dinge werden sich ändern müssen. Und dafür brauchen wir auch institutionelle Foren wie G20. Allein die Tatsache, dass die G20 wichtiger geworden sind als G8, ist ein Vorbote davon. Ich bin der tiefen Überzeugung, dass wir erst am Anfang einer großen Veränderung der Welt stehen.

Zur großen Krise der Jahre 2008 und 2009 gehörte auch die Geschichte rund um Opel. Warum hat der Staat versucht, Opel zu retten?

Zunächst muss man kurz erklären, dass wir eine Immobilienkrise, eine Bankenkrise und dann eine Autokrise hatten, die es aller Voraussicht nach auch ohne Weltfinanzkrise gegeben hätte. Vielleicht nicht in dieser Dimension. Aber die Überkapazitäten im Markt, die Umweltauflagen und das veränderte Verbraucherverhalten trugen auch zur Krise der Automobilbranche bei. Warum wir uns eingesetzt haben? Natürlich spielte dabei eine Rolle, dass Opel ein riesengroßer Arbeitgeber ist. Natürlich spielte eine Rolle – das will ich unumwunden zugeben –, dass es dort einen erstklassigen und sehr wichtigen und sehr kommunikationsstarken Betriebsratsvorsitzenden Klaus Franz gab. Man konnte in diesen Wochen ja den Eindruck bekommen, dass faktisch Franz den Opel-Konzern in Deutschland geführt hat. Wegen der Führungsschwäche von anderen. Natürlich spielte auch der Druck der Sozialdemokraten eine Rolle – keine Frage. Als sie im aufziehenden Wahlkampf anfingen, eine Rettung Opels zu fordern, blieb uns wenig Raum, das abzulehnen. Und schließlich spielte, na klar, auch noch eine Rolle, dass durch die Fabriken in Hessen und Nordrhein-Westfalen zwei starke CDU-Ministerpräsidenten die Rettung von Opel wollten, nämlich Roland Koch und Jürgen Rüttgers. Koch war ja nicht gerade verdächtig, ein besonderer Freund staatlicher Hilfen zu sein. Ich sage unumwunden, das alles spielte bei der Entscheidung mit rein, genauso wie die Tatsache, dass ein nicht unwesentlicher Teil der Produktionsstandorte von Opel in den ostdeutschen Ländern sind, in Thüringen vor allem. Aber dazu kam noch etwas ganz anderes. Nämlich unser Gefühl, dass die Marktbereinigung, die auf dem Automobilsektor unvermeidbar erschien, von einem amerikanischen Konzern, der massive Probleme hatte, ausgerechnet auf den Standort Deutschland ausgelagert werden sollte. Dass wir sozusagen die Probleme von General Motors ausbaden sollten, wo doch nach unserer Auffassung die Opel-Autos besser waren, auch umweltfreundlicher und nachhaltiger als viele der Autos, die in Detroit von GM gebaut wurden. Das war für mich ein entscheidendes Motiv. Zumal ausgerechnet die Super-Marktwirtschaftler in den USA nichts Eiligeres zu tun hatten, als mit Staatsgarantien und mit Verstaatlichungen die zum Teil maroden Konzerne faktisch zu entschulden und zu sanieren, während wir das hier nicht tun sollten und durch einen Verzicht darauf deren Arbeit noch leichter gemacht hätten. Das hat uns total geärgert. So war der gesamtpolitische Rahmen, in dem es dann zu den Verhandlungen kam. Das Ergebnis ist offen gestanden etwas verrückt. Denn tatsächlich haben wir an der ganzen Sache finanziell sogar etwas verdient. Wir haben Opel zunächst gerettet, ohne dass Staatsgeld richtig fällig geworden ist. Wir haben gezahlt, und die haben alles zurückbezahlt, mit Zinsertrag. Trotzdem war das natürlich schwierig, so ein großes Einzelunternehmen zu retten. Das sollte eine Regierung so nicht zu oft machen. Es gab viele Runden an Gesprächen, Vergabeverhandlungen zwischen Fiat und Magna. Das war alles schwierig. Aber die Idee, Opel endgültig aus den Klauen von General Motors herauszuholen und einem anderen zu geben, der Opel wie ein Hecht im Karpfenteich – in dem Fall Magna, von mir aus aber auch Fiat – vielleicht sogar gegen General Motors positionieren kann, das hat uns alle inspiriert. Dazu kam, dass eine ungeordnete Insolvenz – das war ja die Debatte, die wir mit Guttenberg und Teilen des Wirtschaftsministeriums hatten – zu gewaltigen Turbulenzen geführt hätte. Als deutlich wurde, was eine ungeordnete Insolvenz für Zulieferer und für den Pensionssicherungsfonds mit einer gewaltigen Beitragserhöhung für jeden Mittelständler bedeutet hätte, hat sogar ein nicht unerheblicher Teil der Arbeitgeberverbände uns gebeten, wir mögen doch bitte Opel retten. Das haben die nicht so gerne öffentlich gesagt, aber intern waren sie sehr deutlich.

Welchen Einfluss hatte die Tatsache, dass viele andere Automobilbauer gesagt haben: Wir haben sowieso zu viele Anbieter, jetzt muss halt einer dran glauben. Hat das gebremst oder angestachelt?

Das hat erheblich angestachelt. Zumal wir der Automobilbranche mit der Abwrackprämie in einer Weise geholfen hatten wie noch nie. Dass ausgerechnet Volkswagen, der ein Hauptprofiteur war, gesagt hat: »Keine Hilfe für Opel!«, hat mich eher angestachelt.

Die Entscheidung fiel dann in zwei nächtlichen Verhandlungen. In der ersten Nacht lief alles schief, in der zweiten schien alles gutzugehen. Wie haben Sie diese Nächte erlebt?

Fachlich war das ziemlich gut – beides. Wir fühlten uns den Wirtschaftsleuten auf der anderen Seite voll gewachsen. Selbst die Choreographie war auf den ersten Blick gut. Trotzdem war die erste Nacht – unter den Gesichtspunkten der Regierungskunst – schlecht. Man bringt eine Kanzlerin nicht in eine Situation dieser Art, wo am Ende ein Scheitern steht. Entweder leitet die Kanzlerin eine Sitzung, die zum Erfolg führt, oder aber die Kanzlerin leitet gar keine Sitzung dieser Art. Sie darf erst dabei sein, wenn klar ist, dass es klappt. Das war im Nachhinein schlecht.

Wer hatte die schlechte Choreographie zu verantworten?

Ich denke, es lag vor allem daran, dass Magna noch nicht so weit war und die europäischen Opel-Leute keine Prokura hatten. Die zweite Nacht war dann zunächst erfolgreich, bis auf die Tatsache, dass der amerikanische Konzern Wochen später seine Entscheidung widerrufen hat, und das in einer für die Bundesregierung und die Kanzlerin ziemlich unhöflichen Weise. Trotzdem war die zweite Nacht in der Sache zunächst erfolgreich. Sieht man mal davon ab, dass es unterschiedliche Auffassungen innerhalb der Bundesregierung gab. Aber insgesamt war das trotzdem erfolgreich. Opel schien gerettet; alle bis auf einen trugen die Einigung und den deutschen Einsatz mit. Das war gerade nach der ersten gescheiterten Nacht wichtig.

Trotzdem ist von dieser zweiten Nacht vor allem eines hängengeblieben: dass die Große Koalition mit den beschlossenen Überbrückungsbürgschaften erst mal das Unternehmen rettet – und der eigentliche Profiteur der Nein-Sager des Abends ist: Wirtschaftsminister Karl-Theodor zu Guttenberg.

Er hat ja nicht Nein gesagt.

Er ist derjenige, der sich öffentlich davon distanziert hat, noch in der gleichen Nacht.

Ja. Insoweit stimmt das. Er hat Ja gesagt und sich gleichzeitig distanziert. Ich muss zugeben, dass ich mich in diesem Zusammenhang da ziemlich verschätzt habe. Ich habe das in dieser Nacht mit Steinbrück erörtert und später dann noch einmal. Nachdem alles zu Ende verhandelt war – nach unserer Auffassung erfolgreich, wenn auch mit Risiken –, hat der Wirtschaftsminister gesagt, dass er das Ergebnis eigentlich nicht mitträgt. Dann haben wir ihn in die Mangel genommen, auf verschiedenste Weise und in verschiedenen Formaten, über die ich jetzt nicht sprechen will. Danach hat er gesagt: »Ich bin eigentlich dagegen, aber trage es mit.« Was auch deshalb wichtig war, weil die Mitarbeit des Wirtschaftsministers bei der Umsetzung der Überbrückungsbürgschaften weiter nötig war. Er musste also weiter mitmachen. Nachdem das klar war, habe ich mit Steinbrück über die Situation debattiert. Steinbrück hat gesagt: »Herr de Maizière, das geht so gar nicht. Wir sitzen hier als Regierung. Wir müssen das heute Nacht und morgen verkünden, und der Wirtschaftsminister sagt, er macht das zwar mit, aber eigentlich ist er dagegen. Das heißt, Sie als Union können auf beiden Seiten blinken. Sie können dem einen Teil der Öffentlichkeit sagen: Wir haben die Rettung gemacht. Und dem anderen Teil der Öffentlichkeit, der gegen die Rettung ist, können Sie sagen: Naja, eigentlich waren wir dagegen. Das geht nicht, Sie werden damit durchkommen und werden kommunikativ gewinnen.« Ich habe gesagt: »Herr Steinbrück, Sie haben unrecht. Wir werden das kommunikativ verlieren, weil die Öffentlichkeit sagen wird: Was ist denn das für eine Union? Entweder ist man dafür oder dagegen!

Aber die sind mal wieder beides. Entweder muss dann der Wirtschaftsminister zurücktreten, wenn er diese Auffassung hat, oder die Kanzlerin muss ihn entlassen, oder der Wirtschaftsminister muss gezwungen werden, die Klappe zu halten, aber dass wir sozusagen beides vertreten, geht voll zu unseren Lasten aus!« So haben wir debattiert. Und im Geiste haben wir gewettet, wie es ausgehen würde. Aber ich musste später einräumen, dass ich es falsch eingeschätzt und er recht behalten hatte. Für die SPD war es dennoch kein Debakel, sie hat kommunikativ auch gewonnen, weil sie für ihre Klientel direkt etwas erreicht hatte. Und wir hatten eben beides. Dabei spielte allerdings das Charisma der Person des Wirtschaftsministers, also zu Guttenberg, eine entscheidende Rolle. Ich glaube, bei jedem anderen Wirtschaftsminister hätte ich recht behalten. Es mag merkwürdig klingen, aber es tat mir leid, dass ich mich da getäuscht habe. Heute glaubt Steinbrück mir das.

Das heißt aber, Sie würden das nicht noch einmal so zulassen?

Ich würde es nicht mehr zulassen, so ein Verhalten geht gar nicht. Wer in einer solchen Situation Nein sagt, muss zurücktreten oder entlassen werden oder loyal die Klappe halten. Aber ein solches Doppelspiel darf es nicht geben. Es gab auch im Nachhinein noch Streitereien, über die ich jetzt nicht berichten will. In der Art und Weise der Umsetzung, die ich als Chef des Kanzleramtes auszutragen hatte.

Haben Sie das auch über GM gesagt, als klar war, dass die Opel am Ende doch nicht verkaufen?

Auch das, was GM gemacht hat, geht gar nicht! Sich erst helfen lassen und dann erklären, dass man nun doch nicht verkaufe. GM hat zwar am Ende alles zurückgezahlt. Das muss man zu ihrer Ehrenrettung sagen. Aber sie haben es getan, um anschließend zu sagen: Wir behalten Opel. Und das an einem Tag, in einer Situation, in der die deutsche Kanzlerin gerade ziemlich glücklich auf dem Weg zum Flughafen in Washington war, nachdem sie im US-Kongress ausgezeichnet worden war. GM hat später erklärt, dieses zeitliche Zusammenfallen beider Ereignisse sei eine Kommunikationspanne gewesen. Sie hätten nicht genau gewusst, wo die Kanzlerin ist. Irgendjemand von GM habe auch versucht, irgendwen von uns zu erreichen. Aber ehrlich gesagt glaube ich das nicht. Ich habe das Verhalten von GM als eine Brüskierung Deutschlands erlebt – ganz so, als hätte man uns einen kalten Waschlappen ins Gesicht geschlagen. Gott sei Dank war alles zurückgezahlt! Natürlich wäre die Sache mit Magna riskant gewesen. Auch da haben uns viele gewarnt, eine Übernahme Opels sei eine Nummer zu groß für Magna. Aber nun blieb alles anscheinend beim Alten, und wir hatten kein Geld verloren. Objektiv war das also nicht so schlimm, aber politisch-psychologisch war es verheerend.

Könnte so etwas in einer ähnlichen Situation noch mal passieren?

Es war ja noch viel schlimmer. Ich hatte als Chef des Kanzleramtes noch einen direkten Kontakt zur Führung von GM gehabt, zum Teil ohne Wissen des Wirtschafts- und Finanzministers. Und auch da hatte es keine einzige Andeutung gegeben. Eine gewisse Skepsis gegenüber dem möglichen neuen Konkurrenten schon. Aber dass sie den ganzen Verkauf abblasen könnten – darüber gab es kein Wort. Ich fühle mich deshalb auch persönlich enttäuscht. Das werde ich nicht vergessen. Die Lernerfahrung ist, dass man nicht so leichtgläubig sein darf. Dass man die Dinge immer rechtlich absichern muss. Und dass man stets innerlich auch noch mal mit ganz anderen Ergebnissen rechnen muss. Die Variante, dass GM Opel behalten könnte, war für mich eigentlich ausgeschlossen gewesen.

Gab es in den vier Jahren der Großen Koalition etwas, das Sie gerne gemacht hätten, aber nicht tun konnten?

Ja, eine Grundgesetzänderung rund um das Thema Sicherheit. Das hat mich als Chef des Kanzleramtes sehr beschäftigt. Wir hatten die Frage »Auslandseinsatz«, die Frage »Bundeswehr im Inneren«, die Frage »Luftsicherheit« und die Frage »Katastrophenschutz«. Alles war hoch umstritten, hoch schwierig, hoch kompliziert. Wir haben darüber in vielen geheimen Runden gesprochen, die zu meinem großen Erstaunen nicht öffentlich wurden und nicht an die Medien durchgestochen wurden. An diesen Runden haben im Kanzleramt teilgenommen: Außenminister Steinmeier und die Justizministerin Brigitte Zypries, die beide vorher ja auch mit Sicherheit zu tun gehabt hatten, dazu der Fraktionsvorsitzende der SPD, Peter Struck, und auf unserer Seite Volker Kauder und Peter Ramsauer, außerdem der damalige Bundesinnenminister Schäuble, natürlich Verteidigungsminister Franz Josef Jung und ich. Wir haben am Ende einen bis zu jedem Komma durchformulierten Text zur Änderung des Grundgesetzes entworfen, mit vielen geänderten Stellen – Artikel 35, 87a, 24 und so weiter. Wir hatten dies alles schriftlich festgehalten und wollten es dann gemeinsam in den Bundestag einbringen. Es war relativ spät in der Legislaturperiode, so gegen Ende des dritten Jahres nach meiner Erinnerung. Doch dann kam die SPD-Fraktion in Person von Struck und erklärte uns: »Ich, Struck, habe das mit verhandelt, ich halte es auch für richtig, aber ich kriege es in meiner Fraktion nicht durch.« Das, ich muss das einfach sagen, habe ich sehr bedauert. Zu dem Thema stand nichts in der Koalitionsvereinbarung. Aber das Verfassungsgericht hatte ein rot-grünes Sicherheitsgesetz gekippt. Es gab also Handlungsbedarf. Trotzdem haben wir es nicht geschafft.

Woran ist es gescheitert? An der Unionsforderung zum Einsatz der Bundeswehr im Innern?

Nein. Die Position, dass die Bundeswehr im Inneren, meinetwegen wie in Österreich – und das ist auch kein militaristischer Staat –, in Krisenfällen der Polizei Objektschutz abnimmt, um die Polizei zu entlasten, hatten wir gar nicht mehr aufgestellt. Das wollten wir der Sozialdemokratie gar nicht mehr zumuten, sondern es ging vor allen Dingen um den Einsatz der Bundeswehr im Inneren nur bei Maßnahmen, wo die Polizei die Instrumente nicht hat. Also in der Luft und beim Küstenschutz. Bis heute ist, wenn sich ein Öltanker mit Terroristen der deutschen Küste nähert, die Landespolizei zuständig. Jedenfalls solange es kein kriegerischer Angriff auf Deutschland ist. Und die Landespolizei ist dafür, vorsichtig ausgedrückt, einfach nicht ausgestattet. Trotzdem ist das die Rechtslage. Das wollten wir bereinigen, und das war einvernehmlich ausgehandelt. Dazu gehörte eine klare Formulierung der Rechtsgrundlage für solche Inlandseinsätze und für Auslandseinsätze. Bis hin zum Katastrophenfall, bei dem der Bund mehr Kompetenzen bekommen sollte. Sicher, wir hatten bis dahin nur im Bund verhandelt, und wir hätten mit den Ländern vielleicht noch Probleme gekriegt. Aber wir hatten die Texte fertig. Es wäre eine wichtige, große Chance gewesen für die Große Koalition, das zu Ende zu führen. Dass das nicht gelungen ist, bedaure ich bis heute. Und das ist einer der Gründe, warum ich, als ich Innenminister geworden bin, immer wieder gesagt habe: »Ich kenne jeden Aspekt dieser Diskussion, aber ich werde nicht Vorschläge machen zu Änderungen, die offensichtlich keinen Erfolg haben.« Nur um irgendwelche Ankündigungen zu machen, die sich bei der Polizei gut anhören, aber zu nichts führen. Grundgesetzänderungen sollte man nur dann ins Spiel bringen, wenn sie eine Chance auf Erfolg haben.

Sind Sie im Zuge dessen enttäuscht gewesen, dass Steinmeier und Zypries nicht genug dafür gekämpft haben?

Ja, und Peter Struck war selber sehr ärgerlich darüber, zumal er auch kompromissbereiter war als die anderen beiden. Ich rechne ihm wirklich hoch an, dass er nicht kam und gesagt hat: »Ich bin dagegen.« Er hat gesagt: »Ich kriege das nicht durch.« Und ich rechne es uns hoch an, damit meine ich Schäuble, Jung und mich, dass wir das nicht zu Lasten der SPD ausgeschlachtet haben. Wir hätten ja auch sagen können: SPD verhandelt einen Vorschlag und muss hinterher einräumen, dass sie es nicht hinkriegt. Aber wir haben das dann geräuschlos beerdigt.

Wenn man auf die Kanzler der Republik schaut, dann bekommt man den Eindruck, dass wie bei Angela Merkel eigentlich bei jedem Kanzler im Laufe der Zeit die Distanz zur eigenen Partei größer geworden ist. Gibt es da eine Art ungeschriebene Gesetzmäßigkeit?

Distanz ist das falsche Wort. Aber dass über die Zeit die Belange des Gemeinwesens stärker Gewicht gewinnen als parteipolitische Interessen, das ist schon so. Und das ist auch richtig. Der Amtseid lautet ja nicht, dass man dem Parteiinteresse zum Durchbruch verhilft, sondern dass man das Wohl und den Nutzen des deutschen Volkes mehren und Schaden von ihm abwenden soll. Umso richtiger ist es – finde ich –, dass ein Kanzler Parteivorsitzender ist, weil dann diese Spannung ausgehalten werden muss in einer Person. Selbst wenn die Medien scharfe Kritik daran üben. Es entsteht dann nicht jene Gegenkraft, jener Gegensatz, der wirklich gefährlich würde. Für die betroffene Person ist das natürlich schwer. Die muss die Spannung aushalten. Die einen sagen dann nämlich: »Die missbraucht das Amt für die Partei.« Und die anderen sagen: »Die vernachlässigt die Partei zugunsten des Amtes.« Aber das Aushalten dieser Spannung ist besser als zwei getrennte Personen, die sich streiten.

Ist über die Zeit betrachtet das Amt mächtiger oder der Amtsinhaber? Wer verändert wen mehr?

Das kann man nicht trennen. Es gibt das Phänomen – das gibt es übrigens nicht nur beim Kanzleramt, sondern auch anderswo –, dass sich die Veränderungskraft eines Kanzlers und jedes Ministers mit der Dauer der Amtsführung verringert. Je länger man im Amt ist, umso mehr besteht jedenfalls die Gefahr, dass der Beamtenapparat stärker wird und der Amtsinhaber in seiner Routine verbleibt. Je neuer man im Amt ist, umso mehr verändert man. Weil diese Tendenz besteht, muss man manchmal auch zu einem Wechsel kommen, dann ist mal eine Kabinettsumbildung nötig oder auch eine Veränderung bei den Staatssekretären und den Abteilungsleitern, unabhängig von der Qualität der handelnden Personen.

Sie sehen es als normal an, dass die eigene Partei mit ihrer Kanzlerin oder ihrem Kanzler unzufrieden ist?

Ein Kanzler ist immer angefochten, auch von der eigenen Partei. Wie sehr war doch Willy Brandt angefochten?! Was war mit dem alternden Konrad Adenauer? Ein Kanzler ist immer angefochten. Wer vorne steht, wird kritisiert, beäugt, angefochten. Es gibt einfach fast immer Streit. Das ist doch ganz klar. Es gibt vielleicht mal ganz kurze Phasen, in denen das nicht der Fall ist. Aber Ärger, Frust, Streit – das ist meistens der Normalzustand. Nehmen Sie Gerhard Schröder. Er war immer angefochten – und zwar massiv! Erst war er der »Brioni-Kanzler«, dann der »Auto-Kanzler«. Dann war er der Kanzler der Bosse, dann der Kanzler mit Hartz IV. Das fanden viele jeweils nicht richtig. Dazu die Nähe zu Putin, zu Russlands Regime, damals auch zu manchem problematischen Regierungschef im Nahen Osten. Das wurde alles kritisiert. Die jetzige Kanzlerin hat auch Punkte, die ihre Partei ablehnt. Das ist so. Wer vorne steht, bei dem ist die Luft dünn, und der Wind pfeift aus allen Ecken und Enden. Das ist nichts Ungewöhnliches. Trotzdem gilt, dass je länger man Kanzler ist, desto mehr das Amt einen prägt. Die internationalen Bezüge der Arbeit spielen dabei eine Rolle und auch das Verantwortungsgefühl, für alle zu regieren und nicht nur für einen Teil. Damit die Distanz nicht zu groß wird, gibt es aber Schutzmechanismen. Das Eine ist der Parteivorsitz, der einen zwingt, die Partei nicht aus den Augen zu verlieren. Das Zweite ist der normale Kalender. Die ewig wiederkehrenden Parteitage, Landtagswahlen, die Bundestagswahl, die Präsidiumssitzungen, die Bund-Länder-Kämpfe. Das alles führt dazu, dass auch ein Kanzler in die Niederungen der Parteipolitik eingebunden bleibt. Das ist oft lästig, das ist oft ärgerlich, das führt auch zu Niveauverlust und einem Übermaß von Terminen, aber es ist sehr hilfreich. Die Gefahr des Abhebens ist – anders als im britischen und im französischen System – bei uns institutionell viel geringer. Wie gesagt, das ist mühsam für die handelnden Personen, es kostet wahnsinnig Energie. Aber für die Sache ist es gut. Deswegen gibt es diese Tendenz, die Sie beschreiben, aber sie wird bei uns strukturell verringert. Wir sind eben keine Präsidialdemokratie.

Sie haben vier Jahre das Kanzleramt geführt. Hätten Sie es gerne verändert? Oder hat es Sie verändert?

Es hat mich gestärkt, aber auch erschöpft. Obwohl es viel Freude gemacht hat, sind vier Jahre eigentlich genug. Mit diesen umfassenden Anforderungen geht es an die Substanz. Ich habe eine

Zweckrationalität des Kanzleramtes entdeckt, die mich fasziniert. Als ich Kanzleramtschef wurde, bin ich mal ein paar Tage in London im Amt von Tony Blair gewesen. Merkel verstand sich sehr gut mit Blair, und er hat mich dann eingeladen, damit ich mir mal die Downing Street anschaue. Wie die organisiert sind. Ich war zwei Tage als Lehrling dort, wenn man so will, und als Gesprächspartner. Auch dort gab es einen Chef des Hauses, Blair hatte diese Institution eingeführt. Und mit ihm habe ich gesprochen. Ich habe von den Briten wenig gelernt, weil das Führungssystem anders ist, aber ich habe dabei unser System verstanden, sagen wir so. Zum Beispiel ist es in Großbritannien vollständig normal, jedenfalls bei Blair, der sehr straff geführt hat, dass, wenn es ein Problem gab, zum Beispiel mit Bildung oder mit der Polizei, der Premierminister dann eine Besprechung macht, den Innenminister dazuholt und den Polizeichef von London und einen Dorfpolizisten von der Straße um die Ecke und einen Jura-Professor und sagt: »Jetzt lösen wir das Problem.« Kaum denkbar in Deutschland. Wir haben im Kanzleramt zu jedem Ministerium ein Spiegelreferat, wir haben zu jedem Themenbereich Fachleute im Haus. Nicht viele, aber sehr gute. Das stärkt das Wissen und die Verhandlungsposition und die Aktionsfähigkeit des Kanzleramtes. Und das Interessanteste ist: unser System ist seit 50 Jahren so gut wie unverändert. Wenn Sie den ersten Entwurf, die erste Gliederung des Kanzleramtes unter dem damaligen Chef Heinrich Globke anschauen und dann die heutige, dann gibt es ziemlich wenig Unterschiede im Aufbau. Es gibt eine gewisse Veränderung seit der Zeit von Willy Brandt und Horst Ehmke. Es gab immer Veränderungen beim Thema Planung mit einem Hin und Her. Mal gab es eine Planungsabteilung und dann wieder nicht. Außerdem kam irgendwann der Kulturbereich dazu, und das Thema Europa erhielt eine eigene Abteilung. Aber im Prinzip ist es die gleiche Struktur bis heute. Es gibt eine Abteilung, die sich spiegelbildlich zu bestimmten Ressorts um die Koordinierung dieser Ressorts kümmert; es gibt eine Abteilung, die sich um die Ressorts Wirtschaft und Finanzen kümmert und eine Abteilung für die Außen- und Sicherheitspolitik – das ist unverändert geblieben. Auch gleich geblieben ist, dass die Spiegelreferate zu den jeweiligen Ministerien klein sind. Ein Referat, das ein ganzes Ministerium begleitet, hat drei, vier Mitarbeiter im höheren Dienst. Mehr nicht. Manchmal nach Neuwahlen haben neue Chefs des Amtes mehr Stellen gefordert und hie und da auch bekommen, aber irgendwann sind sie wieder zu der alten Größe zurückgekehrt. Mit dieser schlanken Struktur bekommt kein Ministerium die Chance, Arbeit auf das zuständige Referat im Kanzleramt abzuwälzen, weil dort zu wenig Leute sind. Dazu kommt aber etwas noch Wichtigeres: Das Prinzip, dass die Referatsmitarbeiter alle aus den jeweiligen Ministerien kommen und nach einiger Zeit auch wieder dorthin zurückkehren. Dieses Rotationssystem ist unverändert. Und es trägt dazu bei, dass die Ministerien in aller Regel nicht ihre schlechten, sondern ihre besten Mitarbeiter ins Kanzleramt entsenden. In den Ländern ist das manchmal anders, beim Bund ist es so, dass die Besten kommen. Die Referenten kommen von den Häusern ins Kanzleramt, werden durch viel Arbeit »ausgebeutet«, einmal befördert und gehen zurück in ihr Stammhaus. Und auch der SPD-affinste Ministerialbeamte, der unter einem CDU-Kanzler im Kanzleramt als Referent war, schreibt das stolz in seinen Lebenslauf und umgekehrt. Andernorts ist es so, wenn ein Sozialdemokrat sich in einem CDU-Haus bewirbt, dann redet er verschämt darüber hinweg, dass er irgendwann Stipendiat der SPD-nahen Friedrich-Ebert-Stiftung war. Oder umgekehrt. Für das Kanzleramt gilt das nicht. Man schreibt stolz, dass man drei Jahre Referent im Kanzleramt war, wer auch immer regiert hat. Das ist ein Kopfschmuck, das ist ein Ritterschlag. Und das ist völlig unverändert seit 50 Jahren so.

Das klingt furchtbar pathetisch und sehr idealistisch.

Es ist einfach so gewachsen. Ich habe das ja nicht erfunden. Aber wer das einmal zu schätzen gelernt hat, wird alles tun, damit es so bleibt. Anderswo wird sicher auch mal ein unfähiger Parteisoldat mitgeschleppt. Aber im Kanzleramt geht das nicht. Das würde sofort auffallen. Einfaches Beispiel: die Qualität der Vermerke. Ich habe es nicht gewusst, aber dann oft erlebt, dass, wenn das Kanzleramt ein Protokoll gemacht hat, das einfach deshalb akzeptiert wurde, weil es aus dem Kanzleramt kam. Die fachliche Autorität des Kanzleramtes ist hoch, auch bei den Ministerien. Wenn sich zwei Ministerien nicht einigen können, wird das Kanzleramt zu Hilfe gerufen: »Soll das Kanzleramt doch mal den Sachverhalt ermitteln und einen Vorschlag machen.« Das ist unverändert so. Es ist im Interesse des Kanzleramtes und der Häuser, dass gute Leute im Kanzleramt sitzen. Ein Referent im Kanzleramt hat eine doppelte Loyalität. Er ist Lobbyist seines Ministeriums im Kanzleramt, und er ist für das Kanzleramt zugleich ein Frühwarnsystem für Probleme im Ministerium. Wenn er nur einer Loyalität dient, wird er scheitern und nicht erfolgreich zurückkommen und danach auch keine gute Position im alten Stammhaus bekommen. Wenn ein Referent im Kanzleramt seinem Ministerium immer nur aufs Haupt haut, möglichst noch arrogant, dann wird ihm das Ministerium nie erzählen, wo ein Problem ist. Dann bekommt er Ärger im Amt, sobald das Problem bekannt wird. Wenn er dagegen immer nur rosa Berichte macht über das, was im Ministerium passiert, dann hat er im Amt keinerlei Einfluss. Der Beamte muss sich, solange er im Kanzleramt ist, immer in beide Seiten hineinversetzen, er muss beide Sichtweisen im Kopf haben. Dann ist er wirklich gut. Ich habe immer gesagt, ich möchte, wenn ich auf Staatssekretärs- oder Ministerebene eine Besprechung mache, von keinem einzigen Argument aus einem Fachressort überrascht werden. Ich möchte kein neues Argument hören. Ich möchte vorher von euch, meinen Mitarbeitern, mit allen Eventualitäten konfrontiert werden. So gut müsst ihr arbeiten! Es kann sein, dass einige Argumente nicht überzeugend sind; es kann sein, dass wir eines zurückstellen müssen oder dass die Argumente sich widersprechen, aber wenn jemand aus einem Fachressort vom Sachverhalt oder von der Interessenlage ein komplett neues Argument vorträgt, hat das Kanzleramt nicht gut gearbeitet. Das heißt: Sämtliche Argumente, die in der Bundesregierung diskutiert werden, müssen sich im Kanzleramt wiederfinden, auch streitig. Der Leiter des Spiegelreferats Arbeit und Soziales, muss sich also mit dem Spiegelreferatsleiter Haushalt genauso streiten, wie sich der Arbeitsminister mit dem Finanzminister streitet. Sonst kann man keinen einzigen Streit schlichten und lösen. Das ist die innere Zweckrationalität des Kanzleramtes.

Gab es nie Überlegungen, das Amt neu zu gliedern, also statt für Umwelt und Wirtschaft für Energie und Demografie Referate einzurichten?

Es gab schon viele kluge Überlegungen, wie man ein Kanzleramt besser aufteilen müsste, also zum Beispiel zu sagen, die Aufteilung in klassische Ressorts sei überkommen, weil die eigentlichen Aufgaben längst nicht mehr so an Ressortlinien entlanglaufen. Manche meiner Vorgänger haben herumexperimentiert und Planungsabteilungen eingerichtet und wieder aufgelöst. Auch wir haben uns lange überlegt, was wir mit dem Thema Planung machen, und haben schließlich einen kleinen Planungsstab eingerichtet. Aber zu glauben, dass das Kanzleramt Einfluss auf Ressorts hat, wenn es nicht nach Spiegelreferaten gegliedert ist, sondern nach gesellschaftlich relevanten Themen, ist naiv. Dann scheitert man. Das funktioniert nicht. Keiner meiner Vorgänger hat es am Ende gemacht und ich auch nicht. Das Ziel des Kanzleramts lautet: steuern, nicht rudern. Das Kanzleramt soll möglichst wenig rudern und muss sehr viel steuern. Und dafür sind Größe und Struktur des Amtes, so wie sie derzeit sind, gut.

Könnte dann nicht bald jeder Kanzleramtsminister sein?

Nein. Denn der Amtschef muss diese Struktur und die Mitarbeiter richtig nutzen. Eine wichtige Frage dabei ist: Fühlen sich die Abteilungsleiter als Quasi-Minister oder als Chefberater des Kanzlers oder der Kanzlerin? Missachten sie den Chef-BK? Missachten sie die Fachressorts und machen sich zu wichtig? Diese Probleme gab es immer mal wieder, nicht selten in der Außenpolitik, und sie gab es unter CDU- wie unter SPD-Führung. Hier geht es um die Kunst, gut zu führen, Autorität zu haben und die Leute gleichzeitig laufen zu lassen.

Wenn man Ihnen zuhört, kommt man zu dem Schluss: Nie mehr was anderes! Kanzleramtschef ist das Beste, was es gibt. Trotzdem sind Sie danach lieber Innenminister geworden. Warum?

Ich habe zwei Staatskanzleien geführt und dann das Bundeskanzleramt. Organisation von Politik hat mich immer interessiert. Chef des Bundeskanzleramtes zu sein ist faszinierend. Spannender geht es nicht in der Politik. Aber ich habe dann auch gerne aufgehört. Warum? Der Job geht auf die Knochen. Es gibt wenige Kanzleramtschefs, die länger als vier Jahre im Amt waren. Heinrich Globke, Friedrich Bohl und Frank-Walter Steinmeier. Alle anderen waren vier Jahre oder kürzer im Amt. Nicht zwingend wegen eines Koalitionswechsels oder weil sie abgewählt wurden, sondern oft aus anderen Gründen und manchmal sogar wegen eines Zerwürfnisses mit dem Kanzler.

Erschöpfung?

Ja. Das ist nach dem Kanzler und wahrscheinlich in Zeiten wie diesen auch nach dem Finanzminister der härteste und aufreibendste Job, den die Politik in Deutschland zu vergeben hat. Die ständige Verfügbarkeit; dieses geistige Sich-Einarbeiten in alle Themen und dazu praktisch nur mit den schwierigen Seiten der Regierung und der Koalition zu tun zu haben – das zehrt natürlich. Wenn es schön läuft, braucht man den Chef-BK nicht. Den braucht man immer nur dann, wenn es Probleme gibt. Wenn es gut läuft, bekommt die Kanzlerin den Lorbeer; wenn es schlecht läuft, war es der Kanzleramtsminister. Das ist richtig so. Das wusste ich vor meiner Berufung. Und das ist auch nicht schlimm. Jedes Thema, das schwierig ist, landet im Kanzleramt – wenn auch nicht unbedingt beim Kanzler. Und man muss damit möglichst sachlich umgehen. Ich habe oft die Erfahrung gemacht – das ist übrigens noch eine wichtige Lernerfahrung –, dass die meisten politischen Probleme nicht über Personen und Parteien, sondern über die Sache zu lösen sind. Das wahrt das Gesicht der Beteiligten. Es führt dazu, dass es am wenigsten Gewinner und Verlierer gibt. Deswegen muss das Kanzleramt immer in der Sache gut sein und der Chef-BK erst recht. Man kann vielleicht mal sagen:

»Komm, jetzt gibst du mal nach; dann hast du einen gut das nächste Mal.« Aber eigentlich sollte man es nie machen müssen. Denn beim nächsten Mal könnte ausgerechnet die Lösung, die der anbietet, der einen gut hat, die allerschlechteste sein. Was dann? Um sich nicht zu verstricken, bleibt nur die Sachebene. Und das macht den Job intellektuell und physisch so anstrengend, aber auch schön. Die Kanzlerin arbeitet sowieso wie verrückt. Aber natürlich ist der Kanzleramtsminister nicht nur beim Koalitionsausschuss mit dabei. Er ist vor dem Koalitionsausschuss da und nach dem Koalitionsausschuss da. Während die anderen ins Bett gehen, sitzt der Kanzleramtschef über dem Protokoll und über dem Kompromiss und brieft außerdem noch seine Fachleute. Das ist keine Klage, es ist, wie es ist. Der Verschleißeffekt ist einfach groß. Als Chef-BK muss man immer auch mal ein gewisses Überraschungselement haben. Mal einen Vorschlag machen, den keiner erwartet; mal eine Gesprächssituation schaffen, die überraschend ist; mal einen gewinnen lassen oder scheinbar gewinnen lassen. Irgendwann aber fällt einem nichts Neues mehr ein. Wenn das Verhalten des Kanzleramtes in jeder Krise total berechenbar ist, dann ist das schlecht. Ich hätte natürlich weitergemacht, wenn mich die Kanzlerin gebeten hätte. Aber vier Jahre für den Job sind eigentlich genug.

KAPITEL 9

Im zweiten Kabinett Merkel

Die zweite Regierung Merkel Die Bundestagswahl im September 2009 bringt für die bisherigen Koalitionspartner höchst unterschiedliche Ergebnisse. Während die SPD im Vergleich zur letzten Wahl dramatisch verliert und bei gerade mal etwas über 23 Prozent landet, kann die Union sich trotz eines ziemlich schlechten Ergebnisses als Siegerin fühlen: Sie schafft es in ein Bündnis mit dem erklärten Wunschpartner FDP. Die bisherige Opposition FDP erreicht mehr als 14 Prozent und sichert die Mehrheit für das so genannte bürgerliche Lager. Doch was vermeintlich gut zusammenpasst, funktioniert nicht wirklich. Weder in den Koalitionsverhandlungen noch danach finden Union und FDP richtig zusammen. Statt Harmonie herrscht Streit; statt Kooperation demonstrieren Union und FDP immer wieder Konfrontation. Die Folge: In den folgenden Jahren erleben schwarz-gelbe Koalitionen herbe Einbrüche bei Landtagswahlen. Die schwersten Niederlagen erleben sie in Nordrhein-Westfalen und Baden-Württemberg. Beide Länder gehen verloren.

Thomas de Maizière, der in den Koalitionsverhandlungen noch die Finanzgespräche mit der FDP geführt hat, bekommt diesmal, was er sich gewünscht hat: Er wird im Herbst 2009 neuer Bundesinnenminister. Kaum im Amt, bemüht er sich um eine neue Tonlage und verzichtet auf die Dauer-Terror-Warnungen seiner Vorgänger.

Lange jedoch kann er das neue Amt nicht genießen. Nach gut 15 Monaten ruft schon wieder die Kanzlerin an und bittet um Hilfe. De Maizière soll das Verteidigungsministerium übernehmen, nachdem Karl-Theodor zu Guttenberg wegen der Plagiatsaffäre um seine Dissertation zurücktreten musste. Freude sieht anders aus, trotzdem lässt sich de Maizière im März 2011 in die Pflicht nehmen. Er stürzt sich in die halbfertige Bundeswehrreform, die er fortan lieber Neuausrichtung nennen möchte. Immerhin schließt sich für den Sohn eines ehemaligen Generalinspekteurs ein Kreis: Plötzlich wandelt er doch noch sehr konkret auf den Spuren seines Vaters. Es wird zur Lust und zur Last, wie er nach einer Weile berichtet.

Warum wollten Sie im Herbst 2009 Bundesinnenminister werden?

Ich hatte der Kanzlerin nach dem Wahlerfolg gesagt, sie könne über mich verfügen. Aber ich habe ihr auch gesagt, dass das Innenressort mein erster Wunsch wäre. Das ist ein wunderbares, schönes, breites Ressort, und ich hatte Pläne mit dem Ministerium, die sich auf die ganze Legislaturperiode erstreckten. Was ich dann ja leider nicht so lange weiterverfolgen konnte. Wenn man auf die Geschichte des Innenministeriums schaut, dann hieß das entsprechende Ministerium früher – auch in Preußen – das »Allgemeine Ministerium«. Es war für die allgemeinen Dinge zuständig. Natürlich gab es daneben das Außenministerium, das Kriegs- oder Verteidigungsministerium und das Finanzministerium. Für alles andere war aber das Innenministerium zuständig. Die späteren »neumodischen« Ressorts wie Gesundheit oder Umwelt sind Ausgründungen aus dem Innenministerium. Für meine erste Rede als Bundesinnenminister im Bundestag habe ich die alten Haushaltsreden des ersten Innenministers der Bundesrepublik 1949 und 1950 nachgelesen. Da ging es unter anderem um Bildung – selbst das gehörte also einst dazu. Das Innenministerium ist ein Ministerium, das sich allgemein mit den inneren Angelegenheiten des Landes beschäftigt. Das hat mich sehr gereizt. Dazu kam, dass ich für den »Aufbau Ost« zuständig wurde. Das habe ich natürlich gerne gemacht, gerade mit Blick auf meine Vergangenheit.

Sie haben noch 2009 mit der ersten inhaltlichen Äußerung ziemlich viele Innenpolitiker insbesondere aus den eigenen Reihen verwirrt. Sie haben nämlich die Tonlage im Antiterrorkampf verändert. Sie sprachen nicht mehr dauernd von den Bedrohungen. Und Sie sprachen nicht mehr von »innerer Sicherheit«, sondern vom »Inneren Frieden und der Öffentlichen Sicherheit«. Warum? Als Abgrenzung zum Vorgänger?

Nein. Das wird immer so gesagt, ist aber falsch. Ich muss mich nicht von meinem Vorgänger abgrenzen, das brauchen wir beide wirklich nicht. Ich habe mich, weil ich bekanntermaßen eine Vorliebe für Organigramme habe, vor meinem Amtsantritt das Organigramm des Bundesinnenministeriums studiert. Von den zahlreichen Abteilungen des Hauses beschäftigen sich nur zwei mit Sicherheit: die Abteilung »Öffentliche Sicherheit« und die Abteilung »Bundespolizei«. Daneben gibt es eine Ausländerabteilung mit dem Ausländerrecht und dem Thema Integration, eine Verfassungsabteilung, eine Sportabteilung, eine fürs Dienstrecht, eine Grundsatzabteilung, zu der auch gesellschaftliche Entwicklungen und die Kirchen und einiges mehr gehören. Nimmt man alles zusammen, dann ist im Innenministerium die Sicherheit nur eine Teilmenge. Das Innenministerium ist von seiner Anlage her etwas, das für den Zusammenhalt der Gesellschaft und nicht für die Polarisierung der Gesellschaft verantwortlich ist. Von Kirchen über Sport bis zu gesellschaftlichen Entwicklungen. Mit meinen Worten vom Inneren Frieden und der Öffentlichen Sicherheit wollte ich den Blick dafür öffnen, dass das Innenministerium für das hoheitliche Ganze, aber auch für das außer-hoheitliche Gemeinschaftsstiftende verantwortlich ist. Das war neu für viele, obwohl es meines Erachtens der Tradition eines Innenministeriums entspricht. Außerdem finde ich, dass der Staat nicht dafür da ist, für die innere Sicherheit der Menschen zu sorgen. Er ist zuständig für die öffentliche Sicherheit. »Innen« ist ja nur ein Gegenbegriff zu »außen«. Es geht aber nicht um die innere Sicherheit jedes einzelnen Menschen. Innere Sicherheit heißt für mich: Ein Mensch strahlt Selbstsicherheit aus. Der hat die Kraft der inneren Sicherheit. Für so etwas ist der Staat nicht zuständig; das kann er nicht. Er ist aber für öffentliche Sicherheit zuständig. Innerer Frieden und Öffentliche Sicherheit sollten also auf die Gesamtverantwortung hinweisen. Auf das, was den Staat zusammenhält. Das war mein Amtsverständnis.

Trotzdem stellt sich die Frage, ob Sie eine mildere Tonlage wählten, weil Sie sich tatsächlich weniger bedroht fühlten. War die Rhetorik der Vorjahre nicht mehr nötig, weil sich die Lage geändert hatte?

Ja und nein. Wenn man viel mit Sicherheit zu tun hat, dann wächst auch die Bewusstheit der Bedrohung der Sicherheit. Mit einem solchen Amt nimmt das automatisch zu. Ich war zuvor Chef des Bundeskanzleramts gewesen und wusste schon, was das heißt. Also war für mich Bedrohung nichts Neues mehr. Auch zu meiner Zeit als Innenminister war jederzeit mit einem Anschlag zu rechnen. Meist abstrakt, manchmal gab es auch konkrete Hinweise. Ich glaube, dass das auch der Bevölkerung bewusst war. Und von einem bin ich überzeugt: Sie können eine Bevölkerung nicht andauernd warnen und ihr erklären, sie sei bedroht, um eine Dauervorsicht zu erzwingen. Natürlich wird ein Vater oder eine Mutter dem eigenen Kind, das mit dem Fahrrad zur Schule fährt, immer wieder zurufen: »Pass bitte auf!« Ja, die Eltern werden wieder und wieder mahnen: »Pass bitte auf! Sei vorsichtig, wenn du über die Straße gehst!« Nur meistens nützt das nicht viel. Meistens geht es bei den Kindern zum einen Ohr rein und zum anderen wieder raus, solange es nicht konkreter wird. Das ist mit einer Bevölkerung, die latent von Terror bedroht ist, nicht anders. Der Umgang mit Gefahr und Bedrohung ist dann klug gemacht, wenn man ihn moduliert, wenn man ein Gespür hat für unterschiedliche Gefahrensituationen. Natürlich ist bei Sonne und trockener Straße der Straßenverkehr auf einer geraden Straße nicht so gefährlich wie bei Eis und Schnee auf einer Straße mit Bäumen und Kurven. Obwohl Straßenverkehr natürlich per se gefährlich ist. Das heißt, man muss darauf unterschiedlich reagieren, und wenn es richtig gefährlich ist, dem Kind sagen: »Jetzt passt du bitte wirklich mal auf.« Das wirkt dann. Deswegen war es meine Analyse, dass ich die Bevölkerung nur dann warnen kann und warnen muss, wenn es wirklich konkrete Hinweise gibt. Eine ständige Bedrohungsanalyse – öffentlich ausgesprochen – stumpft eher ab, als dass sie die Vorsicht wirklich erhöht.

Ein Jahr später haben Sie eine Terrorwarnung ausgesprochen. Und für manche sah es aus, als ob Sie sich selbst dementieren müssten. Die sagten dann: Es ist halt doch gefährlicher, als er dachte. Mussten Sie sich dementieren?

Nein. Wir haben das hin- und hergewogen. Es war kurz vor Weihnachten. Es gab sich konkretisierende Hinweise und drei verschiedene Verdachtsstränge im Hinblick auf bevorstehende Anschläge. Mir war klar, wenn ich eine öffentliche Warnung ausspreche, zum ersten Mal in meiner Amtszeit, würde das eine besondere Wirkung haben. Deswegen haben wir das mit allen Fachleuten hin- und herdiskutiert und abgewogen, in Gesprächen, die ich in der Intensität und Beratung etwa durch die Präsidenten des Bundeskriminalamts und des Bundesamts für Verfassungsschutz sowie einiger Mitarbeiter aus meinem Haus in außergewöhnlich guter Erinnerung habe. Zumal es auch noch um den Reichstag als denkbares Anschlagsziel ging. Das war ein sehr schwieriger Spagat, einerseits zu warnen und auch von einer sich konkretisierenden Bedrohung, gar von Anschlagszielen zu sprechen – und andererseits trotzdem dafür zu werben, dass die Menschen doch bitte weiterhin auf die Weihnachtsmärkte gehen sollten. Wir wollten den Terroristen – Terror stammt ja von Furcht – nicht den Triumph gönnen, dass allein durch eine Warnung des Innenministers Furcht entsteht. Dieser Spagat war ganz schwer. Es hätte auch schiefgehen können. Es kam sehr auf den Auftritt an. Dazu war mir sehr wichtig, dass ich noch am selben Tag hinzufügte, dass in dieser Lage nicht über eine Verschärfung der Sicherheitsgesetze diskutiert werden sollte. Das könne man vielleicht später tun, aber keinesfalls jetzt. Ich jedenfalls wollte nicht, dass jemand diese Situation dafür ausnutzte. Auch wenn ich dafür ein paar Ideen hatte. Das hätte die Lage polarisiert. Ich wollte aber Gemeinsamkeit.

Na ja, ausgerechnet Sie sind es gewesen, der wenig später genau das forderte. Sie wollten die Online-Befugnisse der Sicherheitsbehörden ausdehnen.

Nein. Die Debatte gab es schon vorher und nachher. Aber ich wollte sie nicht in diesen Tagen führen. Dabei ging es vor allem um die Vorratsdatenspeicherung. Sie war ein Riesenthema. Deren Umsetzung war dringend erforderlich, sie beruhte auf einer europäischen Richtlinie. Dabei freilich kann man mal wieder lernen, welche Wirkung Begrifflichkeiten haben können. Beim Wort »Vorratsdatenspeicherung« wird bei vielen der Eindruck erweckt, der Staat wolle auf Vorrat alles speichern. Und weil es um Daten gehe, meinen alle, es gehe auch darum, Inhalte zu speichern. Wir haben deswegen versucht, andere Begriffe zu finden, das war aber alles vergeblich. Der Begriff war eingeschliffen, den kann man nicht mehr ändern. So ist das halt. Dabei geht es eigentlich nur darum, dass wir die Rückverfolgungsmöglichkeiten von Verbindungen bei anderen, nämlich bei privaten Anbietern, sicherstellen wollen. Etwas also, was viele Jahre lang ganz normal war. Denn lange Zeit bekam jeder bei seiner Telefon- oder Handyrechnung einen Einzelverbindungsnachweis, wenn er es wollte, zum Beispiel, wenn er die Höhe der Rechnung anzweifelte. Noch Monate, vielleicht Jahre später konnte man diese Verbindungsdaten haben. Und das war unter bestimmten Voraussetzungen für die Polizei zugänglich, gegebenenfalls mit richterlicher Genehmigung.

Aber das ist etwas anderes als eine automatische Vorratsdatenspeicherung.

Ja? Ist es das wirklich? Wir haben uns damals mit vielen IT-Fragen beschäftigt. Zum Beispiel mit der Frage, ob der Grundrechtseingriff ein anderer ist, wenn sich Technik verändert. Wenn heute mehr telefoniert und diese Verbindungsdaten nicht mehr so lange aufgehoben werden – ist dann das, was vorher selbstverständlich war, plötzlich schlimmer? Ich glaube nicht. Ich wollte immer die Vorratsdatenspeicherung durchsetzen, nicht nur wegen der Umsetzung der EU-Richtlinie, sondern weil es wichtig ist für die Terrorbekämpfung. Leider ohne Erfolg.

Die Gesellschaft will es einfach nicht.

Die Zustimmung zur Vorratsdatenspeicherung ist nicht groß. Das stimmt. Es war Jahre, vielleicht Jahrzehnte eigentlich so, dass die Union immer dann, wenn sie erklärte, man müsste dies oder jenes bei der Sicherheit tun, eine breite Zustimmung erhielt. Bei der Vorratsdatenspeicherung war das zum ersten Mal anders. Auch durch den Begriff. Vielleicht auch durch das Grundgefühl, dass der Staat sich beim Internet plötzlich irgendwelche Rechte nimmt, die man ihm nicht geben will. Also ist die Zustimmung zum ersten Mal bei diesem Thema nicht mehr wirklich da. Ich habe aus meiner Sicht der Justizministerin viele Angebote gemacht, aber mir ist letztlich kein Kompromiss eingefallen zwischen anlassloser und anlassbezogener Datenspeicherung. Irgendetwas dazwischen gibt es halt nicht. Im Interesse der Sicherheit bedaure ich sehr, dass mir das nicht gelungen ist.

Etwas anderes ist Ihnen auch nicht gelungen: die Fusion zwischen Bundeskriminalamt und Bundespolizei. Warum wollten Sie das unbedingt machen? Weil einer wie Sie immer ein Großprojekt braucht?

Nein, Großprojekte haben sich immer wieder ergeben in meinen Amtszeiten. Eine bestimmte Form einer Fusion strebte ich an. Die Organisation der Polizeibehörden des Bundes ist nur historisch zu erklären. Das Bundeskriminalamt hat begonnen als kleine Zentralstelle. Die Alliierten wollten kein starkes, deutsches FBI. Das Bundeskriminalamt hat sich dann, weil es halt gut war, sehr kräftig entwickelt. Die Bundespolizei gab es erst nur als Bundesgrenzschutz. Aber nach 1990, durch die Veränderung des Bundesgrenzschutzes, durch den Wegfall der Grenzen, durch die Zuständigkeit an Bahnhöfen und Flughäfen und durch die Zuständigkeit für die grenzüberschreitende Kriminalität ist faktisch ein Nebeneinander von zwei Einrichtungen entstanden, das es in den Ländern nicht gibt. Mit getrennten Einstellungskörperschaften, mit einer getrennten Ausbildung, mit getrennten IT-Systemen und getrennten Mentalitäten. Hinzu kommen viele Eifersüchteleien zwischen Bund und Ländern. In allen Ländern gibt es nur eine Landespolizei, es gibt darunter eine Bereitschaftspolizei, ein Landeskriminalamt, eine Zentraldirektion »Zentrale Dienste«. Außerdem gibt es das nirgendwo sonst, dass man quasi vom ersten Tag der Anstellung an Bereitschaftspolizist oder Kriminalpolizist wird. Überall sonst gibt es selbstverständlich eine gemeinsame Ausbildung, und erst später trennen sich dann die Wege. Mit diesen historischen Unnatürlichkeiten und dem überflüssigen Nebeneinander wollte ich schrittweise aufhören. Dazu hatte ich eine Kommission eingerichtet, die in ihrem Bericht schließlich für eine Fusion plädiert hat. Ob ich diese tatsächlich vorgeschlagen hätte, da bin ich noch nicht ganz sicher. Aber jedenfalls eine gemeinsame Ausbildung, eine gemeinsame IT-Struktur, eine ganz andere Form der Zusammenarbeit und eine klarere Aufgabenteilung hätte es aus meiner Sicht geben müssen.

Zum Beispiel so, dass für die Kriminalitätsbekämpfung das Bundeskriminalamt abschließend zuständig wird und die Bundespolizei dafür etwa für den Personenschutz. Außerdem hätte es ein gemeinsames Auftreten im Ausland gegeben, und dazu hätte auch eine stärkere Beteiligung der Polizei Deutschlands im Ausland gehört. Wir haben da wenig Tradition in dem Bereich; vieles davon macht bis heute die Bundeswehr. Aber das muss nicht so bleiben.

Ausland würde heißen »Polizeiausbildung in Afghanistan«? Oder heißt Ausland auch, dass man sich zwischen EU-Ländern hilft, wenn es nötig scheint?

Da ist vieles mit gemeint. Im Augenblick ist es ja so, dass die Bundeswehr im Ausland fast alles macht, was sie in Deutschland selbst nicht dürfte. Im Kosovo zum Beispiel macht die Bundeswehr Riot Control – das ist der polizeiliche Umgang mit Demonstranten. Die Bundeswehr hat Wasserwerfer gekauft, um das zu können. Das heißt, was im Inneren als grob verfassungswidrig angesehen würde, ist im Ausland – wenn die Bundeswehr das macht – hochwillkommen. Andere Staaten haben Gendarmeriekräfte, die so etwas machen. Wir haben das nicht. Über all das müsste man nachdenken. Mir war klar, dass solche Schritte im Bereich der Polizeibehörden des Bundes das Überwinden erheblicher Widerstände bedeutet hätte. Denn anders als bei der Bundeswehr, wo es eine Grundbereitschaft zur Veränderung gab und gibt, gibt es die bei Bundespolizei und Bundeskriminalamt insbesondere aufgrund sehr unterschiedlicher Mentalitäten nicht. Eine Fusion wäre schon schwierig geworden, aber ich hielt sie eben für notwendig. Ich war kurz vor der Entscheidung, da wurde ich Verteidigungsminister. Dass mein Nachfolger das nicht gleich übernommen, sondern in Ruhe überlegt hat, ist verständlich.

Über die Vorratsdatenspeicherung haben wir gesprochen. Das Internet ist noch viel mehr. Welche Bedeutung messen Sie ihm bei?

Ich habe mich als Innenminister sehr intensiv mit dieser Frage beschäftigt. Mit dem Internet als Infrastruktur für den öffentlichen Dienst, mit der Abwehr von Angriffen und mit dem Schutz der Systeme. Und alles vor dem Hintergrund der Frage: Was passiert da eigentlich? In vielen Runden, die wir zum Teil auch im Internet übertragen haben, habe ich mich als Innenminister mit allen möglichen Internet-Akteuren wie dem Blogger Sascha Lobo, Constanze Kurz vom Chaos Computer Club und Datenschutz-Experten zusammengesetzt, um erst einmal zu verstehen, was passiert. Ich glaube, dass das Internet inzwischen – wir nennen das so – eine kritische Infrastruktur ist. Kritische Infrastruktur – das heißt simpel übersetzt: Wenn diese Infrastruktur ausfällt, wird es für die Gesellschaft, für die Wirtschaft, für das öffentliche Leben kritisch.

Sind wir auf Gedeih und Verderb vom Internet abhängig?

Im Grunde genommen ja. Trotzdem mal langsam. Die bisherigen kritischen Infrastrukturen sind vom Staat geschaffen und über lange Zeit auch von ihm betrieben worden. Das gilt für die Post, die Bahn, den Strom, die Energie, das Wasser. Nach und nach und mit Auflagen sind sie anschließend privatisiert worden. Zu diesen Auflagen gehört auch eine bestimmte Sicherstellungsgarantie. Das heißt, dass wir beispielsweise der Post vorschreiben können, und zwar in der Postdienstleistungsverordnung, wo sie welche Briefkästen aufstellt. Weil die Post nach wie vor einen klaren öffentlichen Dienstleistungscharakter und -auftrag hat. Das Internet ist anders entstanden. Es wurde zwar ursprünglich fürs Militär entworfen, aber es ist dann privat entstanden. Für mich als Juristen, der gerne auf Strukturen achtet, ist es kaum zu verstehen, wie dieses Netz funktioniert, obwohl es mit ganz wenigen, nicht-hoheitlichen Maßnahmen verwaltet wird. Es treffen sich ein paar Leute und verteilen diese IP-Nummern und sagen zum Beispiel: »Bislang haben wir soundso viele Ziffern, künftig brauchen wir mehr.« Das funktioniert irgendwie. Wir haben hier eine private Infrastruktur, auf die Deutschland, auf die vielleicht die ganze Welt angewiesen ist – und das ohne staatliche Regelung zur Sicherstellung.

Macht Ihnen das Angst?

Naja, man könnte einerseits sagen: »Das ist doch wunderbar. Soll sich doch der Staat raushalten.« Aber es ist halt die Frage, ob damit nicht auch Zugriffserfordernisse, die der Staat für die Durchsetzung von Recht und Ordnung zwingend braucht, fehlen. Ob hier das Primat der Politik überhaupt gilt. Ob wir nicht abhängig werden von dem, was einige große Unternehmen, die das Internet vor allem betreiben, uns an Informationen zuteilen. Genauer gesagt: Was sie an Informationen transportieren. Und das sind nicht einmal alle Fragen. Wie ist es zum Beispiel mit Intimität? Ist unsere Privatheit noch geschützt?

Machen Sie noch Überweisungen über das Internet?

Mit schlechtem Gewissen mache ich es noch, ja. Mit PIN und TAN. Obwohl ich weiß, dass es eigentlich nicht sicher genug ist.

Online einkaufen?

Ja, auch das.

Warnen Sie trotzdem Ihre Frau oder Ihre Kinder, sie sollten dringend vorsichtig sein?

Na klar.

Muss der Staat schützend eingreifen?

Eigentlich ja. Ich fange mit der Zurverfügungstellung an. Ich glaube, es ist eine staatliche Aufgabe, dafür zu sorgen, dass das System Internet funktioniert. Ich werde Ihnen ein Beispiel sagen aus anderen Bereichen. Wir verlangen von den Ölkonzernen, Ölreserven anzulegen. Wir verlangen von der Stromindustrie, dass sie Vorsorge dafür trifft, wenn der Strom ausfällt. Wir verlangen Informationen von Atomkraftwerken und anderen, wo welche Netzknoten sind, damit man im Notfall auch etwas machen kann. Beim Internet verlangen wir bisher gar nichts. Es ist also eine sehr berechtigte Frage, ob man als Staat nicht Sicherstellungsauflagen an Netzbetreiber machen muss, die sie dazu zwingen, die Systeme am Laufen zu halten. Sonst könnte man irgendwann vom guten

Willen der Betreiber abhängig sein, ob sie das System, diese Zahlenstruktur aufrechterhalten oder einfach mal abschalten. Weiter: Bisher haben wir uns darauf verlassen, dass jede Information transportiert wird. Was aber, wenn das nicht mehr der Fall ist? Was, wenn das Netz gewissermaßen voll ist? Ja, bislang haben wir noch genügend Kapazitäten. Das Ganze nennt man Netzneutralität. Wir haben noch genügend Kapazitäten, damit alle Inhalte im Netz von A nach B transportiert werden. Was aber, wenn sich das ändert? Oder was, wenn die Firma Google oder Facebook oder einer der anderen Großen sagt: »Ich werde den Inhalt der Firma A nicht mehr transportieren, zum Beispiel aufgrund eines privaten Vertrags mit einem Konkurrenten von A.« Oder sagt: »Ich transportiere Inhalte der Firma B vorrangig.«

Weil Firma B ein bisschen mehr Geld bezahlt für den Transport?

Ja. Zum Beispiel. Dann kommt plötzlich der Zugang zu Informationen durch Transporteure, Provider einer inhaltlichen Informationszuteilung gleich. Das ist eine Ungleichbehandlung, die wir bei anderen Infrastrukturen nicht zulassen. Beim Strom haben wir das längst gelöst. Wir haben Regeln, wer welchen Strom transportieren muss. Muss! Bei den Informationsinhalten im Netz haben wir das nicht. Ich bin der festen Überzeugung: Die Aufrechterhaltung der Netzneutralität, also Netzsicherheit und Gleichbehandlung, ist auch eine öffentliche Aufgabe. Ich weiß, dass das national gar nicht mehr geht. Das muss international geregelt werden. Aber es muss eigentlich dringend geregelt werden.

Sind Sie sicher, dass es diese Netzneutralität überhaupt noch gibt?

Nein, ich bin keineswegs sicher. Aber man muss davon ausgehen, dass das nie öffentlich zugegeben würde. Nur: Konkrete Anzeichen dafür habe ich nicht. Das nächste Thema in diesem Zusammenhang ist, und jetzt wird es noch komplizierter: Wir bitten die Menschen, sichere Software zu kaufen und Firewalls zu errichten. Wenn aber die Nutzung von Computern und vom Internet dazu führt, dass ich im Zweifel mit einem Virus nicht nur meinen PC vergifte, sondern auch andere, zum Beispiel, weil ich unvorsichtig war, dann stellt sich die Frage, ob wir nicht als Staat vorgeben müssen, dass man sich schützen muss. Und dass man dann, wenn man das nicht tut, dafür haftet. Also auch für Viren, die wir wissentlich oder nichtwissentlich weiterverbreiten. Wir verlangen von Autofahrern, dass sie einen Gurt anlegen und eine Haftpflichtversicherung abschließen. Wenn man das aufs Internet überträgt, muss man über die Zuverlässigkeit dieses Schutzes reden. Dann reden wir über eine zusätzliche Frage: Was passiert eigentlich, wenn eine Software, zum Beispiel eine chinesische, darauf angelegt ist, prinzipiell einen Zugang in PCs zu öffnen? Eine Software, die bisheriger Konkurrenz machen will. Ich sage das nicht ganz ohne Grund. Eine solche Software könnte prinzipiell darauf angelegt sein, dass wenn man sie kauft und installiert, automatisch ein Zugang für andere geöffnet werden kann, von außen und heimlich. Gibt es dann eine staatliche Pflicht, vor solcher Software zu warnen oder sie gar zu verbieten? Wenn ja, dann müssten wir anfangen, Software-Zulassungsvoraussetzungen zu formulieren. Ganz schwierig.

Was Sie an anderer Stelle machen. Für Autos gibt es eine TÜV-Pflicht.

Was wir natürlich anderswo laufend machen. Kein Auto darf fahren, ohne dass es zugelassen ist. Kein Flugzeug fliegen. Und so weiter und so weiter. Doch schon das Stellen dieser Fragen wird von der Internetcommunity oft als Zumutung empfunden. Trotzdem glaube ich, dass es auf lange Sicht eine Schutzpflicht des Staates beziehungsweise der Staaten gibt, damit wir nicht abhängig werden von einigen großen Unternehmen, die im Internet übermächtig werden.

Ist das Internet für die Gesellschaft nicht längst eine Prothese geworden, die zwar alles Mögliche leichter machen soll, uns in Wahrheit aber umfassend abhängig gemacht hat?

Na ja. Ehrlich gesagt, das finde ich jetzt nicht so schlimm. Wir sind auch verwundbar dadurch, dass es Strom gibt und der mal ausfallen kann. Man hätte also, als der Strom eingeführt wurde, auch sagen können: »Bleiben wir lieber bei Kerzen, sonst sind wir abhängig vom Strom.« Wir sind von Vielem abhängig. Wir sind von Mobilität abhängig, von Flugzeugen, vom Bahnverkehr und jetzt auch vom Internet.

Dann ist alles kein Problem?

Doch. Wir müssen ganz bewusst mit dieser Abhängigkeit leben lernen. Wir sind auch von gesundem Wasser abhängig. Keiner hat einen privaten Wassertank zu Hause, und trotzdem werden wir nicht von Angst gepeinigt. Man muss halt vorbauen und sich absichern. Sicherungen einbauen. Und Grenzen setzen. Ich bin zum Beispiel kein Freund totaler Vernetzung. Physische Grenzen zwischen IT-Systemen sind nützlich und nötig. Dazu darf es keinen rechtsfreien Raum geben. Es kann nicht sein, dass wir sagen: Wir wollen keinen einzigen Finanzplatz auf dieser Welt, der nicht kontrolliert wird. Aber im Internet gibt es jede Menge unkontrollierter Finanzgeschäfte, weil es nun eben im Internet so ist.

Brauchen wir – um es plakativ zu sagen – ein zweites Grundgesetz? Eines fürs Internet?

Die Frage halte ich noch einen Moment für verfrüht. Ich habe mir mal die grundsätzliche Frage gestellt, wann bei neuen Entwicklungen der richtige Zeitpunkt ist, um etwas gesetzlich zu regeln. Da sagen die einen: »Früh, damit man Gefahren abwehrt.« Und die anderen sagen: »Spät, damit sich Innovation entwickelt.« Eigentlich, so finde ich, soll der Staat sich ein bisschen zurückhalten und schauen, wie sich Neues entwickelt, auch um den Preis, dass es ein wenig Unordnung gibt, ja selbst wenn ein paar unliebsame Entwicklungen entstehen. Zugleich darf er aber nicht so spät dran sein, dass er nicht mehr eingreifen kann. Mit Blick auf das Internet: Methodisch ist das zunächst einmal nichts weiter als eine andere Form von Kommunikation, sodass wir immer eine Analogie ziehen müssen. Was wäre, wenn dieses oder jenes jetzt auf Papier passieren würde? Wie würden wir das dann regeln? Und die Beweislast, etwas zu regeln oder nicht zu regeln, stelle ich mir so vor, dass wenn es auf Papier gute Gründe für eine Regelung gibt, der Internetbereich nachweisen müsste, warum es bei ihm keine Regeln geben soll.

Wie verhält es sich bei der Kinderpornografie? Da stellt sich keine Abwägungsfrage. Da ist die Sache klar. Trotzdem wehren sich viele Protagonisten und Akteure des Internets dagegen, zum Beispiel solche Seiten zu sperren.

Das Strafrecht beruht auf Personalität. Mit Strukturkriminalität haben wir ein Problem. Wir brauchen immer Menschen, die verurteilt werden, nicht ein System, nicht eine Institution. Ein Staat kann nicht eine Bank wegen Untreue ins Gefängnis stecken, sondern nur einen Menschen, der Untreue begangen hat. Im Internet haben wir das Problem, dass es eine Trennung gibt zwischen Produzent und Transporteur. Derjenige, der die Informationen verbreitet, ist für den Inhalt nicht zuständig. Natürlich könnte man den Provider für alle Inhalte verantwortlich machen. Das wäre theoretisch denkbar; ich glaube aber, dass das eine Internetrevolution auslösen würde. Das wäre wohl auch technisch kaum möglich. Wenn aber derjenige, der die Information verbreitet, nicht verantwortlich ist, und derjenige, der für die Information verantwortlich ist, nicht erreichbar ist, dann haben wir eine echte Strafbarkeitslücke. Deswegen ist die Rückverfolgbarkeit und die Individualisierbarkeit zum Beispiel für Schadenersatzforderungen, bei Verunglimpfungen, auch bei der Zurechnung von Erfolgen, für Gewinnberechnungen, für Steuern, also für alles Mögliche schon erforderlich. Das haben wir bisher nicht gelöst.

Lässt sich das vielleicht gar nicht mehr lösen?

Als ich Innenminister war, haben wir darüber intensiv diskutiert. Wir haben damals gesagt, dass es an sich doch ein großer zivilisatorischer Fortschritt gewesen ist, dass wir den Menschen personalisieren. Dass wir Namen haben, mit Namen auftreten, uns kenntlich machen und unterscheiden können, Gesicht zeigen. Banales Beispiel: Bei einer Diskussionsveranstaltung sagt der Veranstaltungsleiter: »Bitte sagen Sie doch Ihren Namen und wo Sie herkommen, und dann stellen Sie Ihre Frage.« Und dann macht man das. Das gehört zur Zivilisation dazu. Wir haben auch ein Melderecht. Wir wollen, dass ein Gläubiger seinen Schuldner findet. Wir haben *eine* Identität. Eine Namensänderung wird erschwert, Künstlernamen sind die absolute Ausnahme. Aber im Internet? Da ist es genau umgekehrt. Jeder Versuch, etwa diese IP-Nummern zu personalisieren oder zu speichern oder mal so etwas wie ein »Internet-Melderecht« zu schaffen, ist bis heute unvorstellbar. Es ist national nicht durchsetzbar und international erst recht nicht. Es würde, wie die Internetcommunity erklärt, die Funktionsfähigkeit des Internets gefährden. Aber eigentlich ist es keine Zumutung, dass man, wenn man kommuniziert, gewärtig sein muss, dass unter bestimmten Voraussetzungen auch Dritte es erfahren, wenn man schwerste Straftaten begeht.

Ob es so etwas wie ein Internet-Melderegister je geben wird, weiß derzeit doch kein Mensch. Haben wir nicht längst jede echte Einflussmöglichkeit auf das Internet verloren?

Nein, so pessimistisch sehe ich das nicht. Wir müssen damit noch mehr experimentieren. Es kann sein, dass es irgendwann eine Art Zwei-Klassen-System geben wird. Dass es dann ein Internet des Mülls gibt, das ungeregelt ist. Da kann dann jeder machen, was er will. Sozusagen eine zweite Klasse des Kannibalismus. An alles, was darin passiert, knüpfen sich dann allerdings auch keine Rechtsfolgen. Dann gibt es keinen Schadensersatzanspruch, wenn ein Geschäft darüber nicht funktioniert. Dann bist du selber schuld und allein verantwortlich, wenn du dich darin bewegst. Aber daneben könnte es einen geschützten Bereich des Internets geben, der sich bestimmten Regeln unterwirft.

Hat es dazu schon konkrete Ideen gegeben?

Ja. Als ich Innenminister war, haben wir ein neues E-Mail-Gesetz entwickelt. Wir haben einen geschützten E-Mail-Bereich entwickelt. Das ist zwar nicht besonders bekannt, nicht groß angenommen, im Grunde genommen aber haben wir für den Bereich der E-Mails genau das versucht. Ich versuche, wie gesagt, immer Analogien herzustellen. Die Postkarte ist offen, der Brief ist geschlossen. Wenn wir also im Internet im Postkartenbereich sind, dann ist es eben nicht geschützt. Jeder muss wissen, der eine Mail verschickt, dass da jeder, der es will und clever ist, reingucken kann. Wie bei einer Postkarte. Wenn man aber einen Briefumschlag zuklebt, dann muss man analog auch die E-Mail schützen. Wenn man die schützt, gibt es auch erhöhte Zugangsschranken. Dann kann man daran guten Glauben knüpfen, dann kann man ein Rechtsgeschäft darüber abwickeln. Ein solches E-Mail-Gesetz gibt es. Die Post macht das, die Telekom macht das auch. Aber: Die geschützten E-Mails nutzen bis jetzt noch sehr Wenige. Ich will an dem Beispiel nur sagen: Wenn es uns nicht gelingt, das ganze Internet in den Griff zu kriegen, dann könnte es sein, dass wir einen Bereich bekommen, der dem Wildwuchs und keinem Schutz unterliegt. Aber dass wir gleichzeitig sagen: Wenn die öffentliche Infrastruktur, wenn die öffentliche Sicherheit davon abhängig ist, wenn gewissermaßen der Briefumschlag zugemacht wird, wenn ihr wollt, dass es ein Brief ist und keine Postkarte, dann müsst ihr euch einem bestimmten Regulatorium unterwerfen. Das und nur das schützen wir. Das könnte eine Entwicklung in der Zukunft sein.

Es sei denn, endgültig alle ergeben sich und gehen zu Facebook. Dort ist alles transparent – mit der Folge, dass dort jeder schon komplett durchleuchtet ist. Und die wenigsten stört es.

Das macht die ganze Sache in der Tat noch verrückter. Facebook oder auch andere sagen: »Anonymität ist von gestern. Transparent ist gut. Totale Transparenz ist das beste Mittel gegen Missbrauch – und wir als private Firma sorgen für totale Transparenz. Wir bitten euch, uns eure ganze Biographie anzuvertrauen: Eure Tagebücher, eure Filme, eure Briefe, eure Bilder. Der böse Staat, der darf das natürlich nicht erfahren, aber das gute Unternehmen darf das erfahren.« Das finde ich falsch und absurd. Ich wage mal eine Vorhersage: Ein wesentlicher Teil der Datenschützer wird noch auf den Staat zukommen und sagen: »Schützt unsere Daten vor den großen Unternehmen.« Oder sie sagen sogar: »Ihr habt eine Fürsorgepflicht, dass Private unsere Daten nicht missbrauchen.« Wie das dann gehen soll, weiß ich nicht. Das ist sehr schwer und eine hochspannende Fragen.

Sie haben als Innenminister bei manchem Verwunderung und bei vielen sogar Unverständnis ausgelöst, weil Sie in der Debatte um Google Streetview nicht die Kritiker unterstützt haben. Wieso nicht?

Es gab damals – wie das in Deutschland oft üblich ist – eine öffentliche Empörungsspirale dagegen. Ich habe mich gegen diese Empörung ausgesprochen. Ich habe gesagt: Das Haus hat eine Fassade, ist ein Antlitz. Außerdem ist die Straße ein öffentlicher Raum. Ich will daran erinnern, dass man bei der Erfindung der Fotografie den Urheberrechtsschutz für das Fotografieren von Häusern abgeschafft hat. Sonst gäbe es gar keine Postkarten oder Reiseführer. Gegen den erbitterten Widerstand der Architekten aus der damaligen Zeit übrigens, die ganz anderer Meinung waren. Sie haben gesagt, das ist unser geistiges Eigentum, das darf doch nicht jeder für sich auf Postkarten kommerziell nutzen. Damals hat der technische Fortschritt insoweit das Urheberrecht gekippt. Und genau darauf habe ich in der Debatte um Google Streetview hingewiesen. Und ich habe gesagt: Wenn es eine Empörungswelle geben müsste, dann nicht über Google Streetview, sondern über Google Earth. Da kann ich nämlich in jeden Garten gucken. Von oben. Und das ist ein großer, ein entscheidender Unterschied. Da ist der Eingriff in das private Leben viel gravierender.

Wieso?

Etwas vereinfacht ausgedrückt: Nach vorn macht man Gardinen, nach hinten nicht, weil man das als privaten Bereich für sich reklamiert. Zu Recht. Trotzdem hat mich damals ein Journalist mit der Forderung nach einem Schutz durch den Staat gegen Google Streetview überrascht. Er erklärte, hier gebe es eine Schutzpflicht des Staates. Der Staat müsse verhindern, dass Google in die Häuser hineinfotografiere. Ich habe geantwortet, in dem Fall müsse er Gardinen aufhängen. Da hat er gesagt: »Gardinen finde ich aber spießig.« Dann habe ich gesagt: »Ja, gut, wenn Sie keine Gardinen aufhängen, müssen Sie in Kauf nehmen, dass Sie fotografiert werden.« Er fand das falsch. Eine Straße ist ein öffentlicher Raum. Der Garten ist kein öffentlicher Raum. Für mich ist das der entscheidende Unterschied. Darauf wollte ich hinweisen.

Das Internet provoziert auch eine neue soziale Spaltung. Hier die Nutzer, dort die Abgehängten. Das ist manchmal eine finanzielle Frage und manchmal eine Frage des Alters. Hat der Staat da eine Verantwortung?

Ich halte das für überschätzt und für ein Übergangsproblem. Ich bin fasziniert, wie die ältere Generation das Internet nutzt. Und wie viele ihre Immobilität, wenn sie die Enkel nicht mehr besuchen können, durch Skype ausgleichen. Das ist wirklich großartig. Das Internet ist einfach zu bedienen. Man muss nicht alles verstehen, was man nutzt. Schauen Sie, früher konnte jeder einen Vergaser austauschen und eine Batterie wechseln, heute kann das keiner mehr. Trotzdem fahren alle Auto. Also halte ich das für ein Übergangsproblem.

Und das finanzielle? Unterstützen Sie die Idee mancher Großstädte, das Internet einfach in der ganzen Stadt kostenlos zugänglich zu machen?

Die Frage eines kostenlosen Internets halte ich auch für überschätzt. Natürlich ist Strom und Wasser eine Basisinfrastruktur, aber wir bezahlen die. Warum muss denn alles, was man irgendwie dringend braucht, umsonst sein? Sehe ich gar nicht ein. Im Übrigen: Wenn der Staat, wenn eine Stadt W-LAN zur Verfügung stellt – bitte. Aber man sollte sich keine Illusionen machen. Wenn eine Stadt das zur Verfügung stellt, muss sie mit der Telekom oder anderen Anbietern einen Rahmenvertrag machen und wird das Geld dafür zwangsläufig anderswo herholen. Umsonst ist es nicht, aber ich finde es auch nicht richtig. Man kann für einen Internetnutzungsanschluss genau wie für Strom bezahlen.

Ist die sogenannte Schwarmintelligenz für Sie ein Gewinn? Also die schwarmartige Vereinigung vieler übers Internet, die sich gemeinsam auf ein Ziel, eine Recherche stürzen?

Schwarmintelligenz hat den Vorteil, dass viele Hände sammeln. Und die Schwarmintelligenz ist im Aufsammeln von Informationen und mit dem Verknüpfen von Informationen sehr attraktiv. In Windeseile kann man viele Informationen zusammentragen. Und da das Zusammentragen von bestehenden Informationen heute mehr noch als früher angesichts der Informationsmenge eine gewaltige Aufgabe ist, ist das gut. Schwarmintelligenz ist aber ungeeignet zu führen. Wenn richtig ist, was mir mal ein Biologe erzählt hat, dann bewegt sich ein Vogelschwarm nach folgenden Regeln: Erstens immer in Bewegung bleiben. Zweitens kein Abstand zum Nächsten, der größer als einige Zentimeter ist. Und drittens immer zur Mitte orientieren. Ich weiß nicht genau, ob das stimmt, aber wenn Sie einen Fischschwarm und einen Vogelschwarm sehen, dann entsteht dadurch zwar interessante Bewegung, aber keine Führung. Und es entsteht eine Mitmach-Mentalität. Sie brauchen aber auch Widerständigkeit. Sie brauchen Leute, die was für sich entdecken und andere mitziehen. Wir brauchen Leute, die ausbrechen. Sie brauchen auch individuelles Wissen, Leute, die sagen: »Jetzt gehen wir über diesen Bergpass. Egal, was dahinter ist, und ich gehe voran.« Das kann Schwarmintelligenz alles nicht. Deswegen ist Schwarmintelligenz wirksam, aber nur begrenzt.

Und der berüchtigte Shit Storm? Macht der Ihnen Angst? Wenn sich also in rasender Geschwindigkeit viele Tausende im Internet gegen einen richten und ihn attackieren?

Das finde ich lästig und ärgerlich, aber nicht bedrohlich. Und ich schließe nicht aus, dass man sich dagegen auch mal wehren kann. Technisch, in einiger Zeit.

Zum Internet gehört noch etwas anderes, und man könnte sagen, dass das System zu seinen Wurzeln zurückkehrt. Immer häufiger nämlich ist von Cyber War die Rede. Ist für Sie Cyber War eine Verlockung oder eine besondere Gefahr?

Zunächst muss man mal definieren, was Cyber War eigentlich ist. Auch da sind wir noch in den Anfängen. Das erste ist das Ziel der Abwehr. Ein Großteil auch dessen, was wir in der Rüstung ohnehin machen, ist Abwehr. Nehmen Sie die Patriot-Raketen. Diese Luftabwehrraketen haben keinen anderen Zweck, als einen bestimmten Luftraum zu schützen. Wenn dieser bedroht wird, durch Raketen, diese abzuschießen. Beim Cyber War gilt das Gleiche: Den eigenen Raum der Kommunikation, was man in der analogen Welt Territorium nennen könnte, zu schützen. Deswegen geht es beim Thema Cyber War zunächst mal um Verteidigung: Schutz der eigenen Systeme. Schutz der Kommunikationswege, die man hat. Es ist uralt, dass man seine Kommunikation kryptiert und schützt. Dann gibt es aber zweitens das Problem des Ausforschens. Das können Sie wahlweise Spionage oder Aufklärung nennen. Auch das ist ein uraltes Phänomen, was es in jedem Staat gibt und gegeben hat.

Sie sehen darin nur einen neuen technologischen Sprung?

Ja. Allerdings handelt es sich um einen sehr trickreichen. Einen, der nicht ohne ist und gegebenenfalls Grundrechte Dritter beeinträchtigt. Allerdings gilt auch das für bisherige Aufklärungsmaßnahmen genauso. Wenn man von einem Luftfahrzeug oder von einem Schiff Aufklärung betreibt, also beispielsweise Telefongespräche aufsaugt, weil man bestimmte Informationen haben will von der Verbindung A zur Verbindung B, dann werden alle anderen Telefongespräche zwar nicht überwacht, aber sie werden erst einmal aufgenommen und ausgesiebt. Auch das ist nichts Neues. Das ist Abwehr und Aufklärung im klassischen Sinne.

Ich meine etwas anderes. Ich meine das Lahmlegen der iranischen Zentrifugen im Streit um Teherans Atomprogramm. Man weiß bis heute nicht ganz genau, wer da wie beteiligt war. Fakt ist aber, dass das iranische Atomprogramm für eine ganze Weile außer Gefecht gesetzt wurde. Ist diese Art der Kriegsführung für Sie gut oder schlecht?

Auch die Zerstörung gegnerischen Potentials ist immer Teil der Kriegsgeschichte gewesen. Warum sollte das beim Internet anders sein? Das ist unter bestimmten Regeln auch völkerrechtlich erlaubt. Wir haben da noch kein Regelwerk, aber prinzipiell ist das natürlich Teil von Kriegsführung. Ich sehe nicht, warum man das jetzt prinzipiell ausschließen soll. Man muss damit behutsam umgehen, es muss Regeln geben. Es gilt auch hier das Verhältnismäßigkeitsprinzip. Man muss den Gegner klar identifizieren, aber die

Nutzung des Internets kann sogar ein milderes Mittel sein als anderes – das ist wahr.

Das heißt, Sie würden das genannte Beispiel auch moralisch nicht verurteilen?

Nein.

Im März 2011 tritt Karl-Theodor zu Guttenberg als Verteidigungsminister zurück. Haben Sie ein bisschen geächzt, als der Anruf von Frau Merkel kam, dass Sie das Verteidigungsressort übernehmen sollten?

Ja, habe ich. Ich wollte es nicht, weil ich in das Innenministerium gerade mit vielen Plänen gestartet war. Da war ja noch mehr als das, was wir bisher angesprochen haben. Die Islamkonferenz neu gestalten, der Sport, die rasante Verlagerung von immer mehr Themen nach Europa. Nehmen Sie zum Beispiel das Datenschutzrecht. Es wird immer mehr europäisiert. Unsere ganzen liebevollen Debatten der letzten 30 Jahre geraten dadurch einfach ins Wanken. Ja, ich war einfach gerade mittendrin und musste wieder raus. Darüber bin ich nicht glücklich gewesen. Und deswegen habe ich auch versucht, der Bundeskanzlerin das auszureden. Die Bundeskanzlerin hat aber anders entschieden, dann habe ich mich selbstverständlich gefügt.

Sie wandeln seither auf den Spuren Ihres Vaters, auch wenn Sie in ein politisches Amt gekommen sind und Ihr Vater ein hohes militärisches bekleidet hat. Schließt sich trotzdem ein Kreis für Sie?

Ich will Ihnen etwas verraten. Der ehemalige Regierungssprecher Ulrich Wilhelm hatte schon 2009, bei Beginn der jetzigen Koalition, der Kanzlerin empfohlen, mich zum Verteidigungsminister zu machen. Er sagte damals, damit könne man eine so schöne Geschichte erzählen von Vater und Sohn. Und in der Tat: Ich bin heute natürlich auch dankbar für die Verbindung mit meinem Vater. Das war für mich eine Starterleichterung. Welch guten Klang der Name meines Vaters bei der älteren Generation noch hat, wusste ich so gar nicht. Die Jüngeren wissen das natürlich nicht mehr so genau. Aber: Man kann solche Personalien nicht davon abhängig machen, dass man schöne Geschichten erzählen kann. Das geht nicht. Im Übrigen hat meine Biographie nicht nur gehol-

Ernennung zum Bundesverteidigungsminister,
3. März 2011.

fen. Es ist auch ein Rucksack, denn ich bin durch meinen Vater natürlich auf eine bestimmte Weise geprägt. Aber seine Zeit war schon eine ganz andere Zeit. Natürlich kannte ich von Beginn an alle Dienstgrade und hatte ein gewisses Gespür dafür, was Kameradschaft bedeutet. Ich hatte eine gewisse Grundempathie für das, was dort stattfindet. Das war natürlich eine große Erleichterung. Aber es ist heute eben doch eine ziemlich andere Welt. Man darf nicht vergessen, mein Vater ist 1972 verabschiedet worden. Er hatte danach noch Einfluss und Kontakte, bis er starb. Aber seine Zeit ist trotzdem schon sehr lange her.

Sie kamen ins Amt, und schon wieder lag eine große Reform vor Ihren Füßen. Eine Reform, von der bald viele sagten, Sie hätten diese ganz gut in die Spur gebracht. Als Maßstab diente die Tatsache, dass Sie es trotz zahlreicher Standortschließungen geschafft hatten, die Reform zu beschließen, ohne dass auch nur ein einziger Ministerpräsident groß Rabatz gemacht hat. War das Anfängerglück im neuen Amt?

Ich spreche von einer Neuausrichtung, nicht von einer Reform, weil der Reformbegriff inzwischen leider bei uns negative Assoziationen hervorruft. Die Mehrzahl der Bevölkerung denkt bei dem Begriff Reform, es gehe um eine Verschlechterung. Das wollte ich nicht, deshalb spreche ich von einer Neuausrichtung. Diese hat auch eine andere Dimension als die bisherigen Reformen, die es gab. Diese Neuausrichtung ist sehr viel mehr als nur eine Standortdebatte. Meine Hauptaufgabe, als ich das Amt 2011 übernommen habe, bestand darin, die vielen Vorarbeiten zu einem systematischen Ansatz zu verknüpfen: die Sicherheitspolitik, die Finanzen, die Demographie, die Technik, die Strukturen und die Mentalitäten, die sich ändern müssen. Das muss man im Gesamtzusammenhang sehen. Das Eine geht nicht ohne das Andere. Um ein Beispiel zu sagen: Natürlich war ein wesentlicher Teil unserer Ausrüstung noch darauf bezogen, einen potentiellen Angreifer aus dem Osten abzuwehren. Als der jetzige Generalinspekteur kurz vor der Wende 1990 Bataillonskommandeur eines Artilleriebataillons wurde, gab es noch über 60 Artilleriebataillone in der Bundesrepublik. Diese Artillerie sollte weit weg und flächig wirken. Heute möchten wir möglicherweise weit, aber nicht mehr flächig wirken, sondern präzise treffen. Gezielt. Das ist nicht nur eine Reduzierung von Artillerie, es ist eine fundamentale taktische, ausbildungsmäßige und mentale Veränderung. Die Stationierungsorte waren auf eine Verteidigung im eigenen Land gegen einen Angreifer aus dem Osten ausgerichtet. Jetzt geht es bei der Stationierung vor allem um die Erreichbarkeit von Einsatzgebieten. Das sind ganz andere Kriterien. Deswegen war es sicher ein Erfolgsgeheimnis der Neuausrichtung, die Kriterien für Standortentscheidungen so rational wie nur irgend möglich zu machen – und sie unabhängig davon zu machen, ob in einem Land ein Ministerpräsident der CDU oder der SPD oder der Grünen regiert. Oder ob ich gar den einen oder den anderen lieber mag. Je mehr wir auf der Sachebene argumentieren und begründen konnten, desto leichter war es für die Ministerpräsidenten, das Ergebnis zu akzeptieren. Wir haben die Stationierungsbeschlüsse an keine politischen, parteipolitischen oder regionalpolitischen Kriterien geknüpft. Einzige Ausnahme: Da, wo es bei Kostenneutralität drum ging, innerhalb eines Bundeslandes vielleicht noch mal etwas zu verschieben, haben wir uns nicht gesperrt. Wenn also die Bayerische Staatsregierung gesagt hat: »Wir möchten dringend die Franz-Josef-Strauß-Kaserne erhalten«, und es gab dafür eine Lösung, ohne dass andere darunter leiden, dann haben wir so etwas gemacht. Aber über diese kleineren Zugeständnisse hinaus folgte alles rein rationalen Kriterien.

Dann kommt hinzu, dass ich auch durch meine diversen Vor-Ämter auf ein gewisses Grundvertrauen bei den Ministerpräsidenten gestoßen bin. Das habe ich genutzt. Und dann kommt noch ein entscheidender Vorteil dazu: Eine solche Entscheidung trifft der Minister alleine. Er kriegt nichts weiter als politischen Ärger, ist ja vielleicht auch schlimm genug. Aber ich war nicht abhängig von der Zustimmung im Bundesrat für irgendein Gesetz. Ob ein Standort geschlossen wird, ist eine exekutive Entscheidung des Ministeriums.

Auch den Bundestag brauchten Sie nicht?

Nein. Das heißt nicht, dass es nicht ähnliche Anwürfe und Wünsche von Bundestagsabgeordneten gegeben hätte. Aber wir konnten sie abwehren mit denselben sachlichen Abwägungen, die wir getroffen hatten. Ärger gab es trotzdem. Aber das war aushaltbar.

Hatten Sie sich vorher mit anderen beraten?

Ja. Ich habe mich mit Peter Struck beraten über das Verfahren. Und er hatte mir empfohlen: »So rational wie möglich! Keine politischen Kompromisse! Und hinterher nicht wackeln!« Ein typischer Peter Struck.

Inzwischen ist etwas Wasser in den Wein gekommen. Laut einer Umfrage des Bundeswehrverbandes fühlen sich rund 80 Prozent der Offiziere nicht richtig mitgenommen bei der Neuausrichtung der Bundeswehr. Geben Sie sich dafür eine Mitschuld?

Erst mal will ich lobend sagen, dass eine klare Mehrheit sagt: »Diese Neuausrichtung ist notwendig und richtig.« Ein solches Ergebnis bei Bundespolizisten und Mitarbeitern des Bundeskriminalamts hätte es nie gegeben. Die Soldaten und Soldatinnen und auch die zivilen Mitarbeiter wussten, dass die alte Struktur nicht mehr zukunftsfähig war. Nicht finanzierbar, nicht demographiefest, nicht bündniskompatibel. Nun gibt es natürlich Kritik im Detail und bei der Umsetzung. Das bleibt gar nicht aus, ist auch verständlich. Aber die Notwendigkeit im Großen und Ganzen wird gesehen. Das ist ein großer Fortschritt, und ich bekunde meinen größten Respekt dafür, dass das so ist.

Aber: Die Unzufriedenheit mit der Umsetzung, die gibt es. Das hat verschiedene Ursachen. Das Erste ist: Je abstrakter ein Vorhaben ist und je besser man es erklärt, desto größer ist die Zustimmung. Aber je konkreter es wird, desto mehr wird die persönliche Betroffenheit zum Maßstab dafür, ob eine Sache gut ist oder schlecht. Sie können eine solche Neuausrichtung nicht machen, ohne dass nicht ganz viele negativ betroffen sind. Das hat viel mit Personalreduzierung zu tun und mit Veränderung. Viele sind einfach negativ betroffen, durch Umzüge, Schließen von Standorten, Auflösen von Einheiten. Das kann keine Zufriedenheit auslösen.

Gefährdet das die Reform von innen heraus?

Nein. Aber es zeigt schon, wie umfassend der Umbau ist. Im Bereich der Logistik zum Beispiel werden mehr als 40 Prozent der Stellen abgebaut. Das führt zu erheblichen Veränderungen. Wir machen aus getrennten Transport-, Nachschub- und Instandsetzungsbataillonen gemischte Logistikbataillone. Das ist richtig, das haben andere Armeen längst gemacht. Nur fühlt sich jetzt einer, der sein ganzes soldatisches Leben Transporte organisiert hat, verunsichert. »Habe ich etwas falsch gemacht in meinem Leben? Warum wird mein Transportbataillon aufgelöst? Ich habe doch zuverlässig etwas von A nach B transportiert.« Dann eine Auflösung zu verstehen, ist natürlich sehr schwer.

Das Zweite ist: Bis zum Abschluss der sogenannten Realisierungsplanung waren die Schritte für alle gleichzeitig und zwar gleich weit weg. Die Realisierung selbst ist jetzt zeitlich unterschiedlich. Manche haben schon einen Dienstposten, sind damit zufrieden oder unzufrieden, aber sie haben jedenfalls einen. Andere wissen noch gar nicht, wo ihr Dienstposten 2015 ist, weil wir erst 2014, zum Beispiel aus Gründen des Einsatzes, diese Einheit anfassen. Das ist für eine Institution und die Betroffenen sehr unbefriedigend. Und drittens habe ich das Gefühl, dass die mittlere Führungsebene – also unterhalb der Inspekteure – ein Stück weit die Argumentations- und Überzeugungslast zu sehr nach oben geschoben hat. Also zum Minister, zum Staatssekretär, zum Generalinspekteur und zur ersten Ebene darunter. Es gab viele, die gesagt haben: »Wir wissen gar nicht, was passiert!« Andere haben demgegenüber gesagt: »Es wurde noch nie so gut unterrichtet bei einer Neuausrichtung.« Wir stellen alles ins Intranet. Aber die Fülle an Informationen, die sicher größer war als je zuvor, verlangt natürlich erst recht eine Orientierung und Einordnung durch die Vorgesetzten. Da hat es sicher Mängel gegeben.

Andererseits: Sie können einem Hauptfeldwebel, der Ende 40 ist, der bisher gute Arbeit gemacht hat und dessen Einheit aufgelöst oder verkleinert oder verschränkt wird mit einer anderen Einheit, die 500 Kilometer weiter weg ist, nicht sagen: »Das ist eine tolle Sache; sehen Sie das doch bitte genauso.« Er hat vielleicht ein Häuschen gebaut, seine Frau ist ebenfalls erwerbstätig, seine Kinder machen vielleicht gerade den Schulabschluss. Dass der zufrieden ist, wenn er umziehen muss, und dann auch noch sagt: »Ganz tolles Konzept des Verteidigungsministers, ich finde das total gut, dass ich das jetzt mitmachen muss.« Das können Sie nicht verlangen.

Die Bundeswehr ist aktuell in zahlreichen Auslandseinsätzen. Von Afghanistan über den Kosovo bis zu den Küstengewässern vor dem Libanon. Bevor es zu diesen Einsätzen kommt, spielen oft Bilder eine zentrale Rolle, seien es echte oder auch gefälschte, die in den Wohnzimmern ankommen und den Druck auf die Politik erhöhen, sich einzumischen. Haben Sie manchmal Angst, dass gefälschte Bilder zu Einsätzen führen, die es niemals hätte geben dürfen?

Es geht nicht so sehr um gefälschte Bilder, sondern um Bilder überhaupt. Wir hatten von Bengasi in Libyen Bilder, von dem

Abschlachten von Menschen in Ruanda nicht. In Bengasi ging es um einige tausend Menschen, in Ruanda ging es um mehr als eine Million. In Bengasi hat die NATO etwas gemacht, in Ruanda nichts. Die Bilder an und für sich dürfen aber nicht über das »ob« von Einsätzen entscheiden. Die Intensität der Ausstrahlung im Wohnzimmer darf nicht das ausschlaggebende Argument sein.

Auch die Darstellung von kriegerischen Auseinandersetzungen durch Bilder ist ein Problem. Es hat zwar den Vorteil – wie man gesehen hat, als die Israelis das Bild von der Attacke auf den militärischen Hamas-Chef im November 2011 gezeigt haben –, dass man genau sehen konnte, dass es exakt nur dieses eine Auto traf und rechts und links am Bürgersteig nichts passiert ist. Dass es also nur um diesen militärischen Führer ging.

Naja, man könnte gerade auch das manipulieren. Zum Beispiel, indem man mögliche andere Raketeneinschläge einfach nicht zeigt.

Es kann sein, dass so etwas gefälscht ist. Aber ich will auf etwas anderes hinaus.

Wenn man solche Erfolge im Fernsehen zeigt, muss man sich die Frage gefallen lassen, ob man dann nicht auch Bilder bei einem Misserfolg zeigen muss – was man natürlich nicht will und nicht tut. Und kritisch finde ich vor allem, dass dabei der Eindruck eines klinischen Krieges entsteht. Das wird zum Teil sogar so genannt. Wie bei einem Computerspiel. Das tut scheinbar nicht weh. Es schreit keiner vor Angst und Schmerzen. Denn man sieht nur ein Bild aus dem Fernsehen. Der Krieg ist aber viel zu ernst und verursacht zu viel Leid auf allen Seiten, als dass man ihn so klinisch darstellen darf. Als sei er nur ein Computerspiel. Deswegen habe ich Bedenken gegen solche Bilder und die Macht solcher Bilder.

Und jetzt kommt Ihr Argument noch dazu. Was, wenn diese Bilder auch noch gefälscht sind? Na dann gilt das alles erst recht. Nur das Problem der Fälschung ist nichts Neues. Auch das hat es immer schon gegeben.

Muss man angesichts all dessen nicht noch viel zurückhaltender sein mit Einsätzen? Sie aus Unsicherheit über die wahren Fakten gar ausschließen?

Die Frage möchte ich verneinen. Nicht wegen der Bilder. Generell muss man mit Einsätzen vorsichtig sein, weil man überlegen muss, was man damit anrichtet. Man muss sich überlegen, welche Folgen es hat, wie man wieder rauskommt und ob es ein politisches Konzept für den Einsatz selbst und für die Zeit nach dem Einsatz gibt. Wir lernen aus Afghanistan und vielen anderen Einsätzen gerade in anderen Kulturkreisen, dass ein militärischer Einsatz ohne ein umfassendes politisches Konzept nicht verantwortbar ist. Wenn es um einen Notfall geht und Menschen gerettet werden müssen, dann braucht man vielleicht kein politisches Konzept im ersten Moment. Aber die Frage, ob man sich in Mali, einem von Terroristen bedrohten und zum Teil schon beherrschten Land, engagiert, verlangt nach einem umfassenden Konzept. In dem Fall heißt das, dass ein Einsatz begleitet wird von der Bildung einer Regierung der Nationalen Einheit, von Gesprächen mit den Tuareg im Norden, einem Ende der Benachteiligung der Bevölkerung im Norden. Ohne all diese Bausteine eines Konzepts wäre ein militärischer Einsatz wirkungslos. Das haben wir aus den Einsätzen gelernt: Je intensiver man in einen anderen Kulturkreis geht, umso vorsichtiger müssen wir mit unmittelbaren Eingriffen ohne Partner vor Ort sein. Das Ganze muss stets ein politisches Konzept haben. Mit Bildern, echten oder falschen, hat das nicht viel zu tun.

Trotzdem: Bilder von Bürgerkriegen, vielleicht von versuchtem Völkermord – das entwickelt selbstverständlich einen enormen Druck.

Ich will es noch mal anders erklären: Man kann natürlich glauben, dass furchtbare Bilder kurzfristig eine Zustimmung zu einem Einsatz erzeugen. Aber das haben wir, glaube ich, auch gelernt: Alleine aus menschenrechtlicher Betroffenheit bekommt man kurzfristig vielleicht eine Zustimmung zu einem militärischen Einsatz, aber keine nachhaltige Unterstützung der Bevölkerung.

Nicht nur die Gründe, auch die Kriege selbst haben sich verändert. Immer öfter sind es asymmetrische Kriege, bei denen eine radikale kleine Organisation, die quasi grenzenlos Gewalt anwendet, klassisch organisierten, international vernetzten Armeen gegenübersteht. Kann man solche Kriege überhaupt gewinnen?

Es gibt nach wie vor auch klassische Konflikte zwischen Staaten. Das darf man nicht vergessen. Nehmen Sie Israel gegen den Iran; Nordkorea gegen Südkorea; Pakistan gegen Indien; Japan womöglich im Inselstreit gegen China. Man darf das vor lauter Konzentration auf asymmetrische Konflikte nicht vergessen. Dann gibt es als zweite Gruppe Konflikte, die nicht klassisch asymmetrisch sind, die aber etwas mit Religion oder Ethnien zu tun haben. Nehmen Sie die Paschtunen in Pakistan und Afghanistan, die Kurden, die Tuareg. Oder nehmen Sie den Konflikt zwischen Schiiten und Sunniten. Das ist nicht klassisch asymmetrisch, aber auch nicht ein klassischer Streit zwischen zwei Staaten. Diese zweite Gruppe von Konflikten, die oft etwas mit Geschichte, mit kolonialer Vergangenheit oder dem Zugang zu Ressourcen wie Wasser zu tun hat, lässt sich nicht so einfach unter asymmetrischen Kriegen fassen. Das Dritte sind dann asymmetrische Bedrohungen oder Konflikte mit Einzelnen oder kleinen Gruppen. Das ist im Wesentlichen der Terrorismus. Und da kann ich nur sagen: Es wird wahrscheinlich keinen Sieg über diese Art militärischer Auseinandersetzung geben. Das ist Teil der Zukunft von Konflikten.

Könnte es sein, dass auch die westlichen Staaten zu asymmetrischen Mitteln greifen, indem sie mehr und mehr auf private Sicherheitsfirmen setzen?

Das geschieht zum Teil, aber gut ist es nicht. Wir haben damit meistens Probleme. Wenn es private Interessen gibt, die in einem Konflikt in Rede stehen, mag das nützlich oder angemessen sein. Aber sobald es um öffentliche Interessen geht, geht das nicht. Da muss die Polizei oder die Armee eine öffentliche Rolle haben. Wir können nicht Sicherheitspolitik an eine private US-Firma Blackwater abtreten. In diesem Zusammenhang fällt aber etwas anderes mehr ins Gewicht. Der Bundeswehrsoldat wird im Aus-

Begrüßung von Hillary Clinton auf der Münchner Sicherheitskonferenz, 4. Februar 2012.

land immer mehr zum Alles-Akteur. Er wird neben seiner eigentlichen Aufgabe zum Entwicklungshelfer, Infrastrukturförderer, Wirtschaftsförderer, Polizist, Demonstrationszurückdränger. Alles Mögliche. Und alles Mögliche, was er im Inland tunlichst nicht darf.

Stört Sie das? Wollen Sie das ändern?

Wenn ich das kritisiere, steckt dahinter nicht die Sehnsucht, dass wir das gerne im Inneren auch machen wollen. Damit da kein Missverständnis aufkommt: Es geht vielmehr um das Militärische und die Politik: Wir haben gelernt, dass der militärische Einsatz alleine nicht zum Ziel führt, gerade bei asymmetrischen Konflikten. Soldaten können nicht ein Bildungsproblem lösen und können nicht auf Dauer wirtschaftliche Entwicklung stimulieren und nur begrenzt Versöhnungsgespräche zwischen religiösen Gruppen vermitteln. Obwohl das alles auch stattfindet und die Soldaten das nicht schlecht machen, manchmal besser als andere. Aber man muss fragen: Würde man deswegen Soldaten in ein anderes Land schicken? Antwort: nein. Wenn Sie aber da

Empfang von Ehud Barak in Berlin,
20. März 2012.

sind, dürfen Soldaten so etwas gerne machen, und sie machen es auch gut. Vernetzte Sicherheit, das haben wir gelernt, heißt, dass verschiedene Politikfelder zusammenwirken, um ein gemeinsames Problem zu lösen. Dabei ist das Militärische eine Teilmenge. Vielleicht eine wichtige, vielleicht eine sehr wichtige, aber immer eine Teilmenge.

Allmählich habe ich aber den Eindruck, dass vernetzte Sicherheit zwar verbal so beschrieben wird, aber faktisch auch alle nichtmilitärischen Aufgaben den Soldaten übergestülpt werden. Weil sie nun einmal da sind. Der französische UNO-Botschafter in New York hat mir mal gesagt, man könne heute leichter zwei Kampfbataillone an jede Stelle der Welt schicken als zehn Richter. Er meinte damit: Über die Soldaten kann man immer leichter verfügen. Dass man mal zehn Richter für eine Auslandsmission findet, ist dagegen nahezu ausgeschlossen. Für die Bundeswehr wird das langsam zum Problem. Hier stoßen wir an Grenzen. In bestimmten Fällen wird's sogar zum Ärgernis. Dann nämlich, wenn deutsche Soldaten zum Beispiel dafür beschimpft werden, dass sie Piraten nur am Strand absetzen, die vorher Straftaten begangen haben. In solchen Fällen werde ich richtig wütend. Denn die Soldaten würden liebend gerne die Piraten irgendeiner juristischen Instanz übergeben, die sie verurteilt. Die ist aber schwierig zu erreichen, weil es beispielsweise in Somalia keine staatlichen Instanzen zur Übergabe gibt. Keine Justiz, keine Polizei, nicht mehr wirklich einen Staat. Und obwohl wir liebend gerne all diese nichtmilitärischen Aufgaben abtreten würden, aber nicht abtreten können, weil es dafür niemanden sonst gibt, sprechen Nichtregierungsorganisationen davon, dass man unter dem Stichwort vernetzte Sicherheit mittlerweile eine Militarisierung der Außenpolitik erlebe, weil Soldaten jetzt ganz vieles von dem machten, was Soldaten gar nicht machen sollten. Das ärgert mich.

Nach dem Zweiten Weltkrieg gab es zentrale Rahmenbedingungen, die die deutsche Außen- und Sicherheitspolitik geprägt haben: Vor der Wiedervereinigung natürlich die Teilung und Verankerung im westlichen Bündnis, danach vor allem die europäische Integration und dazu das besondere Verhältnis zu Israel, bestimmt durch die Geschichte und den Holocaust. Im Ergebnis führte das alles dazu, dass es eine große finanzielle Bündnistreue und eine faktische militärische Abstinenz gab – jedenfalls bis zur Wiedervereinigung. Wie stark wirkt das heute noch, 20 Jahre nach dem Fall der Mauer?

Das wirkt immer noch stark. Und das sind ja in Anführungsstrichen »nur« 20 Jahre. Das heißt auch, dass geschätzt die Hälfte aller Berufssoldaten auch heute noch aus dieser Zeit sozialisiert ist. Also unter ganz anderen Rahmenbedingungen als heute. Und das gilt sicher nach wie vor für eine Mehrheit der Bevölkerung, wenn man an die Millionen von Wehrpflichtigen und ehemaligen Zeitsoldaten denkt. Sie berichten von einer Vergangenheit, wie ich ja auch als Soldat, die nicht einsatzrelevant war. Es kommt hinzu, dass inzwischen, wenn Alt-Kanzler Helmut Kohl oder andere sagen, Europa sei eine Frage von Krieg und Frieden, meine Kinder das zwar im Kopf verstehen, aber nicht mehr mit einem Gefühl verbinden. Die Tatsache, dass Frankreich ein Erbfeind war, ist ganz weit weg. Das bedeutet: Die Friedlichkeit und die Zivilität sind etwas, das uns die letzten Jahrzehnte massiv geprägt hat. Das Einsatzkonzept war, nicht zum Einsatz zu kommen. Kämpfen können, um nicht kämpfen zu müssen. Die Wunden des Bombenkrieges in Köln und Dresden und Essen und Chemnitz sind verheilt. Außerdem war es für uns auch bequem, dass wir nie gefragt worden sind, Soldaten irgendwohin zu schicken. Wir waren außen vor. Deswegen sage ich meinen ausländischen Freunden, dass wir vor diesem Hintergrund in den 20 Jahren seit der Wiedervereinigung und dem Start mit Auslandseinsätzen schon einen ziemlich weiten Weg gegangen sind. Das ist gut, und das ist ein Teil des Erwachsenwerdens von Deutschland.

Haben Sie das Gefühl, dass der Holocaust manchmal auch als nützliche Ausrede diente, sich nicht zu engagieren?

Ja, gewiss. Und der Reichtum und Wohlstand Deutschlands hat dazu geführt, dass man lieber Geld gegeben hat, als Soldaten zu schicken. Aber das interessiert inzwischen viele nicht mehr. Ich habe mal versucht, dem indischen UN-Botschafter zu erklären, warum wir aus unserer Geschichte heraus so zurückhaltend seien und sein müssten. Er unterbrach mich nach drei Minuten und sagte: »Das verstehen wir für die Geschichte, für die Zukunft gilt das nicht mehr.« Die Begriffe »Tapferkeit«, »Held«, »gefallene Soldaten«, »Krieg«, »Verlust« sind in vielen anderen Nationen mit Siegen verbunden, in Deutschland mit Niederlagen. Das ist ein großer Unterschied. Ob zu Recht oder zu Unrecht bei all den Nationen in ihrer Geschichte, lasse ich einmal offen. Aber ein gefallener Soldat im Kampf gegen Adolf Hitler hinterlässt bei einem anderen Volk ein anderes Gefühl als ein gefallener Soldat im Kampf für Adolf Hitler. Das ist etwas, das die Begriffe und die Mentalität sehr stark prägt. Das ist eine zusätzliche Hürde. Vor diesem Hintergrund sind wir wirklich schon weit gekommen.

Wie weit wollen Sie noch kommen?

Weil sich das so anhören könnte, als wollten wir unbedingt weiter und mehr und mehr Einsätze, will ich hinzufügen, dass es nicht normal ist, wenn eigene Soldaten in fremden Staaten stehen. Das müssen wir uns immer vor Augen halten. Ein Einsatz muss immer eine Ausnahme sein. Aber die Erkenntnis, dass man in der Welt und gerade auch unter der Führung der Vereinten Nationen Konflikte manchmal nur mit militärischen Mitteln beenden kann, gehört eben heute zur Normalität internationaler Beziehungen. Das muss auch für Deutsche normal sein, wie es für Polen, Italiener, Norweger, Australier, Neuseeländer oder Inder normal ist.

Zur absoluten Zurückhaltung gehörte, dass man in Deutschland nicht mehr von einem nationalen Interesse gesprochen hat. Jedenfalls nie laut. Gibt es das heute für Sie? Wie sieht es aus?

Aber ja, das spreche ich ja auch so aus. Und wenn wir das früher nicht ausgesprochen haben, haben Teile unserer europäischen Partner und Verbündeten gesagt: »Ihr seid besonders listig. Ihr vertretet zwar nationale Interessen, ihr seid auch sehr gerne Exportweltmeister, Ihr belehrt gerne die ganze Welt, aber ihr verbrämt das so, als wäre das Weltgemeinwohl. Ihr habt auch eure Interessen, aber ihr seid dabei sehr raffiniert.« Dieser Vorwurf war zwar ungerecht, weil wir das jedenfalls nicht bewusst so gemacht haben. Aber natürlich hat jedes Volk nationale Interessen, und das gilt auch für uns. Dazu gehören unmittelbare nationale Interessen und mittelbare nationale Interessen. Zu den unmittelbaren Interessen gehört, dass wir Frieden in Europa und gute Beziehungen zu unseren Nachbarn wollen. Das ist unser nationales Interesse. Wir sind das Land mit den meisten Nachbarn in Europa. Unsere geographische Lage bewirkt, dass wir Transitland sind in Europa. Wir wollen uns mit Europa gut vertragen. Wir haben historisch Bitteres erlebt, bis wir das heute als unser nationales Interesse ansehen. Zum nationalen Interesse gehört außerdem, dass unsere Wirtschaft gut läuft, dass wir sagen können, was uns gefällt und was nicht. Wir möchten, dass die Zollbestimmungen so sind, dass wir unsere großen Autos in der Welt verkaufen können. Und dazu gehört auch, dass die Weltmeere frei sind für sichere Handelswege, weil die Hälfte oder mehr der Güter auf der Welt über die Meere transportiert werden. Der deutsche Export lebt davon.

Was heißt das, wenn die sicheren Handelswege durch Piraten oder durch einzelne Nationen gestört wären? Wird das ein Kriegsgrund?

Nein. Aber wir schützen mit Soldaten die Schiffe der Welthungerhilfe vor Piraten genauso wie andere zivile Schiffe. Das heißt im Übrigen nicht, dass es im nationalen Interesse ist, eine Reederei – insbesondere, wenn sie ihr Schiff ausgeflaggt hat und kein einziger deutscher Staatsbürger auf dem Schiff ist – davor zu schützen, dass sie überfallen wird. So einfach ist die Rechnung nicht. Soldaten gibt es nicht auf Bestellung von Privatunternehmen. Aber sichere Handelswege sind ein unmittelbares Interesse unserer Wirtschaft und unseres Landes. Dazu kommt, was ich mittelbares Interesse nenne. Und das besteht darin, dass wir Teil der internationalen Völkergemeinschaft sind. Wir haben ein Interesse daran, dass die Völkergemeinschaft funktioniert.

Machen wir dafür schon genug?

Wir machen nicht zu wenig, aber vielleicht ist es in Deutschland noch nicht genug erklärt und verstanden worden. Deswegen trete ich landauf, landab auf und begründe es überall. Zum Beispiel zur Frage: »Was haben unsere Soldaten in Afghanistan oder an der Küste des Libanon oder auch an der Grenze zwischen Nord- und Südsudan verloren?« Lässt das immer gleich den Rückschluss zu, hier würden unmittelbare deutsche Interessen verteidigt? Stecken also Rohstoffinteressen dahinter oder vielleicht Terrorismusabwehr? Das tut es eben nicht immer automatisch. Sondern oft ist es einfach ein Beitrag Deutschlands, die Friedensziele und Werte der internationalen Gemeinschaft zu verteidigen. Nehmen Sie den Südsudan, den wir als Staat anerkannt haben. Da gibt es Auseinandersetzungen zwischen dem muslimisch geprägten Nordsudan und dem christlich geprägten Südsudan. Wir haben da keine unmittelbaren nationalen Interessen. Aber wir sind Teil der Völkergemeinschaft und haben ein Interesse daran, dass dieser Staat irgendwie funktioniert. Das können die nicht alleine schaffen, dafür brauchen sie Hilfe der Vereinten Nationen. Und wir können Teil dieser Hilfe sein. Wir müssen nicht immer Teil dieser Hilfe sein, wir dürfen auch selbstbewusst »nein« sagen. Aber wir schreiben anderen Staaten gerne vor, wie viel CO_2 sie ausstoßen sollen. Wir schreiben anderen Staaten gerne vor, wie sie mit Menschenrechten umgehen sollen. Wir sagen ihnen ebenfalls gerne, wie sie mit Wasser umzugehen haben und dass sie Mädchen zur Schule gehen lassen sollen und so weiter und so weiter. Das alles halte ich für richtig, aber ich bin der Überzeugung, dass man nicht nur über einen Teil internationaler Politik mitreden kann, sondern dass man, wenn man wirklich ernst genommen werden will, auch bei anderen, schwierigeren Themen wie der Sicherheitspolitik mitreden und sich beteiligen sollte. Das setzt voraus, dass man sich engagiert, wenn es die Vereinten Nationen wollen und man es für richtig hält. Nur dann ist man gefragt, und nur dann wird man auch gehört. Das ist so.

Heißt diese Unterscheidung zwischen unmittelbarem und mittelbarem nationalen Interesse: Bei unmittelbarem Interesse ist man deutlich schneller zu einem militärischen Einsatz bereit als bei einem mittelbaren Interesse?

Ja, das kann man schon so sagen. Bei unmittelbarem Interesse liegt ein mögliches Eingreifen näher. Ich habe dazu Kriterien entwickelt, Fragen also, die man in jedem einzelnen Fall neu beantworten muss. Es gibt keinen Einsatzautomatismus. Es gibt jedes Mal die gleichen Fragen: Richtet man mehr Schaden als Nutzen an? Haben wir das geeignete Material? Wie hoch ist das Risiko? Wer sind die Partner vor Ort? Wem helfen wir eigentlich? Wissen wir, wie wir wieder rauskommen? Gibt es ein politisches Gesamtkonzept für eine umfassende Lösung? Und so weiter und so weiter. Diese Fragen sind Prüfmaßstäbe für eine Entscheidung. Es gibt eine Ausnahme immer dann, wenn es um das Bündnis geht. Wenn das Bündnis etwas auf eigenem Gebiet braucht, dann ist für uns als ein Land, das viereinhalb Jahrzehnte der Hauptprofiteur der Bündnisverpflichtung war, ganz klar, dass wir solidarisch sind. Das ist etwas ganz anderes als ein Einsatz irgendwo auf der Welt. Auch das muss man der Bevölkerung aber wohl noch ausführlicher erklären: dass Landesverteidigung und Bündnisverteidigung nahezu identisch sind.

Warum liegt Ihnen so viel an einer ausführlichen Debatte über Deutschlands künftige Sicherheitspolitik? Wenn wir uns engagieren, wird darüber oft sehr intensiv gesprochen.

Es ist schon richtig: Immer wenn es konkret wurde, gab und gibt es teilweise sehr intensive, auch heftige Debatten, wenn man zum Beispiel an die Grünen und den Kosovo-Krieg denkt. Oder auch an Afghanistan. Aber wir haben immer Einzelfälle diskutiert, nicht die sicherheitspolitische Rolle Deutschlands in der Welt. Das würde ich gerne tun. Ich leiste dazu ja auch Beiträge, und Experten diskutieren mit, aber nicht viele andere. Nun sagen einige, ich verlange zu viel mit den Anforderungen an eine solche Debatte, weil man solch eine abstrakte Debatte ohne konkreten Anlass vielleicht gar nicht führen könne. Vielleicht ist das wirklich zu viel verlangt, aber ich wünsche mir, wenn es künftig um konkrete Einsätze irgendwo geht, dass wir dabei auf einen Resonanzboden stoßen, auf dem das alles schon mal abstrakt diskutiert worden ist. Vielleicht ist diese Hoffnung aber auch zu ehrgeizig.

Wie stellen Sie sich Deutschlands internationale Rolle, auch die sicherheitspolitische, in zehn Jahren vor?

Ähnlich wie unsere jetzige, aber hoffentlich mit einer stärkeren Akzeptanz bei der Bevölkerung. Wir sind in Europa eine Führungsmacht, wir sind international eine Mittelmacht; wir sind einer der Staaten, die das höchste Ansehen in der Welt haben, auch als eine Macht des Maßes und als ein Land, das die Interessen anderer mit berücksichtigt. Genau das macht uns für viele andere so attraktiv. So attraktiv übrigens, dass andere zu uns sagen: »Bitte mischt euch in unsere Angelegenheiten mehr ein, weil wenn ihr das macht, trauen wir euch in unserem Interesse mehr zu, als wenn andere das tun.« Unsere Ausbildung, ob Polizei oder Bundeswehr, gilt als ziemlich gut. Das hat etwas zu tun mit dem Konzept der inneren Führung, mit Nachhaltigkeit, mit Zuverlässigkeit. Das sind alles Dinge, die international geachtet sind. Das bedeutet, dass wir uns darüber klar sein müssen, dass wir uns als eine solche Macht in der Welt an allen Fragen der internationalen

Sicherheitspolitik einschließlich möglicher Einsätze normaler und selbstverständlicher beteiligen müssen. Normaler, als das bisher von einem nicht unerheblichen Teil der Bevölkerung akzeptiert wird. Das muss nicht unbedingt »mehr Soldaten« heißen. Es kann auch sein, dass die Zahl der Soldaten insbesondere, wenn ISAF in Afghanistan 2014 endet, sogar geringer ist als heute. Aber vielleicht ist die Anzahl der Einsätze höher. Sicher ist, dass es in zehn bis fünfzehn Jahren normaler sein wird, uns um einen Einsatz zu bitten.

Im Verhältnis zu Israel bündelt sich bis heute sehr viel. Die eigene Zurückhaltung bei Waffengängen, aber auch ein zweiter Arm deutscher Militärpolitik, nämlich die Rüstungsexportpolitik. Welche Rolle haben für Sie die deutschen U-Boote für Israel?

Wir unterscheiden da Rüstungsexporte in EU- und NATO-Staaten, mit denen schon die große Masse unserer Exporte abgedeckt ist. Dann gibt es Staaten, die der NATO quasi gleichgestellt sind, dazu gehört auch Israel. Die nächste Gruppe sind strategische Partner – Indien zum Beispiel und andere. Exporten in diese Länder stimmen wir nicht wahllos zu, aber durchaus noch großzügig. So viel vorneweg. Die Rüstungszusammenarbeit mit Israel ist für uns freilich eine selbstverständliche Pflicht. Wir haben Israel zum Beispiel Patriot-Raketenabwehrsysteme zur Verfügung gestellt und viele andere Dinge und dazu auch U-Boote.

Bei U-Booten muss man wissen, dass sie nicht nur die Fähigkeit haben, Ziele auf dem Wasser aufzuklären und zu bekämpfen. U-Boote haben auch die Fähigkeit, außerhalb des eigenen Territoriums und ohne Überfluggenehmigung fremdes Gebiet aufzuklären. Und sie ermöglichen eine Zweitschlagskapazität außerhalb des eigenen Territoriums. Das macht U-Boote für Israel interessant. Im Übrigen sind die deutschen U-Boote einfach ziemlich gut.

Kümmert es Sie gar nicht, dass dank deutscher Hilfe vielleicht auch eine Atombewaffnung der U-Boote möglich ist?

Das ist nicht unser Job. Sie werden auch nicht so geliefert aus Deutschland, dass sie dafür ausgestattet werden. Falls die Israelis

Thomas de Maizière mit seinem US-Kollegen Leon Panetta am 3. Februar 2012 bei einem Treffen der NATO-Verteidigungsminister, auf dem auch über eine Raketenabwehr gegenüber Bedrohungen aus dem Nahen Osten gesprochen wurde.

das tun, müssen sie die U-Boote selber umbauen. Israel hat sich nicht dazu geäußert. Israel ist nicht bereit, sich dazu zu äußern. Wir fragen allerdings auch nicht intensiv nach.

Spielt bei dem Verhalten gegenüber Israel die Tatsache eine Rolle, dass die irakischen Raketen, die Saddam Hussein 1991 auf Israel abfeuern ließ, auch mit deutscher Technologie ausgestattet waren?

Für mich nicht, weil ich gar nicht so genau weiß, was da früher jeweils geliefert worden ist. Für mich spielt eine Rolle, dass auch, wenn wir mit Blick auf den Friedensprozess vieles am Verhalten der israelischen Regierung kritisieren, drei Dinge bleiben. Erstens unsere gemeinsame Verbindung durch die Geschichte. Zweitens ist Israel die einzige Demokratie in dieser Weltgegend weit und breit – und zwar eine echte Demokratie. Und drittens ist Israel ein bedrohtes Land. Nicht alles, was Israel gegen diese Bedrohung tut, würden wir auch tun. Aber die Tatsache, dass Israel bedroht ist, ist unstrittig. Deswegen stehen wir an der Seite Israels.

Macht Ihnen trotzdem die Formulierung der Kanzlerin Sorgen, dass Israels Sicherheit »nicht verhandelbar« sei für die deutsche Regierung? Manche lesen daran eine klare Beistandsverpflichtung im Krisenfall ab.

Nein, das macht mir keine Sorgen. Ich weiß schon, was das bedeuten kann. Das ist ein wichtiger Punkt, und der Satz ist nicht nur so dahingesagt. Die Botschaft ist ja nicht von der Bundeskanzlerin erfunden worden, sondern das liegt in der Kontinuität aller deutschen Bundeskanzler und Präsidenten. Jeder wählt eine etwas andere Formulierung, die Bundeskanzlerin hat eine sehr starke dazu gefunden. Sie hat bei diesem Thema auch ein sehr starkes persönliches Engagement, wie jeder weiß. Aber es gibt einen zentralen Unterschied zu einer Bündnisverpflichtung, wie wir sie von der NATO kennen. Im Bündnis wird die Verteidigung gemeinschaftlich organisiert, und schon die Vorbereitung der Bündnisverteidigung ist bereits gemeinschaftlich. Anders gesagt: Wir sind zur Verteidigung des Bündnisgebietes aufeinander angewiesen. Die Führungsstrukturen sind multinational. Wenn die Bundeswehr zur Verteidigung des Bündnisses eingesetzt wird, untersteht sie nicht meinem Oberbefehl, sondern unterliegt NATO-Strukturen. Das heißt, das Nutzen von Bündnisverpflichtungen ist von gegenseitiger Abhängigkeit geprägt. Und das ist Absicht. Wir können und wollen nur gemeinsam handeln, und wir sind gemeinsam stärker als allein. Das ist das Bündnisprinzip.

Im Verhältnis zu Israel ist das anders. Israels Sicherheitsdoktrin besteht darin, für die Sicherheit alleine sorgen zu können und zu wollen. Vielleicht mit Unterstützung der Amerikaner, aber im Prinzip selbst und alleine. Das sagten einem auch der israelische Premierminister und der israelische Verteidigungsminister voller Stolz: »Wir haben aus der Geschichte gelernt. Wir wollen nie wieder, wenn es um unsere Sicherheit geht, von irgendwem abhängig sein. Wir wollen niemanden fragen müssen.« Also gibt es auch keine Eventualplanung, dass Israel auf unsere Hilfe angewiesen ist oder sein könnte. Jetzt kann man daraus nicht schließen, dass man umso leichter irgendwelche Versprechen abgeben könnte. Im Sinne von: »Na klar, wir stehen an eurer Seite, ihr fragt uns ja sowieso nicht.« So ist das nicht gemeint. Es bedeutet einfach nur: Es kommt auf die Umstände des Einzelfalls an.

Spielt es für Sie eine Rolle, ob Israel angegriffen wird oder selbst ein Land angreift? Beispielsweise den Iran wegen seines Atomprogramms?

Nein. Für mich ist klar: Was immer geschieht, auch wenn Israel Dinge tut, die wir als einseitig und falsch verurteilen, wenn Israel angegriffen wird, vielleicht auch nur als Reaktion auf eine einseitige Aktion Israels, die wir – für sich genommen – für falsch halten, stehen wir politisch an der Seite Israels. Das ist ein wichtiger Punkt. So viele würden das in einem solchen Fall in der Welt nicht tun. Ob sich daraus weitere Konsequenzen ergeben, das wird man dann sehen. Aber so ist es gemeint. Was immer geschieht – wenn es um die Sicherheit Israels geht, egal, welche Ursachen gesetzt sind, wir stehen an der Seite Israels.

KAPITEL 10

Einzelspieler, Mannschaftssport, CDU

Sie teilen eine Leidenschaft mit Peer Steinbrück und Friedrich Merz. Sie sind Anhänger von Borussia Dortmund. Ist Ihnen nicht peinlich, Fan für einen Sieger zu sein?

Nein, gar nicht, warum?

Fan von Augsburg oder Fürth – das hieße treu zu sein, treu auch in Abstiegsgefahr.

Ich war dem BVB schon immer treu. Oder sagen wir: fast immer. Früher fand ich auch mal den Hamburger SV gut. Aber seit langem gefallen mir dann die Dortmunder. Und das galt auch für die Zeit, als die ganz ganz unten standen. Kurz vorm Abstieg und so gut wie pleite. Fußballliebe hat nichts mit Erfolg oder Abstieg zu tun. Da ist man einfach treu.

Derzeit gibt es das Duell Dortmund gegen die Bayern. Wo liegt für Sie der Unterschied?

Die Bayern haben teilweise den Ruf, arrogante Millionäre zu sein. Ich kann das nicht beurteilen, weil ich sie nicht kenne. Dortmund jedenfalls hat nach der schweren eigenen Finanzkrise stark auf den eigenen Nachwuchs gesetzt. Auf junge Leute, die einen frischen Fußball spielen und sofort von Abwehr auf Angriff umschalten. Dabei gibt es etwas besonders Schönes – was man auch für die Politik oder fürs Leben sagen könnte: Dortmunds Trainer Jürgen Klopp hat den Jungs eingepflanzt, dass jeder verlorene Ball keine Niederlage ist, sondern eine Chance, sich den Ball wiederzuholen. Und das sieht man dem Spiel an. Es kann ein Ball verloren gehen, aber die verzweifeln nicht, sondern jagen dem Ball erst recht wieder hinterher. Das gefällt mir. Ob das beim FC Bayern möglich wäre? Ich weiß es nicht.

Was lernen Sie daraus für die Politik? Da geht's ja nicht nur darum, den Ball zurückzuholen.

Ist aber dort auch ein wichtiger Punkt. Aber ganz im Ernst: Fußball ist ein toller Mannschaftssport, und deswegen rate ich auch jungen Leuten immer, nicht zuerst Tennis zu spielen oder zu reiten, sondern sich einen Mannschaftssport zu suchen. Beim Fußball kommt noch hinzu, dass das ein sehr schichtenübergreifender Sport ist. Und was man da lernen kann, sehe ich selbst bei meinen Jungs. Die Übungsleiter haben ihnen von der Pampers-Liga an gesagt: Nicht Ihr schießt das Tor, sondern die Mannschaft schießt das Tor. Nicht der Torwart lässt den Ball rein, sondern die Mannschaft lässt den Ball rein. Dass man es zusammen als Mannschaft zu was bringt, dass die Mannschaft natürlich unterschiedliche Spieler braucht, die unterschiedliche Persönlichkeiten sind, die es aber nur durch Zusammenspiel gemeinsam zu etwas bringen, dass man eingewechselt wird, dass man ausgewechselt wird, dass man einen guten und schlechten Tag hat, dass man Glück und Pech braucht, dass der Rasen immer anders ist, dass man bei Regen spielen muss, dass man Verletzungen wegstecken oder überstehen muss. Das hat man alles im Fußball. Das ist wichtig. Deswegen ist der Fußball so analogiefähig fürs Leben.

Wo sehen Sie sich in der Politik, wenn Sie es auf eine Fußballmannschaft übertragen?

Weiß ich nicht so genau. Aber ich weiß, welchen Spieler ich am besten finde: den modernen Sechser. Manche sagen, das wäre ein bisschen meine Rolle. Was Sami Khedira spielt oder der Sven Bender in Dortmund. Oder früher Rainer Bonhof. Der Sechser ist nicht spektakulär. Der Zehner spielt spektakulär, und der Sechser hält ihm den Rücken frei. Ein guter Sechser muss langanhaltend gute Leistungen bringen. Einem Stürmer wird auch mal verziehen, wenn er 85 Minuten wenig tut, aber dann das entscheidende Tor macht. Bei einem Sechser ist das anders. Den brauchst du 90 Minuten und in der Verlängerung auch noch. Ein guter Sechser steht da, wo der Ball hinkommt, als hätte er vor fünf Minuten schon gewusst, dass der Ball genau da hinkommt. Er holt sich den Ball, ohne dass er spektakuläre Grätschen oder anderes machen müsste. Räume zumachen, Bälle verteilen, nicht unbedingt den genialen Pass spielen – das macht der Zehner. Diese Sechser finde ich am besten. So einen braucht man immer.

Thomas de Maizière, der Sechser in der Regierung?

Nicht zu viel der Analogie. Aber wenn das einer über mich sagen würde, würde es mir gefallen.

Warum ist es in der Politik so schwer, eine richtig gute Mannschaft zusammenzubekommen?

Sie brauchen in jeder Einheit eine Mannschaft. Wenn Sie ein Ministerium führen, ein Lehrerkollegium, ich vermute mal, auch eine Redaktion.

Man hat's aber selten. Und in der Politik noch seltener.

Zunächst ist der Mensch immer eine eigene Persönlichkeit. Ein Individuum, einer, der sich selbst entwickeln möchte. Das gehört zu unserer Prägung in einer freiheitlichen Gesellschaft, zu unserem Menschenbild. Sich da einer Mannschaft unterzuordnen, fällt vielen erst einmal nicht so leicht. In der Politik kommt hinzu, dass die Auswahlmechanismen hart sind und die Beurteilungskriterien öffentlich. Politik ist ein sehr öffentlicher Beruf, jedenfalls ab einer bestimmten Ebene. Da wird das mühsame normale Geschäft, das so unendlich wichtig ist, nicht besonders geschätzt. Nicht von den Kollegen, nicht von den Medien. Geschätzt ist, wer gewinnt. Wer verliert, bekommt kaum noch Beachtung. Einzelleistung ist gefragt, nicht die Teamleistung. Ich halte das wie beim Fußball für kurzsichtig. Ja, für einen schweren Fehler unserer Zeit. Ein noch so guter Kanzler kann vielleicht mal alleine eine Wahl gewinnen. Aber auf Dauer wird er nicht erfolgreich sein. Und ein noch so guter Fachminister ist nichts ohne das Team mit seinen engsten Mitarbeitern und dem Ministerium. Er ist nichts ohne das Zusammenspiel mit dem Kanzler und dem Finanzminister. Das alles ist nicht viel anders als im Fußball.

Wenn das so ist, warum gelingt es so selten in Koalitionen und in Parteien? Warum gelingt es so selten in der CDU?

Ich habe als Junge mal ein Buch gelesen. Es hieß »Elf Freunde müsst ihr sein«. Ein kleines Buch, es ging um Fußball, na klar. Da gab es eine Schülermannschaft, die nur gewinnen konnte, solange alle elf ganz enge Freunde waren. Das klingt schön, das ist nett gemeint, aber es ist falsch und unrealistisch. So ist das Leben einfach nicht. Auch bei Borussia Dortmund lieben sich nicht alle. Die Spieler müssen auch keine Freunde sein. Mit dem Begriff »dicker Freund« gehen wir sowieso viel zu inflationär um. Es gibt nicht so viele Freunde, echte Freunde im Leben. Vielleicht drei, vielleicht vier oder wenige mehr. Viel mehr sind es nicht. Aber: Alle müssen ein Team sein, sie müssen gut zusammenspielen, auch wenn sie keine Freunde sind. In der Politik kommt etwas hinzu. In dem Moment, wo man eine gute Mannschaft hat, ob Sie die Kumpels von Gerhard Schröder nehmen oder Helmut Kohls alte Truppe, funktioniert das eine Weile gut, aber dann kommt von außen immer schärfer die Kritik, das sei ein geschlossener Zirkel, ein Küchenkabinett, das keinen anderen reinlasse. Boygroup, Girls Camp. Womöglich undemokratisch. Wirklich viel Vergnügen hat man damit also auch nicht.

Also verabschiedet man sich am besten von der Idee?

Ich halte nicht so viel davon, dass man sich unbedingt mögen muss. Ich habe fast alle denkbaren Konstellationen schon miterlebt und in Regierungsfunktionen begleitet. Große Koalitionen, kleine Koalitionen, absolute Mehrheit. Am Ende hängt die Frage, ob es gut funktioniert, vor allem davon ab, wie gut und zugleich kooperationsbereit der Einzelne ist. Man muss nicht befreundet sein. Man muss sich aufeinander verlassen können. Vertrauen ist etwas anderes als Freundschaft, auch als Gernemögen. Man kann auch jemandem vertrauen, den man nicht gerne mag. Zu verlangen, dass da Freundschaften entstehen, das muss nicht sein, zumal man in der Politik zumeist auf Zeit in einer Mannschaft zusammenspielt und später wieder zum Konkurrenten werden kann. Etwas anderes ist viel entscheidender: Dass die nicht nur um ihrer selbst willen erfolgreich sind. Wir haben eine Aufgabe zu lösen. Eine Regierung ist nicht dazu da, dass einzelne Leute möglichst lange Minister bleiben, sondern sie hat eine Pflicht zu erfüllen: Sie muss das Land gut regieren. Sie muss ihre Wahlversprechen umsetzen und zugleich auf neue Entwicklungen reagieren.

Und dazwischen, zwischen Wahlversprechen und neuen Entwicklungen, steckt der Koalitionsvertrag. Welche Rolle hat er? Ein Versprechen auf Vertrauen?

Koalitionsverträge sind wichtig und werden doch überschätzt. Ihre Bedeutung nimmt mit der Dauer der Regierung ab. Das spricht nicht gegen Koalitionsvereinbarungen. Sie sind wichtig als Bekenntnis der Zusammenarbeit und – wenn es gutgeht – als Beweis für gegenseitiges Vertrauen. Aber die Wirklichkeit richtet sich nicht vier Jahre lang nach Koalitionsvereinbarungen. Und genau dann ist es die Aufgabe der Regierung, darauf vertrauensvoll, nachvollziehbar, gut begründet zu reagieren. Dem muss man die eigene Eitelkeit unterordnen. Und wenn es gutgeht, entsteht dadurch nicht weniger, sondern mehr Teamgeist.

Sind Sie angesichts dessen im Rückblick nicht entsetzt, wie die schwarz-gelben Koalitionsverhandlungen gelaufen sind?

Da kritisiere ich mich auch selbst. Ich war bei den Koalitionsverhandlungen mit der FDP dabei, ich habe die Verhandlungen mit geführt. Der Zeitdruck ist gar nicht einmal so groß gewesen. Wir hatten vier Jahre zuvor mit der SPD nicht viel länger verhandelt. Alles andere ist eine Mär. Der Vertrag wäre eine Woche später nicht besser geworden. Der Punkt ist, dass schon unser Wahlprogramm einen Dissens zwischen CDU und CSU übertüncht hatte. Das gilt insbesondere für das Thema Steuersenkung. Außerdem ist die FDP in den Koalitionsverhandlungen in der Realität nicht angekommen, und wir haben das eher zugedeckt als thematisiert. Aber man hätte das mit guter Regierungsarbeit in Ordnung bringen können. Man denkt in solchen Momenten ja auch: Okay, die Koalitionsverhandlungen sind schwierig gewesen, aber das wird sich einrenken.

Warum hat sich das in der schwarz-gelben Koalition nie mehr richtig eingerenkt?

Nie mehr eingerenkt ist mir eine zu kritische Betrachtung. Aber es gibt drei Ursachen dafür, dass es nicht wirklich ideal geworden ist. Erstens sind ein paar Grundkonflikte lange bestehen geblieben. Das gilt zum Beispiel für ein paar Punkte bei der Sicherheit. Bei der Vorratsdatenspeicherung haben wir bis heute keinen Kompromiss. Gleichzeitig hat die FDP sehr lange beim Thema Steuersenkung eine Politik verfolgt, die die Union für unmöglich gehalten hat angesichts der Erfordernisse der Haushaltskonsolidierung und für die es im Bundesrat auch keine Mehrheit gegeben hätte. Zweitens kommt etwas Menschliches, Atmosphärisches dazu. Die Union dachte, dass nach der SPD ein Partner kommen würde, mit dem wir inhaltlich einfach per se leichter übereinstimmen würden und die Konflikte deswegen nicht so schwierig zu lösen seien. In der FDP und vor allem in der FDP-Fraktion waren wegen des überraschend guten Wahlergebnisses viele, die nie damit gerechnet hatten, in den deutschen Bundestag einzuziehen. Viele sind sogar überhaupt zum ersten Mal richtig in die Politik gekommen. Deshalb war die Koordinierung oder auch die Disziplin innerhalb der Regierungsfraktionen nicht so leicht herzustellen. Die Berufung auf den Koalitionsvertrag, der an manchen Stellen zwar einen Kompromiss formuliert, aber ein wirkliches Ergebnis durch einen hohen Abstraktionsgrad vermieden hat, hat dabei auch niemanden weitergebracht. FDP und Union haben sich zwar immer wieder auf den Vertrag berufen, und beide mit Recht. Nur geholfen hat es nichts. Schuld war, dass die Koalitionsvereinbarung an vielen Stellen eben nicht eindeutig war. Und drittens ist die FDP mit zwei Grunderwartungen in die Koalition gegangen: Vorsicht vor einer Koalition mit der Union und mit Angela Merkel, denn man kommt aus so einer Koalition immer kleiner raus, als man reingegangen ist. Deswegen müsse man als FDP höllisch aufpassen, dass man nicht über den Tisch gezogen werde. Darüber hinaus war die FDP durchdrungen von der Überzeugung, dass eine solche Koalition für die FDP nur dann gut ausgeht, wenn sie ständig ihr Profil betont, in Abgrenzung zum

Koalitionspartner. Ich halte das für einen Trugschluss. Die Menschen und gerade die Anhänger einer bürgerlichen Regierung wollen, dass sich eine Koalition und die Regierung vertragen. Es ist ziemlich irrelevant, wer jetzt gerade viel Profil zeigt für seine jeweiligen Anhänger. Die Bürger wollen, dass ein Wirtschaftsminister, ein Gesundheitsminister, ein Verkehrsminister, ein Verteidigungsminister, ein Innenminister gut arbeitet und wir gut in Regierung und Koalition zusammenarbeiten. Es kann sein, dass die Erfahrungen aus den siebziger und achtziger Jahren der FDP nahegelegt haben, dass es gut sein würde, sich innerhalb einer Koalition durch Abgrenzung zu profilieren. Kann sein, dass viele dachten, genau das würde ihrer Partei helfen. Aber ich halte das für falsch. Ich habe das schon den Sozialdemokraten immer gesagt. Wer glaubt, er könne sich in der Regierung im Streit profilieren und das bekomme einem selbst, der irrt, jedenfalls heutzutage. Dies alles hat wesentlich dazu beigetragen, dass die Konflikte in der Koalition nie ganz abgebaut wurden.

Wie viel Verantwortung trägt Frau Merkel für die nicht eben gute Stimmung? Es gibt nicht wenige, die sagen, dass die Kanzlerin kein Gefühl dafür hat, wie wichtig Mannschaftsspiel ist.

Das teile ich nicht. Je kleiner die Runden sind und je offener man da redet, desto mehr entsteht Vertrauen zu Angela Merkel. Ich kenne keinen führenden Liberalen, der nicht persönlichen Respekt gegenüber Angela Merkel hat. Auch was die Verlässlichkeit nach Absprachen anbetrifft. Allerdings ist es so, dass vielfach gerade aus den Gründen, die ich erläutert habe, aus solchen kleinen Runden berichtet wurde. Und das ist etwas, das die Bundeskanzlerin nun gar nicht erfreut, und das zu Recht. Außerdem: Die Idee, dass man mal zu einem Glas Bier zusammensitzt und einfach redet, geht gerade noch bei einem Weihnachtsessen. Aber Sie können eine Klausurtagung ohne Tagesordnung, also einen gemeinsamen Abend im Gästehaus der Regierung in Meseberg, in der heutigen Medienwelt nicht mehr machen. Wir haben das durchaus versucht. Aber alle erwarten immer Ergebnisse. Alle erwarten schriftliche Papiere. Alle erwarten sogenannte Durchbrüche. Und wenn man das nicht liefert, wäre das Echo sofort: Keine Einigung in der Koalition, Klausur ohne Ergebnisse, Stillstand. Dann lässt man es lieber. Schade.

Die Kanzlerin sagt mittlerweile landauf, landab, die schwarz-gelbe Regierung sei die beste seit der Wiedervereinigung. Bei den meisten Beobachtern erntet sie dafür nur Spott. Warum fallen die Bewertungen derart auseinander?

Weil die einen auf die Haltungsnote schauen und andere auf die Substanz. Die Kanzlerin schaut auf die Substanz. Deswegen hat sie von der erfolgreichsten, nicht von der besten Regierung gesprochen. Mit diesem aufstörenden Satz, der viel Spott und Gelächter ausgelöst hat, hat sie versucht, die Dinge auf die Sache zurückzuführen. Also auf die Lage am Arbeitsmarkt, die Zahl der Erwerbstätigen und die Arbeitslosigkeit; auf die Haushaltskonsolidierung; auf die Neuausrichtung der Bundeswehr; auf das internationale Ansehen Deutschlands; auf die derzeit doch ziemlich erfolgreichen Nacharbeiten an den Geburtsfehlern des Euro und auf die wachsende Stabilitätskultur in Europa. Offenbar kriegt man es nur noch mit einer solchen Provokation hin, dass wieder über die Sache geredet wird. Deswegen war es im Grunde genommen ein genialer Schachzug, etwas, was niemand erwartet hat und niemand uns zuschreiben würde, so auf den Punkt zu bringen, dass wenigstens wir selbst jetzt darüber reden, wie gut die sachlichen Ergebnisse tatsächlich sind. Dann können andere über unsere schlechten Haltungsnoten sprechen.

Nicht nur die Koalition, alle Parteien kämpfen derzeit um Anerkennung. Und dabei sind sie einem besonderen Druck ausgesetzt. Die Welt bewegt sich mit einer immer größeren Geschwindigkeit, und Parteien und ihre Programme kommen da oft nicht mehr mit. Wie problematisch ist das?

Das ist nicht leicht zu beantworten. Man muss zwei Arten von Programmen unterscheiden: Es gibt Grundsatzprogramme, und es gibt Parteiprogramme im Sinne von Aussagen und Antworten auf Aktuelles. Auch ein wichtiger Parteitagsbeschluss kann so einen Programmcharakter haben. Diese werden schnell getroffen. In meinem Geschäftsbereich zum Beispiel gibt es Parteitagsbeschlüsse über die Aussetzung der Wehrpflicht. Die CDU hat über die

Stammzellforschung einen Beschluss herbeigeführt, ebenso über das Betreuungsgeld – auch wenn sich da jetzt nicht mehr alle dran erinnern wollen. Gleiches gibt es zum Mindestlohn, bei der SPD gibt es so etwas über die Rente mit 67, über die Agenda 2010. Die FDP hat sogar ein Parteireferendum über die Haltung zu Europa herbeigeführt. Diese Beschlüsse bündeln die Willensbildung einer Partei. Wenn sie gut diskutiert werden, sind sie auch für die Öffentlichkeit spannend. Früher hatte die CDU eine solche gute Diskussion bei der Mitbestimmungsfrage und bei der Ostpolitik. In der SPD gab es große Debatten über die Wiederbewaffnung, die Westbindung und über das Verhältnis zur Sozialen Marktwirtschaft. Sie bereichern die Demokratie und sind für die Parteien sehr wichtig, auch zum Ordnen parteipolitischer Strömungen. So sollte es sein. Das zweite sind Wahlprogramme. Wahlprogramme werden allgemein überschätzt. Sie dienen oft mehr der Befriedigung innerparteilicher Wünsche. Sie werden mit Blick auf Kommunikation geschrieben, aber meistens wenig gelesen. Das bündelt sich dann in einigen wenigen Botschaften vor den Wahlen, und die sind oft nicht kohärent, weil vorne etwas versprochen wird, was man hinten nicht finanzieren kann. Das stört aber niemanden mehr.

Falsch. Es stört immer mehr Leute. Beim letzten Mal hat man sich schon im Wahlkampf gefragt, warum die Union so unrealistisch sein kann bei den Steuersenkungen. Mitten in der größten Weltfinanzkrise. Das passte nicht.

Trotzdem sind die, die das versprochen haben, am Ende gewählt worden. Dann entstehen die Probleme eben hinterher. Daneben gibt es die Grundsatzprogramme. Die sind entweder so allgemein, dass sie lange Zeit gelten, aber in einer konkreten Situation keine Entscheidungshilfe sind. Oder sie sind ziemlich konkret, und dann veralten sie zu schnell. Das ist so. Trotzdem haben sie ihren Wert, wenn man die Debatten mit einem gewissen Zeitabstand führt. Grundsatzprogramme entstehen ja nicht einfach aus dem Nichts. Da gibt es eine Kommission; da wird gestritten, wer Mitglied der Kommission sein darf; dann werden Entwürfe an die Parteigliederungen geschickt. Dazu gibt es dann Debatten, und das alles endet in einem Parteitag. Es ist meistens so, dass allein die Diskussion selbst ein Gewinn ist, eine echte Selbstvergewisserung. Manche kennen das wahrscheinlich aus ihrem beruflichen Alltag, da werden Leitbilder diskutiert, und wenn man das Leitbild liest, sagt man: »Naja, das klingt ja eigentlich ziemlich banal.« Aber die Diskussion als solche kann in einem Betrieb, in einer Redaktion, in einem Krankenhaus, in einer Schule, auch in einer Partei identitätsfördernd sein. Deswegen haben sie ihr Gutes. Im Übrigen glaube ich, wenn man sich die Grundsatzprogramme der Parteien mal anschaut, dass es darin wirklich grundsätzliche Bekenntnisse und Unterschiede zwischen den Parteien gibt. Für die CDU Deutschlands steht eben der Freiheitsbegriff an erster Stelle, immer eng verbunden mit Verantwortung und Sozialbindung. Und für uns als Christliche Demokraten gehört das Bekenntnis zur Begrenztheit unseres Handelns durch das »C« dazu. Mit all dem, was damit verbunden ist. Die Begrenztheit des menschlichen Wirkens, das Bekenntnis zu Schuld und Erlösung, die Überzeugung, dass Freiheit nicht grenzenlos ist, dass es ein Leben nach dem Tod gibt, dass wir eine Verantwortung für unsere Nachkommen haben – das ist alles mit dem »C« verbunden. Das gilt übrigens auch für die Sozialbindung der Freiheit. Die ist für mich ganz eng mit dem »C« verbunden. Bei den Sozialdemokraten dagegen kann man schauen und suchen, wie man will, aber für die SPD stehen letztlich Gerechtigkeit und Verteilungsgerechtigkeit und die staatliche Verteilung von Gütern immer an erster Stelle. Dafür braucht man auch Freiheit. Aber Freiheit steht bei den Sozialdemokraten eben nicht an erster Stelle des Interesses. Das ist ein durchgehender Unterschied zwischen uns und den Sozialdemokraten. Bei den Grünen ist es nach wie vor die Umwelt und alles, was damit verbunden ist. Da kommt die grüne Identität her. Um alles andere bemühen sie sich, und sie bemühen sich jetzt auch, eine Finanzpolitik zu entwickeln, eine Steuerpolitik und so weiter. Aber das wirkt noch immer nicht besonders authentisch. Daher haben diese Grundsatzprogramme und das, was dahinter schlummert, schon eine prägende Bedeutung.

Trotzdem hat man das Gefühl, dass die Parteien enorm darunter leiden, dass das, was sie mal als richtig erklärt haben, unter anderen, gegenwärtigen Umständen immer schwerer einzuhalten ist. Siehe die Finanzkrise, die Banken, die Euro-Schuldenkrise. Wer da an seinen Grundsätzen festhält, hat klare Aussagen, aber vielleicht keine Antworten mehr auf die Krise. Ist die Geschwindigkeit nicht doch ein gigantisches Problem?

Doch, das ist so. Aber ich möchte das Problem anders beschreiben. Die Geschwindigkeit kommt nicht aus der Innenpolitik, sie kommt aus der Welt, aus Europa, aus vielen anderen Regionen. Die Regeln, die wir uns im Inland gegeben haben, auf die wir stolz sind, zum Beispiel, dass Erfolg und Haftung zusammengehören; zum Beispiel, dass, wer ökonomisch versagt hat, auch insolvent werden muss und dass die Gemeinschaft dafür sorgt, soziale Verwerfungen zu mildern – diese Regeln, an die wir uns gewöhnt haben, die auch weiter innenpolitisch gelten, verlieren durch internationale Zusammenhänge an Wirkung. Leider. Politik wird weiter national legitimiert und gewählt, aber entscheidende Einflussfaktoren sind international. So entsteht dieses Problem. Übrigens nicht nur für Parteien. Im Grunde genommen müssten Parteiprogramme mit einem stärkeren Blick auf internationale Zusammenhänge geschrieben werden. Das wäre eine große Aufgabe, die verdammt schwer ist. Aber bis jetzt übertragen wir zu oft unsere innenpolitischen Vorstellungen auf die ganze Welt, und das funktioniert nicht mehr. Wir tun so, als müsste sich die Welt nach uns richten. Wir leben noch immer sehr deutschland- und europazentriert. Wir definieren fast die ganze Welt noch immer so, als seien wir das Zentrum und ferne Länder so etwas wie Peripherie. Nehmen Sie die Arabellion. Wer uns da oft zuhört, der kommt zu dem Ergebnis, dass nach unserem Selbstverständnis eigentlich nur wir am besten wissen, wer in Ägypten gewählt werden soll. Aber wenn die Ägypter auf die Idee kämen – die haben auch 80 Millionen Einwohner –, dass sie genau wissen und öffentlich verkünden durch die führenden Politiker, wer in Deutschland gewählt werden soll, dann fänden wir das gar nicht schön. Oder nehmen Sie die Eurokrise. Wir möchten sehr gerne, dass andere ihre nationalen Rechte abgeben, damit wir über Europa mitbestimmen können, in welche Richtung es künftig geht. Aber dass wir selber nationale Rechte abgeben, mit der Folge, dass andere über uns bestimmen – das wollen die meisten dann doch lieber nicht. Es ist offenbar ganz selbstverständlich, dass Griechenland zur Sanierung seiner Haushalte Kompetenzen abgeben muss. Aber es scheint auch ganz selbstverständlich, dass das für den Deutschen Bundestag nicht gilt. Diese Widersprüchlichkeiten von uns beruhen auf der Internationalisierung von Politik, die wir noch nicht geistig verarbeitet haben.

Stehen wir am Anfang eines großen Umdenkprozesses?

Ja. Wir hatten bislang viel Innenpolitik, da kennen wir uns aus. Wir hatten auch ein bisschen Europapolitik, natürlich. Aber die Außenpolitik, besser gesagt: die äußere Politik, war nichts, was mit innenpolitischen Themen wirklich viel zu tun hatte. Heute ist Datenschutz Innenpolitik und zugleich Außenpolitik – siehe Vorratsdatenspeicherung. Heute ist Rentenpolitik Außenpolitik oder Europapolitik, das Gleiche gilt bald für Fiskalpolitik, womöglich auch bald für den Mindestlohn und sowieso für Zuwanderung. Das geistig zu verarbeiten, braucht Zeit. Das ist kein völliger Abschied von den alten Themen. Es bleibt weiter richtig, wenn wir Erfolg und Haftung bei uns zusammenhalten. Aber das heißt nicht zwingend, dass das in Europa auch so durchsetzbar sein muss. Wir müssen das so weit wie möglich hinkriegen. Es kann andere Ziele geben – der Zusammenhalt des Währungssystems als Ganzes –, die uns jedenfalls teilweise zu anderen Lösungen finden lassen müssen. Da liegt meines Erachtens das Problem. Nicht nur in der Schnelllebigkeit der Zeit, die auch ein Problem ist. Wir übertragen sehr schnell unsere gewohnten innenpolitischen Antworten auf internationale Zusammenhänge, die aber keine außenpolitischen Zusammenhänge klassischer Art mehr sind. Und in dieser geistigen Verarbeitung stehen wir erst am Anfang. Da haben es kleinere Länder wie die Niederlande oder die Staaten in Skandinavien viel leichter, weil sie das schon viel länger gewohnt sind.

Was heißt das? Braucht die CDU ein internationaleres Partei- und Wahlprogramm?

Ja. Die CDU ist national entstanden, und dann gab es Außenpolitik, und Außenpolitik war nicht so sehr Parteisache, sondern war Regierungssache. Die CDU empfand sich als die natürliche Regierungspartei. Wenn die Union nicht regiert hat, schien das irgendwie vor der Geschichte ungerecht. Außerdem galt lange, dass man mit Außenpolitik Wahlen nicht gewinnen oder verlieren konnte – und dass in der Krise die Außenpolitik eher der Regierung nützt. Insbesondere mit Helmut Kohl ist dann das Thema Europapolitik ins Zentrum gestoßen; das war zunächst aber auch eine Untermenge von Außenpolitik, beispielsweise die große Versöhnung mit Frankreich. Heute haben die allermeisten Politikbereiche schon sehr viele internationale Bezüge: Verkehr, Umwelt, Justiz, Datenschutz, der Einsatz von Soldaten sowieso, dazu die Finanzkrise, das Internet. Das sind alles Dinge, die einen internationalen Bezug haben, aber nicht in die Kategorie Außenpolitik passen. Das ist der Grund, warum das Auswärtige Amt an Funktion und Bedeutung verliert, obwohl alles internationaler wird. Genau das haben wir in unserem Programm noch nicht genug abgebildet.

Und wie müsste man das machen?

Eine Möglichkeit, die Wolfgang Schäuble und andere anregen, ist: Wir brauchen ein europäisches Wahlinstrument. Wir könnten zum Beispiel den Präsidenten der Kommission europaweit wählen. Schon würden die Wahlprogramme internationalisiert, und zwar nicht nur im klassischen Feld der Außen- und Sicherheitspolitik oder der klassischen Europapolitik, sondern auf allen möglichen relevanten Politikfeldern. Allerdings glaube ich nicht, dass es so schnell dazu kommt. Deshalb müssen wir programmatisch als Parteien schon ein bisschen früher daran arbeiten. Wolfgang Schäuble hat mir 2009 bei der Amtsübergabe im Innenministerium gesagt, dass er 50 bis 60 Prozent seiner Zeit auf europäische Angelegenheiten verwandt hatte. Ich habe das erst nicht geglaubt und habe es dann weitgehend genauso erlebt. Wir müssen europäischer und internationaler denken. Ich würde noch nicht gleich an ein gemeinsames Programm der Europäischen Volkspartei denken. Das ist dann vielleicht die nächste Stufe. Aber ähnlich wie wir die Bundeswehr planen, längst immer mit der Orientierung auf das atlantische Bündnis und Europa, müsste unser Programm in allen innenpolitischen Fragen international anschlussfähiger sein, als das bisher der Fall ist.

Sind Volksparteien für Sie überhaupt noch zeitgemäß?

Mehr denn je.

Wie bitte? Warum?

Naja, es wird nicht zehn Volksparteien geben können, das ist klar. Doch wenn unsere Gesellschaft auseinanderstrebt, wenn die Milieus sich weiter auflösen, wenn es keinen Mainstream mehr gibt, wenn Mediennutzung unterschiedlich geworden ist, wenn bei einem sehr guten Krimi nicht mehr zwei Drittel der Bevölkerung vor dem Fernseher sitzen, wie das bei unseren Eltern noch der Fall war, wenn die politischen Meinungen so sind, dass man in vier Fragen der Partei A zuneigt und in sechs Fragen der Partei B, wenn also das Meinungsbild heterogener wird, dann ist für die Parteien die Versuchung groß, Teilmengen zu befriedigen und Politik darauf zu reduzieren, dass sich Teilmengen addieren. Ein Parteiprogramm sähe dann so aus: Ich habe die Teilmenge Handwerker, die Teilmenge Bildung, die Teilmenge Polizisten, die Teilmenge IT-Klientel, und ich schreibe jeweils auf, was die hören wollen, und dann sage ich: das ist unser Programm. Oder ich konzentriere mich auf die Teilmenge IT und junge Selbständige und kriege nur fünf Prozent. Aber wenn das alle Parteien so machen, fliegt eine Gesellschaft auseinander. Dann kriegen wir keine handlungsfähigen Regierungen mehr hin. Deswegen ist es mehr denn je wichtig, dass eine Volkspartei sich darum bemüht, das große Ganze, das Gemeinsame oder – altmodisch formuliert – das Gemeinwohl zu suchen. Sie muss bemüht sein, eine Politik zu machen, die für die Allgemeinheit unter Zurückstellung spezifischer Interessen alles in allem gut geeignet ist. Danach muss sie handeln. Das ist eine Chance, aber auch eine Notwendigkeit für Volksparteien. Der Preis dafür ist zwingend eine Gefährdung und Schwächung des eigenen Profils. Aber das Zusammenführen, das Integrieren ist so unglaublich wichtig in einer Welt, die auseinandertreibt, dass man dafür dringend Volksparteien braucht. Das kann gelingen über Personen, der Bundeskanzlerin gelingt das über ihre Person; vielleicht gelingt es auch anderen Personen. Aber es müsste auch Parteien mit ihrer Programmatik gelingen.

Könnte das auch Ihnen gelingen, Ihnen als Person?

Ich versuche ja, einen Beitrag dazu zu leisten. Als Innenminister hatte ich das Amt so angelegt, dass das Ressort als Allgemeines Ministerium integrierend wirkt. Als Verteidigungsminister vertrete ich ein Ressort, dass man streitig führen könnte. Ich halte es aber für wichtig, für die Wertschätzung der Soldaten in der Bevölkerung und für das Werben um Finanzierung dieser ja auch teuren Institution Bundeswehr, es so anzulegen, dass Einsätze auf eine möglichst breite Zustimmung stoßen. Nicht um jeden Preis, aber wenn es geht. Ich finde, dass die Bundeswehr nicht Gegenstand einer tagespolitischen Auseinandersetzung sein sollte. Und ich tue das alles deshalb, weil eine Institution wie die Bundeswehr nach meiner Auffassung am Gemeinwohl orientiert sein muss, nicht am Wohl einer Regierungspartei. Nicht anders verhält sich im Übrigen Wolfgang Schäuble. Auch der Finanzminister versucht in der Balance zwischen nationalstaatlichen Interessen und europäischen Notwendigkeiten einen Kurs zu finden, der auf eine möglichst breite Zustimmung stößt. Und ich würde das bei aller oppositionellen Schärfe in der Sprache auch jemandem wie Frank-Walter Steinmeier, dem derzeitigen Oppositionsführer, zuschreiben. Er ist es, der bei allen kritischen Kommentaren zur Politik der Regierung vor allem intern immer an die Gemeinwohlverantwortung der Sozialdemokraten erinnert.

Die CDU hat in Baden-Württemberg erst das Land und dann auch noch die Landeshauptstadt verloren, und zwar beide Male an die Grünen. Genauer gesagt: an Grüne, die als bürgerliche Grüne gelten und vor allem als solche auch gewählt wurden. Warum laufen ausgerechnet die Grünen der CDU im Bürgertum den Rang ab?

Es gibt ein Phänomen, für das ich noch keine Erklärung habe. Wenn ein Unionsmann sagt, er ist konservativ, wirkt es altmodisch. Wenn ein Grüner sagt, er ist konservativ, wirkt es attraktiv. Das ist interessant. Zum Teil bei den gleichen Leuten. Das ist für uns nicht einfach.

Wie konnte das passieren?

Weil es bei einem Grünen immer noch überraschend wirkt und bei einem Christdemokraten furchtbar langweilig.

Die Grünen nehmen der Union den Begriff des Bürgerlichen weg. Rauben sie der CDU die Identität?

Mal langsam. Um diesen Begriff werde ich kämpfen. Richtig ist, dass die Grünen es gut verstanden haben, eine Haltung zu bedienen, die einerseits tolerant und irgendwie lockerer ist, aber zugleich sind die Grünen heute die eigentliche Partei der Besitzstandswahrer und Besserverdienenden. Nur schaut da derzeit niemand hin. Wir als Union haben dagegen gute Inhalte, bemühen uns, gehen neue Wege, wenn es nötig ist, aber wir strahlen oft eine eng wirkende Haltung und Attitüde aus.

Deshalb sind die Grünen die beliebteren Bürgerlichen?

Die Grünen wirken großbürgerlich, wir gelten als kleinbürgerlich. Und das Kleinbürgerliche hat was Enges, Spießiges. Ich will aber nicht, dass das so bleibt. Ich liebe den Begriff bürgerlich, und ich möchte ihn nicht preisgeben. Das hat etwas zu tun mit res publica, mit den öffentlichen Sachen. Die Bürger sind diejenigen, die die Rechte haben. Die Bürger sind die, die sich um ihre Polis, um ihre Stadt kümmern. Der Bürger kümmert sich um seine Burg, das ist ja der Grund des Begriffes. Und das ist etwas anderes als Bevölkerung. Ein Bürger ist ein stolzer Begriff. Deswegen möchte ich um den Begriff des Bürgerlichen gerne kämpfen und ihn nutzen. Leider gibt es bei uns etwas Kleinbürgerliches, in dem Sinne: Ich sitze auf meiner Burg und habe Gardinen vor der Tür und gucke skeptisch raus, und wenn es klingelt, überlege ich, ob ich einen reinlasse. Das Großbürgerliche ist: Ich freue mich an großen Festen, ich gucke gerne raus, es gefällt mir, wenn jemand klingelt, ich bin neugierig auf die Welt. Etwas großbürgerlicher, etwas internationalbürgerlicher – das stünde uns gut zu Gesicht.

Zuletzt hat die CDU vor allem viele Gesichter verloren. Der Aderlass der letzten Jahre ist enorm, vielleicht historisch einmalig. Jürgen Rüttgers, Roland Koch, Christian Wulff, Peter Müller, Ole von Beust, Dieter Althaus, Friedrich Merz, zuletzt Norbert Röttgen. Das ist fast eine ganze Generation. Was ist passiert?

Das hat je unterschiedliche Gründe. Es wird zwar immer wieder vermutet, das sei alles die Schuld der Kanzlerin, aber das kann man echt vergessen. Ich kenne die meisten Fälle ganz gut. Und bei jedem gab es andere Motive aufzuhören. Sie können die Geschichten von Norbert Röttgen und Roland Koch nicht in einen Topf stecken und auch nicht die Geschichten von Friedrich Merz und Christian Wulff. Das ist alles überhaupt nicht vergleichbar. Und einige sind leider auch einfach abgewählt worden.

Nichtsdestotrotz besteht für die CDU ein enormer Regenerationsbedarf. Was bedeutet das für Ihre Partei?

Zunächst mal ist interessant an der Liste der Namen, dass das nicht unbedingt eine Altersfrage ist. Ich will im Übrigen noch einmal kurz in Erinnerung rufen, wie es war, als die alle noch an Bord waren. Da hieß es oft, das sei ein Hühnerhaufen, da gebe es eitle Granden, da gehe alles durcheinander, und nichts sei wirklich geklärt. Kaum waren sie weg, hieß es, ach herrje, es ist ja nur noch die Show einer Alleinunterhalterin.

Trotzdem hat Ihre Partei prägende Gesichter und unterschiedliche Positionen verloren. Das kann kein Vorteil sein.

Sicher, die haben der Partei inhaltlich schon einen Stempel aufgedrückt, das ist richtig. Auch wenn ich mit Jürgen Rüttgers in vielen Fragen unterschiedlicher Meinung war, manches von dem, was er sozialpolitisch vertreten hat, auch wenn es vielleicht auch taktisch motiviert war, hat schon einen Teil der Volkspartei CDU ausgemacht. Oder nehmen Sie Roland Kochs Image als strikter Konservativer. Auch das bewirkte eine starke inhaltliche Prägung, allerdings oft verbunden mit heftigen Auseinandersetzungen in der Partei. Das gibt es so derzeit nicht mehr, in der Tat. Ich glaube allerdings nicht, dass die Bevölkerung das vermisst. Stattdessen haben wir, wenn wir zum Beispiel das Thema Griechenland nehmen, eine Reihe inhaltlicher Kontroversen quer durch die Parteien. Wir haben sogenannte Abweichler in der Union, in der SPD, in der FDP.

Der Verlust ist Ihnen also egal?

Nein, mich beschäftigt durchaus, dass das breite Angebot an Persönlichkeiten, an »Typen« – nehmen wir mal von Beust und Koch – natürlich etwas ist, was gut ist. Gleichzeitig finde ich schon, dass die Breite bei Personen wie Frau Klöckner, Frau von der Leyen, Herrn Schäuble, Herrn Seehofer, David McAllister und mir auch ziemlich groß ist. Wir sind auch alles ziemlich unterschiedliche Charaktere und Menschen und Typen. In der Vergangenheit wirken die Menschen immer interessanter und farbiger, als sie es in Wirklichkeit waren.

Sie sind 30 Jahre im politischen Geschäft und noch viel länger in der CDU. Trotzdem haben Sie sich noch sehr selten tief in der Partei engagiert. Warum?

Ich habe mich sehr in der Partei engagiert. Ich mache eine engagierte Wahlkreisarbeit, ich gehe zu Ortsvereinen, ich gehe zu regionalen Verbänden. Ich bin halt nicht jemand, der großen Wert darauf legt, viele Funktionen in Vereinigungen oder in der CDU zu haben. Ich habe drei Funktionen: Ich bin Mitglied im Bundesvorstand; in Sachsen bin ich im Landesvorstand, und ich bin im sächsischen Landesvorstand des evangelischen Arbeitskreises. Ich finde, das reicht. Es wird nicht besser, wenn man in ganz vielen Funktionen ist. So ist mehr Platz für andere. Meine innere Bindung an die CDU muss nicht durch Anhäufung von Funktionen unterstrichen werden.

Sie haben sich jetzt in den Bundesvorstand wählen lassen. Wollen Sie sich künftig stärker engagieren?

Ich war als Kanzleramtsminister ja schon kooptiertes Mitglied im Präsidium. Ganz neu ist das also nicht. Wahr ist aber auch, dass ich mich der Bundespartei mal zeigen wollte. Und das habe ich mit der Kandidatur jetzt gemacht.

Für viele, vor allem ältere Parteimitglieder ist die Partei häufig mehr gewesen als nur eine Interessenvertretung. Es ist ein Lebensgefühl, manchmal fast so etwas wie Familie. Was ist die CDU für Sie?

Ob das für viele so stimmt, weiß ich nicht. Ich glaube, das ist regional sehr unterschiedlich. Für mich ist die CDU – ich habe gerade eine Urkunde bekommen, weil ich seit vierzig Jahren Mitglied bin – die normale, wichtige, natürliche, selbstverständliche und gewohnte Basis meiner gesamten politischen Arbeit. Ein Heimatgefühl in der CDU habe ich nicht besonders, weil ich mit meinem Heimatgefühl ohnehin erst neuerdings in Sachsen angekommen bin. Und Freunde suche ich mir nicht danach aus, ob sie in der CDU sind, sondern ob mir die Menschen liegen. Aber ich weiß und fühle schon, dass alle meine politischen Ämter ab einem bestimmten Stadium auch nur dadurch zustande gekommen sind, dass ich Mitglied der CDU bin. Und das werde ich nicht vergessen.

Auf was sind Sie, wenn Sie auf Ihre bisherige Karriere zurückschauen, am meisten stolz?

Am liebsten würde ich diese Frage in zehn Jahren beantworten, wenn ich ein bisschen mehr Rückblick habe und abgeklärter urteilen kann. Ich bin sicher stolz darauf, dass ich es geschafft habe, breit angelegt zu bleiben. Ich kann mich schnell in Sachen einarbeiten und habe immer versucht, die Dinge auch von einer anderen Perspektive zu sehen. Ich habe immer eine gewisse Kritik an engherzigen Fachpolitikern gehabt. Dass mir das selbst erspart geblieben ist und ich auch als Verteidigungsminister zu einem breiten Blick auf die Dinge fähig bin, quasi eine Adlerperspektive einnehmen kann, ohne die Details zu missachten – darauf bin ich ein bisschen stolz. Inhaltlich – das wird Sie vielleicht überraschen

Besuch in Abu Dhabi, 19. Juni 2012.

– bin ich auf zwei Dinge stolz: Erstens auf den erfolgreichen Abschluss der Verhandlungen zum Solidarpakt. Und zweitens auf meinen Beitrag zur Einführung der Schuldenbremse in der Großen Koalition. Das ist beides etwas, das nachhaltig ist. Dass ich dazu einen nicht unwesentlichen Beitrag geleistet habe, das macht mich stolz.

Sie sind heute 59 Jahre alt – haben Sie noch einen persönlichen Ehrgeiz?

Ja, ich möchte gerne vier weitere Jahre Verteidigungsminister bleiben. Und zwar weil die Neuausrichtung der Bundeswehr auf diese Zeit angelegt ist, weil die Mentalitätsveränderung, die ich erwarte, erst noch weiter durchgesetzt werden muss, weil nach meiner Auffassung die Bundeswehr Kontinuität braucht und weil die Bundeswehr auch sehr stark auf die Person des Ministers guckt. Mehr als andere Ministerien oder Institutionen.

Ist es vielleicht so, dass mancher in Ihrem Ministerium denkt: »Na ja, in einem Jahr ist der wieder weg, also muss ich mich nicht so anstrengen«?

Könnte sein, dass so einige denken. Ich versuche das den Menschen überall auszureden. Ich selbst würde das gerne noch vier

Kurzvisite inNordafghanistan beim Bundeswehrcamp in Kunduz, 21. Dezember 2011.

Jahre weitermachen. Ich habe viele Dinge angefangen und wegen meiner vielen Ämterwechsel viele Dinge nicht zu Ende machen können. Nun muss man sagen: zu Ende ist so etwas zwar nie. Aber die Neuausrichtung der Bundeswehr richtig weit vorantreiben zu können, vielleicht so, dass man sagen kann, ich habe das von der Grundsteinlegung bis zum Einzug und noch ein Stück des Einlebens im neuen Haus – das wünsche ich mir.

Das ist mein Ehrgeiz.

Sie gehören zu den wenigen aktiven Politikern, über die immer wieder und inzwischen fast selbstverständlich geschrieben wird, sie seien kanzlerabel. Sie könnten also auch Kanzler sein. Ehrt oder ärgert Sie das?

Ach beides. Weil das eine überflüssige Diskussion ist. Das wird nicht stattfinden.

Ich bin in meinen Ämtern sehr zufrieden und in meinem jetzigen erst recht. Es ärgert mich auch, weil solche Sätze immer auch Spekulationen hervorrufen bei dem Einen oder Anderen. Ehrenrührig ist es nicht, so beschrieben zu werden. Aber inzwischen lese ich das und hefte es innerlich ab.

Bisher sind Sie in Ihrer ganzen Karriere immer gefragt worden, ob Sie sich ein neues Amt vorstellen können. Das fing bei Richard von Weizsäcker an und ist bei Angela Merkel nicht anders gewesen. Es könnte aber sein, dass Sie beim nächsten Mal selbst sagen müssen, ob Sie noch einmal etwas wollen oder nicht. Gefällt Ihnen das, oder sorgt es Sie?

Es war natürlich bequem bisher. Das ist wahr. Ich musste nicht mit Kraft nach irgendetwas greifen. Unterstellen wir mal, dass wir, die CDU, die nächste Wahl zwar gewinnen und ein gutes Ergebnis erzielen, aber nicht in eine neue Regierung kommen. Dann stellt sich die Frage, ob ich in der Opposition irgendeine führende Rolle aktiv übernehme, da könnte ja einiges in Frage kommen – oder ob ich sage: »Ich habe jetzt genug geackert.« Und zwar, wenn man so will, seit 22, dann 23 Jahren in herausgehobenen Regierungsämtern. Da könnte es mir stattdessen gefallen, ein hoffentlich geachteter einfacher Bundestagsabgeordneter zu sein. Vielleicht so, wie Herr Müntefering in der SPD. Ein Libero, der keine besondere Funktion hat, auf den man aber mal zurückgreifen kann. Könnte durchaus sein, dass mich das mehr lockt. Vielleicht würde ich dann parallel meine Professur an der TU Dresden aktiver betreiben. Und ein paar Vorträge halten … Obwohl – das darf man heute nicht mehr sagen …

Haben Sie eine Präferenz?

Diese Entscheidung schiebe ich vor mir her, weil es hoffentlich nicht dazu kommt. Regieren ist schöner. Ich bin jetzt 59. Aber wenn es so weit käme und wenn mich etwas wirklich locken würde, dann würde ich auch kämpfen. Dann würde ich schon zugreifen. Die Entscheidung muss ich dann fällen. Nicht jetzt.

Bildnachweis

Laurence Chaperon: 239
Rainer Dreis: 89 oben und unten
ddp images, Hamburg: 259 (dapd/Michael Kappeler), 264 (Michael Kappeler), 355 (AP Photo/Virginia Mayo)
Getty Images, München: 379 (Michael Kappeler/AFP)
Reinhard Janke: 176 (Mit freundlicher Genehmigung von Marlies Borcherding)
Krohnfoto.de: 338 (Mathias Krohn)
Photothek.net, Berlin: 346 (Thomas Imo)
Privatarchiv Thomas de Maizière: 23, 39, 40, 41, 70, 82, 83, 98,108, 114, 213
ROPI Pressefoto, Freiburg: 347 (Jose Giribas)
Süddeutsche Zeitung Photo, München: 378 (Jose Giribas)
Ullstein Bild, Berlin: 170 (Sven Simon), 257 (Boness/IPON)